王凯旋 主编

清代辽宁全史

思想文化卷

王凯旋 著

QING DAI
LIAO NING
QUAN SHI

东北大学出版社

ⓒ 王凯旋　2019

图书在版编目（CIP）数据

清代辽宁全史. 思想文化卷 / 王凯旋主编；王凯旋著. —沈阳：东北大学出版社，2019.12
　ISBN　978-7-5517-2093-9

　Ⅰ. ①清… Ⅱ. ①王… Ⅲ. ①辽宁－地方史－清代②思想史－辽宁－清代③文化史－辽宁－清代　Ⅳ. ①K293.1

中国版本图书馆 CIP 数据核字（2018）第 303517 号

出　版　者：	东北大学出版社
	地址：沈阳市和平区文化路三号巷 11 号
	邮编：110819
	电话：024-83683655（总编室）　83687331（营销部）
	传真：024-83687332（总编室）　83680180（营销部）
	网址：http://www.neupress.com
	E-mail: neuph@neupress.com
印　刷　者：	辽宁新华印务有限公司
发　行　者：	东北大学出版社
幅　面　尺　寸：	170mm×240mm
印　　　张：	23
插　　　页：	8
字　　　数：	344 千字
出　版　时　间：	2019 年 12 月第 1 版
印　刷　时　间：	2019 年 12 月第 1 次印刷
策 划 / 统 筹：	郭爱民
责　任　编　辑：	孙德海　牛连功
责　任　校　对：	汪彤彤
封　面　设　计：	潘正一

ISBN　978-7-5517-2093-9　　　　　　　　　　　　定　价：76.00 元

永陵四碑楼

焚帛亭

赫图阿拉城墙

罕王井

满族民居匸字炕

萨满教祭祀陶俑

努尔哈赤议事

福陵隆恩殿

满族祖先祭祀

索伦杆

银冈书院郝公祠

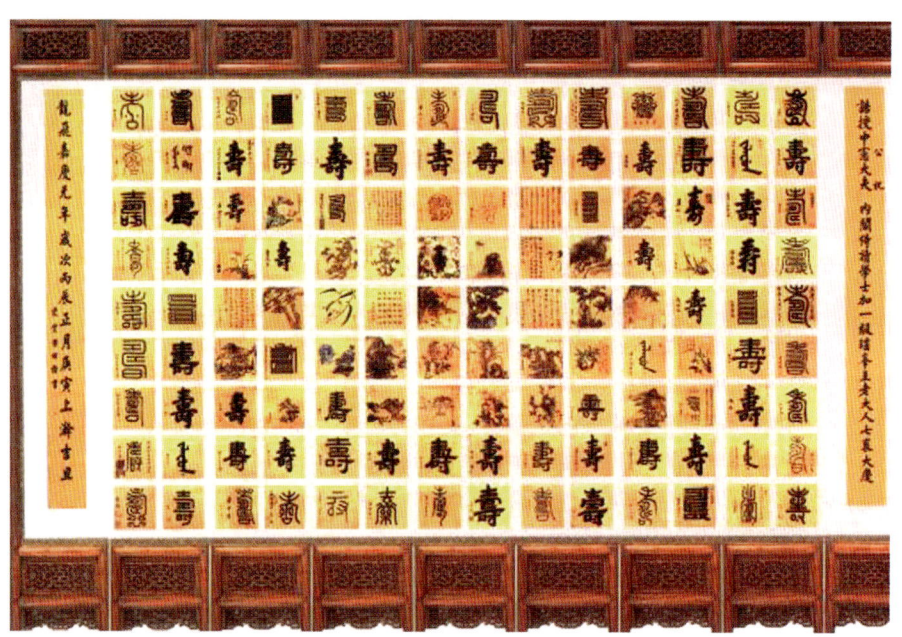

王尔烈寿屏

前言
特殊的清代辽宁地域文化

我们在探讨"清代辽宁地域文化"时，当以现在的辽宁地区作为研究的地理出发点。值得注意的是，"辽宁"这一称谓出现于近代，现在所称的"辽宁地域"指的是今行政区划的辽宁省而言。在清代，这一地区先后有"盛京""奉天"之称，为盛京将军辖地或奉天将军辖地。实际上，在清代之前，"辽宁地域"并非一个稳定的、疆域明确的区域概念。明代所称的辽东指"辽东都司"所辖之地，其广义的范围包括了今黑吉辽地区。而清初的盛京总管所辖也包括了今黑吉辽地区及内蒙古东部，只是从清朝确立东北三将军——盛京将军、吉林将军、黑龙江将军——起，才明确了约等同于今天辽宁地区的盛京将军辖区。故此，在谈到清代辽宁地域文化时，是指以清代盛京将军辖地或奉天将军辖地为中心所展开的关于文化的讨论。广义的文化领域涵盖极为广泛，一定的文化是一定社会的政治和经济在意识形态上的反映，同时又对一定社会的政治和经济起着巨大的作用。人们常常会从不同的角度来解读历史和社会的文化，提出许多与文化相关的概念，如经济文化、政治文化、饮食文化等。就现在所谓地域文化研究而言，是以广义的文化领域为研究对象，探讨附加在自然景观之上的人类活动形态、文化区域的地理特征、环境与文化的关系、文化传播的路线和走向以及人类的行为系统，包括民俗传统、经济体系、宗教信仰、文学艺术、社会组织等。当我们谈清代辽宁地域文化时，在时间和空间都已经确定的情况下，所需要回答的依然是一个庞大且复杂的问题。但是，如果把问题简化成清代辽宁地域文化与其他历史时期相同地域及同一历史时期其他地域上的文化有什么不同，这个问题似乎就迎刃而解了。清代辽宁地域文化中包含着独具特色与充满活力的满洲文化，并且带有满汉交融的文化特点。这影响着清代辽宁地域文化的方方面面，比如教育文化、宗教文化、文学著述等。值得提出的是，清代辽宁地域文化的主要创造者应该是满族与汉族，外来文化不过是补充和丰富了清代辽宁地域文化。清代辽宁地域文化遗留有丰富的文化遗产——满族的历史文化传说、曲艺舞蹈、家谱修撰等都是其表现。更重要的是，清代辽宁文化的地域中心——盛京，已经成为独特的文化标志。

我们并不否认清代辽宁地域文化的历史渊源性。辽宁地区是中国历史上最早有人类活动的地区之一。在历史发展的长河中，辽宁地区或是统一的中央王朝的有效辖区，或是少数民族政权建制地区的一部分，有着深厚的历史文化积淀。从明代开始，辽宁地区就存在着三种主要的经济文化类型：渔猎经济文化、游牧经济文化与农耕经济文化。这三种经济文化分别来自女真民族、蒙古民族与汉民族。在整个明代，辽东地区女真民族的渔猎经济文化一直存在；随着蒙古民族南下辽东地区，游牧经济文化也随之南扩；汉民族的农耕经济文化则一直处在发展之中。至清代，这三种经济文化存在的形式在辽宁地区发生了变化：渔猎经济文化更多地表现在对皇室围场、山场的采猎；游牧经济文化则表现在盛京皇室牧场上，也表现在辽宁地区蒙古王公统治地区中；而农耕经济文化则表现在统治者对于生产关系的调整上——农耕经济的主体从仅仅是汉族农民转变为旗人和汉人共担。这说明，清代辽宁地区经济文化的多样性是有着历史承袭的。此外，辽宁地区在历史上是一个民族关系复杂的地区。明末清初之际，辽宁地区既是满洲民族与清王朝的发祥地，又是满汉文化交融的区域。早在明代中后期，女真民族的一部分已经"地近辽边"且"饮食耕种有华风"。女真民族与明朝有着密切的政治经济关系。政治上，女真首领受明朝官职并向明朝朝贡；经济上，女真接受明朝封赏并与明朝开展互市贸易。同时，女真人与汉人在"辽边"地区"交错杂居"，文化上相互浸染，形成了"胡俗"与"华风"共存的独具特色的边疆文化。早在嘉靖初年，辽东地区的女真人就"饮食

前言

服用皆如华人"。同时，许多汉人居于女真部落，与女真人"男婚女嫁，累代而居"。这样，女真文化吸收了大量的汉文化，如农耕技术及手工技艺等。而辽东地区近边及居住于女真人中间的汉人在经济生活、语言、风俗习惯，以至心理素质等方面与女真人日渐趋于一致，最终发展成为满洲民族共同体的一分子。

若从文化的民族性来解读清代辽宁地域文化，首先要承认的是其带有满洲文化独创性的特点。辽宁地区被称为"满洲根本"之地。满洲民族在辽宁地区创造了具有自身文化特色的民族文化。辽宁地区是满族文化及清王朝的发祥地。明末，在辽东地区，以女真人中建州及海西女真为主体并结合其他部落或民族形成满族。建州女真首领努尔哈赤统一女真后建立后金政权。此后，皇太极于天聪九年（1635）正式改"诸申"（女真）之称为满洲。皇太极时期的史料中，记载了"三仙女"的传说，这是后金统治者对于满洲起源的官方解释，更是对于构建满洲民族认同的努力。满文的创制与使用同样是构建满洲民族认同的重要方式，标志着满洲民族共同体的形成。万历二十七年（1599）二月，努尔哈赤"欲以蒙古字编成国语"，命额尔德尼、噶盖创制满文。后噶盖因罪伏诛后，额尔德尼独自完成了满文的编制工作。此时的满文被称为"无圈点满文"或"老满文"。天聪六年（1632），皇太极命达海改进老满文，形成"有圈点满文"，又称"新满文"。康熙年间，编纂了大量的满文辞书，使得满文的书写与词意都有了一定的规范化，标志着满文发展的完善。在整个清代，满文对于满洲民族文化的形成与发展起到了极其关键的作用。近二三十年来，在国际上形成了专门研究满语及其相关内容的学问——"满学"。今天，满文是清代辽宁地域文化中的瑰宝。清入关之前，曾先后在辽宁地区建造四座都城：被称为"旧老城"的佛阿拉城，被称为关外"三京"的兴京赫图阿拉城、辽阳东京城、盛京沈阳城。这四座都城都位于辽宁境内："旧老城"佛阿拉城位于今辽宁省新宾满族自治县旧老城，兴京赫图阿拉城位于今新宾满族自治县永陵镇老城村，辽阳东京城在今辽阳市东京陵乡新城村，盛京沈阳城则在今沈阳市内。这四座都城至今或有遗迹尚存，或保存完好。从这四座都城的形制规模等方面可以看出这一时期满洲由低至高的文化发展历程。后金的都城，即从不同方面突出地反映了女真人固有的传统建筑方式和民族特点，如依山势山形而建、高台起楼等；也反映出其接受汉文化的一面，如宫殿按中轴而建，用汉文化的富贵花纹等。这正是清代辽宁地域文化鲜明特色的表现。在建州女真政权兴起及满洲民族共同体凝聚的过程中，形成了一套带有自身民族特点的法律与礼仪制度体系。努尔哈赤时期的法律主要是为确立汗的权威性及保证统治阶级特权而服务的；故往往凭汗的意志及统治阶级的意志而定，量刑没有具体标准。努尔哈赤时期礼仪的制定主要针对朝堂而言，基本是仿照明朝制度。值得注意的是，朝堂制度中的朝会之礼是由原本依照隶属关系逐级向上谒见首领的"满洲旧俗"演化而来的。皇太极时期的法律较努尔哈赤时期宽松，并且称"国家立法，不遗贵戚"；在礼仪方面更加着重于体现君主的权威性。可以说，在清入关之前，其法礼制度已基本具备雏形。

清代辽宁地域文化是满洲民族与汉民族共同创造的。早在明末努尔哈赤统一女真诸部、攻取辽东之时，辽宁地区的民族格局开始发生剧烈变化：女真人口逐渐向辽宁地域聚集，随之而来的是大量汉族人口因为战乱而逃离辽宁地区。1644年清入关之时，其国家机构和几乎全部臣民从辽沈地区迁往中原京畿。除少数八旗驻防之外，辽宁已现地旷人稀之势。故顺治六年（1649）发布上谕，不禁民人迁居辽宁地区。顺治八年（1651）正式准许民人出关垦荒。顺治十年（1653）正式颁布辽东招民开垦令。招民开垦令主要内容为辽东设州府、按招民人数授官职、给予粮种及耕牛。招民开垦政策的实施收到了一定的效果。辽宁地区人丁数得到增长。值得注意的是，这一时期辽宁地区的人口多来自山东；盖因康熙四十二至四十三年间（1703—1704），山东地区爆发大规模的自然灾害。乾隆五年（1740），诏令对盛京地区实行封禁政策。然而，乾隆时期封禁政策的效果近乎于零，依然有大量汉民涌入盛京地区；再加上因罪流放至辽宁地区的文化流人也多为汉人，改变了辽宁地区的民族结构和文化氛围。清朝因为实际统治的需要，改变了在辽宁地区满汉二元、旗民分治的行政体制，同时原有旗地与民地的分界也被打破；满汉之间壁垒的破除使得满人与汉人可以共同为辽宁地域文化的进一步发展做出贡献。文化流人的到来以及满汉交融使得辽宁地区开始出现"文风蔚然"之态，主要表现在诗歌创作、方志编撰及文学著作的繁荣兴盛等方面。其中，既有文化流人的贡献，也有本地文人的贡献。

清代辽宁地域文化也受外国因素的影响。清代前期，中国是以自身为中心构筑华夷秩序的，即在对外关系中主要表现为宗藩体制和朝贡制度。清代，中国与朝鲜

前言

就是宗藩关系，朝鲜在辽宁地区的经济文化交流多发生于朝鲜使团觐见清代皇帝途中，在辽宁地区行程最长且所用时间最长，因此朝鲜与辽宁地区有着相当密切的经济文化交流。清末，不少朝鲜移民纷纷流入中国境内，其生活模式也对辽宁地区产生了一定的影响。而晚清时，清王朝与其他国家以所谓平等身份进行交流。与辽宁地区发生密切联系的有英国、俄国、日本。与朝鲜不同，上述国家与中国在理论上是近代"平等"国家关系，实际上英、俄、日挟"坚船利炮"而至，主观上带有殖民目的，给辽宁地区人民带来了深重的苦难。然而，其给辽宁地区带来的现代经济文化影响也不容忽视，这使得清末辽宁地区无论在物质上还是精神文化上都迅速趋近于近代文明生活方式。

清代辽宁地区的教育文化也独具特色，即为满洲的政治统治服务。首先，学校教育与科举选士密切联系。在清代辽宁地区，无论是州县学还是书院、私塾，都属儒学系统。此外，在辽宁地区还有专门为八旗子弟设立的八旗官学。清代辽宁地区的学校教育是为科举服务的。而辽宁地区的八旗子弟在科举中享有种种特权。在对八旗子弟的教育中，清政府强调"国语骑射"。这一方面是为维持满洲文化特性及文化优势；另一方面也是为八旗子弟晋身提供优越条件，即八旗子弟可凭借"翻译科"入仕。然而，从道光年间起，"国语骑射"已经逐渐衰落。

辽宁地区的宗教文化有着多样性的特征。萨满教是一种古老的宗教。早期萨满教的萨满有包衣滚萨满和安巴萨满：包衣滚萨满所祭祀的祖先神灵分为图腾性质的保护性神灵及血缘祖先的化身性神灵，为氏族所特有，具有排外性；而安巴萨满所"掌控"的安巴窝车库是各种自然神灵，是可以共有的神灵。清入关前，努尔哈赤及皇太极对原有的萨满崇拜及祭祀进行了改革，萨满教的原始形态发生了重大改变：禁毁别部堂子和严控祭祀耗费等规定，导致祭祀规模的简化和仪式的改变；严禁萨满巫术，使得安巴萨满受到限制。萨满神职功能随之萎缩，满族萨满教开始以包衣滚萨满的家祭为主。从这一时期起，萨满信仰就开始了宫廷与民间两个体系的分化：宫廷萨满教主要源于爱新觉罗氏的祭天，与民间萨满教相比，更加典礼化、等级化，并具有一定的政治影响力。民间萨满教分为家祭与野祭。辽宁地区的家祭可看作萨满教的一种简化形态。民间萨满的家祭来源于早期萨满教的祖先崇拜与祭祀，并受到宫廷祭祀与汉族祭祀的影响，有其自身的独特性。除萨满教以外，辽宁地区还有汉传佛教与道教，以及藏传佛教与伊斯兰教；前者可以视为本土宗教，后者可以视为外来宗教。值得一提的是，辽宁地区的民间信仰多元化，除前文提到的萨满教、佛教、道教等之外，还有一些民俗信仰来源。因此，清代辽宁地区除佛教、道教、伊斯兰教等大的教派流传并于各地广建寺庙、道观、清真寺之外，人们还敬奉相当数量的神祇，修建不少供奉这类神祇的寺庙。而地仙信仰是辽宁地方乃至东北地方独有的民间信仰，表现出辽宁的地域文化特色。

辽宁地区有着独特的文化遗产。在建筑文化方面，主要表现在民居建筑与宫廷建筑上。在艺术方面，表现在满族的曲艺与舞蹈上。在文化方面，表现在满族族谱的修撰上。清代辽宁文化的地域中心盛京，已经成为独特的文化标志。在盛京皇宫中典藏有大量文献、珍宝、字画等，这些都是盛京文化的标志。清代皇陵中在关外的永陵（在今辽宁省新宾满族自治县境内，为努尔哈赤父祖四代陵墓）、福陵（在今沈阳市郊，为清太祖努尔哈赤陵墓）、昭陵（在今沈阳市内，为清太宗皇太极陵墓），合称为关外三陵、清初三陵或盛京三陵。在清入关后，三陵逐渐形成了健全的机构和制度。关外三陵留给后人一种独特的陵寝文化。清朝的历代帝王曾经十次东巡，大多驻跸盛京。"东巡"是指东巡祭祖。清朝定鼎中原后，皇帝每当有重大事件，尤其是军事胜利时即到关外拜谒祖陵，以告慰祖先，即所谓"用告功成"，以表示敬先法祖之意。在思想统治上，清朝皇帝为稳定其统治，尤其重视儒学伦理观念的核心和基础——孝道，并将其作为修己教人、安邦理政的根本方针，而东巡祭祖恰恰是这种方针最具代表的体现。同时，清帝东巡对辽宁地区，尤其是沈阳有着非比寻常的文化象征意义。这些都是清代辽宁地区所特有的重要文化遗产。

中华文化是多元一体的文化。在这个庞大的文化体系中，既要承认汉文化的辉煌之处和主流地位，也要正视少数民族所创造文化的瑰丽之处。各少数民族、各地区的文化也是中华文化不可分割的组成部分。汉文化或中原文化的主体地位与地域文化的独特内涵共铸多元一体的中华文化。只有将汉民族所创造的文化与少数民族文化、中原文化与其他地域文化放在同样重要的位置上，进行统一的历史考察，探讨其各自的发展规律及相互关系，才能给予正确的评价。清代辽宁地域文化的一个重要的独特性是，它是在满族入主中原、辽宁由边疆变腹地这样一个动态的过程中演变形成的。清代辽宁地域文化是在多民族文化融合基础上形成的独特地域文化，

前言

其中满汉文化交融是其发展的主体和基础。该文化在形成发展中，取得了许多重大而辉煌的成果，对促进清代文化以及其他民族文化的发展都起到了重要作用。随着清王朝统治的巩固和愈益发展，辽宁地域文化也得到发展和繁荣，这对清朝社会进步和文化事业的发展都起着重大的推动作用。同时，辽宁地域文化是中华文明与文化的重要组成部分，它与其他地区的文化（如中原文化）既相联系，又相区别，自成一地域文化。它又是在同中原及其他地区与民族文化的双向或多向交流中发展起来的。尤其是建立一代王朝之后，毋庸置疑，辽宁地域文化在北方文化体系中据有举足轻重的地位，其对中华文化的发展产生过深远的影响。辽宁地域文化的历史地位，是凭借其悠久历史的积淀，最终形成多姿多彩的文化而得以确定的。

清代辽宁地域文化，在历史的延续中表现为具有特定内涵的文化存在，具有浓重的辽宁文化的精神渊源，是中国文化的华章。在形成"清代辽宁文化"的各要素中，最基本的要素应该是历史性和民族性。清代辽宁地域文化既是辽宁文化自身历史积累发展的产物，也是特定时期满洲民族的形成发展在辽宁地区个性化的结果。

需要指出的是，本书中多次参考并征引了许多前辈学者的研究成果，如：杨余练等先生编著的《清代东北史》，李治亭先生主编的《东北通史》，佟冬先生主编的《中国东北史》，朱诚如先生主编的《辽宁通史》，以及李洵、薛虹等先生主编的《清代全史》。

书中插图来源于周连科先生主编的《辽宁文化记忆——物质文化遗产：肆》、辽宁省图书馆编写的《盛京风物——辽宁省图书馆藏清代历史图片集》、旅顺博物馆编写的《"满铁"旧影——旅顺博物馆藏"满铁"老照片》，以及自己平时拍摄的照片。

王凯旋

2018年3月

目录

第一章 辽宁文化历史渊源与经济文化多元性 / 001

第一节 辽宁文化历史渊源 / 003

一、辽宁历史建制与承袭 / 003

二、辽宁历史建制区域特点 / 008

第二节 辽宁经济文化多元性 / 010

一、渔猎经济文化 / 011

二、游牧经济文化 / 012

三、农耕经济文化 / 015

第二章 满族文化发端 / 025

第一节 满洲源起 / 026

一、建州女真聚集 / 026

二、"满洲"民族认同的形成 / 035

第二节 满文的创制 / 039

一、满文创立的历史条件 / 039

二、满文的创制与演变 / 043

第三节 满洲都城的变迁 / 046

一、旧老城佛阿拉 / 047

二、兴京赫图阿拉 / 050

三、东京辽阳 / 052

　　四、盛京沈阳 / 054

第四节　法律与制度 / 056

　　一、努尔哈赤时期的法律与礼仪 / 056

　　二、皇太极时期的法律与礼仪 / 061

第三章　满汉文化聚合 / 067

第一节　移民文化的涌入 / 068

　　一、"从龙入关"后辽宁地域的民族分布 / 068

　　二、招民垦荒与汉族人口初步流入 / 083

　　三、封禁政策与汉族人口涌入 / 088

第二节　流人文化圈的形成 / 093

　　一、辽宁地区的流人 / 094

　　二、流人的文化贡献 / 103

第三节　满汉壁垒的破除 / 106

　　一、旗民分治行政体制的变化 / 106

　　二、旗地与民地 / 122

第四章　文人著述 / 127

第一节　流人诗歌的繁荣 / 128

　　一、冰天诗社及流人诗 / 128

　　二、其他主要流人诗人及诗集 / 143

第二节　本土诗人与寓外文人 / 145

　　一、本土诗人 / 146

　　二、寓居关内文人及其作品 / 153

第三节　官修方志 / 156

　　一、府州县志的修纂 / 156

　　二、《盛京通志》的编撰与重修 / 161

三、辽宁地区官修方志的特点 / 164

　　四、官修图考 / 167

第四节　私人著述 / 169

第五章　外来文化影响 / 173

第一节　朝鲜在辽宁地区的经济文化交流 / 174

　　一、宗藩关系下的物质文化交流 / 175

　　二、朝鲜文人在辽宁地区的精神文化交流 / 186

　　三、近代朝鲜越境移民及文化影响 / 190

第二节　近代列强对辽宁地区的影响 / 194

　　一、英国初始浸染 / 194

　　二、俄国对大连的城市建设 / 198

　　三、日本"铁路附属地"的殖民化 / 200

第三节　清末辽宁地区社会文明变迁 / 203

　　一、物质文化的飞跃 / 203

　　二、精神文化的潜移 / 211

第六章　教育文化 / 215

第一节　学校与科举 / 216

　　一、儒学系统 / 216

　　二、八旗官学 / 221

　　三、学校教育及科举的特点 / 223

第二节　国语骑射 / 229

　　一、康雍时期的国语骑射 / 229

　　二、乾隆嘉庆时期的国语骑射 / 231

　　三、道光以后的国语骑射 / 234

第七章　宗教文化 / 237

第一节　萨满教 / 238

一、清入关前的早期萨满信仰 / 239

　　二、萨满祭祀的宫廷化 / 243

　　三、民间萨满教的家祭与野祭 / 249

第二节　佛教、道教及其他 / 252

　　一、辽宁地区的宗教背景 / 253

　　二、清代辽宁地区佛教、道教、伊斯兰教 / 256

第三节　辽宁地域的民间信仰与文化特点 / 259

　　一、民间信仰的多元化 / 259

　　二、民间信仰的杂糅化与世俗化 / 262

第八章　文化遗产 / 267

第一节　民居建筑与宫廷建筑 / 268

　　一、满族建筑的起源 / 268

　　二、辽宁地区的满族民居建筑 / 271

　　三、盛京皇宫建筑群 / 274

第二节　满族历史文化传说 / 283

　　一、神话故事传说 / 283

　　二、历史故事传说 / 292

第三节　满族曲艺与舞蹈 / 296

　　一、曲艺 / 296

　　二、舞蹈 / 300

第四节　家谱修撰 / 301

　　一、满族修谱的兴盛 / 301

　　二、满族家谱序言内容 / 308

第九章　盛京文化标志 / 315

第一节　盛京典藏 / 316

　　一、凤凰楼与敬典阁所藏 / 317

二、崇谟阁所藏国史 / 321
　　三、盛京太庙所藏玉册、玉宝 / 324
　　四、文溯阁所藏《四库全书》 / 325
第二节　关外三陵 / 327
　　一、建筑规制及特点 / 327
　　二、祭祀典制 / 330
　　三、管理机构 / 332
第三节　清帝东巡 / 337
　　一、清帝十次东巡概况 / 338
　　二、东巡内容及政治文化意义 / 341

参考文献 / 347

第一章 辽宁文化历史渊源与经济文化多元性

文化（culture）是一个非常广泛且具有人文意味的概念，它可以包括人类社会生活的方方面面。给文化下一个精确的定义，是一件困难的事情。一般来说，广义的文化是指人类创造的一切物质财富和精神财富的总和。在谈到清代辽宁地域文化时，需要首先探讨辽宁地域文化的历史渊源。从文化发展类型的角度来看，清代辽宁地域文化涵盖了渔猎经济文化、游牧经济文化、农耕经济文化三种类型。从文化创造主体的角度而论，清代辽宁地域文化是由多个民族共同创造的，汉族和满洲民族是辽宁地域文化创造的主体民族。而清代辽宁地域文化认同是在多民族混居、涵化的过程中形成的。清代辽宁地域文化之所以如此瑰丽多姿，正是因为它具有多元性的特征。在清代辽宁地域意识形成的过程中，多元特性并未消失，而是以多种文化存在形态及层次——器物文化、制度文化、思想文化等——表现出来。

第一节 辽宁文化历史渊源

一、辽宁历史建制与承袭

现今在提到"辽宁"时,其多数是作为行政区划概念出现的。而对于"辽宁""地域文化"的研究,其更多的是"历史地理"上的概念。在探讨清代辽宁地域文化时,应该既以当代的行政区划为研究的地理基点,又考虑历史文化及人文地理上的沿袭。古代辽宁是我国东北开发最早的地区。从旧石器时代起,辽宁地区就可以看作古代东北文化的摇篮。营口金牛山、本溪庙后山、喀喇沁左翼蒙古族自治县鸽子洞、凌源八间房等地遗址表明,至少远在距今40万—60万年以前,辽宁地区就已经出现了人类活动。距今7000—8000年前,辽宁地区开始进入新石器时代。辽宁地区新石器时代文化遗址有距今8000年前的阜新查海文化、长海小珠山文化以及盖州石棚山的石棚文化,距今7200年前的沈阳新乐文化,距今5000年前凌源牛河梁的红山文化等。其中石棚文化是亚洲最大的新石器时代晚期及铜器时代早期文化遗址。从辽宁各地发现的原始社会文化遗址来看,至原始社会末期,辽宁地区已存在原始农业。长海小珠山文化是农渔猎混合型原始文化。在沈阳新乐遗址中发现了大量的打制磨制石器与细石器工具，以及手制夹砂陶等出土文物。这些出土文物大都制作得十分精美，展示了辽宁新石器时代以农业为主要特征的农业文化类型。此外，在辽宁喀左、朝阳等地有大量商周青铜器出土，说明商周文化已对辽宁地区有深远的影响。据《逸周书》记载，夏商时期在今辽宁境内居住有东北夷的孤竹、屠何、俞人、青丘等部落。近人结合出土的考古文物研究认为，孤竹主要分布于喀左一带，俞人主要活动在北票、朝阳一带，屠何主要分布于朝阳、锦州之间，青丘应在今辽南地区。周武王灭商以后，"封召公奭于燕"，辽宁是古燕国的辖境。公元前3世纪前后，燕将秦开击败东胡，在辽阳西北与锦州西北分别设立辽东、辽西二郡。此后，自造阳（河北怀来县）至襄平（辽宁辽阳市老城）修筑长城，又在长城北面直至南面浿水（今朝鲜清川江）修筑障塞，以避游牧民族侵扰。于是，燕（河北）、赵（山西）、齐（山东）等地人民纷纷迁来，成为开发辽宁地区的早期居民。

据文献记载，西汉时辽宁境内有辽东、辽西和玄菟三郡。据不完全统计，西汉时仅辽东、辽西和玄菟郡就已有人口六七十万。辽东郡，治所襄平（今辽阳市），属县十八个，有十七个在辽宁境内：襄平、新昌（今鞍山东北沙河镇）、无虑（今北镇）、望平（今新民平安堡附近）、房县（今辽河西的田庄台一带）、候城（今沈阳浑河南岸上柏官屯）、辽队（今海城牛庄）、辽阳（今辽中东茨榆沱一带）、险渎（今台安县西南孙城子古城）、居就（今辽阳市东南白崖城古城）、高显（今铁岭境内）、安市（今海城南英城子）、武次（今凤城附近）、平郭（今熊岳城）、西安平（今丹东九连城叆河尖古城）、文县（今大石桥东南）、沓氏（今金州）。辽西郡，治所阳乐（今义县古城子沟），属县十四个，在辽宁境内的有阳乐、且虑（今义县至阜新市中间）、柳城（今朝阳南）、宾徒（今锦州北）、交黎（今义县）、狐苏（今朝阳南大屯一带）、徒河（今锦州市）、广城（今建昌附近）、临榆（今朝阳东）；而海阳、肥如、新安平、令支及累县属今河北。玄菟郡，治所高句丽（今新宾附近），属县有三个：高句丽、西盖马（今吉林省集安鸭绿江对岸）、上殷台（今吉林省通化市）。此外还有秦时设置的右北平郡，郡治无终（今天津蓟县），西汉迁治所于平刚（今辽宁凌源），东汉移治于土垠（今河北省丰润东）。

第一章 辽宁文化历史渊源与经济文化多元性

三国时，辽东为公孙度所占，辽西则一度被公孙瓒割据。魏景初二年（238），司马懿平定辽东公孙氏割据政权，实现了辽宁地区与中原的统一。西晋时期，辽宁地区分别隶属辽东、玄菟等郡管辖。西晋之后，居住在辽宁境内的鲜卑、高句丽等族的统治者相继在辽宁境内建立地方政权。魏晋之后，辽宁西部地区经过前燕、后燕和北燕三个政权的短期割据，后合并于北魏；辽宁东部地区则为新兴的高句丽贵族所割据。这一时期，虽然辽宁地区的政权变动频繁，但多数郡县行政机构仍沿袭原治所及地名。公孙度割据辽东时，有十七个县均沿袭西汉时的称呼，只是新置北丰县。西晋在辽宁境内设有平州，治所昌黎（今辽宁省锦州市义县），辖昌黎、辽东、玄菟郡，其所属各县绝大部分沿袭汉代名称。前燕、前秦、后燕、北燕政权统治辽西时，其统治区域虽未达到西汉时的建置规模，但原有郡县的行政区划及名称仍被袭用。前秦统一北方时期，在辽宁地区设平州，治所龙城（今辽宁省朝阳县），统辖着昌黎郡、辽东郡、玄菟郡及所属县邑。后燕在辽宁平州（今辽宁省盖州市熊岳城），统辖辽东郡、玄菟郡及所属县邑。其后辽东、玄菟郡尽被高句丽贵族所据，而北燕时仍于辽西的宿军（今辽宁北镇）设置侨郡。魏晋以来，新兴的高句丽贵族在辽东的势力日益强大。为了加强统治，他们在各险要处修筑了很多军事性的山城。其中比较著名的有辽东城（今辽宁省辽阳市老城）、新城（今辽宁省抚顺市北高尔山）、玄菟城（今辽宁省沈阳市上柏官屯古城）、盖牟城（今辽宁省抚顺市劳动公园古城）、安市城（今辽宁省海城市东南英城子）、建安城（今辽宁省盖州市东北青石关古城）、延津城（今辽宁省铁岭县城）、木底城（今辽宁省新宾满族自治县木奇镇）、乌骨城（今辽宁省凤城市东南凤凰山古城）、积利城（今辽宁省瓦房店市龙潭山古城，得利寺）、卑沙城（今辽宁省大连市金州区东大黑山古城）、泊沟城（今辽宁省丹东市九连城古城）等。

随着隋朝的建立，辽东地区在名义上从割据局面恢复为统一。隋朝建立之初，即封高句丽王为高丽王，承认高句丽贵族在辽东地区的割据统治。对于隋王朝而言，此为权宜之策。其后，隋朝三征高句丽以争夺对辽东的统治权，但均告失败。唐初，出于加强中央对辽宁地区统治的需要，统治者进行了一系列统一辽宁的军事行动。唐太宗李世民鉴于隋朝失败的教训，以水陆并进、步步为营的方针，逐渐收复了盖牟（盖州）、卑沙（金州）、辽东（辽阳）、通定镇（新民）、怀远镇（北镇）等地。直至唐高宗时，中原王朝才取得了对高句丽贵族战争的全面胜利。唐总章元年（668），在高句丽旧地设安东都护府。安东都护府下辖辽宁东部的新城、辽城、建安等都督府。在辽宁西部，则设立隶属河北道的营州都督府。安史之乱后，唐朝由盛转衰。松花江流域的渤海国地方政权势力范围逐渐扩张到了鸭绿江流域和辽河上游。渤海国设置鸭绿府、长岭府、扶馀府，开始将丹东、抚顺、昌图等地纳入辖境。

辽金元时期，我国多民族国家进一步发展。在这一时期，契丹、女真、蒙古等少数民族人口大量迁入辽宁地区。辽王朝为了巩固对辽宁地区的统治，把从河北、山西等地掠来的汉民迁至辽宁，建立投下州县。如上京道所属的壕州（彰武县南）、原州（康平县西北）、福州（康平县北）、顺州（阜新），为俘掠的燕、蓟、顺州汉民设置；中京道所属的榆州（凌源市西）、黔州（义县北）、宜州（义县）、弘政县（义县东北）等，为俘掠的燕、定、镇州汉民设置；东京道所属的沈州乐郊县（今沈阳市老城区）、贵德州（抚顺市高尔山下古城）、祺州庆云县（康平县齐家屯古城）等，为俘掠河北的檀州、三河、密云县汉民设置。此外，又强制渤海遗民南迁辽东，以加强对渤海遗民的控制。原渤海中京显德府（今吉林省敦化市敖东城）迁至辽阳县城为东京辽阳府；庆州（吉林省珲春市西）、盐州、稽州、贺州迁至凤城县境内；盖州迁至辽宁省盖州市，称辰州；卢州（吉林省安图县明月镇）迁至盖州市的熊岳城；铁州（吉林省敦化市附近）迁至营口县汤池；兴州（吉林省靖宇县白山镇）迁至沈阳北彭路；东平府（黑龙江省密山市临湖）迁至辽宁省新民县辽滨塔，称辽州；等等。辽亡以后，女真贵族取代了辽对辽宁地区的统治。金代，辽宁地区大部分归东京路统辖，行政建制与地名多沿袭辽代，如宁州（熊岳城西南七里的永宁城）、新兴县（铁岭市新兴堡村古城）、庆云县（康平县齐家屯古城）、清安县（昌图县昌图镇）、柳河县（昌图县八面城古城）、辽阳县（辽阳市西南唐马寨村）、宜丰县（辽阳市东南大安平）、临溟县（海城市）、析木县（海城市东南析木城）、沈州（沈阳市）、乐郊县（沈阳市城东北隅）、辽滨县（新民市辽滨塔古城）、双城县（铁岭市古城子村）、贵德州（抚顺市高尔山下古城）、汤池县（盖州市东北汤池堡)、熊岳县(盖州市西南熊岳城)、复州(瓦房店市复州城)等。但也有部分州县名称更改,如海州改为澄州(海城市)、宜州改为义州(义县)、昌义县改为章义县(沈阳西南彰义站)、同州改为铜山县(开原市中固镇)、荣州改为荣安县(康平县齐家坨子)、安州改为归仁县(昌图县四面城)、岩州改为石城县(辽阳市东岩州城)、兴州常安县改为垍楼县(沈阳市北懿路镇古城)、耀州改为神仙镇(大石桥北岳州城)、显州山东县改为广宁府(北镇县城)、乾州奉陵县改为闾阳县(今北镇市西南闾阳驿村)等。至13世纪初,新兴的蒙古贵族势力在我国北方建立蒙古政权。为了便于对辽宁的统治,元朝推行了行省制,并建立与整顿了路府州县各级政权机构。辽宁东部地区属辽阳行省的辽阳路、沈阳路;北部地区属开元路咸平府;西部地区广宁府路也隶属辽阳行省,唯大宁路及其属县隶属"腹里"中书省。根据辽西北地处交通要冲与汉族居民日益增多的特点,元朝特别注意恢复与建置州县。其中设于今辽宁境内的有龙山县(喀喇沁左翼蒙古族自治县南公营子村)、富庶县(喀喇沁左翼蒙古族自治县北公营子)、和众县(凌源市十八里堡)、金源县(朝阳市喀喇沁村)、瑞州(绥中县前卫镇)、利州(喀喇沁左翼蒙古族自治县东大土城)、川州(北票市黑城子古城)、建州(朝阳喀喇城)等。

　　明王朝建立后,经过不断的调整与变革,逐步形成了以辽阳为中心的都司卫所统治体系。元朝统治时期的州县一级地名就被改为卫或所。据文献记载:在辽阳地区,明朝把元朝的辽阳府改为定辽中、左、前、后卫,东宁卫,自在州(治所都设在今辽阳老城)。在沈阳与辽北地区,明朝把沈州改为沈阳中卫(卫治在今沈阳市),银州改为铁岭卫(卫治在今铁岭县),咸平府改为三万卫、辽海卫、安乐州(治所都设在今开原市老城)。在辽南地区,明朝把澄州改为复州卫(卫治在今海城市),盖州改为盖州卫(卫治在今盖州市),复州改为复州卫(卫治在今瓦房店市复州城),金州屯田万户府改为金州卫(卫治在今大连金州)。在辽西地区,明朝把广宁府路改为广宁卫,广宁左、中、右卫(卫治都在今北镇市),义州改为义州卫、广宁后屯卫(卫治都在今义县),锦州改为广宁中、左屯卫(卫治都在今锦州市),瑞州改为广宁前屯卫(卫治在今绥中县前卫镇)等。以上辽东都司所属卫的辖境,东至鸭绿江,西到锦州、山海关一带，南到旅顺海口，北到开原，相当于今辽宁省的大部分。

图1-1　中前所城瓮城

清兵入关，定鼎北京，以盛京（今辽宁省沈阳市）为留都。清廷以正黄旗内大臣何洛会为盛京总管镇守盛京等处，左翼以镶黄旗梅勒章京阿哈尼堪统之，右翼以正红旗梅勒章京硕詹统之。八旗每旗满洲协领一员，章京四员，蒙古、汉军章京各一员，驻防盛京。后于熊岳、锦州、凤凰、宁远、兴京、义州、新城、牛庄、岫岩九城设城守官，东京（今辽宁省辽阳市）、盖州、耀州、海州、鞍山、广城六城以满汉章京"率兵驻防"。顺治三年（1646），清廷改盛京总管为昂邦章京，"以梅勒章京叶克书为昂邦章京，镇守盛京"，并颁给镇守总管之印。康熙元年（1662），奉天昂邦章京改镇守辽东等处将军。康熙四年（1665），改镇守奉天等处将军。

二、辽宁历史建制区域特点

综合考察历代辽宁地区的行政机构设置可以看出，其具有一些独特的区域特点。首先，在历史发展的长河中，辽宁地区时常是统一的中央王朝的有效辖区。辽宁地区在唐朝以前是州郡制度，唐朝到金朝是道路制度，元朝以后是行省制度，这与历代中央王朝的行政设置是一致的。其次，由于政治状况和民族关系复杂，辽宁地区的行政建置有时是由少数民族统治者设置的。夏商以来至战国以前，东夷诸族和山戎、东胡、秽貊等族是生活在辽宁大地上的主要居民，大部分处于部落组织管理之下，有的民族首领（如山戎、东胡）被称为王。东晋以后，辽西为慕容鲜卑的三燕政权，辽东为高句丽政权。高句丽政权一直存在到唐高宗时期。唐朝末年，辽东部分地区又成为渤海国的辖区。辽金元时期分别被契丹、女真、蒙古政权统治。清朝时，被满洲政权统治。这些行政建置都具有鲜明的民族特色。再次，东汉以来，辽宁地区少数民族人口增加，历代大多实行胡汉分治政策。东汉设立辽东属国，并且重设护乌桓校尉管辖乌桓各部落组织。唐朝采用羁縻府州形式管理高句丽、契丹等民族。辽朝形成了一套"因俗而治"的行政建置，即原则上对契丹人和奚人等游牧民族地区实行部族制，对汉人和渤海人地区实行州县制。金朝地方行政管理体制的特点与辽朝相似，对于广大汉人和渤海人实行州县制，对女真人和部分契丹人、奚人等实行猛安谋克制。明朝，边墙之内为汉人各卫，边墙之外为蒙古和女真各卫，属于羁縻性质，虽都称为卫，但管理不同。清代，旗民事务归盛京将军管理，而对汉人的管理则设置府州厅县，相关事务归奉天府府尹管辖。

以上是辽宁地区在中国不同历史时期的称谓及渊源。在学术讨论中，先后出现有辽海文化、辽河文化、辽沈文化、盛京文化与辽宁地域文化等相关的概念称谓。辽宁地域文化的概念应如上文所言，主要是以当代的行政区划为研究的地理基点。辽宁之名，源于近代。1929年，张学良将军改奉天省为辽宁省，取希望辽河永久安宁之意。伪满时期复又改名奉天省。1945年光复后又改辽宁省。中华人民共和国成立初曾分辽东省和辽西省，后合并恢复辽宁省，沿用至今。辽海文化的称谓应该有狭义与广义之分：狭义的辽海文化当指历史上辽宁地区而言；广义的称谓正如金毓黻在《辽海丛书》中所说的那样，"称辽海而赅吉、黑亦可也。""辽海"一词，历史文化积淀深，在中国古代文献中曾多次出现。如《后汉书》记载，汉献帝初平年间，公孙瓒在易水之滨"盛修营垒，楼观数十。临易河，通辽海"。由此可知，至少在东汉末年就有了辽海的说法。辽河文化，盖因辽宁地区辽河而得名。辽沈文化的称谓，主要指以沈阳为中心的辽宁区域文化。盛京文化主要是因为清代以沈阳为盛京而提出的；值得指出的是，盛京文化只能指清代及其以后的辽宁地区文化。"辽海文化""辽沈文化""盛京文化"诸称谓在特定语境中是可以互换的。

第二节
辽宁经济文化多元性

从历史发展的角度看，人类的经济文化分为农耕经济文化、游牧经济文化及渔猎经济文化三大类型。清代的辽宁地域，从时间和空间上涵盖了这三大类型。其中，农耕经济文化是以农业为主要经济活动，游牧经济文化是以畜牧业为主要经济活动，渔猎经济文化有时也被称作采猎文化。这三种文化类型并非简单、独立存在的。各民族彼此之间交往的增加及社会的不断进步，促进了文化类型间的接触与交融。各文化类型彼此碰撞交融，形成了不能简单以一种文化形态命名的复杂的文化状态。它具有多种文化的共同特征，表现为多样化和复杂化。清代的辽宁地域，就是农耕、渔猎、游牧文化的交汇处，是多种文化并存互动的地方，三大文化的特征在这里均有体现。

多种经济文化类型并存的局面主要是由自然生态环境及人文地理环境决定的。就自然生态环境而言，辽宁属于中纬度北温带的大陆季风气候。它既不同于偏南的河北与山东的温和，又有别于更北方的吉林与黑龙江的寒冷，因而具有某种过渡性的地貌和气候特点。辽宁地域的地形地貌复杂，有绵延的海岸线、起伏的丘陵、广阔的平原以及纵横的河流。这使得多种生存方式得以共存：在海域及河流中可以捕捞，在丘陵及平原上可以狩猎，在平原及流域地区可以放牧也可以农耕。地理环境的复杂决定了生计的多样。就人文地理环境而言，辽宁所处的位置使得其能接触和吸收不同民族的文化。辽宁西部的草原地区和丘陵地带是游牧经济的重要生成带，较早活动在这里的东胡民族就是以游牧为主要生活来源的民族。辽宁北部是松嫩平原的南端，这里较早生活的是以农业兼畜牧渔猎为主要经济生活来源的秽貊族，即夫馀系民族。辽宁南部和东部是汉民族早期在东北的主要居住区。由于辽西地区是东北与中原的接壤带，这里既是汉文化的重要发源地之一，也是其他民族较早、较多与汉民族交融的地方，农耕经济是该区域的重要经济类型。

一、渔猎经济文化

在清代辽宁地区共存的多种经济文化中，渔猎经济文化更多地来源于明代女真族。明代进入辽东地区的建州女真与海西女真有时被明代文献称为"熟女真"；盖因其既保留渔猎经济文化，又发展农耕经济。如明正统二年（1437）时，朝鲜方面就称婆猪江建州女真"虽好山猎，率皆鲜食，且有田业以资其生"①。成化二十年（1484），朝鲜官员在谈到朝鲜沿边女真人的经济状况时曾言："野人以猎兽为生，农业乃其余事。"② 由此可知，辽东地区"熟女真"的生活资料，更多地来源于渔猎。明代辽东地区的河川、山林"皆为彼渔猎之场，猎机、渔梁、幕宇、马迹遍满山野"③。每届"秋成参实时"，女真人常常是整个部落一起出动，"空落而出"，"或采人参，或采蜂蜜"④。这些都说明了渔猎

---

① 《朝鲜世宗实录》卷七十七，世宗十九年六月己巳，韩国国史编纂委员会影印本，1970。
② 《朝鲜成宗实录》卷一百七十，成宗十五年七月辛丑。
③ 《朝鲜中宗实录》卷四十九，中宗十八年十二月丁未。
④ 《燕山君日记》卷十六，燕山君二年七月丙寅；卷十七，燕山君二年八月癸巳。

经济文化为明代辽东女真的主要经济文化形式。渔猎经济对于后金政权的形成有着重要的意义，努尔哈赤就是因为独擅人参、松子、海珠、貂皮之利而日益富强，以至威临女真群雄，进而完成霸业。

清朝入关后，渔猎经济在盛京地区的存留形式发生急剧变化——以在皇室所有的围场、山场进行采猎的形式存在。如盛京围场因地处盛京将军辖境内而得名。其辖境南自沙河尔郎头三道河沿起，北至阿机格色合勒北伊通河止 480 余里；东自辉发城起，西至威远堡边门止 490 余里；东南自骆驼砬子起，至西北三音哈达交界西北封堆止 510 余里；西南自英额门起，东北至巴珠勒阿林止 520 余里。其范围大致相当于今吉林省的海龙、辉南、梅河口、柳河、东丰、辽源、东辽和辽宁省的西丰等市县境。盛京围场是整个东北境内面积最大、存在时间最久的围场。盛京围场内划设 105 处围地：御围地 11 处，供皇帝巡视东北时行围用；王多罗束围地占地 11 处，供盛京内务府捕打"岁贡"；鲜围地 14 处，供捕鹿贡用；历年应捕围地（又称大围场）占地 63 处，供八旗官兵演武骑射；鸾远围地占地 6 处，荒场。从盛京围地的划分数目可以看出其主要为放采捕皇贡的场地，同时亦为皇帝巡视御围及驻防八旗演武骑射的场所。永陵龙岗官山为专供皇室采集土特产品的山场。兴京永陵以启运山为主峰，东接长白山，绵延千里，且被清廷视为龙脉，其位置大致在今辽宁省新宾、抚顺，吉林省通化、柳河等市县境内，周围占地 200 多里。此外，盛京地区还有许多山场为王室采集人参以及围猎的场所。清初规定：王以下奉恩将军以上，采捕山场各有分界。在京土三旗及各旗采捕壮丁在东捕时领户部执照移文盛京将军，给予出边信票进山采捕。清皇室要求盛京将军每年向皇室"贡鲜""年贡"。这些贡品多数取自封禁的围场及采贡山场，有专门的人丁负责采捕。

二、游牧经济文化

清代辽宁游牧经济源自南下的蒙古族。明初，蒙古兀良哈部开始于辽宁地区定居。兀良哈部主要有泰宁卫、朵颜卫、福余卫。朱元璋命其首领"各领所部，行则车为室，以安畜牧"，并指出："自古胡人无城郭，顺水草以骑射为业。今一从其本性。"① 直至明末，兀良哈三卫基本保持着"逐水草而驻牧"的游牧生活；畜牧业为其主要经济部门，物产主要是马、牛、羊和骆驼。至宣德年间，有少数兀良哈部人开始向南活动，寻求水草肥美、便于放牧的土地。他们先后到达滦河两岸、辽西的虹螺山等地区直至西拉木伦河及老哈河流域，使这里成为明代东北畜牧业最繁盛的地区。正统九年（1444）明朝征讨西拉木伦河流域的兀良哈部时，所获的牲畜（如马、牛、羊等）均以万计。后明廷准兀良哈部于辽东近边选择"水草利便去处居牧"，使得兀良哈部聚居"边墙外草地，远者百里，近者六七十里，又近直逼边墙"的开原、铁岭西面和北面。② 兀良哈三卫南下后，嘉靖前期大体是"朵颜在山海关以西、古北口以东、蓟州边外驻牧，泰宁在广宁境外，福余在开原境外辽河左右驻牧"③。嘉靖二十五年（1546）左右，蒙古察哈尔部东迁，自西拉木伦河以北迅速"侵驻辽河套"，征服了兀良哈三卫，并逐渐与其融合在一起。辽河套位于广宁至辽阳间，又称三岔河地区，盖因为辽河、浑河、太子河汇流之处，土地肥沃，草木茂密，又多鱼虾之利，是兀良哈三卫主要的驻牧之处。可见，明末时，蒙古兀良哈及察哈尔两部已经将游牧经济扩张到了辽宁地区。

至清代，分布于辽宁地区的蒙古人主要为喀喇沁部、土默特部、科尔沁部的一部分。由于驻牧地相对稳定，辽宁地区的牧业生产有了长足发展。在辽宁地区蒙古各旗领地内，除札萨克牧场外，还有闲散王公牧场、寺庙牧场、陵墓牧场。王台吉、塔布囊乃至个别阿勒巴图（平民）当上小官，构成了"额尔和坦"（权力）阶层，一些人因作战、服役有功，成为"达尔哈坦"（免赋役者）。他们中的部分人逐渐变成了新牧主。相传，在卓索图盟地区，有羊以千计、马牛以数百计的户数不在少数；在科尔沁左翼各旗内的大牧主则更多。他们拥有

---

① 《明太祖实录》卷一百九十六，洪武二十二年五月癸巳，"台湾研究院历史语言研究所"影印本，1962。

② 《明英宗实录》卷一百六十五，正统十三年四月乙亥。

③ 《明世宗实录》卷三百七十，嘉靖三十年二月甲戌。

的牲畜数多至以"群"计算，以若干"茫罕浩特格尔"（沙坨子凹）计算羊；犹如古时蒙古人计算牲畜时，往往用"套海"，即将牲畜赶进洼地或沟里加以计量。清理事通判哈达清格所修《塔子沟纪略》卷十《艺文》中记录的两首诗，可以让我们对于清代辽宁地区畜牧业发展情形有所了解：

榆林夜牧

榆林近南河，复秋水草丰盈，蒙民牧牛马数千，晚眺亦一大观。

偶向南郊逐晚风，清流缭绕茂林东。
一群骐骥倾云练，几队牛羊簇锦丛。
驱犊堤边芳草绿，秣驹河畔夕阳红。
牧人添得歌声好，仿佛桃河暮景间。

榆林晚牧

榆林深处透清风，晚牧成群西复东。
牝牡骊黄俱逐队，嘶奔骎𫘨各为从。
坐堪倚石听流水，立向斜阳看落红。
此地无人空冀北，悲鸣伏枥意相同。

两首诗都描绘了"榆林"地方"蒙民牧牛马数千"的兴旺景象。"榆林"具体为今何地，尚待考证。不过，塔子沟，即塔子沟厅，其治所曾在今辽宁省凌源市，当时所辖地域包括今朝阳市的凌源市、建平县、喀喇沁左翼蒙古族自治县、朝阳县及河北省、内蒙古自治区的一些县、旗。清代，喀喇沁部、土默特部蒙古族人民在此地驻牧，属卓索图盟。朝鲜人柳得恭著有《滦阳录》一书，内容为其在乾隆五十五年（1790）至热河避暑山庄为乾隆皇帝祝寿时途中所闻所见。书中《夜不收》记载："未至建昌县六十五里，站名夜不收，平川旷野，极目苍然，牛马驼羊成群散合。地甚膏沃，而无一畦，都是丰草，畜牧之利大于稼穑可知也。"该书有诗云："主寝僧房古塞秋，皇庄酒局抱河流，驼羊百万青青草，乐土无如夜不收。"建昌县，属平泉州，其治所在今辽宁省凌源市。

"夜不收"站,当为今辽宁省建平县县城所在地叶柏寿镇。此地正是当时喀喇沁部蒙古人的驻牧地。

值得注意的是,辽宁地区清皇室牧场的放牧活动也是游牧经济的体现。东北三大牧厂,即盛京大凌河牧厂、盘蛇驿牧厂、三陵养息牧厂,是专为政府牧养官马和祭牲的场地。大凌河牧厂在大凌河西岸,又称西厂,初设于顺治二年(1645),大致在今锦州市南部。盘蛇驿牧厂在大凌河东岸,又称东厂或砖台子牧厂,大致在今锦州市北镇市南和盘山县大部分。东西两牧厂圈定后,留为牧马地,不许民间开垦。两牧厂初隶兵部,康熙九年(1670)改隶内务府上驷院,乾隆十五年(1750)拨归盛京领属。马群于每年春夏秋在厂地牧放,每年于立冬日起,交管在衙门所属各个庄头,入圈喂养。两牧厂所牧养的马匹,多用于八旗官兵军马,少数用于皇帝"巡幸"时的扈从用马。三陵养息牧厂大致在今阜新市彰武县境内。顺治四年(1647),其地称"苏鲁克"荒,初设10牛群、6羊群。康熙元年(1662)题准,每牛群给牛百头,每羊群给羊百只。康熙八年(1669),增设骒马3群。康熙三十一年(1692),科尔沁宾图王和东土默特旗札萨克奉献出一部分领地,作为盛京三陵供牲牧养地,扩大了苏鲁克牧厂面积,改称三陵养息牧厂,隶盛京牧群司。

三、农耕经济文化

明代,辽宁地区就已经出现"土人以力农为本业","四民之中,农居其三"的情况[①]。辽东地区的土地分军屯与民田。明代初期,辽东与关内农业组织方式全然不同,有除屯田之外"别无他土"之说。这是因为军屯所占比重极大。《全辽志》记载:"率田归屯种,收其籽粒,而各军余丁又每岁出缯以给公上之用。即间有科田起税如河济之例,然总全镇会之屯种之田十而八九矣。"[②]

[①] 李辅:《全辽志》卷四《风俗》,辽海丛书本,辽沈书社,1985,第633页。
[②] 李辅:《全辽志》卷二《赋役》,辽海丛书本,辽沈书社,1985,第541页。

明代中后期，军屯土地大多逐渐转化为民田。

明代的"熟女真"在与汉族地区有了更多的接触与交往之后，农业经济开始迅速发展。进入辽东地区的建州女真很早就善于耕种与纺织，"屋居耕种，服食颇类中华"①；海西女真则"颇有室屋耕田之业，绝不与匈奴逐水草相类"②。明永乐十一年（1413）时，镜城地区斡朵里女真李大豆等已经"土著耕田"。宣德八年（1433）时，猛哥帖木儿部"安心农业"，至童仓、董山时代仍然是"安业耕田"、"勤治农事"。婆猪江地区的建州女真，"农月"之时，绝不肯"废农业"而外出，"每当九月之季收获已毕"，始"运粮于城，挈家入保"。③嘉靖至万历初，海西女真也以"俗尚耕稼"著称，如叶赫部百姓"屋居火食，差与内地同，而户知稼穑，不专以射猎为生"④。

图1-2 本溪出土的犁铧

宣德末年，兀良哈三卫进至西拉木伦河流域后，有了适宜耕作的自然条件，并且接受了更多的汉族先进文明，学到了更多的农业生产技术，从明朝政府得到了一部分农业生产工具，因而从正统年间起兀良哈部逐渐兴起了农业生产。

---

① 何乔远：《名山藏》卷一百九《东北夷》，北京大学出版社，1993，第6263页。
② 瞿九思撰《万历武功录》卷十一《东三边·王台列传》，顾廷龙主编《续修四库全书》436册 史部，上海古籍出版社，2002，第584页。
③ 《朝鲜世宗实录》卷七十七，世宗十九年六月戊子。
④ 冯瑗：《开原图说》卷下，台湾图书馆，1981，第129页。

景泰后，兀良哈农业发展的步伐有所加快。景泰三年（1452），明兵部指出，当时"泰宁、朵颜、福余三卫达子近边住种"①，就是说其在靠近汉族农业区附近从事部分农业生产。不过，这主要是当时南迁较早的泰宁卫以及朵颜卫，不包括南迁较为滞后的福余卫。景泰六年（1455）正月，泰宁卫都督佥事革干帖木儿朝贡时向明廷要求："尝被瓦剌胁从附彼，今已得归朝廷，但日给困难，乞赐犁桦、种粮，耕地养赡。"明朝政府命边仓"给以种粮三十石"②。但泰宁卫在朝贡回还时还用明廷赏赐的彩缎等物"沿途购买耕牛"。同一时期，朵颜也向明朝政府乞耕地及犁桦、种粮等，以从事农耕。自景泰年间后，兀良哈乞求交易耕牛、农具的记载多了起来。据《明实录》记载，从景泰七年（1456）至成化五年（1469），兀良哈部五次向明廷乞求准许其购买农具与耕牛。连年购买农具与耕牛，说明其农耕经济发展较快；购买农具不是毁做武器，而确实是用于耕耘。成化末年，兀良哈部中的泰宁、朵颜两卫，农业经济已具有一定水平。成化二十年（1484），明代官员指出：兀良哈各卫"人皆土著，可以耕稼，比之北房，势实不同"③。

到了清代，进入辽宁地区的蒙古人更加懂得农业生产的好处。清初，生活在今辽宁西部地区的喀喇沁部蒙古人也开始从事农业生产了。据《清太宗实录》天聪六年（1632）五月条记述："前者令喀喇沁人于法库山耕种，若耕种未完，当督之尽耕。"④ 辽宁地区蒙古族从事农业生产且迅速发展是在清代。随着汉族农民带着农业生产技术进入蒙古族地区及清统治者"借地养民"政策的实施，辽宁蒙古族地区的牧业生产日趋萎缩，乃至其后为农业生产所代替。《塔子沟纪略》卷二《疆域》条目中之"赋役"记载："塔子沟境昔本蒙古藩封，征逐水草。康熙年间始辟土地树艺百谷，佃民交租而无赋，惟出易时取斗税耳。其流寓者，土默特有赋丁九百八十七人，人纳银二钱，加耗十分之一。人数每

---

① 《明英宗实录》卷二百二十，景泰三年九月辛亥。
② 《明英宗实录》卷二百四十九，景泰六年春正月乙丑。
③ 《明宪宗实录》卷二百五十二，成化二十年五月丁亥。
④ 《清太宗实录》卷十一，天聪六年五月戊申，中华书局，1985年影印本。

岁减而不增，其余户口数百万，移徙无定，未设牌籍，俱免力役之征焉。"这说明，在辽宁地区，原本以游牧经济为基本生活方式的蒙古族已经有了农业。所以，蒙古封建主肆意践踏广大牧民的利益，招徕汉族农民开垦牧地。据嘉庆朝《大清会典事例》卷九七九《理藩院·耕牧》记载：蒙古台吉、官员、喇嘛等特权阶级，"每倚恃己力，将旗下公地令民人开垦，有自数十顷至数百顷之多占据取租者"。

后金政权对于辽宁地区农耕经济的重视是其发展的重要原因。努尔哈赤执政时期采取"固我疆土，整修边关，垦种农田，建仓库以积粮"的基本政策①，大力发展农业经济。最初以"屯田"与"庄园"的形式组织农业生产。所谓"屯田"，是指于各处部落例置屯田，使其部酋长掌治，耕获亦置其处，而临时取用，以供"粮饷"。②至万历四十一年（1613）时，因为屯田"征收国人粮赋"而"国人甚苦"，努尔哈赤将屯田方式改为由"每一牛录出男丁十人、牛四头，出公差，耕种空隙处的田地"③。从此不再普遍征收"粮赋"，而是按牛录出劳役耕种公田。万历四十三年（1615）十二月，随着八旗制度的确立，牛录耕种公田制得到了进一步的加强和规范化，每三百人设一牛录，每牛录出十人四牛共同"垦种荒地"，收获"储于仓库"，以充公用，并任命了十六个大臣、八个巴克什负责粮食的收储与分配事宜。④庄园，称作"拖克索"，意思是"耕田人所住的地方"，朝鲜史料中记作"农幕"。万历二十三年（1595），朝鲜人申忠一至建州佛阿拉时，一路所见有位于苏子河上游旺清边门外属于努尔哈赤的庄园、苏子河至婆猪江之间沙河地方属于舒尔哈赤的庄园、蔓遮川（今集安西浑江支流新开河）边属于童时罗破（舒尔哈赤女婿）的庄园、于诸川（浑江支流富尔江）边属于童阿斗（努尔哈赤从弟阿敦）的庄园、蔓遮川以西蔓遮地方属于童流水的庄园。万历四十七年（1619）时，建州"自酋奴（努尔哈

---

① 《满洲实录》太祖皇帝天命朝第四册，中华书局，1990，第32页。
② 《朝鲜宣祖实录》卷七十一，宣祖二十九年正月丁酉。
③ 《满文老档》太祖皇帝天命朝第三册，中华书局，1990，第19页。
④ 《满文老档》太祖皇帝天命朝第四册，中华书局，1990，第37页。

赤）及诸子，下至卒胡，皆有奴婢（原注：互相买卖）、农庄（原注：将胡多至五十余所），奴婢耕作，以输其主。军卒则但砺刀剑，无事于农亩者"①。

后金进入辽沈地区后，土地扩大、人口增多，占据了土地肥沃、农业发达的辽河平原，控制了具有丰富农业生产经验的汉族农民。这使得女真族（满族）的农业生产发展到一个新阶段。此时，后金政权在农业生产上采取的第一个重要措施就是天命六年（1621）颁行的"计丁授田"法。"计丁授田"法规定：从辽阳城的五卫征收无主田地二十万垧，从金复海盖四卫征收无主田地三十万垧，于天命八年（1623）将征收的五十万垧土地转交给驻扎在辽东地区的八旗人丁耕种。所谓"无主田地"，是明代辽东地方官吏及富人荒弃之田，实际是剥夺原辽东军民所耕之屯田和民田。八旗人丁田地的分配方式是：计丁领地，每丁六垧，五垧种粮，一垧植棉。每三男丁种官田一垧，每二十男丁中，征一丁当兵，以一丁应公差。如不够分配，则松山堡以东，包括铁岭、懿路、范河、沈阳、抚顺、东洲、马根单、清河直至孤山堡之田都要耕种。如仍不足，则可出境耕种。② 努尔哈赤这次进行居地与农田大调整的一个出发点是：适应女真族大规模进入辽沈地区，把原来汉人的房屋、田地、粮食移交给女真人。天命十年（1625），后金对汉人实行按田编庄。十月，后金分遣八旗大臣率兵至各地，逐村逐户对汉人进行"鉴别"，对于有反叛行为或认为不宜收养的汉人一律杀掉，认为可以予以收养的汉人则重新进行编庄。具体编庄方式是：每十三名男丁、七头牛编为一庄，分给田地一百垧，其中八十垧供庄丁耕种自食，二十垧耕种收获归公，庄丁同时还要承担各种徭役。这些庄交给各级官吏掌握，"总兵官以下、备御以上，一备御赏给一庄"③。每庄设庄头两名，轮流督促十二名壮丁耕田，庄头负责向八旗牛录章京及时报告庄田管理及生产状况。按丁编庄之后，辽沈农民"将一年所收之谷，尽入于八高山之家，贫不能自食"④。皇太极

---

① 李民寏：《建州闻见录》，载辽宁大学历史系辑《清初史料丛刊》第九种，辽宁大学历史系发行，1978，第43页。
② 《满文老档》太祖皇帝天命朝第二十四册，中华书局，1990，第219页。
③ 《满文老档》太祖皇帝天命朝第六十六册，中华书局，1990，第646页。
④ 《朝鲜仁祖实录》卷四十一，仁祖十八年十二月壬戌。

于天命十一年（1626）九月进行了调整。缩小了按丁编庄的规模，由十三丁、七牛一庄改为八丁、二牛一庄，并正式将所编庄分给八旗官员所有，即"每备御止给壮丁八、牛二，以备使令"。最重要的是将其余汉人分屯别居，编为民户。并随即遣人丈量地亩，将"各处余地"归公，分给这些民户耕种，每丁分田五垧。总之，从天聪初年起，编户立屯逐渐成为辽东地区的一种主要农业生产组织形式。

后金在进入辽沈以后实行"计丁授田"和"按丁编庄"，根本目的就是把满汉人民固定在土地上，为后金政权提供大量的劳役地租。因此，后金统治的辽沈地区曾一度出现"谷物丰足，粮库充裕"的局面。对于原来辽东地区的汉族人民来说，身份和地位被降为"农奴"，是一次灾难。对于辽宁地区的农业发展来说，确是重要的契机。在后金之前的辽沈地区只有少数的军屯及民屯，在人口数量相对较少的情况下，大量的土地没有得到开垦，农业不发达。辽东都司的大部分军粮依赖山东地区的供给。而后金政权则能做到粮食基本自给自足。对于辽东土地的开垦，实际上八旗土地制度起到了重要作用。

由于士兵"出则为兵，入则为民，耕战二事未尝偏废"，因此都分有土地，每次参加征战回还之后，士兵即需"各整兵器，治家业，课耕田地，牧马肥壮。俟耕种完毕，即令在家之人经理收获"。① 早在天命七年（1622）二月，后金即规定：各牛录住在辽东的男丁合并计算，其中三分之一驻防，三分之二留在辽东耕田。② 驻地周围，即八旗士兵田地所在。至天命末年，"因边内地瘠，粮不足用，遂展边开垦"。当时，各旗垦荒中心是：移两黄旗于铁岭（今辽宁省铁岭市），两白旗于安平（今辽宁省辽阳市东南大安平），两红旗于石城（今辽宁省凤城市东北石城）；两蓝旗原来分驻张义站（今辽宁省沈阳市西南彰驿站）、靖远堡（今辽宁省沈阳市西北静安堡），后因该处"地土瘠薄"，又给"以大城之地"（今辽宁省铁岭市东南之昂邦合屯），而两蓝旗复"越所分地界，擅过黑扯

---

① 《清太宗实录》卷七，天聪四年五月壬辰。
② 《满文老档》太祖皇帝天命朝第三十五册，中华书局，1990，第319-320页。

木（今辽宁省新宾满族自治县之北）地开垦"，最后放弃靖远堡，移至黑扯木。① 天命十一年（1626）九月，皇太极宣布此后八旗停止筑城，"用恤民力，专勤南亩，以重本务。其村庄田土，八旗移居已定，今后无事更移，可使各安其业，无荒耕种"。但是如果"各牛录所居有洼下不堪耕种，愿迁移者，听之"②。每旗各牛录耕地基本均在一处，自成村屯。天聪七年（1633）规定："若有二三牛录同居一堡者，着于各田地附近之处，大筑墙垣，散建房屋以居之。"③ 各牛录壮丁应分田地均有定额，史籍阙载，其数不详。

清入关前辽沈地区农业生产的三种主要生产方式为编户立屯的个体农户、八旗牛录士兵的土地和贵族、官员的奴隶庄。而其中前两种是最为重要的。此时辽沈地区的汉民及八旗人力已经最大限度地用于耕种和开垦土地。此前辽沈地区的牧地及荒地大部分转变为农田。

进入辽沈地区后，后金（清）的农业生产有了较为迅速的发展，丰收之年粮食初步做到了自给。在推广水稻、棉花等作物的种植，以及引进烟草的生产等方面，女真（满族）做出了重要的贡献。

可以说，后金政权进入辽沈地区后，其经济结构已经是以农耕经济为主导。努尔哈赤十分重视农业生产，始终强调各级官员必须"努力督促"耕田，不得耽误农时，号召植棉栽桑，甚至亲自关心种植技术，"为避免庄稼根部的草锄不净，土地起硝"，他要求农民"用手拔草，反复耥地"。④ 皇太极认为"劝农讲武，国之大经"，把农业生产视作头等重要的大事。天聪九年（1635年）三月，皇太极发现三岔口一带由于抽调修城的人员太多，"伊尔根耕田迟误农时"，立即召集大臣会议，责问说：只顾快修城，"荒废田地，伊尔根吃什么？"并宣布：今后各牛录如果经常因代服差役，从而荒废伊尔根田，牛录章京、小巴什库有罪，并为此专门制定禁约。

---

① 《清太宗实录》卷七，天聪四年六月乙卯。
② 《清太宗实录》卷一，天命十一年九月丙子。
③ 《清太宗实录》卷十三，天聪七年正月庚子。
④ 《满文老档》太祖皇帝天命朝第五十二册，中华书局，1990，第 646 页。

后金在辽沈地区的主要作物有稻、稗、高粱、豆、粟等。其中稻的种植在这一时期得到进一步推广。稻作按照适应性区分，有水稻、旱稻两种。唐代，渤海国有"卢城（今吉林省延吉市）之稻"。至明代，旱稻与水稻的种植始在辽东地区逐渐得到推广。努尔哈赤时，主要是种旱稻。天命六年（1621），盖州给努尔哈赤送来粳米21斛5斗，努尔哈赤曾赐蒙古宰赛粳米1斛并严禁官员向百姓私征粳米。皇太极时，水稻种植渐多，并在赏赐物品中逐渐取代了旱稻的地位。崇德元年（1636），皇太极下令各地农田"若系水田，但种以稻、稗、高粱，旱地皆种杂粮。若不乘地滋润耕种，而失时后耕种，则粮从何得耶？"①这是扩大水稻种植的一个重要反映。天聪五年（1631），皇太极赐喀喇沁部苏布杜棱之妻粳米1金斗，而赐土谢图额驸稻米1金斗，达赖楚呼尔稻米2金斗，阿鲁蒙古喇嘛稻米2金斗。此外还不断从朝鲜输入优良稻种，如崇德四年（1639），朝鲜派使臣"送稻种于沈阳"，翌年又"送种子稻五十石于凤凰城，清人求之也"。②除稻外，最重要的粮食作物是豆、高粱、粟。努尔哈赤规定，参将每年可向百姓索取豆、高粱、粟，共计五百斛。

后金于1616年开始种植棉花，最初主要是在辽东半岛地区种植。崇德年间已向北延伸至铁岭等地，如朝鲜王子在《沈阳状启》癸未年十二月二十四日条中记载，铁岭屯所在崇德八年（1643）收获"木花六百二十斤"。可能当时棉花的种植已较普遍，质量也比较优良，所以朝鲜于崇德八年（1643）遣人"贸木花种子于沈阳、辽东（辽阳）等处，分给两西（指平安、咸镜两道）农民，以资明年耕种"③。

关于烟草的传入与种植，从记载上看，尚无天聪初年后金已有烟草生产的记录，当时主要是依靠从关内以及朝鲜的输入。到了天聪六、七年（1632、1633）时，后金地区的烟草"愈吃愈贵"，"贵如金子"。这种情况出现的原因在于后金地区不能大量生产烟草。天聪六年（1632）以前，后金禁止种植烟草，

---

① 《满文老档》太宗皇帝崇德朝第三十二册，中华书局，1990，第1643页。
② 《朝鲜仁祖实录》卷三十九，仁祖十六年十二月辛亥；卷四十，仁祖十七年闰正月戊子。
③ 《朝鲜仁祖实录》卷四十四，仁祖二十一年十一月丁未。

尤其是禁止普通百姓种植烟草。天聪六年（1632），后金官员杨方兴建议皇太极"许各家种丹白圭，种则不费银买，多则自然厌弃"①；天聪七年（1633），孙得功再次建议皇太极"丹薄圭有种，谕令普平均种"②。这反映了种植者渐多的一种发展趋势。自天聪七年（1633）至崇德元年（1636），赏赐烟草数量激增，应该是杨、孙二人建议后，烟禁有所松动，烟草种植有所增加的结果，至少在八旗王公贵族之家有了较多的种植。崇德二年（1637）起数量锐减，则是再度开始厉行禁止烟草吸食与种植的结果。不过，天聪八年（1634），皇太极也不得不承认："烟之为禁已久，民间仍有不遵而自擅用者。"③ 及至清中叶，来自东北地区的"关东烟"开始崭露头角。据道光年间著名学者俞正燮记载："今种烟者广矣，关东烟叶味厚，尤胜建烟也。"④ 可见关东烟当时已经名甲天下。

后金在辽沈时期，主要的生产方式已经是农业生产，不仅种植稻米等粮食作物，也种植棉花、烟草等经济作物。这说明农耕经济文化已经发展到一定程度。

综上，可以看出，从明代开始辽宁地区就已经出现了渔猎经济、游牧经济、农耕经济共存的情况。这种情况在整个清代依然持续。不过，在清代，辽东地区的渔猎经济和游牧经济主要是以皇室所有的围场、山场、牧场的形式存在，原有的渔猎经济与游牧经济已经逐渐消退；从清初开始，农耕经济已经成为主导性的经济文化。

---

① 罗振玉编《天聪朝臣工奏议》卷上，天聪六年十一月二十八日杨方兴《条陈时政疏》，载辽宁大学历史系辑《清初史料丛刊》第四种，辽宁大学历史系发行，1980，第38页。
② 罗振玉编《天聪朝臣工奏议》卷中，天聪七年四月十二日孙得功《陈丹薄圭奏》，载辽宁大学历史系辑《清初史料丛刊》第四种，辽宁大学历史系发行，1980，第53页。
③ 《清太宗实录》卷二十一，天聪八年十二月甲辰。
④ 俞正燮：《癸巳存稿》卷十一《吃烟事述》，辽宁教育出版社，2003，第328页。

第二章 满族文化发端

辽宁地域文化中具有浓郁的满族文化特色。作为"满洲龙兴之地"的一部分，辽宁地域与满族的兴起联系密切。故本章主要探讨满族文化发端。此处所称之"满族"，当指形成于明末清初的"满洲民族共同体"而言。满洲民族共同体脱胎于明代女真——建州女真，在收聚其他女真部族的同时，逐渐发展出自身的城市、文字、法律政治制度，并最终形成统一的民族共同体。

第一节
满洲源起

一、建州女真聚集

（一）建州女真初次聚集

明朝人曾将女真分为建州女真、海西女真与野人女真三部分。所谓建州女真是指"东方诸夷之为卫所者甚众,而建州领其名并毛怜,曰建州女真"①;则"在建州卫、毛怜卫、建州左卫、建州右卫管辖下的女真人都叫建州女真"②。建州女真主要源于元代女真中位于松花江下游世代通婚的胡里改及吾都里两部。建州之名则是因渤海率宾府建州故地而得。建州女真的形成,几经聚散,经历了一个波澜曲折的变迁过程。

元末明初,胡里改及吾都里两部分别在其首领的带领下沿今牡丹江向南迁移。胡里改部的女真人在其首领阿哈出的率领下先移至今黑龙江省宁安市,再东行经过今老爷岭和穆棱河,进入绥芬河流域,遂定居在这一地区。吾都里部在其首领猛哥帖木儿的带领下进入图们江流域,15世纪初进入阿木河(又作斡木河、吾音会,今朝鲜会宁)一带。③

永乐元年(1403)十一月,阿哈出受明朝招抚被任命为建州卫指挥使。④因其所部居于绥芬河流域,绥芬河下游双城子(今乌苏里斯克)一带为渤海率宾府建州故地,明朝以其所部置卫,袭建州旧名。永乐三年(1405)九月,吾都里部首领猛哥帖木儿及胡里改部首领把儿逊先后受明朝招抚。十二月,猛哥帖木儿被任命为建州卫都指挥使;此时猛哥帖木儿率部居于以阿木河为中心的图们江东西一带。同月,把儿逊被任命为毛怜卫指挥,率部居于今图们江北、珲春河流域。

明朝设立建州卫时,"设建州卫经历司,署经历一员"⑤。对此,孟森先生说:"以故建州卫独设经历,实用都司之体相待,盖将以建州一卫,为招抚女真之总枢矣。"⑥ 建州卫的府治具体在哪里是一个尚待考察的问题,不过建州卫所辖"根据现在所知,它的西边到了今吉林市的东南,东边到了今珲春附近,北

---

① 王在晋:《三朝辽事实录》,《总略·建夷》,收入顾廷龙主编《续修四库全书》437 册 史部,第36页。
② 李健才:《明代东北》,辽宁人民出版社,1986,第73页。
③ 朝鲜《新增东国舆地胜览》卷五十载:会宁府建置沿革,"本高勾(句)丽旧地。胡言斡木河,一云吾音会。本朝太宗朝,斡朵里童孟哥帖木儿乘虚入居。"韩国国书刊行会发行,1986。
④⑤ 《明太宗实录》卷二十五,永乐元年十一月辛丑,"台湾研究院历史语言研究所",1962。
⑥ 孟森:《明元清系通纪(一)》,《前编第四·建州卫地址变迁考》,中华书局,2006,第65页。

边到了今黑龙江省穆陵县的南面"①。

建州卫的设立引起朝鲜方面的不安，认为"帝于东隅，置建州卫，是扼我咽喉掣我右臂也。外立雄藩，以诱我人民；内加异宠，以懈我御侮，其意固难测也"②。为了抵制女真，朝鲜关闭庆源互市，引起女真人愤怨。永乐四年（1406），女真人"入庆源界抄掠"，结果被朝鲜军击退。因畏惧朝鲜报复，数月后，阿哈出率部众迁徙至回波江（今辉发河）流域的凤州（亦作奉州、方州、坊州、房州，疑在今吉林梅河口市境）。永乐九年（1411），朝鲜出兵图们江，大搜女真。毛怜卫把儿逊被杀，原把儿逊所部的毛怜卫部民亦迁往凤州。猛哥帖木儿所统吾都里部人世代与胡里改部为婚，曾参与"寇庆源府"，畏惧朝鲜来攻，亦于此时迁到凤州地面，住在从凤州通往开原的地方。此为建州女真的第一次聚集。

（二）建州女真集团的出现与衰落

在永乐十一年（1413）之前，明朝已将猛哥帖木儿所部从建州卫中析出，另置建州左卫，以猛哥帖木儿为建州左卫指挥使。永乐二十一年（1423）时，因"靼靼及兀狄哈侵耗"，建州卫与建州左卫分别迁离凤州。建州卫首领阿哈出孙李满住，率"一千余户到婆猪江居住"。婆猪江即今鸭绿江支流浑江。李满住率领其名下的400余户住在浑江中游兀剌山城（今辽宁省桓仁满族自治县东北五女山城）南麓瓮村，距鸭绿江只一日路程。同时阿哈出子猛哥不花所统西毛怜卫部众亦随之迁到婆猪江流域。猛哥帖木儿并未一同南迁，而是先派管下童家吾等27人率男女200余名复还阿木河旧地，"随率正军一千名，奴人、小儿共六千二百五十名"，又返回到阿木河地区。③

李满住等迁居婆猪江流域后，屡受朝鲜军袭击。李满住等被迫于宣德八年（1433）率部又迁到婆猪江支流富尔江上游的兀弥府居住。朝鲜又以李满住曾袭

---

① 王钟翰：《王钟翰清史论集》，中华书局，2004，第755页。
② 《朝鲜太宗实录》卷十二，太宗六年八月庚戌。
③ 《朝鲜世宗实录》卷二十，世宗五年四月乙亥。

击朝鲜江界、闾延等地为借口，欲于正统二年（1437）发兵攻讨兀弥府。李满住闻讯，再度举部西迁，于翌年到达今浑河支流苏子河畔，即"移住灶突山东南浑河上"（满语称灶突山为"虎拦哈达"，意为烟筒山）。

宣德八年（1433），猛哥帖木儿积极协助明钦差裴俊刷还被原安乐州千户杨木答兀从开原引诱叛逃到牡丹江、绥芬河一带的"漫散军官"及兵丁，冲突中杀死"野人"头目阿答兀。同年闰八月，杨木答兀"纠合各处野人（即所谓"七姓野人"）约八百余名人马"，袭击建州左卫，猛哥帖木儿及长子阿古（亦作阿谷，又名权豆）等人被杀，次子董山被俘，房屋被烧毁，弟凡察等"俱各失所"。建州左卫损失巨大，史称"阿木河之变"。事件发生后，朝鲜借机派兵进驻阿木河地区。凡察向明朝求救，明朝只下诏令"野人"放还董山，却不问罪朝鲜。凡察在归途中往会李满住，李满住力劝凡察迁来同住。正统五年（1440）六月，被野人女真放还的董山与其叔凡察率百余户也迁到婆猪江流域苏子河一带，与建州卫都指挥使李满住比邻而居。建州左卫主要住在三土河（今三统河）、婆猪江以西至冬古河（即董鄂河，今大雅儿浒河）地区。同时迁来的，还有部分东毛怜的部民。这是建州女真的第二次聚集。

凡察、董山迁到婆猪江流域后，正统七年（1442）叔侄发生争夺建州左卫领导权的"卫印之争"。明朝为了平息纷争，析建州左卫为左、右二卫，以董山掌左卫，凡察掌右卫。

自此，历史上著名的"建州三卫"正式形成。建州卫李满住娶阿古（董山之兄）的孀妇为妻，掌建州左卫印的董山又娶李满住之女为妻。建州三卫女真不仅同居一个地区，且有亲缘及姻亲关系。这标志着建州女真集团的形成。此后，建州女真几经兴衰，逐渐发展成为满洲的核心部分。

明正统年间，朝政日益腐败。辽东边吏安抚无方，滥杀贡使，贪贿成风，而建州女真也在此时开始入寇辽边。据《明实录》记载：景泰二年（1451），"建州等卫女直（即女真）都督李满住、董山等，自正统十四年以来，乘间窃掠边境，辽东为之困敝"[①]。至天顺年间，董山统领建州女真并威震其他女真诸

---

① 《明英宗实录》卷二百九，景泰二年十月乙酉。

部。天顺八年（1464），明朝开始限制女真入贡人数，引起女真不满。于是董山等集结建州、毛怜、海西等部15000余人，"寇掠"辽边。至成化年间，女真入寇更加频繁。成化二年（1466）五月，巡抚辽东左佥都御史滕昭等奏报："虏寇累入开原境，抢掠人畜。"① 六月，巡抚辽东太监李良等又奏报："虏入灰山等处，剽掠人畜。"② 九月，建州右卫女真"拥众六千分掠开原、抚顺、沈阳、辽阳等处"③。成化三年（1467）四月，董山等又"纠合毛怜等处夷人侵犯边境，虏掠人畜"④。建州女真的屡次犯边给明朝造成了严重损失并威胁到明朝边境安全，同年七月，"自开原以及辽阳六百余里，数万余家，率被残破"⑤。对此。明朝先敕谕建州女真，令其"改过自新"。然而，因董山等对明朝赏赐不满，扬言回去之后要纠合海西、野人抢掠。明朝议讨建州女真事，礼部主事高冈上讨女真二策，建议在辽东扣留董山等。八月，董山等由京师返回，途经广宁（今辽宁北镇）时，被总兵赵辅等扣留。

成化三年（1467）九、十月间，李秉、赵辅率五万大军攻讨建州。李秉、赵辅自领兵2.6万人为中军，自抚顺，经薄刀山、鲇鱼岭，过五岭，渡苏子河，至古城，即至董山建州左卫居地；右翼军由总兵官韩斌率领，经连山关、通远堡进入叆阳边至女真地区。朝鲜派遣中枢府知事康纯、鲁有沼、南怡等，统兵万人，从东路堵截。朝鲜军队兵分两路：右路大将南怡自满浦入攻婆猪江；左路大将鱼有沼自高沙里入攻兀弥府。朝鲜军于二十六日先期攻入兀弥府（今辽宁省桓仁满族自治县五女山城），突袭李满住等建州住地。据《李朝世祖实录》载：

> 壬寅，主将康纯奉节于承政院，以启曰：臣领兵九月二十六日，与右厢大将南怡，自满浦入攻婆猪江，斩李满住及古纳哈、豆里之子甫罗充等

---
① 《明宪宗实录》卷三十，成化二年五月戊寅。
② 《明宪宗实录》卷三十一，成化二年六月戊申。
③ 《明宪宗实录》卷三十四，成化二年九月丁酉。
④ 《明宪宗实录》卷四十一，成化三年四月癸亥。
⑤ 《明宪宗实录》卷四十四，成化三年七月甲子。

二十四名。擒满住、古纳哈等妻子,及妇女二十四口。射杀未斩头一百七十五名。获汉人男一名,女五口。并兵仗器械牛马,焚家舍积聚,退阵以待辽东兵,累日无声息。故本月初二日还师,初三日渡江。左厢大将鱼有沼,自高沙里入攻兀弥府,斩二十一级,射杀未斩头五十,获汉女一口,并兵仗器械牛马。焚家舍九十七区。①

明军随后攻入,"尽虏酋之所有,罔一夷而见逃。剖其心而碎其脑,粉其骨而涂其膏,强壮就戮,老稚尽俘,若土崩而火灭,犹瓦解而冰消,空其藏而潴其宅,杜其穴而火其巢"。这次战役,明军生擒女真人97名,斩首638名,俘获男妇510名,夺回被俘男妇1165名。②李秉、赵辅征建州女真后,将董山从广宁槛送北京处决。至此,建州女真势力受到严重打击。

然而建州女真仍寇边辽东不止。成化十五年(1479)十月,明朝再次联合朝鲜征讨建州女真。十月二十八日,靖虏将军、抚宁侯朱永等率军两万,分五路夹攻建州女真,此次"且发轻骑,焚其巢穴,贼大败,擒斩六百九十五级。俘获四百八十六人,破四百五十余寨,获牛马千余,盔甲军器无算"③。

成化年间,明朝与朝鲜两次征建州女真后,曾经强盛的建州三卫衰落下去,人口被掠杀,家室被焚烧,财富被掠一空,更为重要的是有领导能力和威望的首领都死于这两次战役中。从此以后,建州女真长期处于分散、积弱的状态。直到建州左卫王杲及建州右卫王兀堂的兴起。

(三)建州女真势力的恢复

从成化年间明朝与朝鲜征讨建州女真后,直至嘉靖年间,建州女真一直保持对明朝"忠顺"。至嘉靖中期,建州女真开始恢复实力。嘉靖二十一年(1542),发生了建州女真赵那磕入寇凤凰城,袭击叆阳堡的事件,"因入贡时,

---

① 《朝鲜世祖实录》卷四十四,世祖十三年十月壬寅。
② 《明宪宗实录》卷四十七,成化三年十月甲寅。
③ 《明宪宗实录》卷一百九十七,成化十五年十一月丁未。

近夷恃强先至尽数入关，（赵）那磕等地远稍迟，关将每以额满阻去，间有入者，所得赐予，归途复为近夷所掠"①。同年十一月，建州铁骑突袭凤凰城"卤掠无算"，杀死明守备李汉、指挥佟恩等。② 不久，建州女真再犯叆阳堡，"掳去军人不知其数，沿边三四堡皆空"③。嘉靖二十二年（1543），建州女真犯汤站堡，"副总兵九聚追之未及，而指挥孙腾武死焉"④。嘉靖二十三年（1544），建州李撒赤哈掠鸦鹘关、石咀儿等处。明都指挥康云"乘醉出堡与战，伏起"，康云战死。千总都指挥赵奇、佟勋及把总王镇"往救，皆死之"。是役，明军死者80人，被创者160余人。⑤

当时，建州女真王杲在浑河流域崛起。王杲，其世系文献无征，不可考，自称为建州右卫都指挥；筑城寨于古埒（今新宾满族自治县古楼乡），为苏克素护部酋长，努尔哈赤祖父觉昌安曾为其所部，"建州诸夷，悉听杲调度"⑥，他"强悍好乱"，屡次侵犯明朝边境。嘉靖三十六年（1557）十月，王杲"窥抚顺……岁掠东州（即东洲）、惠安、一堵墙诸堡无虚月"⑦。嘉靖三十七年（1558），王杲从东部犯清河堡，蒙古土蛮汗从西部逼近沈阳。嘉靖四十一年（1562）五月庚寅，王杲等"导虏分众入寇"辽东：一路从东洲堡入；一路自抚顺核桃山入。明副总兵黑春率游击徐维忠等抵御。壬子日，王杲又犯辽东凤凰城，不克，转掠汤站堡，副总兵黑春"引兵逆战，虏佯败走"，黑春等"乘胜追击，陷虏伏中，虏知其骁将，围之数重"，黑春与把总田耕力战而死。⑧ 至此王杲气焰更张。万历二年（1574）十月，明辽东总兵李成梁以重兵深入建州

---

① 《明世宗实录》卷二百七十三，嘉靖二十二年四月癸未。
② 《明世宗实录》卷二百六十八，嘉靖二十一年十一月辛亥。
③ 《朝鲜中宗实录》卷九十九，中宗三十七年十月癸巳。
④ 《明世宗实录》卷二百七十七，嘉靖二十二年八月丁丑。
⑤ 《明世宗实录》卷二百八十六，嘉靖二十三年五月丙午。
⑥ 瞿九思撰《万历武功录》卷十一《东三边·王杲列传》，收入顾廷龙主编《续修四库全书》436册史部，第606页。
⑦ 赵尔巽等：《清史稿》卷二百二十二《列传九·王杲》，中华书局，1977，第9124页。
⑧ 《明世宗实录》卷五百九，嘉靖四十一年五月壬子。

地，血洗王杲所居古埒寨，王杲逃匿海西哈达王台部，被王台父子擒拿，送辽东，磔于京师。

王杲死后，建州女真另一首领王兀堂在婆猪江流域崛起。他自称建州右卫首领。"当是时，东夷自抚顺、开原而北，属海西王台制之；自清河以南，抵鸭绿江者属建州者，兀堂亦制之。"① 起初，万历元年（1573），辽东总兵李成梁乘败王杲之际，"展筑宽奠等六堡，其地北界王杲，东邻兀堂"②，严重地威胁到建州女真的利益。从此，王兀堂等不断盗边抢掠。万历四年（1576），台御史张学颜根据王兀堂等的要求，在清河、瑷阳、宽奠（今宽甸）开市"易盐米布匹"，"于东夷便，边人亦便"。当时，"从开原而抚河、宽奠，皆有关市，诸夷颇称宁懿"③。然而，万历六年（1578）七月时，明参将徐国辅之弟徐国臣及苍头军刘佐等把持市易，压市价，"强将市夷榜掠之数十，几死，以故诸市夷怀忿，欲报之怨"④。于是，王兀堂、赵锁罗骨等又率众犯边。万历八年（1580）二月，王兀堂等又"连进犯瑷阳、宽甸、永甸等地"，总兵李成梁率明军"却敌追奔出塞可二百余里，至鸭儿匿得虏级七百五十四"而归。是年十月，王兀堂又从林刚谷入犯，副总兵姚大节督兵击退。兀堂等"并遁伏，建州部益弱"⑤。建州女真首领自王台、王杲之后，又再次陷入到"争王称长"混战不休的局面。

（四）努尔哈赤的兴起与女真诸部的统一

真正兴建州、统一女真乃至建立后金政权的是清太祖努尔哈赤。努尔哈赤于嘉靖三十八年（1559）生于建州女真苏克素护河部赫图阿拉。万历二年（1574），王杲寨被辽东总兵李成梁率兵攻破时，努尔哈赤与弟舒尔哈齐寄居于

---

① 赵尔巽等：《清史稿》卷二百二十二《列传九·王兀堂》，中华书局，1977，第9127页。
②⑤ 苕上愚公：《东夷考略·建州》，载潘喆等编《清入关前史料选辑（一）》，中国人民大学出版社，1984，第64页。
③④ 瞿九思撰《万历武功录》卷十一《东三边·王兀堂列传》，收入顾廷龙主编《续修四库全书》436册 史部，第601页。

外祖父王杲家，一同被俘，幸为李成梁赦死留用。万历五年（1577），努尔哈赤19岁，回到赫图阿拉。其父塔克世听信异母挑唆，与其分家。其后，努尔哈赤祖父觉昌安、父塔克世为明军误杀。努尔哈赤将祖、父之死归咎于尼堪外兰。万历十一年（1583）五月，努尔哈赤为报父、祖之仇，以遗甲13副起兵，经过3年战斗，终杀仇人尼堪外兰。努尔哈赤采取"顺者以德服，逆者以兵临"①，先后攻取苏克素护河部、董鄂部、哲陈部与完颜部；用5年时间，统一了建州女真本部。又于万历十九年（1591）正月至万历二十三年（1595），先后攻取长白山三部——讷殷部、朱舍里部、鸭绿江部。至此，努尔哈将女真各部"环满洲而居者，皆为削平"②，统一了建州女真。此时，建州女真"国势"日盛，疆域东起鸭绿江和佟家江；西抵辽东边墙的抚顺关，清河堡一线；南近瑷阳门、狐山堡、宽奠堡等地；北面包括英额河流域。其时，势力强大的叶赫部逼迫努尔哈赤纳地归顺被拒。万历二十一年（1593）六月，叶赫部首领布寨、纳林布禄纠合乌拉部首领满太、哈达部首领拜音达理四部出兵，突袭建州湖卜察寨，遭遇失败。后于九月集九部联军——海西叶赫、哈达、乌拉、辉发四部，蒙古科尔沁、锡伯、卦尔察三部，以及长白山朱舍里、讷殷两部，分兵三路攻袭建州，努尔哈赤歼灭联军4000多人，获战马3000匹、盔甲千余副。此后，努尔哈赤威名大震，势如破竹地先后灭哈达部、辉发部、乌拉部。于万历四十四年（1616）正月称汗，建立了史称后金的政权，定都赫图阿拉城，年号天命。后金政权建立后，可以与明朝廷相抗衡。在取得对明作战的萨尔浒大捷后，又征服了海西女真叶赫部。至此，"诸部始合为一"。努尔哈赤一方面继续征服东海部之未服部落，另一面开始了对蒙古诸部用兵。努尔哈赤曾两次派兵征瓦尔喀部、两次征虎尔哈部及远征东海北边的卦尔察部，为后来皇太极时期征服索伦诸部和西部蒙古各部，统一整个东北地区奠定了坚实的基础。努尔哈赤经过四十三年的征战，使女真各部形成了一个稳固的整体，并且使得蒙古科尔沁部和喀尔喀部臣服。终其世，满族势力已北及黑龙江流域，南抵朝鲜，东达大海，西南

---

① 《清太祖实录》卷一，癸未年（明万历十一年）。
② 《清太祖实录》卷一，辛卯年（明万历十九年）。

则进入辽沈,接管了明代辽东的绝大部分地区。

通过以上论述可知,建州女真从永乐年间开始逐渐向着民族共同体的方向演变,拥有共同地域与共同政治经济生活。建州女真中的阿哈出、猛哥帖木儿、董山、李满住、王杲、王兀堂等先后崛起,均曾在一时之间号令建州女真。但是在清太祖努尔哈赤兴起之前,建州女真并未完成统一整个女真的历史大业。一是因为女真的经济文化发展需要一定的时间和条件;二是因为明朝在建州女真兴盛之时,几次打压。至努尔哈赤时,各种客观条件已经成熟——经济繁荣、人口昌盛、接受了发达的汉文化。同时,努尔哈赤从起兵之初就一直对明朝表示"忠顺",避免明朝的打压,并且被明朝授予"都督"及"龙虎将军"的官号,得以"夸耀东夷"。再加上努尔哈赤自身的雄才大略,其最终得以统一女真各部,建立新的满洲民族共同体。

二、"满洲"民族认同的形成

(一)"满洲"称谓的意义

满洲民族共同体是由建州女真为核心聚集其他女真部族,尤其是海西扈伦四部发展而成的。努尔哈赤于万历十五年(1587)在佛阿拉筑城并自称"淑勒贝勒"。他在完全吞并海西扈伦四部之前,对自身的认识就是"建州诸卫之主",故对外自称是"女真国建州卫管束夷人之主"或"建州女真之主"。此时,无论在朝鲜方面还是明朝方面都没有"满洲"这样的称谓。万历四十四年(1616),努尔哈赤在赫图阿拉称天命汗,定国号为金,史称后金。不久,陆续征服了海西扈伦四部,自称"自明国以东,至东海,朝鲜国以北,蒙古国以南,凡属诸申语言之诸国,俱已征服而统一之矣"[①]。此时,努尔哈赤提出了一个关

---

① 《满文老档》太祖皇帝天命朝第十三册,中华书局,1990,第117页。

于"诸申语言之诸国"的共同体概念。不过,这一概念无法让建州女真与海西扈伦四部形成共同的民族心理认同。一般认为,建州女真起源于元代的胡里改及吾都里两部,而海西扈伦四部起源于元代的兀狄哈。① 天聪九年(1635),皇太极试图通过颁布一条上谕来解决这一问题:

> 我国原有满洲、哈达、乌喇、叶赫、辉发等名,向者无知之人往往称为诸申。夫诸申之号,乃席北超墨尔根之裔,实与我国无涉。我国建号满洲,统绪绵远,相传奕世。自今以后一切人等止称我国满洲原名,不得仍前妄称。②

首先,这条上谕完全没有提"建州"之称,由此开始否定其与建州诸卫的联系。《满洲实录》中就称"国定号满洲","南朝误名建州"。其次,废除了"诸申"称谓。一般认为"诸申"是"女真"的同词异写。废除"诸申"称谓,意味着其从明代女真中独立出来。再次,通过上谕正式将国号及族称定为"满洲"。最后,明确将扈伦四部的哈达、乌拉、叶赫、辉发涵盖入"满洲"。

"满洲"一词的来源,学术界有各种推断。冯家昇先生曾指出:"满洲一词载见《满文老档》者,最早在清太祖(努尔哈赤)称天命之前三年(1613)……当万历四十七年(1619)之春,朝鲜援明都元帅姜弘立加入明军,以征伐清太祖,中途为清军所掳,将其谒见太祖,姜见太祖之部下,俱以'满住'称号太祖,加于'汗'之尊号上。……则时在建号后金,改号大清之间。以'满住'称号太祖,且加于汗之尊号上,则可知为'满住汗'与'后金国汗'命意同,'满住汗'当称'满洲汗'。"③

(二)满洲起源传说与民族认同

关于满洲起源有一则美丽的三仙女传说。据《旧满洲档》载:

---

① 有学者认为海西扈伦四部中的叶赫部起源于蒙古土默特部。
② 《清太宗实录》卷二十五,天聪九年九月庚寅。
③ 王钟翰:《王钟翰清史论集》第一册,中华书局,1990,第14页。

在那次出兵中（译者按：即天聪八年十二月霸奇兰、萨穆什喀师征讨萨哈连乌拉部）带来降人穆克什克报告说：我的祖、父世居布库里山下布儿湖里泊。我们的地方没有文字记录。古来传说，布儿湖里泊有三个仙女——恩古伦、正古伦、佛库伦——来沐浴。最末的仙女佛库伦得到神鹊送来的红果，含在口中落入喉内，身重怀孕，生布库里英雄。其同一族即是满洲国。布儿湖里泊，周围百里，距黑龙江一百二三十里。我生了两个儿子之后，便从布儿湖里泊搬走，住到了萨哈连乌拉的纳尔浑地方。①

这故事描述说：萨哈连乌拉部穆克什克祖、父世代居于"布库里山下布儿湖里泊"。此地有一传说，仙女佛库伦吞朱果而生了名为"布库里"的英雄人物。布库里是满洲国的始祖。穆克什克自己在生了两个儿子后，迁到了萨哈连乌拉的纳尔浑地方。据学者考证，"萨哈连乌拉"当指今黑龙江中游而言，"黑龙江"则指发源于长白山的松花江，"布儿湖里泊"即今镜泊湖。② 这则故事将"满洲国"与"萨哈连乌拉"地方的人建立起了联系：他们的祖先出自同一个地方，甚至有可能是同一始祖。

不过，这个故事并不详细，不能讲清楚满洲起源，故《满洲实录》中记载说：

满洲源起于长白山之东北，布库哩（即布库里）山下一泊名布勒瑚里（即布儿湖里）。初天降三仙女浴于泊，长名恩古伦、次名正古伦、三名佛库伦，浴毕上岸。有神鹊衔一朱果置佛库伦衣上，色甚鲜妍。佛库伦爱之，不忍释手，遂衔口中，甫著衣，其果入腹中，即感而成孕。告二姊曰：吾觉腹重不能同升，奈何？二姊曰：吾等曾服丹药，谅无死理。此乃天意，

---

① 《旧满洲档》九册，日本学者用罗马字对满文原档进行了转写，同时进行了逐字逐句的对译，再将全文重新意译。此处引用的是重新意译部分。参见董万仑：《清始祖发祥地传说研究的反思》，《满语研究》2002年第1期，第63-68页。

② 董万仑：《清始祖发祥地传说研究的反思》，《满语研究》2002年第1期，第63-68页。

俟尔身轻，上升未晚。遂别去。佛库伦后生一男，生而能言。长成，母告子曰：天生汝，实令汝以定乱国。可往彼处。将所生缘由一一详说。乃与一舟顺水去，即其地也。言讫忽不见。其子乘舟顺流而下，至于人居之处登岸。折柳条为坐具似椅形，独踞其上。彼时长白山东南鄂谟辉（地名）鄂多理（城名）内有三姓争为雄长，终日互相杀伤。适一人来取水，见其子举止奇异相貌非常。回至争斗之处，告众曰：汝等无争，我于取水处遇一奇男子，非凡人也。想天不虚生此人，盍往观之。三姓人闻言罢战，同众往观。及见，果非常人矣；而诘之，答曰：我乃天女佛库伦所生，姓爱新（汉语金也）觉罗（姓也）名布库哩雍顺，天降我定汝等之乱。因将母所嘱之言详告之，众皆惊异，曰此人不可使之徒行。遂相插手为舆，拥捧而回。三姓人息争，共奉布库哩雍顺为主，以百里女妻之。其国定号满洲乃其始祖也（南朝误名建州）。①

除《满洲实录》外，《清太祖武皇帝实录》、康熙年间成书的《太祖高皇帝实录》、乾隆年间成书的《清太祖努尔哈赤实录》，及后来成书的《开国方略》《满洲源流考》中，都有关于三仙女神话故事的记载。不过《满洲实录》及《清太祖武皇帝实录》应该是关于这一故事最早的记载②，二者的记载基本相同。

《满洲实录》的记载较前者润色了不少。这里不讨论每处细节的真实性，只探究其对于"满洲"民族共同意识形成的作用。第一，将其他部族共有的英雄神话作为始祖出身及民族起源，能更大范围地得到认同。第二，将爱新觉罗姓氏与天女所生的布库里雍顺结合到一起，将整个爱新觉罗氏族抬高到"天授之爱新觉罗氏"的地位。第三，布库里雍顺成为"三姓之主"的故事，将神话传说与满洲的真实起源相合，更加具有真实性。同时也暗示"满洲"首领是天赐之主。总之，希望通过对英雄布库里雍顺的认同来达到对"满洲"的认同。

---

① 《满洲实录》卷一，中华书局，1985。
② 《满洲实录》一部成书于天聪九年（1635），《清太祖武皇帝实录》成书于崇德元年（1636）。

实际上，从后金的努尔哈赤到大清的顺治帝、雍正帝、乾隆帝，一直在反复构建对于"满洲""八旗""大清"的民族认同。当然，这又是另外一个问题了。应该注意到皇太极时期对于满洲起源的解释及其对于建构满洲民族认同的努力。同时，也应欣赏满洲起源故事中瑰丽的民族文化特色。

第二节 满文的创制

满文的创制与使用是满族文化兴起的重要历程，标志着满洲民族共同体的形成。满文创制，是满洲民族共同体与女真族开始明确区分的标志。从此，满洲民族共同体开始与女真族相剥离。

一、满文创立的历史条件

（一）满文字的借用

金太祖曾命完颜希尹、叶鲁"依仿汉人楷字，因契丹字制度，合本国语，制女真字"①，于天辅三年（1119）推广应用。这一次创制的文字被称作"女真大字"流传后世。② 直至明初，女真文字依然在东北诸族中广泛使用。永乐元年（1403），明朝政府诏谕吾都里、兀良哈、兀狄哈等部时，"其敕谕用女真书"，朝鲜政府接到敕谕后，"使女真说其意，译之而议"。因为明朝与女真各部间的联系经常使用女真文，明廷还组织编辑了《女真译语》，供学习女真文的官员使用。宣德九年（1434）八月，建州左卫指挥凡察遣管下向朝鲜政府献书时，即"用女真文字献书"③。天顺三年（1459），朝鲜咸吉道官员申叔丹"作书译以女真字"，往谕尼麻车兀狄哈，其文说："兹者骨看兀狄哈、麻尚哈等持木契进启曰：照儿好兀狄哈送木契，言兀未车兀狄哈为兀良哈、斡朵里等所杀……"④ 尼麻车、骨看、照儿好、兀未车等均属东海兀狄哈，即野人女真的一部分。当时女真人"文字多书于木，往来传递者曰牌子，以削木片若牌故也。"⑤ 这种牌子又称为木契、书契或档子。天顺六年（1462），建州卫李古纳哈持其父李满住书信至满浦，满浦的朝鲜地方官员"无解野人文字者"，即指女真文字⑥。

  不过，至正统九年（1444），情况有所变化，有玄城卫指挥撒升哈等向明廷奏请："臣等四十卫无识女直字者，乞自后敕文之类，第用达达文字。"⑦ 达达文即蒙古文。这说明早在正统年间，蒙古文字即开始在女真诸部中通行。这是因为女真语、蒙古语与满语都属于阿尔泰语系。蒙古与女真两族的语言在语音、词汇、语序等方面的一些共同点，使得女真人借用蒙古语的障碍较小，运用起来比较方便。文字是语言的符号，借用蒙古语的许多方便之处，自然为借用蒙古文创造了非常有利的条件。弘治年间，朝鲜政府给女真的书信已经女真字与

---

① 脱脱等：《金史》卷七十三《完颜希尹传》，中华书局，1975，第1684页。
② 天眷元年（1138），金熙宗时代又对女真文字进行了一次改革，被称为女真小字。
③ 《朝鲜世宗实录》卷六十五，世宗十六年八月己未。
④ 《朝鲜世祖实录》卷十五，世祖五年三月壬辰。
⑤ 杨宾：《柳边纪略》卷三，辽海丛书本，辽沈书社，1985，第254页。
⑥ 《朝鲜世祖实录》卷二十九，世祖八年正月癸丑。
⑦ 《明英宗实录》卷一百一十三，正统九年二月甲午。

蒙古字并行。弘治三年（1490），朝鲜政府送给建州右卫酋长罗下的书信"用女真字、蒙古字翻译"①。弘治五年（1492），朝鲜致都骨兀狄哈的书信也是"用蒙古、女真字翻译"②。弘治九年（1496），朝鲜使臣到建州卫，送交用女真字写的文书，"三卫野人无解读者"，遂改由朝鲜使臣据文"亲自读颁"，建州人还是听不懂。最后，只好请同去的长期居住在朝鲜的女真人崇礼"以女真语解说"③。这说明当时建州三卫中的口语与原本的女真文字之间已经出现了很大的差异。从上述内容可知，从明初到天顺年间，女真文字一直在明代女真人中使用。正统至弘治年间，蒙古文与女真文并用，直至"女真文字"演变成建州女真无法解读的文字。

  当女真文不能与口语完全吻合以满足女真的社会需要时，蒙古文就成为了替代品。建州女真的"文移往来，必须习蒙古书、译蒙古语通之"④，只不过在其初期，蒙古文的运用水平还不十分高明。16世纪初，与建州女真相邻的岐州卫所写的蒙古文书信"文理不通"，使人"未得详究情意"⑤。建州右卫都督沙吾章致朝鲜的"蒙古书启"，从翻译成汉文的内容看，行文仍很蹩脚，不少地方只能推测其大意。到嘉靖二年（1523）朝鲜欲征讨李满住时，即"以蒙古书书其驱逐之意"⑥。随着蒙古文的逐渐普及，嘉靖初年后，朝鲜史书的记载中再没有出现女真人使用蒙古文文理不通的现象，说明女真人的蒙古文水平大为提高。

  蒙古文之所以被明代女真人作为书面语使用，原因如下：一是蒙古族自身的文字是在畏兀学者塔塔统阿等人的帮助下，以回鹘文为基础逐渐创制的蒙古文拼音文字。蒙古文拼音文字具有简单易学的优点，只要掌握基本字母和语法就可以使用。同时，女真语、蒙古语与满语，同属于阿尔泰语系。明代女真人学习借用蒙古文字的障碍较小。二是明代女真社会各方面受蒙古影响比较深，

---

① 《朝鲜成宗实录》卷二百四十一，成宗二十一年六月戊子。
② 《朝鲜成宗实录》卷二百六十一，成宗二十三年正月庚寅。
③ 《燕山君日记》卷十九，燕山君二年十一月甲辰。
④ 《满洲实录》卷三，己亥年（明万历二十七年）正月。
⑤ 《燕山君日记》卷四十四，燕山君八年五月丁酉。
⑥ 《朝鲜中宗实录》卷四十九，中宗十八年十一月乙亥。

女真上层存在着一定的蒙古化现象。故使用蒙古文字在民族文化心理上比较容易接受。同时，明王朝与朝鲜方面都通解蒙古语，交流比较方便。

借用蒙古文更直接更重要的意义，是为满文的创制奠定了基础。通过对蒙古文的学习和使用，明代女真人熟练掌握了蒙古文，了解了拼音文字的基本规律。某些"贤者"从中悟出了创制本民族拼音文字的方法。对蒙古文的借用是满文创制的先导，为满文的产生做了必要准备。

（二）明末女真社会发展对独立文字的需要

嘉靖至万历初，明代女真相继集结于辽东的北部和东部。先是海西女真中的哈达部强盛，控制了女真各部。万历十年（1582），哈达汗王台死后，女真社会重新陷入"各部蜂起，皆称王争长，互相战杀，甚且骨肉相残，强凌弱，众暴寡"的动荡与分化之中。① 在这种情况下，努尔哈赤起兵。万历十一年（1583）克图伦城，为其征战女真的开始。万历十五年（1587），努尔哈赤筑赫图阿拉城，定国政，自称淑勒贝勒。至万历二十一年（1593），经过十年的艰苦奋战，统一了建州本部。之后开始了对海西女真及野人女真的征战。此时，努尔哈赤在给朝鲜的文书中自称为"女真国建州卫管束夷人之主"。明代女真走在了统一的历史进程中，而满洲民族共同体也趋于成形。

随着建州女真统治范围的不断扩大，内外文移、书信往来日益频繁，文字的使用愈发频繁。万历二十三年（1595），朝鲜史料记载："建州胡酋奴儿哈赤通书江界"，"至是建州胡团聚始盛，投书于江界府使许顼，请通好往来，又请刷还向化人口"。② 当时女真社会中，凡是属于书信公函用蒙古字以代言者十之六七，用汉字以代言者十之三四。这说明，在蒙古文字之外，女真人也借用汉字。然而这种情况已不能完全满足明代女真社会的发展需要。

建州女真集团在同外界进行政治、经济、文化等联系时，必然要以独立的共同体面目出现，而无论是蒙古文还是汉文都不能表现这种独立性。而且对内

---

① 《满洲实录》卷一，癸未年（明万历十一年）。
② 《朝鲜宣祖实录》卷二十九，宣祖二十八年七月壬申。

颁布法律政令时，以女真族"之言写蒙古之字，则不习蒙古语者不能知"，阻碍了政令的发布。总之，新的民族共同体的形成，必然要求能够反映其民族特性和心理状态的本民族语言符号的出现，以巩固和加速统一的进程。故创制属于本民族的文字就成为了建州女真的当务之急。同时，建州女真政权的出现为满文的创制提供了有力的政治保障。换言之，建州女真政权是满文创制的先决条件。

二、满文的创制与演变

（一）无圈点满文的创制

万历二十七年（1599）二月，因"满洲初起时，犹用蒙古文字，两国语言异，必移译而成文，国人以为不便"，故努尔哈赤"欲以蒙古字编成国语"。额尔德尼、噶盖表现出畏难保守的态度，称："我等习蒙古字始知蒙古语，若以我国语编创译书，我等实不能。"努尔哈赤作为领袖，深知创制民族文字的重要性，故其态度十分坚决地责问二人："汉人念汉字，学与不学者皆知；蒙古之人念蒙古字，学与不学者亦皆知。我国之言写蒙古之字，则不习蒙古语者不能知矣。何汝等以本国言语编字为难，以习他国之言为易耶？"额尔德尼回答说："以我国之言编成文字最善。但因翻编成句吾等不能，故难耳。"而努尔哈赤熟知明代女真口语特点及蒙古拼音文字规律，指导说："写阿字下合一玛字，此非阿玛乎？额字下合一默字，此非额默乎？吾意决矣，尔等试写可也。"① 即用蒙古字母标注明代女真语音。通过这种方式，就形成了与蒙古文不同的新的文字系统。故《满洲实录》中称："自将蒙古字编成国语颁行。创制满洲文字自太祖始。"② 这并非溢美之词，努尔哈赤首先提出创制满文，并提出以蒙古字合女真语音的方法，是满语文字的创制者。在努尔哈赤提出创制满文的方法后，编

---

① 《朝鲜宣祖实录》卷一百八十八，宣祖三十八年六月癸丑。
② 《满洲实录》卷三，己亥年（明万历二十七年）正月。

制满文就相对简单了。在噶盖因罪伏诛后,由额尔德尼"遵上指授,独任拟制",完成了编制满文的工作。

图 2-1 辽阳东京城满文门额

由努尔哈赤创制、额尔德尼编制的满文被称为无圈点满文或老满文。老满文通行的 30 余年,是以建州女真为核心的满洲共同体形成的时期。

(二) 有圈点满文的确立

满文初创时难免有些粗糙:一个字母有两三种乃至四五种写法,有的字母同时表示几个不同的音。对这种情况,《满文老档》中记载:"十二字头原无圈点,上下字无别,塔达、特德、扎哲,雷同不分,书中寻常语言视其文意易于通晓,至于人名、地名,必致错误。"[①] 同时,在汉族政治、经济、文化影响下,社会生活中出现了许多原本没有的新事物,在满文中增加了不少汉语借用词。可是,汉语的某些音位是满语所没有的。如何精确地拼写这些汉语借用词也成为了一个需要解决的问题。天聪六年 (1632),皇太极命达海对老满文"可酌加圈点以分析之,则音义明晓,于字学更有裨益矣"。达海对满文的改进主要是两方面:"于满书加添圈点,俾得令其分明,又照汉字增造字样。于今赖之。"[②]

---

① 《满文老档》太宗皇帝天聪朝第四十五册,中华书局,1990,第 1196-1197 页。
② 《清朝通志》卷十一《六书略一》,收入《影印文渊阁四库全书》史部 402 政书类,台湾商务印书馆影印本,1986,第 115 页。

故称有圈点满文,又称新满文。对此,《八旗通志初集》总结得更为全面:"太祖初年,额尔德尼巴克什同噶盖扎尔固齐将蒙古字创立满文,形声规模尚多未备,复命大海(即达海)增添圈点分别语气;又以满文与汉字对音未全者,于十二字头正字之外又增添外字,犹有不能尽言者,则两字连写切成一字,其用韵之巧较汉字切法更为稳妥。"新满文在原字母旁酌增圈点,完善并统一了字母形式;增加新的特定字母,增加了满语中原来没有的音位;发明"切音",即为两合音为一正字,弥补了满语字母拼写的不足。消除了满文在拼写汉语人名、地名、职官名等方面的不便之处,有利于满汉文化的交流。新满文的出现,标志着满文的成熟。

(三)康乾时期对满文的重新整理

清入关后,对满文做了进一步的归纳及整理工作。康熙十二年(1673)开始编纂的《清文鉴》是一部大型的满文辞书。在编纂过程中,康熙特谕傅达礼:"满汉文义照字翻译可通用者甚多,后生子弟渐生差谬。尔任翰林院(掌院学士),可将满语照汉文字汇,发明某字应如何应用,某字当某处用,集成一书,使有益于后学。此书不必太急,宜详慎为之,务期永远可传,方为善也。"① 康熙四十七年(1708)书成,是为集"国语"之大成。最重要的是,此前同词异写的词汇在此编纂过程中一一得到规范。康熙二十二年(1683),沈弘照又编定《大清全书》,满汉对照,条分缕析,勘为实用。《清文鉴》和《大清全书》为两体、三体、四体《清文鉴》及《清文汇书》《清文补汇》等满文辞书的编纂打下了坚实的基础。满文辞书的编纂,使得满文的书写与词意都得到了一定的规范化,标志着满文发展的完善。

乾隆发布大量上谕对满文作了更多的规范。第一,进一步改正满文中同字词的异写现象。第二,改音译汉语借用词为意译汉语借用词,丰富了满文的构词,促进了满文的发展。第三,重定汉语专有名词的满文对译。第四,规定满

---

① 《清史列传》卷六《傅达礼传》,中华书局,1987,第376页。

族人名的满文书写方法。第五，统一人名、地名的满汉字对译。乾隆年间对满文的进一步规范使得满文具备了书面文字的严谨性。

从万历二十七年（1599）努尔哈赤"颁行国语"起，满文就开始焕发出生命力。在不同的历史时期，满文所起到的作用也不尽相同。满文的创制加强了建州女真政权的内部凝聚力。自满文创制以后，颁布政令法律、记录军国大政及内部交流都使用"国语"文字。而文字的使用唤醒了满洲民族共同体的民族意识。努尔哈赤在建立后金并称天命汗之后曾宣称："自明国以东，至东海，朝鲜国以北，蒙古国以南，凡属诸申语言之诸国，俱已征服而统一之矣。"[①] 这说明此时努尔哈赤划分同一民族共同体的标志是语言。满文是这种语言的书面形式，而且作为后金的官方文字得到了"凡属诸申语言之诸国"的认同。民族文字的创制对于民族共同体的形成起到了重要作用。满文的创制是满洲民族共同体形成的重要条件，更是满洲民族共同体形成的重要标志。

第三节
满洲都城的变迁

建州女真聚集于苏子河流域后，经过将近一个半世纪的发展，活动区域扩

---

① 《满文老档》太祖皇帝天命朝第十三册，中华书局，1990，第117页。

大、部众人口增多。原本建州诸卫首领家族衰弱,时称"无名之虏,号令诸胡"①。至努尔哈赤祖父觉昌安、父塔克世时,"各部环满洲国扰乱者,有苏克素护河部、浑河部、完颜部、栋鄂部、哲陈部"等,"各部蜂起,皆称王争长,互相战杀,甚且骨肉相残,强凌弱众暴寡"②。在这种混乱局面下,努尔哈赤以为祖父和父报仇为名,以十三副遗甲起兵,在大败仇人图伦城主尼堪外兰后,积极争取统一女真各部,"恩威并行,顺者以德服,逆者以兵临"。出于争取建州女真共主的战略需要,于万历十五年(1587)在呼兰哈达岗筑佛阿拉城(或称费阿拉,史称"旧老城")。后又因统一女真及与明王朝对抗的进一步需要,于关外三易都城——兴京赫图阿拉城、东京辽阳城、盛京沈阳城(史称关外"三京")。

一、旧老城佛阿拉

佛阿拉城筑于苏子河畔灶突山南,位于索尔科河及嘉哈河之间(今辽宁省新宾满族自治县旧老城)。此城依山水走势而筑,易守难攻。朝鲜史料记载,其有内外两城及三重城垣,其中"外城周仅十里,内城周二马场许",外城及内城城外皆有壕沟,"外城下底,广可四五尺,上可一二尺,内城下底广可七八尺,上广同"。第一层指外城,"高可十余丈,内外皆以粘泥涂之,无雉堞、射台、壕子",城门"仅以木板为之,又无锁钥,门闭后,以木横张,如我国(朝鲜)将军木之制,上设敌楼,盖之以草"。第二层为内城,其"筑法亦同外城,而有雉堞与隔台,自东门过南门至西门,城上设候望板屋,而无上盖,设梯上下"。第三层为"在内城内又设木栅,栅内奴酋(努尔哈赤)居之"。三层城垣内外,

---

① 《朝鲜中宗实录》卷六十一,中宗二十三年四月己巳。
② 《满洲实录》卷一载:"丁亥年(1587年),太祖于首里口虎拦哈达下东南河二道,一名夹哈,一名首里,两河中一平山,筑城三层,启建楼台。"《满文老档》卷一为:"丁亥年,太祖淑勒贝勒于虎拦哈达下东南、硕里噫口与加哈河两界中之平冈,筑城三层,兴建衙门和楼台。"

居住者的身份有区别:"外城外居生者,皆军人云","外城外四面,胡家四百余"。"外城中,诸将及族党居之","胡家三百余"。而"内城中亲近族类居之","胡家百余"。① 努尔哈赤所居"栅城",是以栅围筑城垣且以土筑高台,略呈圆形。中有一道砖墙将其分为东院"衙署"与西院"楼台"。东院"衙署"有房六处屋二十余间,作为"召集臣属,议事宴饮"之用。西院"楼台"皆建在高台上,为努尔哈赤及其妻妾子女的长居之所。努尔哈赤于佛阿拉筑城是出于政治、军事战略及经济发展的目的。

从政治、军事战略方面而论:当时女真内部各首领纷纷争王称长,筑城屯兵以自雄。努尔哈赤在战胜尼堪外兰后,具有了一定的政治威慑力,此时筑城称王就具有了逐鹿称雄的身份。故努尔哈赤此时筑佛阿拉城,称淑勒(满语,聪明之意)贝勒。而此城亦是聚拢部众及屯兵之所,如上所言,佛阿拉城内外共有"胡家"700余家。同时,尼堪外兰败后,此处暂属权力空白地带,努尔哈赤筑城称王即可收聚土地和部众。占据苏子河灶突山这一建州女真的核心地带,成为争雄女真的资本。佛阿拉城所处的地理位置十分重要。《兴京乡土志》中记载:此处"山势雄壮,正脉盘桓,由西南斜来,为兴京城南半壁之保障"。

从经济发展角度而论:首先,为农业经济的发展提供了军事保障。佟家江及苏子河流域有大片土质肥沃,适于耕种的土地。但是在女真内部征战不休的情况下,开垦种植需要城池作为根据地,以提供强大的武力保护。筑佛阿拉城后,蔓遮川(佟家江支流新开河)、婆猪江(佟家江)、于于诸川(佟家江支流富尔江),以及林古打川(苏子河)上游和小里川(索尔科河)一带的沿河谷地逐渐发展出"无处不耕"的盛景。② 其次,为手工业发展提供条件。万历二十三年(1595),明朝通事何世国记述:佛阿拉城中有甲匠、箭匠、弓匠、冶匠百余名,"皆是胡人"。③ 说明与军事生产有关的手工业得到优先发展。在此之

---

① 申忠一:《建州纪程图记》,载辽宁大学历史系辑《清初史料丛刊》第十一种、第十二种,辽宁大学历史系发行,1979,第17页。
② 《明神宗实录》卷四百五十五,万历三十七年二月辛巳;卷五百一十九,万历四十二年四月丁酉。
③ 《朝鲜宣祖实录》卷六十九,宣祖二十八年十一月丙午。

前，努尔哈赤所部没有冶铁业，只能从明朝及朝鲜输入铁制农器及生活器皿。据《满洲实录》记载：万历二十七年（1599）三月时，"始炒铁，开金银矿"①，自此"铁物兴产"②，努尔哈赤所部可以独立铸造铁器，尤其是兵器。这使建州女真的经济、军事实力不断增强。再次，与明朝的互市贸易等商业活动日趋活跃。天顺八年（1464）开设的抚顺关，是建州女真入贡互市的主要途径。佛阿拉城地近抚顺关，努尔哈赤筑此城就相当于控制了整个建州女真入贡互市的枢纽。抚顺一市"岁市貂参利"不下数万，努尔哈赤借此"擅貂参海珠之利，蓄聚綦富"③。

图2-2 佛阿拉城城门遗址

佛阿拉城的建筑增强了建州女真努尔哈赤所部的政治声望及军事实力，并为其聚集部落、赡养军兵提供了物质条件。此后，其他部民每天归顺努尔哈赤"如流水"一般。在佛阿拉居住的16年间，努尔哈赤"招徕各部，环满洲而居者，皆为削平，国势日盛"④。可以说，努尔哈赤统一女真的历史进程是从兴筑

---

① 《满洲实录》卷三，己亥年（明万历二十七年）三月。
② 《朝鲜宣祖实录》卷一百三十四，宣祖十四年二月己丑。
③ 《明神宗实录》卷五百一十九，万历四十二年四月丁酉。
④ 《满洲实录》卷三，戊子年（明万历十六年）四月。

佛阿拉城开始的。

二、兴京赫图阿拉

在称霸女真后，佛阿拉城已经不能满足努尔哈赤所部的发展需要。努尔哈赤遂于万历二十九年（1601），在赫图阿拉（今辽宁省抚顺市新宾满族自治县永陵镇老城村）筑城。万历三十一年（1603），内城完成，"上自虎拦哈达南岗，移于祖居苏克素护河加哈河之间赫图阿拉地，筑城居之"①。两年后，"上命于赫图阿拉城外更筑大城环之"②。赫图阿拉城南依羊鼻山，北对苏子河，东界白碴山，西面索尔科河。赫图阿拉有内外二城，呈回形，称套城。外城环卫内城，南隅因山起筑，其余均筑于平地。其形状大致为圆角方形，南北长1352米，东西宽1355米。据《筹辽硕画·东夷考》记载：外城"南三门，北三门，东二门，西一门，皆用木板"。其内城筑于羊鼻子山向北延伸凸起的台地上，此处南依山势、北为河界、西为断崖，是形胜之地。其形状近似长方，东半部棱角较规则，西半部近于半圆形，内城东西长510米，南北宽465米，城墙高约4米，底宽10米，东、南、北各有一门。《建州闻见录》中称"筑内城则以木石杂筑，高可数丈，阔可容三万众"。赫图阿拉外城亦为土木筑城，"城高七尺，杂筑土石，或用木植横筑之。城上环筑射箭穴窦，状若女墙。门皆用木板"。这种筑城方式被称为"夯筑布椽式土石城"。赫图阿拉内城与外城居住者的身份也不同："内城居其亲戚，外城居其精悍卒伍。"内城中的"汗宫大衙门"建在南端高台上的最高处。据《满洲实录》记载："汗五十八岁，于丙辰年（1616）正月初一壬申日，八贝勒大臣率众集大衙门，分八方排班，汗于衙门升御座。"因努尔哈赤于此处升座称汗，故称此为"尊号台"，后俗称"金銮殿"。赫图阿拉初期的大衙门为一座长12米、进深7米的三间青砖瓦房。其后为努尔哈赤及

---

① 《清太祖实录》卷三，癸卯年正月戊午。
② 《清太祖实录》卷三，己巳年三月乙亥。

其妻妾子女所居宫室。东南角和西南角有望楼两座。环绕"汗宫大衙门"的是八旗衙门及诸多庙宇。① 万历四十三年（1615）时，在赫图阿拉城东建造佛寺及玉皇诸庙，共有七大庙。

从"旧老城"佛阿拉到"老城"赫图阿拉仅有五里之地。那么，迁居有何必要呢？首先，是因为明代女真的民族文化心理。女真民族有依山筑城、台上起楼的建筑范式。其心中理想的"都城"是依山势筑于形高之处，最好是天然石台之上，表示此处是"天赐兴望之地"。赫图阿拉符合这一特征，是理想的兴王立业之所。其次，赫图阿拉的地势、规模远超原本"两河夹一平山"之地。关于赫图阿拉的地势，上文已经提及，其石台南高北低，南面距地表20余米，北面距地表9米余，苏子河于城北流过，为天然护城河。其地易守难攻之处一目了然。佛阿拉所能容纳的军民人数有限，而赫图阿拉东西两侧皆为开阔地带，可演兵习武，也可筑屋聚民。此时努尔哈赤直接所部至少有民1500户，兵3万。再者，相较于佛阿拉，赫图阿拉具有更重要的战略意义。海西女真中的哈达部占据大片浑河上游丰腴耕地，且地近开原镇北关，控制了海西女真朝贡互市的必经之地。万历二十九年（1601），灭哈达部后，努尔哈赤立即命令迁往赫图阿拉。同时"尽垦猛酋（哈达部长孟格布禄）旧地"，以起到占领哈达故地、威慑哈达旧部的作用。此外，赫图阿拉与开原更近，便于控制其他女真的朝贡互市。而筑城于苏子河畔，可沿苏子河西进，经抚顺直达沈阳城，威逼开原，并可直接与西部蒙古部遥相呼应。进可攻沈阳城，取辽阳，威胁辽西，切断沈阳以北明军的后路；退可沿浑河流域河谷撤回有山险可守的赫图阿拉老城。

努尔哈赤兴建兴京赫图阿拉后，建州女真进入了飞速发展时期。

在经济上：赫图阿拉周围是狭长平原，水源充足，适宜农耕，该地"土地肥饶，禾谷甚茂，旱田诸种无不有之"。建州女真没有存粮的局面得到了改变，"秋后掘窖以藏，渐次出食"。此外，"土产禽兽鱼鳖之类，蔬菜瓜果之属皆有

---

① 其中有昭忠寺、刘公祠、城隍庙、关帝庙、文庙、魁星楼、喇嘛台等。

之"①。万历四十一年（1613），努尔哈赤制定牛录屯田制度，即"一牛录各出男丁十人、牛四头，始于荒地种田"②，并建仓集谷，使得粮食渐多，国库充实。农业的发展，是建州女真"国富民殷"的基础。农业经济发展促使手工业发展与分化，"银、铁、革、木皆有其工，而惟铁匠极巧"。同时，军事手工业已经形成规模并有了专门的场地。城外附近"北门外则铁匠居之，专治铠甲"，"南门外则弓人、箭人居之，专造弧矢"。此外，还开始发展纺织业，布告"全国"，"始行养蚕，推广植棉于国中"③。据《武备制》记载，这一时期，努尔哈赤控制了抚顺与开原两处女真朝贡贸易的通道，每年貂皮、人参互市，可得金钱十余万。

在政治上：努尔哈赤基本完成了对女真的统一。努尔哈赤在征服除叶赫部以外的大部分海西女真的同时，又积极招抚黑龙江和乌苏里江流域的野人女真，使之归顺在他的统治之下。万历四十四年（1616），努尔哈赤于赫图阿拉称汗，建立后金政权。努尔哈赤称汗后不久，就开始规划占领辽东。万历四十六年（1618）四月，努尔哈赤以"七大恨"为讨明檄文，取抚顺，攻清河。第二年，取得了萨尔浒大捷，粉碎了明军的四路合围，消灭明军四万六千余人。此后，明朝在东北的军事实力受到沉重打击，后金在辽东势如破竹。不久，努尔哈赤又相继攻取开原、铁岭，且吞并了叶赫部。之后宣称："自明国以东，至东海，朝鲜国以北，蒙古国以南，凡属诸申语言之诸国，俱已征服而统一之矣。"至此，努尔哈赤完成了女真民族的统一大业。

三、东京辽阳

努尔哈赤在明天启元年（1621）三月攻下沈阳、辽阳后，即率师进驻辽阳

---

① 李民寏：《建州闻见录》，载辽宁大学历史系辑《清初史料丛刊》第九种，辽宁大学历史系发行，1978，第43页。
② 《满文老档》太祖皇帝天命朝第三册，中华书局，1990，第19页。
③ 《满文老档》太祖皇帝天命朝第五册，中华书局，1990，第44页。

都司衙门。"午时导引入城,驻跸袁军门(经略袁应泰)衙门中。"① 随后又下金(州)、复(州)、海(州、盖(州)等辽南重镇。努尔哈赤遂议迁都辽阳。努尔哈赤召集王大臣会议时曾问众人:"天既眷我,授以辽阳,今将移居此城,抑仍还我国邪?"贝勒诸臣"俱以还国对"。努尔哈赤力排众议道:"国之所重,在土地人民。"并指出辽阳所在"乃明及朝鲜、蒙古接壤要害之区,天既与我,既宜居之"②。辽阳地域广袤,物产丰富,商业发达,水陆交通便利,是明代辽东都指挥使司的府治及明王朝统治辽东地区的中心。故努尔哈赤初迁辽阳,居住在都司衙门。但不久他便发现原辽阳城有种种不便之处:第一,辽阳城虽系辽东重镇,地域广阔,经济发达,但却没有明代女真人习惯的"山险"或"高台"可守;第二,努尔哈赤"与汉人共居一城",因推行收汉人为奴及"易发令"等原因,不断遭到辽东汉人的反抗攻击。努尔哈赤遂以辽阳城大、年久倾塌为由另筑新城。因新城建于太子河畔,东距明代辽阳城五里,故称东京城。辽阳东京城在今辽阳市东京陵乡新城村。其地处辽东半岛与松辽大平原,以及辽东山地衔接的三角地带。东京城是一处平原城,城南为群山,太子河流经城西,城北为一片沃土。

辽阳东京城的"宫"与"殿"分设两处。努尔哈赤的殿堂,即办事的"大衙门"为八角形,俗称"八角殿"。内外有排柱十六根,柱径约45厘米,殿顶系用黄绿两色琉璃瓦铺成。殿内和丹墀上满铺六角形绿釉砖。八角殿居高临下,面对新城的天祐门。东京城的皇宫,距八角殿西100余米,设在城中央最高的圆形土台上。土台为人工修筑,台高约7米,台呈正方形,用土夯筑,外用砖砌。

辽阳城周围都是广阔的耕地,有助于建州女真经济的发展。同时,其辽东政治中心的地位也具有非凡的意义。迁都东京辽阳的最大意义在于坚定地显示了努尔哈赤占据辽东的决心。但是,东京辽阳对于努尔哈赤政权来说,并非最好的选择:辽阳作为明朝的政治军事中心,虽然被攻取,但其周围仍有许多明

---

① 《满文老档》太祖皇帝天命朝第十九册,中华书局,1990,第180页。
② 《清太祖实录》卷七,天命六年三月癸亥。

朝官兵；此处东南接近朝鲜，北面又有蒙古族，二者都虎视努尔哈赤政权。故入居未久，努尔哈赤就放弃了辽阳，于天命十年（1625）三月迁都沈阳。

四、盛京沈阳

努尔哈赤曾如此描述迁都沈阳之利："沈阳形胜之地，西征明，由都尔鼻渡辽河路直且近；北征蒙古，二三日可至；南征朝鲜，可由清河路以进。且于浑河苏克素护河之上流伐木，顺流下，以之治宫室、为薪，不可胜用也。时而出猎，山近兽多，河中水族亦可捕而取之。"① 努尔哈赤于明天启六年（1625）三月迁都沈阳，在明朝原有砖城的基础上扩建沈阳城，于崇祯七年（1634）竣工。盛京沈阳城位于辽阳东京城北60余公里，地处辽河冲积平原的中部，地势宽阔平坦，南临浑河。明朝将元代沈阳路土城改为砖城，并在沈阳城周围修建若干卫城和墩台，辽东边墙也由此经过，防御十分坚固。盛京城是标准的方形城，努尔哈赤及其继承人皇太极对沈阳城的修建都十分重视，投入巨大的人力、物力。据康熙二十三年（1684）《盛京通志》记载："天命十年迁沈阳，天聪五年因旧城增拓其治，内外砖石高三丈五尺，阔三丈八尺，女墙七尺五寸，周围九里三十二步……改旧门为八……"新建沈阳八门为：抚近、内治、德胜、天祐、怀远、外攘、福胜、地载，源于辽阳东京城八门之名，门额"外书满文，内书汉文"。原明朝沈阳城的三门已拆除，北门仍存，用砖石堵死，外筑瓮城。

盛京城内大街呈井字形分布，连接盛京八门。盛京皇宫位于城的中心，其平面布局分为东、中、西三路建筑，东、中两路是努尔哈赤及皇太极时期的早期建筑。大政殿位于东路建筑北面，坐落于高台之上，十王亭呈燕翅状分列大政殿两翼。东侧为左翼王和镶黄、正白、镶白、正蓝四旗王亭，西侧为右翼王和正黄、正红、镶红、镶蓝四旗王亭。这种建筑模式是清初的八旗制度及八和硕贝勒共治国政的体现。中路南起为照壁墙、东西朝房、东西奏乐亭、文德坊

---

① 《清太祖实录》卷七，天命十年三月己酉。

和武功坊，路北是大清门（午门），入内便是崇政殿。凤凰楼建在4米高的台上，是昔日盛京的制高点，"凤楼晓日"是盛京著名景观。拾阶而上，正中的清宁宫及两厢四大配宫、两小配宫组成了一个城堡式的建筑群，这里是皇帝和后妃的生活区。这些宫殿设有暖墙，清宁宫内有宰杀牲畜的案板，大殿内还有环绕一周的土炕与用来煮祭食的大铁锅，这都体现了满洲人的祭祀和生活习惯。

努尔哈赤进入沈阳后并未居住于此，而是在原明朝沈阳城北镇远门处修建"汗宫"，其面积仅略大于其他王爷的府第。另外，城内还建有一钟楼、一鼓楼、天坛、太庙。此时，由于后金国家政治、经济、文化等方面的发展，新修建的盛京宫阙之规模较之前更为宏大。

努尔哈赤所创立的后金政权定都沈阳的时候，正是其政权最为稳固的时期。在这一时期，后金政权建立了稳固的国家法律政治体系，为其后入关打下了坚实的基础。

从佛阿拉城到盛京沈阳城，其筑城基址经历了从狭小河间地、山地到平原的演变。筑城方式则是佛阿拉的土筑城、兴京赫图阿拉的夯土布椽城、东京辽阳的土石城、盛京沈阳的砖石城。从城的形制上看，由依地势修筑的不规则城到圆角方城、棱形城，进而发展为规则的四角方形砖石城。而且城上的附属军事建筑，诸如门楼、敌楼、雉堞、女墙、瓮城等也越来越多。宫室的变化则是从佛阿拉传统的女真住室建筑到赫图阿拉的简陋宫室，及至辽阳、沈阳的正规宫殿，经历了一个由简到繁、由单一的女真建筑发展为汉满蒙古等多民族建筑艺术大融合的过程。

应该说，努尔哈赤的历次迁都更多的是出于军事政治的战略考虑。每次迁都，其政权都得到了进一步的巩固。其迁都的历史恰好与其兴兵起事、统一建州女真、征服其他女真诸部、攻占辽东的历史步伐相吻合。同时，随着其政治经济实力的提高，其所筑都城愈加坚固宏大。这标志着后金国政治、经济、文化诸方面的发展，以及满族建筑技艺的进步。后金的都城，既从不同方面突出地反映了女真人固有的传统建筑方式和民族特点，如依山势、山形而建，高台起楼等；也反映出其对汉文化的接受，如宫殿按中轴而建，用汉文化的富贵花纹等。更为重要的是，后金的都城都在辽宁地区，是辽宁地域文化特色的反映。

第四节

法律与制度

在建州女真政权兴起及满洲民族共同体凝聚的过程中，后金（清）形成了一套带有自身民族特点的法律与礼仪制度体系。有清一代，前者因为形势的变化而不断发生变化，后者则被统治者不断地强化。清入关前法律与礼仪制度的形成是一个重大的课题。受篇幅所限，本节只勾画出大致的轮廓。

一、努尔哈赤时期的法律与礼仪

（一）努尔哈赤时期法律的制定与特点

努尔哈赤时期法律的制定，起始于明万历十五年（1587）其称贝勒之后。凡作乱窃盗欺诈等悉行严禁。努尔哈赤所立的"国政"，体现了统治阶级的意志。努尔哈赤时期所立的"法律"主要表现在狩猎及军事两方面。

制定有关狩猎的法律：以十牛录人合为一队行走，使得每牛录都有平等进入围底获得猎物的机会，对不随本牛录行进者罪之。获罪者若有所获，将其赏于拿捕此犯之人；若无所获，杖其身抵罪。同时，以十牛录为单位各设四昂邦（大臣），督察属人，倘有玩忽职守，亦定以"乱行之罪"。又规定：当野兽出现时，禁止入围追赶，务各据本位射取；野兽逸出围外，始可追射；倘有违令入围追兽者，没收所获给予应得之人。重申猎物分配的古老原则，规定共同射杀所获的兽肉，要同等分取，对那些因舍不得把肉分与他人而拒绝帮助、致使猎物逃脱者，"则命赔偿其脱逃野兽之肉"，"凡有射伤之大兽逃出，无论何人遇之，而杀死时，乃应告射伤之主，其兽肉，由追杀者尽取之"。①

从上述记述中可知，关于狩猎的规定主要集中于建立狩猎的纪律及确定各种情况下猎物的分配方式。对于努尔哈赤而言，狩猎的纪律就是军事纪律。《满文老档》中记载，因为庚寅汗②自幼即喜爱打猎用兵，所以整理行猎用兵的条例而定立了法律。此处规定的猎物分配的原则，基本上是按贡献分配，并且对于狩猎失误行为作出处罚。

之后不久，天命八年（1623）二月初六，努尔哈赤宣布废除大臣各自设丁出猎、猎物各自取之的旧例，重新规定统治集团内部的猎物分配制度：将捕获的虎、猞猁、貂、狐、獭、貉、灰鼠等各色皮张，无论出猎与否，自总兵官以下，至备御以上，按职分给。一等各给28张，二等各给23张，以下三、四、五、六、七、八等依次递减，至九等各给4张。依据这种规定，有无分配狩猎品的资格以及所得多寡，不再取决于是否参与狩猎以及贡献程度，而完全取决于官职——社会地位的高低。获得财物的多寡与身份地位的高低成正比。这表现了此时其向阶级特权社会发展的情况。

制定有关军事的法律：军事的法律来源于有关狩猎的法律。努尔哈赤在称汗建国的前一年曾经规定，凡是战争、狩猎之时，严禁喧闹。他说："行军喧哗出声，敌必知觉。出猎喧哗出声，山谷应，兽必逸。"③ 因此应该预先教训众兵丁使其切记实行。努尔哈赤禁止兵丁在出征过程中擅离本牛录，违命者捉拿问

---

① 《满文老档》太祖皇帝天命朝第四册，中华书局，1990，第35页。
② 即努尔哈赤。
③ 同①，第33-34页。

罪；如果牛录额真不将法令遍谕士兵，各罚马一匹；倘若谕之而不听，仍擅离行者处死。有舒赛牛录下阿齐在攻掠明边的战斗中离本牛录擅行，为明军所害，努尔哈赤命碎其尸，使各牛录传看，以儆效尤。天命五年（1620）进攻奉集堡之战，绰豁洛等兵丁擅自离队，努尔哈赤命令尽数杀之。这些记载表明，努尔哈赤对违犯军令者的惩罚是非常严厉的。为了确保八固山的战斗力，努尔哈赤对兵丁平日的行动也严加限制，不准远离本牛录居住，规定将违令者人口财物入官，牛录长官"各责罚有差"。努尔哈赤对冒死建立军功者不吝爵赏，对临阵脱逃者丝毫不予宽宥。他曾下令和硕贝勒、众额真，有临阵胆怯、留后取财者，即以所赐四棱斧斩首，或以大披箭射杀。

努尔哈赤在征明战争中，多次颁布军律，禁止滥杀无辜、任意抢掠。天命三年（1618）以"七大恨"攻明，当众宣布对阵获之人"勿剥其衣，勿淫其女，勿离夫妻。因抗拒而死，听其死，不抗拒者勿杀"①。进入辽沈以后，他又多次重申这项军令。

随着战争的扩大，战利品的分配方式也发生了变化。金银等贵重物品全部归八大贝勒所有，有时也会拿出一部分按等级赏赐诸官员，剩余物品始由"众军兵均分之"。高级官员与低级官员分配的战利品多寡悬殊，普通军兵所得甚微，真正通过战争聚敛大量财富的唯有汗、贝勒和少数异姓军功贵族。努尔哈赤在天命七年（1622）正月谕令："其越法多取人口财货者，决不宽宥，当杀者杀，当罚者罚也。"② 这条军令将等级分配制度化。

与制定狩猎法律的目的类同，制定军事法律的目的在于加强纪律性。而狩猎和战争所获按官职地位分配，引起了部民的不满。《建州纪程图记》是这样记述的："前则一任自意行止，亦且田猎资生，今则既束行止，又纳所猎。虽畏彼

---

① 《满文老档》太祖皇帝天命朝第六册，中华书局，1990，第56页。
② 《满文老档》太祖皇帝天命朝第三十三册，中华书局，1990，第302-303页。

不言，中心岂无怨恶云。"① 然而，新法律的制定主要是为了维护汗、贝勒、大臣及额真们的利益。这表明后金社会阶级发生强烈变化，以前那种部民之间平等的关系正在消失。

努尔哈赤时期的法律有三个主要特点：一是汗的权威凌驾于所有法律之上。此时法律主要是以努尔哈赤命令的形式表现出来。在《满文老档》中经常有这样的话："没有的法规，均由他（指努尔哈赤）的意思制定了"，"汗所谕知各种法令"，"汗训谕之公正法令"，"汗前日所写法书"等。努尔哈赤的命令就是法律。同时，对于冒犯者处以严刑酷法。努尔哈赤特别申明："凡轻视汗族者，责打之；其殴打者，斩之。"② 天命六年（1621），努尔哈赤下令："因不阉小子而至诸贝勒院内妇女与他人私通，岂不杀男子耶？"③ 后有满人图沙谙悉汉文，努尔哈赤用他掌管汉文典籍，留置家中以备顾问，"因与汗子乳母私通，故诛之"④。天命六年（1621），满达尔汉牛录下一名蒙古人擅入汗之院内，努尔哈赤命令将其"捆缚用刑，斩首示众"⑤。天命八年（1623）二月，为努尔哈赤看门护院的布勒痕一时疏忽，忘记关闭院门，"每日割身一处凌迟处死"⑥。

二是统治阶级享有法律特权。国初规定杀人者偿命。然而，参将雍舜往验马匹，以箭射人致死，只拟以赔人抵罪，降职为游击，旋以兄阿兰柱之功"俱命免之"。在《满文老档》中这样的事例很多。

三是量刑没有具体标准。天命四年（1619）规定：小人盗取大物，刺耳鼻；盗取次等物者，射十骲箭（一种狩猎用骨箭）；盗取小物者，打脸十次。游击巴班盗骡，被革职，将家产分为三份，籍没三分之一家产。硕托阿哥固山下一人

---

① 申忠一：《建州纪程图记》，载辽宁大学历史系辑《清初史料丛刊》第十一种、第十二种，辽宁大学历史系发行，1979，第26页。
② 《满文老档》太祖皇帝天命朝第三十三册，中华书局，1990，第300页。
③ 《满文老档》太祖皇帝天命朝第二十四册，中华书局，1990，第215页。
④ 《满文老档》太祖皇帝天命朝第六十五册，中华书局，1990，第634页。
⑤ 《满文老档》太祖皇帝天命朝第二十六册，中华书局，1990，第634页。
⑥ 同⑤，第423页。

同是盗骡，被鞭责二十七，箭刺耳鼻；诺木浑牛录下13人，盗马15匹，判各鞭一百，刺耳鼻。同是盗牲口，刑罚不一。汤古代阿哥固山下一人因盗取鞍具，被乱刺耳、鼻、面、腰等处而死。盗鞍的处罚重于盗骡。

（二）努尔哈赤时期礼仪的制定

努尔哈赤时期礼仪的制定主要是针对朝堂而言的，尚未关系到普通部民。满族人原有部民每日早晨往谒酋长之俗。明成化十九年（1483），建州女真赵伊时哈辞行时，朝鲜人问："常时有谒见酋长之礼乎？"答称："每朝齐往谒见，听其指挥者或至百余人。"① 努尔哈赤曾在佛阿拉参照旧例制定朝会之礼。天命六年（1621）迁都辽阳后，努尔哈赤专门表示："向有群臣每晨服华丽衣冠，上汗衙门或诸贝勒衙门后，煮肉温酒，以赐饮茶汤之礼。该辽东乃富庶之地，此礼为何废之？"于是规定："都堂、总兵官以下，游击、参将以上，赴各该贝勒衙门当班，并照例摆筵。至牛录之人，每晨上牛录额真及备御衙门，备御率之上参将、游击衙门，参将、游击率之上副将衙门，副将率之上都堂、总兵官衙，都堂、总兵官率之于日出之时上各自和硕额真贝勒衙门。和硕贝勒即以该旗贝勒大臣皆已集齐而入告于汗。"② 朝会之礼的方式为，自牛录下众人开始，依照隶属关系逐级向上谒见，最后于日出时毕集于汗宫前。这种朝会仪制体现出汗的威权。天命八年（1623）九月，努尔哈赤对朝会之制又做补充，规定满、蒙古、汉牛录下人除每晨起依次往谒各官外，每晚仍需集牛录额真衙门一次，"以严查其在否"。对违制者予以惩罚：贝勒罚羊，总兵官罚银四两，副将罚三两，参将、游击罚二两，备御罚一两，千总罚五钱，白身人鞭五。这表明朝会已经由"齐往谒见"、听首领指挥转变为对人身的控制。

满人原本并没有服饰仪仗上的等级制度，"衣服则杂乱无章，虽至下贱，亦

---

① 《朝鲜成宗实录》卷一百五十九，成宗十四年十月戊寅。
② 《满文老档》太祖皇帝天命朝第二十六册，中华书局，1990，第249页。

有衣龙蟒之绣者"①。进入辽东前后,受汉族文化影响,参照明朝制度颁定贝勒官员服色仪仗:诸贝勒服四爪蟒缎补服,都堂、总兵官、副将服麒麟补服,参将、游击服狮子补服,备御、千总服绣彪补服。天命七年(1622)正月,制定贝勒以下、备御以上仪仗,以显示身份:第一等和硕贝勒、大臣等各备旗八对,伞一柄及鼓、喇叭、唢呐、箫全部;二等贝勒各备旗七对,余同上;以下一等大臣,二等大臣,三等参将、游击,四等备御依次递减。并规定游击以上各备一轿。相较于明制而言,没有种种烦琐难名之物,同时又将鼓、喇叭、唢呐、箫等辽宁地方民间乐器附入仪仗,形成自己独有的特色。

天命六年(1621)五月,努尔哈赤发布上谕,规定以下事上"彬彬有礼",于上级官员面前,不可抄手而立、背手而行。命令将此书颁至屯守堡,使所有人知晓。十一月,规定无职庶人凡见官来,必由坐处起立,乘马者下马,让道回避。七年(1622)正月,更定官员仪仗"均照汗所定礼制",下级官见上级官,应偃旗只身跑前相见;小民见执旗者来,乘马者下马而立,步行者避于路旁。"小民见大臣有不礼者,见则责打之。"②

上述朝堂礼仪,除朝会是由满洲旧俗演化而来外,其他皆是仿照明朝制度,表明其深受汉文化的影响。

二、皇太极时期的法律与礼仪

(一) 皇太极时期法律的变化

皇太极时期,加大了对诸贝勒、王、大臣的约束。皇太极常以出兵与行猎

---

① 李民寏:《建州闻见录》,载辽宁大学历史系辑《清初史料丛刊》第九种,辽宁大学历史系发行,1978,第43页。
② 《满文老档》太祖皇帝天命朝第三十三册,中华书局,1990,第301页。

并举，认为两事"不至错乱，庶大事可成"①。故规定行围纪律，与行兵一样，不准乱行，不准断围，不准践踏田禾，不准砍伐树木；对围猎中行窃者处罚尤严。又于天聪六年（1632）规定，每旗设大臣一人，于行围时专司统辖。天聪七年（1633），规定对擅入围中者，贝勒罚良马1匹，甲喇额真罚银15两，旗长罚银10两，闲散人罚银9两，离伍退后者与入围同罪。② 地位愈高，处罚愈重。

据《清太宗实录》记载，天聪二年（1628）十二月规定："先是田猎时，诸贝勒射中之兽，令从人约誓，勿隐伤痕，勿行争夺，争者亦不许对质；至是复下令，诸贝勒射中之兽，有争论者，付审理官验对，勿明言诸贝勒射中何处，亦勿言争论之人射中何处，但匿名验伤，即付伤痕相符之人。"③ 规范了诸贝勒争抢猎物的行为。

努尔哈赤曾多次强调禁止滥杀肆掠，实际所为却南辕北辙。皇太极嗣位，"不许仍前偷盗杀掠"，并提出以古帝王为师，"躬行仁义"，标榜取仿汉族统治者行事。天聪三年（1629）十月征明时颁布军令："若违令杀降者，淫妇女者斩；毁房屋、庙宇，伐果木，掠衣服，离本旗及入村落私掠者，从重鞭打。"④ 此后，虽然抢掳人口财产的积习并未完全改变，但妄杀降民的现象明显减少了。

同时，进一步严明军纪。要求平日"号令严肃，一传每牛鹿（录）要马若干即是若干，每达子（指旗兵）要盔甲弓箭若干即是若干"⑤，任何人不得稍有懈怠。战时法纪严厉，对怯敌观望者视情节轻重与犯罪人身份地位而定刑罚，绝不轻易宽纵。此外，还以诸贝勒为对象制定征战表现的赏罚。《清太宗实录》记载：天聪三年（1629）八月，"凡入八分贝勒等临阵时，如七旗贝勒等俱已

---

① 《清太宗实录》卷七，天聪四月十一月甲午。
② 《清太宗实录》卷十六，天聪七年十月癸丑。
③ 《清太宗实录》卷四，天聪二年十二月辛丑。
④ 《满文老档》太宗皇帝天聪朝第十七册，中华书局，1990，第943－944页。
⑤ 国立中央研究院历史语言研究所主编《明清史料》乙编第2册，商务印书馆，1936。

败走，而一旗诸贝勒独迎战，保全七旗者，即以败走七旗下之七牛录人员，给与迎战诸贝勒；若七旗诸贝勒迎战，而一旗诸贝勒俱败者，则败走之贝勒削爵，并以其所属人员，悉分给七旗"①。

努尔哈赤时，对为盗、谋叛者一味滥杀，"不知收拾人心"，以严刑峻法维系统治。皇太极认为"那是不懂道义的时候的事"，弃用重刑，放宽法律。同时，主张"满汉之人，均属一体，凡审拟罪犯、差徭公务，毋致异同"。并提出"国家立法，不遗贵戚"，将诸贝勒及大臣置于法律的监督规范之下，且首开将儒家经义引入后金国家法律的风气。从此，在满族统治阶层中开始将"法"看作"礼"的延伸，使以儒家伦理为规矩准绳的司法原则由个案审断向整个法律领域扩展。

（二）皇太极时期礼仪的增定

皇太极即位初，对年长的三大贝勒"不骤以臣礼待之"。凡朝会之际，代善、阿敏、莽古尔泰三大贝勒列坐汗左右，同受朝拜。天聪六年（1632）元旦，"上（皇太极）始南面独坐"②，标志其地位定于一尊。崇德元年（1636）称帝改元，接连制定元旦、万寿节朝贺礼，元旦朝见国君福晋朝见礼，亲王、郡王生辰及元旦叩贺诸礼，名目多采自《大明会典》，唯在仪节方面较明朝尚属简约。朝贺礼的基本原则在于确定统治集团内部等级。元旦、万寿节朝贺礼，由诸和硕亲王、多罗郡王、多罗贝勒、固山贝子、公及大臣等向帝行三跪九叩礼。亲王、郡王生辰及元旦叩贺礼：亲王，由各旗官员自固山额真以下牛录额真以上，皆齐集，行二跪六叩礼；郡王，由所属官员齐集，行二跪六叩礼；多罗贝勒生辰及元旦节，由所属官员齐集，行一跪三叩礼。崇德元年（1636）之和硕亲王即先前之旗主（和硕贝勒），故一旗官员俱须往叩；而郡王则无之。这说

---

① 《清太宗实录》卷四，天聪三年八月庚午。
② 《清太宗实录》卷十一，天聪六年正月己亥。

明,皇太极在建立帝制时,于诸贝勒各臣所属(附属)持保障保留态度。此外规定,凡亲王及近亲子弟之有郡王、贝勒封爵者,其臣属必须于生辰、元旦前往庆贺,"倘无事在家不来叩拜者,罪之"①。

重新厘定服色仪仗。天命年间颁定了补服之制,但官民衣着混同,贵贱难辨的现象依然常见,乃有"平人有钱得戴贝勒大人之帽,得穿贝勒大人之衣,洋洋得意街头横行。有等贫穷官员饥孚其色,悬鹑其衣,路人见之作践凌轹,詈骂榜笞同于乞丐"②。天聪六年(1632)十二月,皇太极令国内禁冠服僭越,命以该月二十日为始,永为定制。天聪七年(1633)六月,又令官民冠服遵制划一,依照本族传统,制定入朝官服之制,凡朝期俱用披领,平居止用袍;黄缎、杏黄缎、五爪龙服、黑狐大帽非汗赐不准擅用;八旗护军以上许服缎衣,庶人均用布,缎靴亦不许平人穿用。既以服色标识身份,又与明制官服相区分。明制:士庶服色,不许用黄,为御用之色。后金国沿用。满人讲究皮毛的穿戴服用,故王公以下禁用黑狐皮。这些均成为清朝定制。冠带亦均有等第,不准随意穿用。崇德元年(1636),陆续制定宗室王公与福晋顶带品级、诸臣顶带品级。帽顶成为贵族、官员的专用,按不同质地区别身份。重申禁止僭用五爪龙、凤凰、黄缎,先已制成者,俱令拆毁,以示皇帝至高无上。妇女地位及服饰则取决于丈夫的品秩。

天聪六年(1632),在礼部贝勒萨哈廉的主持下,重订仪仗,规定汗前用旗3对、伞2柄、校尉6人;大贝勒前用旗2对、伞1柄、校尉4人;诸贝勒前各用旗1对、伞1柄、校尉2人。

崇德元年(1636),再次厘定贵族、贵妇、官员仪仗,所云"伞""纛""小旗""立瓜""卧瓜""骨朵""吾杖""豹尾枪""红帽引路夜不收"等项,无不仿同明制,但繁褥稍逊色。

---

① 《满文老档》太宗皇帝崇德朝第十三册,中华书局,1990,第1470页。
② 《天聪二年佚名奏本》,载国立中央研究院历史语言研究所主编《明清史料》甲编第1册,商务印书馆,1930。

清入关前的法律与礼仪，前后有着很大的变化。这些变化，受满族内部封建因素的壮大、外来文化成分的引入，以及后金国趋向集中统一的历史进程等多种因素推动。值得注意的是，满、汉风俗制度的殊异使得后金统治者在吸纳汉法的同时又表现出保留本民族特色的一面。后金在辽宁地区时，就已经基本形成具有民族特色的法律礼仪制度，成为清代辽宁地区文化的重要组成部分。

第三章 满汉文化聚合

第一节
移民文化的涌入

一、"从龙入关"后辽宁地域的民族分布

（一）清初辽宁地域的民族人口格局

早在明代，辽宁地域就已形成"华夷杂糅"的格局。自东汉以来，高句丽、靺鞨、契丹、女真、蒙古等先后统治过这一地域。明初，大量的高丽人、女真人、蒙古人与汉人在此混居通婚，使得辽宁地域民族格局复杂多样。故此，明朝对这一地域实行"建卫所而辖之都司"的特殊治理方式。首先，于高丽、女真人居住地区设置卫所，即所谓"编民一以卫所制之者"①。洪武年间，"以辽阳高丽、女直来归官民，每五丁以一丁编为军，立东宁、南京、海洋、草河、

---

① 顾炎武：《九边四夷备录》，载《天下郡国利病书》，上海古籍出版社，2012，第 3875 页。

女直五千户所分隶焉"①，后于洪武十九年（1386）五月改置东宁卫。洪武二十一年（1388），铁岭卫迁置于"沈阳、开元两界古嚚州之地"，三万卫迁置于开原。洪武朝设置的东宁、三万、铁岭诸卫中有大量的高丽、女真归附者②。同时，从中原地区抽调军卒北上来填充辽东军卫。如，定辽右卫以山东莱州土军组成，定辽左卫以山东青州土军组成，沈阳中卫"以河南和山东校卒"组成。另外，金州、复州、海州、辽海诸卫，以及辽西各卫均有部分人口来自中原军户。

从明初开始，作为满族前身的女真人就逐渐聚集于辽宁地域。这与明朝对女真的经略与招抚密不可分。永乐、宣德年间，明朝大力招抚女真诸部，广置女真卫所；女真各部积极响应，纷纷归附。永乐元年（1403）十一月，首设建州卫，以胡里改部首领阿哈出为指挥使。阿哈出"招谕野人（此处野人指女真人），其功独多"。"建州女真"即得名于"建州卫"。明朝的经略和招抚促使胡里改、吾都里等部南迁。胡里改、吾都里等部几经辗转迁徙，最后聚居于辽宁地域的苏子河到婆猪江一带。胡里改部（即建州卫前身），经历三次大迁徙，由原居地胡里改到图们江北、到奉州（坊州、凤州）、到婆猪江。斡朵怜部（即建州左卫前身），则经历了四次大迁徙，由原居地斡朵里到图们江南阿木河、到奉州、到阿木河、到苏子河。在南迁的过程中，胡里改、吾都里等部吸收了其他女真部落，逐渐形成建州女真。一般认为，建州卫、建州左卫、建州右卫、毛怜卫是建州女真的主要组成部分。

至万历年间努尔哈赤兴起时，"各部环满洲国扰乱者，有苏克素浒河部、浑河部、完颜部、栋鄂部、哲陈部、长白山讷殷部、鸭绿江部、东海窝集部、瓦尔喀部、库尔喀部，呼伦国中乌拉部、哈达部、叶赫部、辉发部。各部蜂起，

---

① 东宁为元朝的东宁府，其地在平壤附近；南京为元朝开元路的南京万户府，其地在延吉附近；海洋为元朝海洋千户所，在咸镜北道吉州附近；草河在辽东东部山区；女直即女真，主要活动在长白山区和鸭绿江两岸。这些地区都是当时高丽、女真的活动地区。参见张士尊：《也论"辽土"与"辽人"——明代辽东边疆文化结构的多元倾向研究》，《社会科学辑刊》2011年第6期，第180页。

② 《明太祖实录》卷二百三十九，洪武二十八年六月丁巳条载："辽东卫镇抚张能言：'辽东三万卫所部高丽、女直归附者，常假出猎为患。'上命武定侯郭英徙其众于广宁西屯种。"

皆称王争长，互相战杀。甚且骨肉相残，强凌弱、众暴寡"，而努尔哈赤"能恩威并行，顺者以德服、逆者以兵临，于是削平诸部，后攻克明国辽东诸城"。①在努尔哈赤"削平诸部"、"攻克明国辽东诸城"的过程中，辽宁地域的民族格局发生了剧烈变化。这种变化有两条主要线索：其一是女真人口聚集及向辽宁地域迁移；其二是汉族人口外逃。

1. 女真人口聚集

万历十一年（1583），努尔哈赤以其祖、父遗甲起兵，开始了统一女真建立后金政权的征程。努尔哈赤统一女真始于其夺取宁古塔部的统治权，随后于万历十三年（1585）九月，征服苏克素护河部；于万历十五年（1587）六月，征服哲陈部；于万历十六年（1588）四月，使苏完部主索尔果、董鄂部主何和里率本部归降；于万历十六年（1588）九月，征服王甲部；于万历十七年（1589）正月，征服浑河部。至此，努尔哈赤基本统一了建州各部，建立了以赫图阿拉为中心，包括苏子河、浑河、浑江流域大部，即今辽宁新宾全部，清原南部，抚顺东部，桓仁、宽甸北部，东西二百余里，南北一百五十余里的实际控制区。

此时，努尔哈赤已经控制了建州女真的所有户口。关于建州女真的户口，可以从《朝鲜李朝实录》中寻到相关记载。永乐二十一年（1423），建州左卫迁回阿木河地区时，共523户7450口。按此推算大约户均14口。正统年间，建州左卫从阿木河地区迁往浑河流域，第一批只有300余户，其余177户被朝鲜扣留。此后不久，建州左卫分为建州左卫与建州右卫。故此，500余户7000余人当为建州左右二卫的户口数据。正统二年（1437）六月，朝鲜政府刺探建州军情报告说："过婆猪江马行一日之程，吾弥府（兀弥府）洞源深长，其水南流，合乎婆猪江。右水之南边则蒋家都督，率三十户居焉，常养马十四匹；北边则李满住率三十户居焉，养马十二匹，隔江相对而居；其散居山陕之单户，不可遍记。满住乃蒋家之女婿也，蒋家之众多于满住，而骁勇则不及，大率建

---

① 《满洲实录》卷一，癸未年（明万历十一年）。

州之众，老弱妇女共五百余，而正兵则不过二百余，到此作贼，每藉虎狼卫之力。"① 此处所言建州卫700余人，当指蒋家都督与李满住直接统领的属民而言，并非建州卫全部户口。此处兵民比约为1∶3。景泰二年（1451）四月前，在蒙古瓦剌部压迫之下，建州部由浑河流域迁回浑江流域，靠近朝鲜。据朝鲜地方官奏报："脱脱兵马击海西卫，杀虏人物，因此满住不得宁居，今年三月还居兀剌山城瓮村。凡察子甫下吐，则移居瓮村以北十五里吾毛水之地，充尚则移居瓮村。上项满住管下一千七百余户，充尚、甫下吐管下共六百余户。自桑木仇非至于沈者罗老、林加罗古家基址，则海西卫指挥李满者率管下一千余人来止。"② 所谓"满住管下一千七百余户"当为其直接管辖人户及依附人户的总数。文中所言充尚即建州左卫首领董山；甫下吐即凡察之子布花秃，为建州右卫首领。建州左右二卫管下共600余户。因为正统年间蒙古也先对女真的侵扰，女真人户可能开始离散。成化元年（1465），建州部仍然居住在婆猪江一带。据这一年逃到朝鲜的辽东人波右叙述："满住所居距满浦百余里，百余家出军五百余名，自满住所居东距四十余里，地名卯秃，百余家出军百余名，牛歹作头居生。赵三波所居在满住家西北十五里，二十余家出军四十名。童仓家在赵三波家西北三日程，日行五十里，百余家出军六百余名。甫下吐家在李满住家南五十里，吾乙面川，百余家出军六百余名，李权赤与甫下吐同居，……在李满住家西北三四里余。"③ 因此，此时，建州三位首领直接管辖的女真户数最低为420户，可出精兵1800余。从以上论述中可见，在明初和明中期，建州三卫首领直接管辖的人户大约为400～600户，而加上附属人户，则可高达2000余户。按照百户出兵500～600的比例来推断，建州三卫首领直接管辖的兵丁数当为2000至3000余，可号令的总兵丁数最高可达万余。按照兵民比1∶3而论，建州女真直接管辖人口为6000～8000，可控制总人口当为3万余。

成化年间，明朝联合朝鲜两次清剿建州女真。成化三年（1467）九月，朝

---

① 《朝鲜世宗实录》卷七十七，世宗十九年六月戊子。
② 吴晗辑《朝鲜李朝实录中的中国史料》下编卷七，中华书局，1980，第470页。
③ 吴晗辑《朝鲜李朝实录中的中国史料》下编卷九，中华书局，1980，第561页。

鲜方面先于明军攻入李满住驻地,主将康纯与右厢大将南怡,"自满浦入攻波猪江,斩李满住及古纳哈、豆里之子甫罗充等二十四名。擒满住、古纳哈等妻子及妇女二十四口。射杀未斩头一百七十五名。获汉人男一名,女五口,并兵仗器械牛马,焚家舍";左厢大将鱼有沼则"自高沙里入攻兀弥府,斩二十一级,射杀未斩头五十,获汉女一口,并兵仗器械牛马。焚家舍九十七区"①。成化十五年(1479)十月,明朝决定再次联合朝鲜讨伐建州女真。十月二十八日,明军分五路两万余人至建州女真居地苏子河地区。明军此次战役的捷报记载在《明实录》中,声称:"靖虏将军抚宁侯朱永等,袭败建州夷,上章奏捷。谓建州贼巢,在万山中,山林高峻,道路险狭。臣等分为五路,出抚顺关,半月抵其境,贼拒险迎敌,官军四面夹攻,且发轻骑,焚其巢穴,贼大败,擒斩六百九十五级。俘获四百八十六人,破四百五十余寨,获牛马千余,盔甲军器无算。"②明朝与朝鲜两次征建州女真后,强盛的建州三卫衰落下去。有威望,有号召力,能统辖建州各部一致行动的首领均死于这两次战役;建州三卫首领可直接管辖的兵力也基本在这两次战役中消耗殆尽。从此以后,建州三卫处于分散、衰弱的状态。直至嘉靖万历年间建州左卫王杲、建州右卫王兀堂兴起。为打击建州女真势力,李成梁长途奔袭,每次杀掠人数以百、千计。不过,应该注意到每次受到最沉重打击的都是建州三卫首领的直属人户,其他散居于山川大野的建州女真诸部更有可能保存自身的实力。而努尔哈赤的势力兴起后,其兵力过万,则其统一建州各部的人户也大体相当于上述明初期和中期建州女真的规模。

从万历十九年(1591)开始,努尔哈赤开始了统一女真的第二阶段,先后灭海西之哈达、辉发、乌拉、叶赫四部。万历二十七年(1599)九月,努尔哈赤生擒哈达贝勒孟格布禄,"尽服哈达属城。器械财物无所取,室家子女完聚如故,悉编入户籍,迁之以归"③。万历三十五年(1607)九月,努尔哈赤出兵征

---

① 《朝鲜世祖实录》卷四十四,世祖十三年十月壬寅。
② 《明宪宗实录》卷一百九十七,成化十五年十一月丁未。
③ 《清太祖实录》卷三,己亥年九月丁未。

讨辉发部,"围其城,克之,诛拜音达里父子,歼其兵,招抚其民,乃班师"①。这样,世世代代在呼而奇山生活的辉发人被尽数带走,部落也随之灭亡。② 万历三十五年(1607),乌拉部曾经派兵一万阻截努尔哈赤的军队。万历四十一年(1613),努尔哈赤亲率大军征乌拉,"遂击溃乌拉的布占泰汗之三万兵,斩万人,……于大城宿营十日,分俘虏,编一万户,携之以归"③。则估计乌拉贝勒直接管辖兵力为 1 万,直接管辖户数为 2000 户左右,人口数为 3 万左右。其可号令总兵力为 3 万,可控制总户数为 6000 户左右,总人口数为 9 万左右。努尔哈赤所编的万户,可能实际上为 4000 户五六万人。万历四十六年(1618),灭叶赫部。关于叶赫部的人户,据《开原图说》记载:万历末年,叶赫部"白羊骨袭祖职,部落约五千,精兵二千","金台失继兄领兵,尚未袭职,部落六千,精兵三千"④。此处记载的为直接管辖的兵民数,则叶赫部直接管辖人口为 16000 余,其中精兵 5000 余。努尔哈赤灭海西四部,保守估计所得人口当在 10 万左右。

在灭亡海西四部的同时,努尔哈赤征讨东海女真诸部,主要是东海窝集部。关于俘获人口情况见表 3-1。

表 3-1　　　　　　万历年间努尔哈赤征讨东海女真诸部俘获表⑤

时间	征讨部、路	战果
万历二十六年正月	安褚拉库路	取屯寨 20 余,所属人民尽招徕
万历三十五年五月	东海窝集部	俘 2000 人还
万历三十六年十二月	东海窝集部	收 2000 户还

① 《清太祖实录》卷三,丁未年九月辛卯。
② 《满文老档》太祖皇帝天命朝第一册,中华书局,1990,第 5 页。
③ 《满文老档》太祖皇帝天命朝第四册,中华书局,1990,第 17-18 页。
④ 冯瑗:《开原图说》卷下,台湾图书馆,1981,第 128 页。
⑤ 资料来源:《清太祖实录》。

续表 3-1

时间	征讨部、路	战果
万历三十八年十一月	纳木都鲁路等路	编户带回
万历三十八年十二月	雅兰路	获得 1 万名俘虏带回
万历三十九年	东海窝集部	俘 2000 人，其邻近各路尽招抚之
万历四十二年十一月	东海窝集部	收降民 200，俘 1000 人而还
万历四十三年十一月	东海窝集部	俘获 1 万人，编户 500
万历四十四年七月	东海萨哈连部	取河南河北诸寨，凡 36
万历四十四年八月	使犬路等路	招服路长 40 人，乃班师
万历四十五年二月	东海散居诸部	悉收其散处民，岛居不服者尽取之

从表 3-1 可知，仅东海窝集部就有 4 万～5 万人口被收服，加上其他东海各部当俘获 6 万以上人口。

此外，努尔哈赤还收聚了朝鲜东北部图们江流域的女真人。至万历三十七年（1609）时，朝鲜北部还留有相当数量的女真人口，因此努尔哈赤向明朝请求迁移这部分人口，"上（指努尔哈赤）遗明书曰：邻朝鲜境而居瓦尔喀部众，皆吾所属也，可往谕，令彼察出予我。于是，明遣使谕朝鲜国，归我千余户"①。这千余户当有万余人口。

因此，努尔哈赤聚集于辽东浑河、浑江流域一带的女真人口当有 20 万之巨。

2. 汉族人口外逃及后金政权搜罗人口

明与后金战争爆发后，后金很快占领辽河以东，原来聚居于辽东边墙北部浑河、浑江流域的女真人口几乎全部南迁进入辽沈地区，而原有汉族居民却开始大量逃亡关内。天启元年（1621），明朝辽西防线全面崩溃，溃兵和难民涌入关内。辽东监军御史方振孺在报告天启二年（1622）一月二十二日兵溃和二十

---

① 《清太祖实录》卷三，己酉年（明万历三十七年）二月。

三日王化贞弃广宁而逃的情况时称："军民十余万尽拥关门，当急议安插招抚。"① 二月，辽东经略熊廷弼又奏报："臣回关之日，拟即槛车赴阙，以候诛戮。但六七万乱军，数十万避乱之民未易处置。"② 同时，又有蓟辽总督王象乾奏报："日来援辽溃兵数万填委关外，遍山弥谷，西望号呼者竟日达夕，逃难辽民数十万隔于溃军之后，携妻抱子，露宿霜眠，朝乏炊烟，暮无野火，前虞溃兵之劫掠，后忧塞虏之抢夺，啼哭之声震动天地。"③ 御史张捷则言："广宁前逃难十数万生灵扣关而入者，安插赈济万不可缓。"④ 三月壬戌，大学士叶向高等在《陈目前切要事务疏》中说："难民入关至二百余万，……糊口之计既穷，走险之谋必起，……分布逃民于此，量给资本，使之力耕，既可变荒芜为成熟，亦可联保甲为戎行也。"⑤ 王在晋在《题救辽民疏》中谈到辽民之事时说："不以义收之，而以忍弃之，恐从此益失辽人之心，而益坚其从贼之愿；然其收之也，可复令其入关乎？二百八十万人且无容身之地，而又安所置数万人于衽席也。"⑥ 月余之间，逃往关内的人数从以万计至以十万、百万计。上述数字可能并不准确。⑦ 不过，数字的扩大说明辽东逃入关内的人口一直在增长，同时说明辽东汉人几乎尽数逃离。

面对辽东地区巨大的人员缺口，后金政权采取搜罗东北女真遗留诸部、吸纳蒙古各部、招揽辽东降将、劫掠汉人及俘虏朝鲜人的方法来填补人口的不足。

虽然努尔哈赤多次派兵北上征服女真各部，迁其户，但是在松花江以北和东部沿海地区仍然有女真部族遗留。后金占领辽沈后，仍持续征服这些部族。主要是东海瓦尔喀部及东海虎尔哈部（即库尔喀部）。

---

① 《明熹宗实录》卷十三，天启二年正月乙丑。
② 《明熹宗实录》卷十四，天启二年二月戊辰。
③ 王在晋：《三朝辽事实录》卷七，收入顾廷龙主编《续修四库全书》437 册 史部，第 180 页。
④ 《明熹宗实录》卷十四，天启二年二月壬申。
⑤ 王在晋：《三朝辽事实录》卷八，收入顾廷龙主编《续修四库全书》437 册 史部，第 220 页。
⑥ 王在晋：《三朝辽事实录》卷十，收入顾廷龙主编《续修四库全书》437 册 史部，第 261–262 页。
⑦ 张士尊先生认为辽东都司人口为 50 万余，逃亡人口为 30 万余，入关难民为 15 万余；今从其说。

表 3-2　　　　　　　　天命至崇德年间征服东海各部情况表①

时间	部、地方	战果
天命十年三月	东海瓦尔喀部	降附之众 330 人
天命十年四月	东海瓦尔喀部	俘获甚众
天命十年八月	东海海南路虎尔哈部	降 500 户
天命十年八月	东海北路卦尔察部	俘获 2000 人
天命十年十月	东海北路虎尔哈部	俘获 1500 人
天聪五年二月	瓦尔喀部	俘获男 2500 人、女 1284 人、幼 603 人
天聪七年正月	兀扎喇	俘获 565 人
天聪八年五月	东海虎尔哈部	俘获男 550 人、妇幼 1500 人
天聪八年九月	虎尔哈部	俘获男 566 人、妇幼 924 人
天聪八年十一月	瓦尔喀部尼满地方	闻此地有千余人屯住，因往征讨
天聪九年三月	虎尔哈部	收丁 2483 人、口 7302 人、妇幼 116 人
天聪九年三月	瓦尔喀	收抚壮丁 560 人、女 566 人、幼 90 人
天聪九年三月	瓦尔喀	俘获 116 人
天聪九年六月	瓦尔喀	壮丁 600 人、家属 1380 人
崇德元年三月	瓦尔喀	俘获壮丁 1160 人、妇女 140 人
崇德元年四月	瓦尔喀	俘获壮丁 375 人、妇幼 830 人
崇德元年四月	瓦尔喀	俘获壮丁 295 人、妇幼 693 人
崇德元年五月	瓦尔喀	俘获壮丁 361 人、妇女 362 人、幼 147 人
崇德五年三月	雅克萨一带	获男 3154 人、妇女 2713 人、幼 1819 人
崇德五年五月	雅克萨一带	来降 337 户，男 481 人
崇德五年五月	虎尔哈	降男 529 人、家属 1277 人，携来 83 人
崇德五年五月	辉克地方	获降男 43 人、家属 115 人，50 户
崇德五年十二月	索伦部落	俘获男 231 人、妇幼 725 人

① 资料来源：《清太祖实录》《清太宗实录》。

天命至崇德年间,后金从东海女真获得人口约 5 万余。则崇德末年聚居辽沈地区的女真人口至少有 25 万。此时,后金政权对东海女真的征讨,既进一步加深了女真的统一,又增加了满洲人口在辽宁人口总量中的比例,从而增强了后金统治政权的核心力量。

然而,新增的满洲人口数目尚不够后金统治辽沈、对抗明军,更不用说发展经济了。故,后金统治者积极搜聚蒙古人口。后金政权获得蒙古人口的主要途径有二:一是蒙古首领主动率部来归;二是战后俘获。

表 3-3　　　　　　　　天命天聪年间蒙古来归情况表①

时间	部	首领	户口数	其他
天命六年十一月	喀尔喀	古尔布什等	600 户	
天命七年二月	兀鲁特	特明安等 17 贝勒	3000 户	各给田庐
天命七年二月	喀尔喀		1200 户	
天命八年正月	喀尔喀	拉巴希璧	500 户	各给田庐
天命九年正月	喀尔喀	恩格德尔		永居我国
天命十一年五月	巴林	剌班塔布囊	100 人	
天命十一年十一月	察哈尔	图尔济贝勒	100 户	
天聪元年六月	察哈尔敖汉部落	诸贝勒		任尔居之
天聪元年十一月	察哈尔	昂坤杜棱大贝勒		携妻子来降
天聪元年十二月	察哈尔	图尔济伊尔		携妻子来降
天聪三年	察哈尔		8830 人	
天聪三年	察哈尔		5000 人	
天聪六年	察哈尔		1000 人	
天聪八年正月	外喀尔喀篙齐忒部落	额林臣台吉	丁 239,妇幼 597	
天聪八年	察哈尔		1000 户	

① 资料来源:《清太祖实录》《清太宗实录》。

续表 3-3

时间	部	首领	户口数	其他
天聪八年	察哈尔		140 人	
天聪八年	察哈尔		100 户	
天聪八年	察哈尔	额林冲戴青	2700 人	
天聪八年	察哈尔	士巴济农	1000 户	
天聪八年	察哈尔	云敦车臣	400 户	
天聪八年	察哈尔	高尔土门福晋	1200 户	
天聪八年	察哈尔	噶尔马济农	6000 人	
天聪九年	察哈尔	巴雅都尔赛商	1400 人	
天聪九年	察哈尔	四大臣	1000 户	

从表3-3可知，天命六年（1621）至天聪二年（1628）间，喀尔喀至少归附2300户，兀鲁特至少归附3000户。察哈尔敖汉部落举部来归之外，还有100户归附。天聪三年（1629）至九年（1635），察哈尔共来归4700户26000人。蒙古来归已达万户规模。这主要是因为从天命六年（1621）起，后金五次出兵东部蒙古，征服了除察哈尔以外诸部。天聪八年（1634），皇太极征服察哈尔。天命天聪年间的来归人口数在6万左右。而有数可计的俘获人口为26680人，加上"获人口驼马牛羊以万计"，光俘获人口就有4万左右。

表 3-4　　天命至天聪年间后金俘获蒙古人口情况表①

时间	主帅及出征人数	征讨的部	俘获人口
天命八年	阿巴泰	扎鲁特	掠其人民归
天命十一年	努尔哈赤	喀尔喀	人畜56500
天命十一年	代善	扎鲁特	尽俘其子女人民牲畜而还
天聪二年	皇太极	察哈尔	11200人，200户

① 资料来源：《清太祖实录》《清太宗实录》。

续表 3-4

时间	主帅及出征人数	征讨的部	俘获人口
天聪二年	济尔哈朗		获人口驼马牛羊以万计
天聪三年二月	吴讷格	察哈尔	8830 名
天聪六年			1000 余人

因此，努尔哈赤及皇太极统治时期，蒙古归入辽沈地区的人口可达十万之数。

归附的辽东降将来自两个部分：一是明朝东江镇；二是辽东沿海各岛。崇祯初年，毛文龙被杀，东江镇败落，东江将帅先后投降后金，部分人口随之迁回辽沈地区。天聪七年（1633），原东江镇将官孔有德、耿仲明投降后金后俱已安插各处，可谓"在在宁家，处处乐利"。孔有德和耿仲明降金后不久，旅顺失守。东江广鹿岛副将尚可喜于天聪八年（1634）向后金投降，广鹿和长山等岛居民全部迁往后金占领区。崇德三年（1638），东江的石城岛守将沈志祥投降。东江镇全部陷落。这些降将及其官兵家属原多为辽东居民，在后金占领辽东时外逃。至此，随着投降后金又回到辽沈地区，总计迁回辽沈地区的人口计 25000 人左右。①

天聪至崇德年间。后金在辽西走廊与明朝的重大战事有：天聪元年（1627）宁远攻坚战、天聪五年（1631）大凌河围困战、崇德年间松山大决战、崇德末年关外各堡扫荡战。按《清太宗实录》记载，可计的俘获人口为 37647 人。

后金在关内地区与明朝的重大战役有：天聪三年（1629）至天聪四年（1630）的首次入关作战，皇太极亲统，目标为京畿方向；天聪八年（1634）五月至九月的二次入关作战，亦皇太极亲统，目标为宣府和山西北部；崇德元年（1636）四月至九月的三次入关作战，皇太极命阿济格统兵，目标为河北一

---

① 《明清史料》丙编第 1 册《东来各官数目单》中记载：都元帅孔有德精壮官兵 3643、家小 7436，水手 448、家小 624，共 12151 人。《都元帅下官兵家口单》中记载：见去各营官兵家小 3192、未去各营官兵家小 4135、先后去男妇 5800，孔耿共有 13127 人。

带；崇德三年（1638）第四次入关作战，多尔衮统兵，以掠夺河北山东为目标；崇德七年（1642）十月，皇太极乘明军在松锦之战中惨败的机会，命阿巴泰发动历时8个多月的第五次征明，攻陷山东河北一带88城。这五次征战，动辄出兵10万。按《清实录》中记载，崇德元年获人畜179820，崇德三至四年获人畜462300，崇德七至八年获丁口369000。据此推断，后金从关内得到的人口不会少于70万。

在后金与明朝的萨尔浒之战中，朝鲜出动13000人配合明军行动。明军败后，朝鲜元帅姜弘立率中营6000余人投降后金。其中朝鲜两班（朝鲜贵族）400～500名被俘者在赫图阿拉城外被杀，后又有约2000名被俘者逃走或被赎归。① 天聪元年（1627）正月，为了免除与明朝作战时的东顾之忧，皇太极派大贝勒阿敏统军征朝。后金军队于天聪元年（1627）正月十四日渡江。三月初三朝鲜国王与后金议和。此次后金军队深入朝鲜中部，朝鲜北部重镇均被攻破，朝鲜军民被俘获者皆被剃发。② 和议撤军时，阿敏"复令八旗将士，分路纵掠三日，财物人畜悉行驱载。至平壤城驻营，即于城内，分给俘获"③。崇德元年（1636）皇太极改国号为清后，率兵10万亲征朝鲜。清军于崇德元年（1636）十二月出征，崇德二年（1637）正月朝鲜国王臣服，次月清军班师回国。战后，皇太极拒绝朝鲜国王返还被俘人口的要求，称："今将士俱已血战得之，宁有勒令空还之理，待至我国后，任尔等之便，准与收赎，稗尔完聚，以示宽恩。"④ 朝鲜王世子在作为人质前往沈阳的路上目睹了清军抢掠情况。其在三月十三日的状启中奏报说："清兵至今遍满道内，抢掠之患逾往逾甚，孑遗窜伏之民，处处被掠，臣等虽力言于九王，使之禁断，而远处军兵，令有所不行，未能一一刷还。"看来此次被掠人口不少。四月十七日，"许被掠人买卖，清人聚集所俘

---

① 吴晗辑《朝鲜李朝实录中的中国史料》上编卷四十九，中华书局，1980，第3027页。据《朝鲜光海君实录》卷四十九，光海君十一年三月乙未条载："其后将士之陷虏者，率多逃窜东还，而饥馁填壑，且被虏中拘执，死亡略尽，得归者不满二千人云。"
② 吴晗辑《朝鲜李朝实录中的中国史料》上编卷三十五，中华书局，1980，第3295页。
③ 《清太宗实录》卷二，天聪元年正月壬申。
④ 《清太宗实录》卷三十四，崇德二年二月辛巳。

男女于城门外（沈阳），其丽数万，或子母相逢，或兄弟相见，相持呼哭，哭声动天地。"四月二十四日，朝鲜世子又奏报："逐日聚集城外，使愿赎人各自寻觅买之，而索价刁蹬，罔有其极，至于士族及各人父母妻子等论价之多，至于累百千两，以此赎出极难，人皆缺（绝）望，呼哭盈路，其中单子无亲戚之人，则只待早晚公家之赎还，日日哭诉于馆外，惨不忍视。"① 这一时期，当有"数万"朝鲜人口进入辽沈地区，有学者估计其数目为4万左右。

清初，辽沈地区的女真人口由20万增至25万，蒙古10万人口进入；满蒙合计35万。未逃亡汉人20万，再加上后来掠入关外和投降的76万左右，汉族人口约近百万。朝鲜人口近4万。

（二）顺治初期辽宁地域的民族布局

顺治元年（1644），清朝趁李自成攻陷北京关内混乱之机，夺取了中央政权。六月，摄政王多尔衮与在京各王贝勒大臣等定议，迁都北京，遣辅国公吞齐喀等人先行至北京准备迎驾。九月二日，顺治离开盛京（沈阳）。十月十九日，顺治进入北京，举行登基仪式，以示为天下共主。此次迁都并非仅为皇室的迁移，而是举国搬迁，清国家机构和几乎全部臣民从辽沈地区迁往中原京畿，一般称之为"从龙入关"。据日人所著《鞑靼漂流记》记载，他们从沈阳到北京的"一路上也经过了几个大城，在这三十五天当中，往北京搬家的鞑靼人，络绎不绝"②。上至皇室，下至农民，皆在此次搬迁之列。朝鲜世子宾客也在西迁的范围内，其向朝鲜国王奏报说："皇帝西行已发于（八月）二十日，西宫及凤林诸孙一时作行，……二十一日宿辽河，二十二日渡辽河，止宿烟台。帝行在前，诸王八高山及其家属辎重继之，弥满道路，两宫之行最在于后，寸寸前进。以此计之，则前路一千六百余里，一宿之内，似难得达。暴露跋涉，上

---

① 佚名撰《沈馆录》卷一，辽海丛书本，辽沈书社，1985，第2764-2765页。
② 《鞑靼漂流记》，刘星昌、徐恒晋译，载辽宁大学历史系辑《清初史料丛刊》第十种、第十二种，辽宁大学历史系，1979。

下艰苦之状,有难尽陈。"① 后有朝鲜文学官员回国后向朝鲜国王言说此次迁徙:"率其家属搬移者相续,而并欲凤凰城胡人而迁之。人皆安土重迁,而沈中禾稼颇登,故多有怨苦者云。"② 顺治三年(1646)二月,朝鲜冬至使从北京返回,向朝鲜国王奏报:"沈阳农民,皆令移居北京,自关内至广宁十余日程,男女扶携,车毂相击。"③ 此次迁徙,从顺治元年(1644)八月开始,至顺治三年(1646)二月尚未完全结束。

图 3-1 顺治皇帝像

从龙入关之后,辽沈地区并未留有多少人口。据康熙十六年(1677)贾弘文修《铁岭县志》记载:"太祖龙兴之初,兵入残毁,抵今六十年矣。世祖诞膺大命,混一区寓,从龙甲士,率入京师,其留业于此者,各旗果户外,千百余家耳,今上三年(康熙三年)改铁岭县,固未有一民也。"④ 则此时,铁岭没有民人,只有旗人,"各旗果户外,千百余家耳"。据当时人记载,有旗人村屯61,约为600多户。顺治初年的户数可能更少,盛京地区人口大致分布在铁岭、

---

① ③ 吴晗辑《朝鲜李朝实录中的中国史料》上编卷五十八,中华书局,1980,第 3736 页。

② 同①,第 3735 页。

④ 贾弘文修康熙《铁岭县志》卷上,辽海丛书本,辽沈书社,1985,第 765 页。

沈阳、辽阳、海城、盖州、锦州。铁岭如此,其他地方也应该大致相近。同时,可以从顺治年间驻防八旗的人数来考察。据《清世祖实录》记载,从龙入关前,盛京地方由清朝八旗镇守的城堡共有熊岳、锦州、宁远、凤凰城、兴京、义州、新城、牛庄、岫岩、东京、盖州、海州、鞍山、广宁等14城,83佐领,以每佐领150人计,当有12450人。从龙入关后,据《八旗通志》记载:"奉天府驻防:顺治元年初设满洲镶黄旗、正黄旗、正白旗、镶红旗、正蓝旗、镶蓝旗兵各九十名,铁匠各四名。正红旗、镶白旗兵各九十名,铁匠各二名。"总计奉天驻防八旗甲兵748人。兴京驻防:"初设兵五十名。"凤凰城驻防:"初设兵一百五十名。"牛庄:"天命六年设兵二十名,铁匠二名。"盖州城:"初设兵九十六名。"总计4城驻防八旗甲兵318人。① 奉天府和4城驻防甲兵合计1066人。盛京地区驻防八旗主要集中于盛京(清朝留都)、兴京(清朝祖陵)、凤凰城(与朝鲜之间交通要道)、牛庄(辽东辽西要道)、盖州(辽南重镇)等五城。迁都以后,八旗驻防仅1000余人的规模,在顺治十年(1653)清朝正式实施鼓励辽东移民政策之前,大致没有变化。甚至直到康熙九年(1670)十月时,尚有朝鲜使臣"鼎重自清国还,故上问彼中形势。鼎重曰:北京留军十余万,以此无敌于天下,而山海关外,则有同无人之境矣"②。

二、招民垦荒与汉族人口初步流入

(一)招民垦荒政策

顺治初年,盛京地区已现地旷人稀之状。故在全国政治经济形势稳定之后,辽宁乃至东北的发展就又提上日程。据《清实录》记载:顺治六年(1649)正

---

① 鄂尔泰等纂修《八旗通志》卷二十七《兵制志二》,东北师范大学出版社,1985,第518-521页。
② 吴晗辑《朝鲜李朝实录中的中国史料》下编卷二,中华书局,1980,第3967页。

月，顺治皇帝谕："关外辽人，有先年入关在各省居住者，离坟墓，别乡井，历年已久，殊可悯念。著出示晓谕，凡系辽人，各写籍贯姓名，赴户部投递，听候察收，有愿入满洲旗内者，即入旗内。欲依亲戚居处者，听归亲戚。内有通晓文理、堪任民牧者，准送礼部考选。有素善骑射、堪为将领者，准送兵部试用。有人才壮健、愿入行伍者，给与粮饷，照满洲例恩养。如有愿还故乡者听。若安土重迁，不愿来京报名者，亦从其便。"① 这一上谕在安抚安置辽人的同时，准其重回辽沈。换言之，不禁民人迁居辽宁地区。《清朝通志》记载："时山海关外荒地特多，（顺治）八年令民愿出关垦地者，山海道造册报部，分地居住。"② 则此时正式准许民人出关垦荒。

顺治九年（1652），清朝财政出现困难，户部议准采取减少基建项目、裁并直隶卫所等十二项减少行政开支的措施。尽快在辽东地区招民开垦，变荒弃之地为富庶之区，也进入了朝廷视野。户部官员讨论后题奏："该臣等看得辽东地方，田土肥饶，理应安设官民。但臣部详酌，有地瘠兼水洼地方居民全愿去者，则府、州、县皆空；有地方肥饶民恋故土不愿去者，固难。若酌量派往驻扎，事关重大，臣部未敢擅议，谨题请旨等因。"户部意见上报日期为顺治十年（1653）九月初三。翌日，顺治帝下旨，将此提交满汉九卿官员讨论。九月初九，满汉九卿官员议论："今将辽东为省，先以辽阳城为府，设知府一员、知县二员，招募人民前去收养开垦。若招民一百名者，文授知县，武授守备。百名以下六十名以上者，文授州同、州判，武授千总。五十名以下者，文授县丞、主簿，武授百总。若数外多招者，每一百名加一级。将所招人民详开姓名人数，册报户部，准出山海关，领赴辽东知府、知县处交割，取印信实收，赴吏、兵二部，即选与应得官职。如愿在辽东居住者，不管辽东民事，听其居住。其辽东地方广阔，田地最多，招去官民，任意耕种，俱照开荒之例，给与牛、种，待人民集多，田地广种之时，再酌议征粮。"并建议皇帝下令户部刊刻告示，通

---

① 《清世祖实录》卷四十二，顺治六年正月己卯。
② 《清朝通志》卷八十一《食货略一》，收入《影印文渊阁四库全书》史部403 政书类，第195 页。

行各省晓谕施行。这个题本日期是顺治十年（1653）九月十七日。① 清朝正式颁布辽东招民开垦令在顺治十年（1653）十月或十一月。《盛京通志》载："顺治十年定例，辽东招民开垦，有招至百名者，文授知县，武授守备；六十名以上，文授州同、州判，武授千总。五十名以上，文授县承、主簿，武授百总。招民数多者，每百名加一级。所招民每名每月给口粮一斗，每地一垧，给种六升，每百名给牛二十只。"②

结合以上两条资料，顺治十年（1653）的招民垦荒令包括以下三点：第一，在辽东设省府；第二，按招民人数授官职；第三，给予粮、种及耕牛。招民开垦政策收到了一定的效果。顺治十二年（1655）六月，朝鲜使臣回国后向国王奏报："自广宁至山海关，流民络绎，问其所向，则皆曰：移居沈阳云。"③ 浙江人陈达德首先应诏。据康熙《辽阳州志》记载：浙江义乌人陈达德于顺治十一年（1654），"招徕民户一百四十家，以功署辽县事"④。陈到任二月病故，"其部民赵廉敬等求以达德子瞻远继父官，盛京昂邦章京叶克书为请于部。至是部议，辽阳初设，陈达德为首招众出关，因俾为县令，今殁而百姓愿戴其子，必其子同有招徕之劳，故乐与共事，应如所请"⑤。陈达德、陈瞻远父子为县令是清朝对于招民授官的兑现。至于其他招民出关者，历史文献中没有记载。清朝不断强调招民垦荒的政策。如顺治十一年（1654）六月，顺治皇帝颁诏天下："饥民有愿赴辽东就食耕种者，山海关章京不得拦阻，所在章京及府州县官，随民愿往处所，拨与田地，酌给种粮，安插抚养，毋致失所，仍将收过人数，详开报部奏闻。"⑥ 顺治十二年（1655）九月，辽阳知府张尚贤奏言："辽东旧民，寄居登州海岛者甚众，臣示谕招徕，随有广鹿、长山等岛民丁家口七百余名，俱回金州卫原籍，但金州地荒人稀，倘准其任意开垦，则生聚渐多，亦可立县

---

① 金毓黻：《静晗室日记》卷一百五十二，辽沈书社，1993，第 6911-6916 页。
② 吕耀曾等修《盛京通志》卷二十三《户口志》，乾隆元年刻本。
③ 吴晗辑《朝鲜李朝实录中的中国史料》下编卷一，中华书局，1980，第 3845 页。
④ 杨镳修康熙《辽阳州志》卷十二《职官》，辽海丛书本，辽沈书社，1985，第 735 页。
⑤ 《清世祖实录》卷八十三，顺治十一年五月丁酉。
⑥ 《清世祖实录》卷八十四，顺治十一年六月庚辰。

治，而诸岛皆闻风踵至矣。"①　此外，还减免税赋。顺治十五年（1658）二月，"户部议复奉天府尹张尚贤疏言，辽阳人民始集，输纳维艰，应每亩止征银三分，以苏穷黎"②。康熙元年（1662）五月，奉天府府尹徐继炜建言，新来的盛京居民，暂时未有生计，应暂免一切工役，清朝准许了该项建议。

应该注意到，清朝的政策并不限制民人移居何处，则新迁民人多选人丰地腴之处。康熙二年（1663）正月，"盛京户部侍郎吴玛护等遵旨议复：盖州、熊岳地方，安插新民，查有附近荒地房基，酌量圈给，并令海城县督率劝垦"③。同月，"奉天府尹徐继炜疏言，海城牛庄等处安插新民，民多地少，查各蒙古头目移居边外，有遗下熟地，又马厂地方，官马已经移养，弃地亦多，请分给新民。得旨，马厂地，准给民垦种"④。可见，到康熙初年，辽宁重点地区的土地已经不足以支持随意选择。

实际上，在顺治十八年（1661），也就是辽东招民开垦令颁布八年后，尚有许多地区仍显荒芜。奉天府府尹张尚贤在奏疏中说："盛京形势，自兴京至山海关，东西千余里，开原至金州，南北亦千余里。……合河东河西之边海以观之，黄沙满目，一望荒凉，倘有奸贼暴发，海寇突至，遂难捍御，此外患之可虑者。以内而言，河东城堡虽多，皆成荒土，独奉天、辽阳、海城三处，稍成府县之规，而辽、海两处，仍无城池。如盖州、凤凰城、金州不过数百人，铁岭、抚顺惟有流徙诸人，不能耕种，又无生聚，只身者逃去大半，略有家口者仅老死此地，实无益于地方，此河东腹里之大略也。河西城堡更多，人民稀少，独宁远、锦州、广宁，人民云集，仅有佐领一员，不知于地方如何料理，此河西腹里之大略也，合河东河西腹里观之，荒城废堡，败瓦颓垣，沃野千里，有土无人，全无可恃，此内患之甚者。臣朝夕思维，欲弭外患，必当筹画堤防，欲消内忧，必当充实根本，以图久远之策。"⑤

---

① 《清世祖实录》卷九十二，顺治十二年九月丁亥。
② 《清世祖实录》卷一百十五，顺治十五年二月己丑。
③ 《清圣祖实录》卷八，康熙二年正月壬午。
④ 《清圣祖实录》卷八，康熙二年正月己丑。
⑤ 《清圣祖实录》卷二，顺治十八年五月丁巳。

顺治十年（1653），颁布辽东招民开垦条例；同年十一月，设置辽阳、海城二县。辽阳县的管辖区域大体包括后来承德、铁岭、开原三县；海城县的管辖区域大体包括后来盖平县的区域。"于时州县新设，户无旧籍，丁鲜原额，俱系招民。"① 在辽阳、海城设治所之前，所有人口归八旗衙门管理；辽阳、海城设治所以后，应招民开垦而来的一般均为民籍，由州县管理。而辽河以西地区，只有锦州、广宁、宁远、沙后所四城，当初不设州县，应招迁入的民人由八旗佐领代管。招民垦荒后，丁口数明显增加。至康熙三年（1664）后，辽宁地区府县设治所非常简单，即辽河以东设奉天府，直辖承德、辽阳、海城、盖平、铁岭、开原等六州县；辽河以西设锦州府，直辖锦县、广宁、宁远等三州县。以顺治十七年（1660）至康熙五年（1666）的辽河以东而论，实有丁数由3723增长至4725。顺治十八年（1661）至康熙五年（1666）的辽河以西，实有丁数由1605增长至6788。至康熙十二年（1673），盛京地区丁数已增至25723。

（二）招民垦荒令的废止

康熙六年（1667）七月，工科给事中李宗孔上疏朝廷，提出："各官选补，俱按年分轮授，独招民百家送盛京者选授知县，超于各项之前。臣思此辈骤得七品正印职衔，光荣已极，岂在急于受任，请以后招民应授之官，照各项年分，循次录用，上是之。随谕吏部，罢招民授官之例。"② 李宗孔上疏本意在于改变辽东招民授官实授且即时赴任的情况，但却导致辽东招民授官条例的废除。

招民授官条例的废除标志着清朝对于辽东移民开垦问题的态度，由积极转变为消极。主要原因如下：第一，如上文所言，人丰地胼之处已经不需要再新迁入人口，重点地区的土地已经不足；第二，八旗驻防和州县兼有的行政体系基本建立，知县实额已基本满员；第三，耕地人口数量有所增加；第四，旗、民矛盾初现。不过，广大的辽宁地区甚至东北地区尚有荒地需要人力开垦，故没有明确禁止民人迁入。盛京地区丁数在康熙二十年（1681）时为28724，雍

---

① 吕耀曾等修《盛京通志》卷二十三《户口志》，乾隆元年刻本。
② 《清圣祖实录》卷十二，康熙六年七月丁未。

正十一年（1733）时为47124，雍正十二年（1734）时为47476。① 可以看出，招民垦荒令与授官条例颁布后，丁口依然有所增长。从顺治十年（1653）至康熙六年（1667）的人口增长是关内人口迁入的结果，其中大部分当来自直隶与山东地区，且这一部分人口增长更多的是汉人人口。康熙四十二年（1703）至四十三年（1704）间，山东地区爆发自然灾害。《威海卫志》记载：康熙四十三年（1704）春，"大饥，饿死者枕藉，或烧死人食之。夏秋瘟疫盛行，民死几半，奉诏连免三年田租"。故平民多逃往辽宁地区。时人记载："威海与关东为一水之隔，顺风一昼夜即达其境，威邑地瘠民贫，十余年来，携眷就食者屈指知名不下百余家，而只身与疏逖勿论也。夫关东号为盛京，因无行野采苣之虞，见今有恒产入辽，学者亦不乏人，故安土重迁，人情类然。当其始，非万不得已，孰肯背乡离井，著籍他邦也。"②

三、封禁政策与汉族人口涌入

乾隆五年（1740）四月，兵部侍郎舒赫德面奉谕旨："盛京为满洲根本之地，今彼处聚集民人甚多，悉将地亩占种，盛京地方粮米充足，并非专恃民人耕种而食也。与其徒令伊等占种，孰若令旗人耕种乎，即旗人不行耕种，将地亩空闲，以备操兵围猎，亦无不可。"③ 随后，乾隆帝派舒赫德前往盛京，与盛京将军额尔图研究具体解决办法。舒赫德从盛京回来后，提出严格限制民人进入盛京，"宜严者严之，宜禁者禁之，数年之后，集聚之人渐少，满洲各得本业，始能复归旧习"。并提出八条规定，得到乾隆帝首肯，交议政王大臣会议讨论，颁布实施。其具体规定如下：

其一，严山海关出入之禁。"向例在奉天贸易及孤身佣工者，由山海关官员

---

① 吕耀曾等修《盛京通志》卷二十三《户口志》，乾隆元年刻本。
② 毕懋第修，郭大文续修乾隆《威海卫志》卷十《外志》，成文出版社，1968，第368－369页。
③ 《清高宗实录》卷一百十五，乾隆五年四月甲午。

给与照票，始令放出。其携眷者盖不放行，是以奉天集聚之人尚少。嗣因直省数州县歉收，附近居民有愿携眷移出者，由直隶总督处交地方官，将所到之人验放。因此他省民人，携眷移居渐众。粮价日增，风俗日颓。其携本贸易者尚有回转之日，其佣工之人，一至彼处，依恋谷贱，稽留不归。"此后，凡携眷移居者，仍照旧例不准放出；前往关外贸易的商人和佣工的民人出山海关给票，奉天地方官按照票上所规定的日期允许其从事商业和佣工活动，按时缴票出关入关。山海关和奉天官员如有失察放出和容忍，照失察出口逃人律议处。

其二，严商船私载之禁。"奉天所属地方海口，因通浙江、福建、山东、天津等处海界，其商船原无禁约，该地方官给与船票，经过各海口照例查验，钤加印迹，始准开行。此内山东、天津之船载人无数，每次空回，必携载多人，若不禁止，则人知旱路难行，必致径由水路。"此后，商船前往奉天，必须由地方官将船上所载物资和人数写入照票，奉天海口凭票检查，如果私带偷渡人口，按照失察潜船隐匿逃人律议处。

其三，严格稽查地方保甲。"奉天地方虽有领催、乡约、牌头，稽察难以周至。"雍正四年（1726）设立保甲制度，而外来民人安居年久，有入州县户籍的，也有没入地方户籍的。此后由地方官严查，愿意入籍的具结入籍，不愿入籍的逐回原籍。

其四，严格清丈民旗土地，荒地余地尽归旗人，民人禁止开垦。

还有严禁在奉天地区开矿；重治偷挖人参之人；整顿宗室觉罗风俗；旗人出关给以凭证，以便稽查；等等。①

这是清朝自康熙六年（1667）废除辽东招民开垦令以来对东北移民迁入最为严厉、最为具体的限制性措施。在以后近六十年时间里，这个措施一直执行，并不断地具体化。乾隆五年（1740）八月，奉天府府尹吴应枚奏请：根据舒赫德奏准的封禁条例，

> 奉天未入籍民人，给限半年，勒令回籍一条，实难办理。盖此等民人，

---

① 《清高宗实录》卷一百十五，乾隆五年四月甲午。

寄居年久，迁徙艰难。请将情愿入籍者，准取保入籍。其商贾工匠人等，原不侵占旗人地亩，应令地方官给印票，使之各自谋生。①

乾隆批准了吴应枚的请求：情愿入籍者入籍，不愿入籍者限一年之内返回原籍。乾隆六年（1741）二月，吴应枚提出更具体的解决移民问题的办法：第一，愿入籍者取保给照编入；第二，不愿入籍者另编保甲，陆续给照回籍；第三，游手好闲之辈马上递解回籍，商贾工匠给照；第四，旗人披甲当差者雇人耕种必须报明领催乡保，门牌注明佣者姓名；等等。② 一般来说，进入奉天的移民多来自山东、山西、直隶、河南等地。由于清朝采取严格限制政策，到乾隆六年（1741），"带领妻子出口者渐少，而只身人仍不断前往"。按照规定，他们出关先到临榆县衙领票，然后凭票出关。清朝政府就此规定：出关者停止由临榆县给票，改由本地官衙给票，"有本处文票，方准放过"③。乾隆十一年（1746）正月，奉天府府尹霍备因把清理奉天民人之事"悬搁不办"，致使数年之内新出关人数猛增数万，被交部议处。④ 原来清朝只在山海关设卡盘查出关民人，而喜峰、古北等口没有设卡，一些出关者就绕道北部各口出关。是年三月，为严防民人偷越出关，清朝又在古北等十五口同时设置关卡，进行盘查，严格实行封禁政策。

乾隆十五年（1750）正月，盛京封禁政策已实施了十年时间，勒令流民回籍的十年期限也已到期，军机处为此专门奏报皇帝，对盛京封禁进行重申。八月，据盛京"将军阿兰泰等折奏，流民内竟有置产业不欲回籍，而又不愿编入奉籍者"，"该将军等请以附籍之名，曲徇其意。办理甚为不合，或因向来地方官办理不善，未经恺切晓示，以致小民无知，迟疑观望耳"。无奈，乾隆只好"著再加恩宽限十年"⑤。乾隆四十二年（1777）三月，清朝更进一步强化奉天

---

① 《清高宗实录》卷一百二十七，乾隆五年九月丁酉。
② 《清高宗实录》卷一百三十七，乾隆六年二月己丑。
③ 《清高宗实录》卷一百五十，乾隆六年九月戊辰。
④ 《清高宗实录》卷二百五十七，乾隆十一年正月己丑。
⑤ 《清高宗实录》卷三百七十一，乾隆十五年八月甲午。

封禁政策，定"严查只身民人私赴奉天例"。山东布政使国泰奏称："只身流民，积渐成伙，较携眷就食者，更易作奸，请由地方官给票出口之处查禁。"得到乾隆的批准，"嗣后如有藉称寻亲出口赴奉天并无确据者，不许给票，违者，降两级调用"，"后山东登莱等处有票船只，如有夹带无照流民私渡奉天者，杖九十，徒二年半，船只入官"①。在此之后，再无关于封禁的新谕令。

乾隆时期封禁政策的出台有多方面的原因：第一，乾隆实行严格的"独尊满洲"政策，甚至将其上升为国策。盛京地区被认为是满洲的"龙兴之地"，乾隆希望通过封禁政策来保持盛京地区的独立性，即将其视为保持纯洁满洲传统的地域。严格的封禁政策和旗民分治政策互为表里。第二，旗、民矛盾突出。表面上看来是旗、民争地的矛盾，实际上可以理解为特权团体与非特权团体的矛盾。为了维护旗人的利益，封禁政策是最简单易行的。

不过，值得研究的是，乾隆时期封禁政策的效果近乎于无。"流民"回原籍迟迟得不到实行，盛京地区依然不断有汉人涌入。乾隆五年（1740）普查人口时，辽宁地区民人数已达377454，比雍正末年增长近20万，其中大部分当为康、雍年间隐匿的人口。而从乾隆五年（1740）至乾隆四十八年（1783），盛京地区的人口由377454增长到797449。四十多年间人口增长一倍多，其中应该有大量的迁入人口。实际上，封禁政策可能并没有被严格地执行。乾隆十九年（1754），奉天府府尹图尔泰参奏义州知州郑廷观的奏折中对上一年非法入籍缴费做出统计："本州准流民入籍一案。宅门家人戴二，有一户流民，具呈入籍，勒索钱二三四千不等。此钱户房缴送戴二之手，准取呈入籍，无钱流民不准入籍。查上年现准入籍流民共有一千数百余户，查戴二勒索此等钱文共小市钱三千六百余千文，侵入己囊。"② 可见乾隆十八年（1753）一年时间内仅义州一地就有流民一千数百户非法入籍，整个盛京地区可想而知。

迁入民人以山东为最多，多乘船偷渡而至。乾隆三十九年（1774）十月，

---

① 《清高宗实录》卷一千二十八，乾隆四十二年二月己巳。
② 台北故宫博物院编《宫中档乾隆朝奏折》第九辑，乾隆十六年九月十三日；《奉天府尹图尔泰参奏违例侵渔不职之州牧折》，台北故宫博物院发行，1983。

据盛京户部侍郎德风奏报:"因奴才等于九月间闻有山东兖州府所属寿张等县奸匪窃发,致伤兵民,随经拿获办理之事,恐尚有党羽航海潜逃来奉,随即飞饬各属督同捕员多差干役,在于海口昼夜巡查,如有私渡之人,严加盘诘,毋许疏纵。""兹于九月二十六日,据宁海县知县雅尔善禀称,遵造严密巡查,于本月十三日会旗盘获无票私渡民人,男妇六十七名,遂加严讯,据称均系登莱二府所属民人,有因亲属在奉,置有产业,接眷同居者,亦有赴奉经营以及寻依亲友者,并非兖州奸匪等语。"① 这次截获山东偷渡奉天移民 67 人。为严禁从山东向盛京非法移民,清朝政府再次重申严禁私渡政策:"奉天未经入册流寓民人并私垦地亩,俱限以二年首报,及严禁山东私渡民人一折内开,嗣后除各项商船准照旧往来,无庸禁止,所有只身贸易寻亲之人查明情节属实,给与印照,准其航海外,其携带家口,人数众多赴奉流寓者,一概严行禁止,倘仍有私渡,一经盘获,从重治罪,递籍管束。仍将失察失职东省州县及巡查官员分别严加议处,仍请饬交山东巡抚、盛京将军、奉天府尹,务须实力严行查禁。"在朝廷的严厉督责下,"乾隆四十一年分,有金州骁骑校严文于二月十九日在黑石海口拿获山东私载携眷民人王公盛等男妇大小一百零三名口,船只脱逃;金州水师营骁骑校刘保、金州骁骑校查汉寇会同宁海县于二月一十五日在羊头洼海口拿获山东黄字十一号张广来商船一只,舵工范连德私载携眷民人赵贵等男妇大小六十一名口;又金州水师营骁骑校潘永福、金州佐领王连贵会同宁海县于三月初十日拿获在双岛海口下船山东私渡民人桃彦等五名,船只脱逃。"② 偷渡有时多至几十口。可想而知,其时从山东偷渡到辽宁地区已经有一定组织和规模。

汉民多迁往盛京地区,原因很多:第一,乾隆年间盛京地区的经济文化都已经有了一定的发展进步。"夫关东号为盛京,因无行野采葘之虞,见今有恒产入辽,学者亦不乏人。"③ 乾隆四十五年(1780)六月,朝鲜著名学者朴趾源因

---

① 台北故宫博物院编《宫中档乾隆朝奏折》第九辑,乾隆三十九年十月二十八日:《奉天府尹德风奏报查办山东私渡来奉之人民事》,台北故宫博物院发行,1983。
② 台北故宫博物院编《宫中档乾隆朝奏折》第九辑,乾隆四十二年正月二十五日:《莽古莱等奏报拿获山东私渡奉天人民事》,台北故宫博物院发行,1983。
③ 毕懋第修,郭大文续修乾隆《威海卫志》卷十《外志》,成文出版社,1968,第 368-369 页。

随使团祝贺乾隆帝七十寿诞前往承德,回国后在所著《热河日记》中描绘所经辽东村屯:"自入辽东以来,村闾不绝,路广数百步,沿路两傍皆种垂柳。间阎栉比处,其对门中间潦水不泄,往往自成大池,家养鹅鸭百十浮泳,两边村舍尽成临水楼台,红栅翠槛映带左右,渺然有江湖之想。"① 第二,乾隆年间,因社会稳定,人口增长,关内地区,尤其是山东、直隶人口压力极大,出现地少人多的现象。第三,盛京地区作为龙兴之地,有一定的税收优惠。盛京地区旗地税收是民地税收的十几分之一,有时甚至是三十几分之一。

乾隆年间,大量汉民的涌入改变了盛京地区的民族结构。汉族与满族成为盛京地区同等重要的组成部分。

第二节 流人文化圈的形成

辽宁地区是清朝流放犯人的主要地区。在这些流放的犯人中,有许多是在学术上造诣颇深的文化流人。这些文化流人将关内先进的文化带到辽宁地区,并融合本土文化,逐渐形成了独具特色的流人文化。

---

① 朴趾源著《热河日记》卷一《渡江录》,上海书店出版社,1997,第30页。

一、辽宁地区的流人

（一）辽宁流人概况

流人，即因罪被流放之人。清入关后，为了维护其统治，把对抗清朝，触犯政令、忌讳的"不良"之民，一律冠以罪名，实行流放。清代的流放分流二千里、二千五百里及三千里等。此外，在律例中还有辅助正刑的闰刑，其中与流人有关的是迁徙、充军与发遣（即发配）。这些刑罚有的取自前代，有的是清代自创。迁徙，即流放安置，又作流徙，即将个人或举家举族流放边远之地安置，并规定某种限制，或者监督、管制。迁徙比流为轻，是将流犯由本地强制安置于千里之外。充军，即流放充军，又作遣戍，指按一定里程发配到边远地区，列入军籍，编入营伍，戍边防守。充军比流为重，凡五等：曰附近，发二千里；曰边卫（初曰沿海，继改边卫，又改近边），发二千五百里；曰边远，发三千里；曰烟瘴，曰极边烟瘴，发四千里。发配，即流放为奴，多充当兵奴，即所谓给披甲人为奴。

盛京地区是清初流放犯人的主要地区，特别是顺治年间的流人，大多发遣至此。其主要流放地为盛京、尚阳堡、威远堡、铁岭、抚顺与辽阳。其中尚阳堡的流人最多，早在清入关前的皇太极时期就开始接纳流人。天聪五年（1631），明监军道张春就曾因兵败被俘监禁于此。清朝入关之初，这里是全国最重要的流人戍所。

流人遣戍的原因有反对"逃人"、"逆案"、文字狱、科场案、贪污案、犯颜极谏、政治斗争失败、失职等。

反对"逃人"：兵科右给事中李裀认为惩办逃人的逃人法过重，向朝廷建议修改，结果郑亲王济尔哈朗奏其"擅将逃人定例，妄请轻减"①。李裀遂于顺治十二年（1655）被流放到尚阳堡。魏琯因窝藏逃人而被遣戍。

"逆案"：清代爆发过各种起义，这些起义失败后，首领大多被杀，但大量随从者及其亲属却因这种"逆案"被流放。如清代公文中所谓"海盗""洋盗""会匪""免死减等遣戍东北者"，都是这类流人。这类案例，仅从康熙初至嘉庆十八年（1813）就至少有60余起。乾隆六十年（1795），仅川楚白莲教起义中张正谟一部失败后，流放东北者就多达237人。

文字狱：因《明史》狱、《南山集》狱、吕留良与曾静狱而被流放，代表人物有方登峄、方式济等。顺治时诗僧函可"值国再变，亲见诸死事臣，纪为私史。城逻发焉，傅律殊死，奉旨宥送盛京"②。可知诗僧函可是因撰写明朝为国捐躯诸臣事迹而被谪戍盛京的。

犯颜极谏：兵科右给事中季开生谏阻顺治帝派内监往江南点选秀女，朝廷以其"肆诬沽直，下刑部杖赎，流尚阳堡，寻卒戍所"③。

科场案：顺治十四年（1657），朝廷在北京举行科举考试，"中式举人陆其贤用银三千两，同科臣陆贻吉，送考试官李振邺、张我朴，贿买得中"④。结果被查出，李振邺等人被斩首，陆庆曾、孙旸、张恂、张天植、张绣虎等人及其家属于同年被流放到尚阳堡。这就是当时震惊全国的丁酉北闱科场案。同年又爆发了规模更大的丁酉南闱科场案，正主考官方犹和副主考官钱开宗皆因"纳贿作弊"⑤而被斩首，涉嫌举人吴兆骞、方章钺等人翌年被流放到黑龙江宁古塔。

---

① 《清世祖实录》卷九十，顺治十二年三月辛亥。
② 函可：《千山诗集》，《顾梦游序》，载王钟翰主编《四库禁毁书丛刊》集部144册，北京出版社，2000，第444页。
③ 赵尔巽等：《清史稿》卷二百四十四《季开生传》，中华书局，1977，第9624页。
④ 《清世祖实录》卷一百十二，顺治十四年十月甲午。
⑤ 《清世祖实录》卷一百二十一，顺治十五年十一月辛酉。

贪污案：顺治十三年（1656），清朝明确规定："衙役犯赃，流徙尚阳堡。"① 翌年，巡按御史刘嗣美以"坐赃致罪"②，被流放到尚阳堡。

政治斗争失败：湖广道御史郝浴弹劾吴三桂在解保宁围时"拥兵观望"，吴三桂反奏郝浴在"保宁奏捷"中冒功。③ 最终郝浴于顺治十一年（1654）先被流放到沈阳，后转到铁岭。康熙二十年（1681），清朝平定三藩，将"逆藩家口充发关东者，络绎而来，数年始尽"④。又如顺治年南北党之争，康熙后期诸皇子之间的夺储之争，雍正年间年羹尧、隆科多案等。陈之遴、陈梦雷、杨瑄等即作为这种派系斗争的牺牲品而被流放关外。

失职：江南巡按卫正元因"海贼入犯时，理应前进、保守江宁，乃由太平退回凤阳"而被流放尚阳堡。

实际上，从顺治元年（1644）清朝自盛京迁都北京至康熙七年（1668）废止辽东招民垦荒例的这一时期，绝大多数流人都被流放到辽宁地区。为了恢复、重建辽宁地区的社会经济，清朝统治者在招民垦荒的同时，还把大批流人遣戍到辽宁地区。故这一时期出现了遣戍辽东地区的各种明确规定。顺治十一年（1654）规定："凡窝家（指窝藏逃人之家）不准断给为奴，并家属人口，充发盛京。"⑤ 同年又规定："凡现任汉文武官员，并有顶戴闲散官员、进士、举人、贡生、监生及休致回籍闲居各官，窝隐逃人者，止将本身并妻子流徙尚阳堡。"⑥ 至顺治十二年（1655）则下令：所有流放人犯都按照（大清）律例所规定的地方发配，其余押解到刑部流徙人员改为流放尚阳堡。可见，顺治十二年

---

① 昆冈等重修光绪《钦定大清会典事例》卷八百二十《刑部·刑律受赃》，收入顾廷龙主编《续修四库全书》810 册 史部，第 76 页。

② 《清世祖实录》卷一百一十一，顺治十四年七月乙巳。

③ 赵尔巽等：《清史稿》卷二百七《郝浴传》，中华书局，1977，第 9998 页。

④ 王一元：《辽左见闻录》，国家图书馆藏手抄本。

⑤ 昆冈等重修光绪《钦定大清会典事例》卷八百五十五《刑部·督捕例一》，收入顾廷龙主编《续修四库全书》810 册 史部，第 408 页。

⑥ 昆冈等重修光绪《钦定大清会典事例》卷八百五十八《刑部·督捕例四》，收入顾廷龙主编《续修四库全书》810 册 史部，第 434 页。

明文规定窝藏逃人者及解部者流徙辽宁地区。这种规定是重建辽宁地区社会经济的必要措施，流徙制度与招民例互为补充，将大量的汉族人口充实辽东地区，尤其是辽东的盛京与尚阳堡。盛京与尚阳堡是清入关前最重要的戍所，这个时期再度成为遣戍犯人之地。此外，铁岭、抚顺、辽阳等地也是重要的戍所。

　　重建辽东需要招民垦荒，又要招民修建城楼衙门。顺治十八年（1661），鉴于辽东"荒城废堡，败瓦颓垣"仍然触目皆是，清朝颁布了流人修造城楼赎罪例。《大清会典事例》卷七百二十四载："（顺治）十八年题准：官员人等，有犯流迁徙籍没等罪，情愿修造城楼营建赎罪者，呈明该原问衙门，预为启奏。下工部查议，奏闻请定夺。"这种认工赎罪例虽然规定出于自愿，政府不予强迫，可是只能适用于家庭富有者，一般人不过是望洋兴叹。这种规定颁布后，许多有财力的流人提出申请，认修城楼以赎罪。顺治十八年（1661）十二月，张尚贤上疏道："近有流徙人犯，修造工程赎罪之例。有力者已认工程，无力者应准招民赎罪，若得数千家，立为京县，实万年根本之图。"① 张尚贤除了论证认工赎罪例之正确性外，又进一步提出了犯人也可招民赎罪，显然这种建议反映了重建辽东的迫切性。到康熙六年（1667），辽东社会经济逐步恢复，州县陆续设置，人口日益增加。同时，认工赎罪例的种种弊病也渐渐显现出来，于是清朝决定废止这种条例。左都御史尼满上疏言："顷者流徙宁古塔、尚阳堡犯人，许自认修造城楼及部院衙门，释所犯之罪。此等犯人，家产先已籍没入官，计修工之费，不啻数万金，何自而得？一经奉旨回籍，视稍赡之家，挟诈逼勒，致良民受害。嗣后有认工赎罪者，请概行停止。"② 清朝采纳尼满的建议，废止认工赎罪例。这正反映了辽东重建工作已取得一定的成效。也正是在这种情况下，次年又取消了招民例。此后发遣辽东的流人逐渐减少。

　　康熙初年，伴随着南明政权的灭亡，国内秩序得到恢复，社会相对安定，出关人数逐渐减少，辽东重建的必要性也渐渐减弱，因此辽东也就没有必要继续遣入大量流人。同时，为了对抗俄国对东北的觊觎，作为抗俄前哨的黑龙江

---

① 《清圣祖实录》卷五，顺治十八年十二月甲寅。
② 《清圣祖实录》卷二十一，康熙六年四月壬戌。

边境及抗俄基地的宁古塔地区就成了流人遣戍的主要地点。

（二）辽宁流人名士

1. 函可及"冰天诗社"诸人

函可是清朝入关后第一位以文字狱案流放辽宁地区的文人。函可（1612—1660），字祖心，号剩人，俗名韩宗𬴂，明末广东博罗人。明礼部尚书韩日缵长子。函可"生而聪颖"，青年时为诸生。他由于"性好义，豪快疏阔"，交游甚广，因此声名倾动一时，海内名人以不与其交游为羞耻。其于崇祯十二年（1639）落发为僧。崇祯十七年（1644）三月，明朝被大顺农民军推翻，不久大顺政权又为清军所败。五月，明宗室于南京建立南明弘光王朝。次年春，函可因请藏经至南京，居友人顾梦游家。后因清兵南下，道路阻绝，不得回归而暂且留居。函可将其目睹的明殉国诸臣事写成私史《再变记》。顺治四年（1647）初，欲南归，出城门时，在经笥中被搜出弘光帝答阮大铖的书稿，"字失避忌"，再加上"干预时事"的《再变记》而被捕。江宁总管巴山"疑有徒党，拷掠至数百。但云某一人自为，夹木再折，无二语"，至"项铁至三绕，两足重伤"。同年十一月，被押解进京。顺治五年（1648）四月，将他及其门徒共5人流放到沈阳。同年四月二十八日，函可师徒至沈阳。函可在辽沈期间，曾先后在普济、广慈、大宁、永安、慈航、接引、向阳等寺院宣讲佛法，弘扬佛教文化，名声甚著，被当地人"奉为开宗鼻祖"。

此外，他还与遣戍的流人文士相交，"始以节义文章相慕重，后皆引为法交"。互相酬唱，抒写胸臆。还将东南士子结社的风气带到东北，与谪宦等组成了清代东北第一个文人结社——冰天诗社。函可"首倡为诗，和者僧三人，道二人，士十六人。堡中寄和及后至者八人，合二公子，共得诗三十二章"[①]。第二次结社在同年冬至后五日，为函可诞辰。这次由左懋泰主持并首先作赋，众

[①] 函可：《千山诗集》卷二十《冰天社诗·引言》，载王钟翰主编《四库禁毁书丛刊》集部144册，北京出版社，2000，第598页。

人应和。冰天诗社的主要成员多为流人。其中影响较大者如下。

左懋泰（1597—1656），字韦诸，号大来，在诗社中称北里先生。山东莱阳人。弘光朝兵部右侍郎左懋第之弟。崇祯进士，官至吏部郎中。曾降附大顺，任兵部左侍郎，镇守山海关等处。清入关后，其事不详。顺治六年（1649）"为仇家所讦"，致使全家百口同时流离，被流放至铁岭。在戍所砺砥志节，勤于著述。函可称他为"塞外高松"。顺治十三年（1656）病逝。左懋泰的长子左暐生与次子左昕生被称为诗社中的"二公子"。暐生，字观野，在诗社中称大顽。昕生，字肃公，在诗社中称二愚。二人随父流徙铁岭，均有文名。

李裀（1597—1656），字龙衮，又字澹园，山东高密人。幼年强记博学，16岁中秀才。崇祯九年（1636）举人。清顺治六年（1649）任内国史院中书舍人。十年（1653）升为礼科给事中，不久转兵科。顺治十二年（1655）因上《谏逃东疏》，痛陈"逃人法"之弊而流放尚阳堡。在戍所，他褐衣素食，但仍手不释卷，常与其他流人"辨析疑义"。顺治十三年（1656）五月卒于戍所，存有《李裀奏疏》。

魏琯，字昭华，山东寿光县人。明崇祯十年（1637）进士，官御史。清顺治二年（1645）被荐降清，复原官。顺治十年（1653）升至大理寺卿，十一年（1654）为兵部督捕右侍郎。鉴于"逃人法"严峻而上疏，认为此法之惩罚逃轻窝重，"非法之平"，而且株连过多。后再次上疏，主张窝主死于狱中，其"妻子应免流徙"。以此获罪，被降三级调用。八月又受山东德州秀才吕煌私匿逃人案牵连，再次议罪，被革职遣戍辽阳。不久卒于戍所。

季开生（1627—1659），字天中，号冠月，江苏泰兴人。江南名士，素负清名，以谏阻顺治帝点选秀女被流放尚阳堡。

李呈祥，字其旋，又字吉津，号木斋，山东沾化人。少有才名，崇祯进士，选庶吉士。降清后授编修，累升少詹事，以直谏流徙盛京。与函可、左懋泰过从甚密。顺治十七年（1660）赦归。

郝浴（1623—1683），字冰涤，又字雪海，后号复阳，定州（今河北定州市）人。顺治六年（1649）进士，八年（1651）官湖广道御史，巡按四川。顺治九年（1652）弹劾平西王吴三桂骄横不法及其部下虐民事。十一年（1654）

反被吴三桂诬劾"冒功妄奏"而被流徙盛京。到达戍所铁岭后,名其居室曰"致知格物之堂","读书讲学,开启后进"。注《周易》《孟子解》,士人宗之"。平"三藩之乱"后,于康熙十四年(1675)被召还复授湖广道御史。后仕至广西巡抚。

陈掖臣,又名易,字心简,江苏溧阳人,大学士陈名夏长子。曾官侍卫,顺治十一年(1654),其父陈名夏因党争失势被诛后,陈掖臣受到株连,以"居乡暴恶,士民怨恨"等罪被遣戍盛京。其为"工诗、善书、好弈,兼通音律。(在戍所)家酷贫,而豪迈如故,不治家人产"。其交游很广,与函可、郝浴、李呈祥等流徙人士,均有唱和。至康熙三十五年(1696)援捐马例,得以放还。有《阳斋集》,今佚。

此外,陈之遴、孙旸等人也入社有唱和之作。

2. 丁酉科场案遣流的文化名人

清入关后,对汉族士人阶层采取了笼络与压制相结合的政策。北方士人归附者多,因此清朝对其多方笼络。而在长江流域,因南明弘光、鲁王、隆武、永历政权的存在,及清朝采取剃发、屠城的野蛮压迫政策,江南士人反抗十分激烈。对此,清朝对他们采取了压制政策。顺治十四年(1657)的丁酉科场案即是其例。此案几乎蔓延全国,其中以顺天(北闱)与江南(南闱)两闱为最重,其次是河南、山东、山西三闱,共五闱,其中北闱丁酉科场案中江南士人流至辽宁地区最多。顺治十四年(1657),丁酉秋北闱科场试毕,刑科给事中任克溥于十月十六日参奏称,有"中式举人""贿买得中",而"北闱之弊"不止一事。同年十月二十五日顺治帝下诏,李振邺等7人均立即处以斩刑,家产籍没,父母兄弟妻子俱流徙尚阳堡。后又下诏将王树德等25人及家属也同样流徙尚阳堡。

孙旸(1626—1701),字赤崖,江苏常熟人。少年有文誉,所谓"弱年擢秀,盛齿知名",与其兄承恩齐名。顺治十四年(1657)"举顺天乡试",科场事发,被人牵连,谪戍尚阳堡。在戍所与流人文士过从甚密。清太宗皇太极的第六子镇国公高塞对其才华极为赏识,二人交谊极深。康熙东巡盛京时谒见,上《告成功颂赋》及《东巡诗二十首》，得到康熙叹赏。康熙二十年（1681），援修城例，友人兵部尚书宋德宜等"捐金赎之还"。次年，康熙再次东巡盛京，"见旸壁间所题诗，问府尹曰：'题诗人尚在耶？'对以奉旨回籍矣。乃已"。著有《蔗庵集》。

陆庆曾，字子渊，又作子玄，一字皋如，华亭（今上海市松江区）人，其祖陆树声官至礼部尚书。他与夏彝尊、陈子龙等辈行相等，"素负才名"。然困顿科场，屡试不售。至顺治十四年（1657），年已50余岁，仍赴京师应举。由于他的名气，"慕名者皆欲罗致门下，授以关节"，于是考中举人。不久科场案发，他虽非入贿者，却也深陷囹圄，被拷打至体无完肤，而被遣戍尚阳堡。临行时，其妻妾3人相从，其中"一妾挈幼子牵衣袂，行路尽为流涕"。其子陆鸣五也从至戍所。在戍所，庆曾家赤贫，以医自给，十余年后殁。著有《忍庵集》。

张天植，字次先，号蕗林，浙江秀水人。顺治六年（1649）探花，授编修，官至礼部右侍郎。以丁酉科场案遣戍铁岭。在戍所，绝口不谈朝政，淡泊如寒儒，尝于圃中率家童种蔬。康熙二年（1663），援修城例放还归里后，杜门研治文史，卒时年七十四。

张恂，字稚恭，一字壶山，陕西泾阳人，明崇祯十六年（1643）进士。后为清中书舍人、江南推官。擅诗文，精绘画，是清初著名画家。因丁酉科场案牵连被遣戍尚阳堡。在戍所吟诗不辍，其诗多咏塞外风光，时人以"沉郁"称之，并谓"极有盛唐（边塞诗）气概"。康熙初，援修城例还。著有《西松馆诗集》《樵山堂集》《绣佛斋诗余》《雪鸿草诗》等。

诸豫，字震坤，江苏无锡人。顺治六年（1649）进士，官侍讲学士，顺治十二年（1655）乙未科会试同考官。以十四年（1657）科场案牵连被遣戍尚阳堡。在戍所，与郝浴、张恂、张天植、陆庆曾等过从甚密，与方孝标是同年，亦有唱和之作。后援修城例赦归。

潘隐如，即潘子见，字逸民，本姓刘，因此有些书索性写作刘逸民。江苏吴县人，早负盛名，"潘郎江左知名久"。在戍所，与陈之遴等颇有交谊。后死尚阳堡，其妇为盗所害。

北闱科场案发生后的第38天，即顺治十四年（1657）十月二十四日，工科给事中阴应节参奏"江南主考方犹等弊窦多端"。此案经年余审讯，至顺治十五年（1658）十一月二十八日方始定案。《清世祖实录》卷一百二十一载：

> 刑部鞫实江南乡试作弊一案，正主考方犹拟斩，副主考钱开宗拟绞，同考试官叶楚槐等拟贵遣尚阳堡，举人方章铖等俱革去举人。疏入。得旨：方犹、钱开宗出典，经朕面谕，务令简拔真才，严绝弊窦，辄敢违朕面谕；纳贿作弊，大为可恶。如此背旨之人若不重加惩治，何以儆戒将来？方犹、钱开宗，俱著即正法，妻子家产，籍没入官。叶楚槐、周霖、张晋、刘廷桂、田俊民、郝惟讷、商显仁、李祥光、钮文灿、雷震声、李上林、朱建寅、王熙如、李大升、朱莲、王国桢、龚勋，俱著即处绞，妻子家产，籍没入官。已死卢铸鼎，妻子家产，亦著籍没入宫。方章铖、张明荐、伍成礼、姚其章、吴兰友、庄允堡、吴兆骞、钱威，俱著责四十板，家产藉没入官，父母兄弟妻子，并流徙宁古塔。程度渊在逃，著令总督郎廷佐、亢得时等，速行严缉获解。如不缉获，即伊等受贿作弊是实。尔部（刑部）承问此案，徇庇迟至经年，且将此重情，问拟甚轻，是何意见？著作速回奏。余如议。

可见，此案同考试官叶楚槐等拟赍遣尚阳堡。丁酉科场案始于北闱，盛于南闱，又波及全国，受波及者以河南为重。顺治十四年（1657）十二月初四日，刑科右给事中朱绍凤劾奏，河南主考官黄鈜、丁澎进呈试录四书三篇，皆由己作，不用墨闱，有违定例。七月二十六日，刑部察议的结果是：河南主考黄鈜、丁澎，违例更改举人原文作程文，且于中式举人朱卷内用墨笔添改字句，黄鈜又于正额供应之外，索取人参等物。黄鈜应照新例籍没家产，与丁澎俱责四十板，不准折赎，流徙尚阳堡。后顺治帝仅"命免鈜、澎责，如叙流徙"。

黄鈜，字仲宜，一字嶽生，湖南善化（今长沙市）人。顺治九年（1652）进士，授辰州主事，擢吏部主事，转员外郎，迁郎中。顺治十四年（1657）任河南主考，除了以违例更改举人原文作程文等过失外，并未勒索考生财物而受贿，只不过在正额供应之外，向地方官多要人参等物，被遣戍尚阳堡。后康熙年间释归。

丁澎，字飞涛，号药园，仁和（今杭州）人。回族诗人。出身于诗书家庭。年少时有隽才，其所赋《白雁楼》诗，"流传吴下，士女争相采撷，书之衫袖"。与弟景鸿、潆，皆以诗名，时人称为"三丁"，曾加入"登楼社"，为"西泠十子"之一。明崇祯十五年（1642）举人。清顺治十二年（1655）中进士，官刑部主事，调礼部郎中。在京期间，与宋琬、施闰章等人过从甚密，互相唱和，号称"燕台七子"。其为人旷达。顺治十五年（1658）出塞时，携妾以往。在戍所赋诗甚多，其边塞诗"磊落雄秀"，苍凉悲壮。

此外，辽宁流人中还有因党争而迁盛京的陈之遴。陈之遴（1605—1666），字彦升，号素庵，浙江海宁人。明崇祯时官编修。清时官至礼部尚书，授弘文院大学士，与陈名夏结为南党，与北党冯铨、刘正宗等相抗。顺治十三年（1656）三月以结党罪，命以原官发盛京居住。这次遣戍，"遇公事，位在诸卿以上，犹然大学士也"。十月召还。十五年（1658）以贿结内监吴良辅下狱，在狱中与吴兆骞、方拱乾等结为患难之交；十六年（1659）春先于吴、方二人流徙盛京，家产籍没。于是陈之遴夫妇再次被遣戍，这次至盛京，竟与军伍杂处。陈之遴平生凡三出关，而荣辱却天壤之别。康熙五年（1666），卒于戍所。著有《浮云集》。

二、流人的文化贡献

清初的辽宁地区尚属于文化落后的边陲，大量流人的到来改变了这种情况。首先，带来了江南文风的代表——诗社和书院。如上文提到的顺治七年（1651）出现的冰天诗社，就是辽宁地区的第一个文人结社。冰天诗社的主要成员囊括了当时盛京地区几乎所有不同出身与政治面貌的文化人士。他们频频交往，诗文唱和，从而冲破了清初辽宁文化生活沉寂的状态，活跃了这里的文化空气。虽然冰天诗社的活动只有两次，但影响很大：它沟通了流放来东北或寓居东北原来互不相识的文士的思想，加强了他们之间的联系。早期辽宁地区流人既有明旧臣又有清谪宦，对于他们之间的友谊，薛虹先生曾指出："这是历史的条件和他们的环境所决定的。沈阳是清朝大后方，不可能像中原和东南一带有大批的明末遗烈和有民族意识的读书人。而这些逐臣和函可是鱼网同罹，家乡万里，塞北荒碛，同为谪客的命运使他们结合到一起来了。他们之中许多人是由于反对满洲贵族的民族压迫政策而获罪的。虽然降志辱身，仍然骨鲠在喉。甚至怀有'城郭已非人尚在，到死空余故国心'思想者，也不乏其人。"①

此外，诗社成员之间彼此诗文唱和，留下了许多精辟的议论和感人的诗篇，其中多有描写自然及人文风光、描述自己及友人境遇、抒发胸臆的佳作。陈梦雷流放盛京后，居城西，于康熙二十六年（1687）建立"云思草堂"，在花石娟秀之中，每日以著述为乐，而从游者甚众。他吸引、结交了一大批流人文士，一起研究学问，诗文唱和。同时辽宁地区还出现了私人书院，即清初因弹劾吴三桂而被流放的御史郝浴在铁岭修建的居所，取名"致知格物之堂"。他时常与诸友在此"烹茶漉酒，纵谈名理，至夜分不散。架插天下古今图书，恣吾友展玩"②，"比邻诸生十余人愿从公游，公欣然接之。口讲指画，昕夕靡倦。……诸生以时课业其堂"③。康熙十四年（1675），郝浴获释回京。临行前，郝浴将致知格物之堂正式更名为银冈书院，并将银冈书院连同自己二十余年积攒下来的数十间房舍、田地和书籍等物全部捐赠，作为传播文化、研讨学问之所。这是清代东北的第一座书院。在后来二百余年的岁月里，银冈书院虽几经磨难，但还是规模越来越大，为铁岭培养出了许多人才，也加速了文化的传播。

许多流人是才华横溢之辈，其自身就为辽宁地区带来了文风。顺治十三年（1656）被流放到铁岭的左通政吴达，至戍所后"闭户读书"，潜心治学。顺治十四年（1657）因丁酉科场案被流放盛京的徐某至戍所后，"食贫，授徒终其

---

① 薛虹：《函可和冰天诗社》，《史学集刊》1984年第1期，第34页。
② 王树楠、吴廷燮、金毓黼纂民国《奉天通志》卷二百四十一《艺文志·银冈书院记》，辽宁民族出版社，2010，第5380页。
③ 王树楠、吴廷燮、金毓黼纂民国《奉天通志》卷二百六十《金石志·重修银冈书院记》，辽宁民族出版社，2010，第5911页。

第三章 满汉文化聚合

图3-2 银冈书院郝公祠

身"。康熙三十年(1691)举家被流放铁岭的戴梓,至戍所"多巧思,凡所手制皆出匪夷,尤工绘事。性豪迈不羁,工诗善饮"。顺治十一年(1654)被流放盛京的陈易"工诗、善书、好弈,兼通音律"[①]。还有上文提到的顺治十四年(1657)被流放尚阳堡的陆庆曾"家赤贫,以医自给"[②]。当时流人文士的贡献更多表现在向社会普及知识、传播文化上。不少流人文士因生活所迫以教书授童为业,有的行医自给,有的以字画为生,其中授徒传播文化是极为普遍的现象。

流人最明显的贡献是其著述。康熙十一年(1672),清朝通令各直省府州县修志。奉天府组织人力编纂方志十余部。在这次修志过程中,流人文士起到了重要作用。《铁岭县志》两卷,康熙十六年(1677)修成,是盛京地区最早的县志。知县贾弘文修,董国祥纂辑,孙梗、罗继谟搜采,邢为枢、左暐生、左昕生校正。贾弘文在序文中称:"余未受简命之先,已奉有旨令,直省府州县修志书数年矣。莅任以后,府檄频催,而苦无以应,今岁秋冬之际,乃与绅士之

[①][②] 王一元:《辽左见闻录》,国家图书馆藏手抄本。

隶籍兹土者谋,所以终其事","纂辑率出董子,搜采、校正者,诸绅士咸与有力"①。所谓"绅士之隶籍兹土者",即被流放到铁岭的官绅文士。董国祥、罗继谟、孙梗、左暐生、左昕生等皆是流人文士。《铁岭县志》共包括九志,二十九目,简明扼要,首开清代东北编修县志的先河。而承德、海城、盖平三志皆出自流人陈梦雷一人之手。

流人的到来极大地丰富了辽宁地域文化,甚至为辽宁地区带来了"文风",使得辽宁地区也开始成为"诗书彬彬"之地。加上本土文人的成长,辽宁地区开始出现大量、丰富的文人著述。

第三节
满汉壁垒的破除

一、旗民分治行政体制的变化

(一) 盛京旗署与民署的设置

清朝建立后,于盛京推行八旗制度,将辽宁社会完全纳入八旗的政治结构

---

① 贾弘文修康熙《铁岭县志》,《铁岭县志序》,辽海丛书本,辽沈书社,1985,第763页。

之中，推行一元化的行政管理体制。随着移民进入辽宁地区，为管理后来移入的民人，在旗署之外又形成了以州县为特征的新管理体制。旗署管理旗人，州县管理民人，两者并行。随着移民的不断迁入，民人在总人口中的比例越来越大，旗人在总人口中的比例越来越小，八旗与州县并行的行政管理体制越来越不适应社会发展需要。清朝末年，州县终于成为行政管理体制的主体。

　　盛京旗署中最高的管理者是盛京将军。在清朝统治的两个半多世纪中，其职能随着时间的推移和环境的变化而有所不同。顺治元年（1644）八月，以正黄旗内大臣何洛会为盛京总管，统兵镇守盛京等处。顺治二年（1645）三月，以叶克书为盛京总管。同年闰六月朝廷制定文武官员品级的时候，镇守盛京总管与镇守京城总管同为二品官。顺治三年（1646）五月，清朝"以梅勒章京叶克书为昂邦章京，镇守盛京"①。梅勒章京与盛京总管品级都是二品，而昂邦章京为一品，此时盛京将军的地位有所提高。康熙元年（1662），改昂邦章京为镇守辽东等处将军；康熙四年（1665）六月，"改辽东将军为镇守奉天等处将军"；乾隆十二年（1767），改奉天将军为镇守盛京等处将军。②从顺治朝至康熙朝，虽然盛京将军的称呼由总管变为辽东将军、奉天将军和盛京将军，但其职责没有大的变化，均为盛京地区的最高军政首长，将军衙门一直是盛京地区最高的军政机关。除盛京将军衙门外，清朝又在盛京地区先后设置内务府、五部等旗署机构，参与盛京的行政管理。

　　根据《盛京通鉴》的记载，盛京将军有权管理盛京各城驻防官兵及其军饷、旗地、征税、宗室、进贡、牧场、围场、火药、战船、边门、驿站等事务，主要管理各城驻防、旗地和征税。盛京将军所属外城八旗驻防共有兴京、辽阳、盖州、牛庄、开原、熊岳、凤凰城、金州、复州、岫岩、锦州、义州、宁远、广宁共十四城。雍正以后，中前所、中后所、小黑山、巨流河、铁岭、抚顺等城也开始设八旗驻防。每城驻防八旗主官，官职从佐领到副都统不一。驻防城中设置城守公署，然后把城内及周围乡村分为四界或八界，每界设置界官进行

---

① 《清世祖实录》卷二十六，顺治三年五月癸亥。
② 《清圣祖实录》卷十五，康熙四年六月己未。

行政管理。旗民居住旗下村庄则直接设置领催进行管理。将军通过将军衙门各部门及城守公署、八旗界官来控制旗地和旗民，从而控制整个盛京。

在辽东移民招垦之前，盛京地区行政管理是由以盛京昂邦章京为首的旗署进行的一元管理体系，盛京地区的一切旗民都被纳入八旗制度之中。顺治十年（1653），清朝颁布辽东移民招垦令，同时在盛京地区设辽阳、海城二县。辽阳、海城是盛京乃至整个东北地区最早出现的管理迁入民人的行政机构。辽阳、海城二县之上设置辽阳府。顺治十四年（1657）七月，清朝"置盛京奉天府"取代辽阳府。从此以后，奉天府作为民籍移民的专门管理机构开始与盛京将军衙门为首的旗民管理机构并立。

顺治时期，移民数量很少，只有辽河以东一府二县。河西锦州广宁等地的移民原由盛京将军治下佐领管理，后由驻防锦州汉军镶黄旗佐领刘承义管理。刘承义去世后，其子刘文亮承袭佐领，继续招民。顺治十八年（1661），奉天府府尹张尚贤奏请在辽河以西地区设置州县，管理移民。康熙元年（1662）七月，改锦州为锦县，"隶奉天府，其宁远县人民暂归锦县管理"①。"康熙元年以孔允桧知锦县事，邑人以文亮父子久莅斯土，并有惠泽，不忍他属。凡讼狱者犹奔控于文亮，曰，非刘青天不能决。府尹徐继炜以闻。朝命文亮带佐领衔兼知锦县，而调孔允桧于开原。"② 由此可知，至康熙元年时，辽西民籍移民仍归旗署管理。康熙三年（1664）六月，为适应移民迁入以后行政管理需要，在辽河以东添设承德、开原、铁岭、盖平等县；在辽河以西增设广宁县和宁远州，在其上设锦州府（先设广宁府，同年改锦州府），管理辽西锦县、广宁县、宁远州并直接受奉天府管辖。这样就形成了奉天府辖河东一州五县和河西一府一州二县的管理移民民籍的新的行政管理系统。就管理民籍移民而言，奉天府府尹的权力是很大的，"大事以闻，小事决之"。不过，因为康熙时期奉天地区移民数量有限，管理移民民籍的官员也非常有限，只有"正印佐贰杂职等官三十余

---

① 《清圣祖实录》卷六，康熙元年七月壬辰。
② 王文藻修民国《锦县志》卷十四《宦绩》，成文出版社，1974，第686－687页。

员"①。

(二) 旗民二元管理体制的调整

顺治、康熙时期，盛京移民的数量有限，土地开垦的余地很大，民人与旗人之间的矛盾还不严重。但至康熙末年，随着移民迁入数量的增多，旗民之间的矛盾开始显现出来，行政二元管理体制上的矛盾越来越突出。为了调整旗民二元管理体制，清朝政府在现存框架下做了种种努力，但收效不大。

就盛京而言，土著居民很少。清朝入关以后，留居关外的旗人只不过是早些时候到来的移民，而后来的民人则是晚些时候到来的移民。但是，由于处在不同的管理体系之中，加之身份有所差别，其所占有的土地和居住的村庄界限分明。据康熙十六年（1677）所修《铁岭县志》统计：当时铁岭县境内共有71村，其中民人居住的村庄只有9个，而61个村均属旗下，只有一个村庄明显标明是旗下民人杂居。② 由此可知，顺治年间和康熙初年旗民基本是分处；但已经出现了旗民杂居一村之事，旗民分居的规定已经开始被破坏。康熙末年，这种杂处现象已经十分普遍。康熙认为，盛京地方习俗败坏，主要原因是"旗民杂处，以致满洲不能说满话，一切混乱，盗贼人命之案又繁"③。因此，命九卿等会议，制订计划，采取具体措施，将盛京地区的旗民分处。康熙五十四年（1715）十一月，将军唐保住和奉天府府尹朱轼奏报："奉天城内及关厢居住民人三百余户，应令搬移在城外关厢内，择一处安插"，"至村庄地方，虽立旗民界限，仍有搀杂居住者，若尽令搬移，恐致苦累。应令嗣后有卖房者，在旗界内之民房卖与旗人，在民界内之旗房卖与民人，违者照侵夺例治罪。庶旗民得从容搬移，日后各自在界内分开居住，而互相争告之事可省"④。事实上，在关内移民不断迁入的情况下，继续把旗民人为地隔开，并非现实。

---

① 《清圣祖实录》卷八十五，康熙十八年十月丁丑。
② 贾弘文修康熙《铁岭县志》卷上，辽海丛书本，辽沈书社，1985，第772页。
③ 《康熙起居注》康熙五十四年二月二十六日，中华书局，1984。
④ 《清圣祖实录》卷二百六十六，康熙五十四年十一月丁未。

旗民杂处使二元行政机构的管理走向混乱，从而导致行政效率低下、腐败严重，特别是旗署官员对民署官员的压制，影响到最基本的司法公正。康熙二十七年（1688）十月，盛京刑部侍郎吴世巴陛辞，康熙对他说："闻盛京刑部审事，或别部官员及旗下官员闲散之人与审事之人并坐，干预所审事情，又与堂官同坐，嘱托事体。京师刑部前亦如此，朕再三申饬，今已整理矣。尔去务于此项禁约持正而行。"① 康熙二十九年（1690）五月，盛京刑部侍郎邪赫陛辞，康熙对他说："闻盛京地方嘱托之事甚多，尔到任后须奉公而行。"② 康熙时期，还对奉天府官员的身份进行调整。康熙二十一年（1682）以前，盛京知县以下的官员均为民缺。这年六月，左都御史达都奏请："盛京知县以上官员应用满洲，吏部议不准行。"康熙为此征求大学士明珠的意见，明珠认为："盛京地方满汉并处，似应设满官，但知县以上各官并无选用满洲之例。"结果以吏部的意见为准。③ 八月，奉天府府丞出缺，康熙同意任用八旗汉军。康熙二十二年（1683）四月，奉天府府尹缺，康熙说："奉天地方事虽不甚繁，但极为要地，且满洲事务居多，应于旗下官员内简择贤能补授。"康熙终于转变态度，同意盛京地区管理民籍的最高官员奉天府府尹为满缺。康熙通过面授和改变官员民族身份，对盛京地区的行政和司法不公现象进行整顿。但是，造成盛京地区行政效率低下的根本原因还是行政管理体制，即旗民二元管理体制。

为解决旗民二元管理体制造成的矛盾，雍正时期对盛京二元管理体制进行整顿。雍正元年（1723）六月，奉天府府尹报：从山海关到广宁，"有皇庄头三百多人，只交笔帖式、领催等微末人员驻扎中后所，催征钱粮办理事务，以至交结匪类，粜卖官粮，鱼利入己。且自中前所至锦州、义州、广宁等处，相隔二三百里，词讼案内干连之庄头，地方官调取，抗不赴审，即使到案，亦抗不遵行。以致案内干连之人，每多苦累"。此外人命案件，"呈地方官后，虽相距数百里，亦必俟笔帖式领催检验，炎暑日久，难以凭信。则百方检验，惨不

---

① 《康熙起居注》，康熙二十七年十月十一日，中华书局，1984。
② 《清圣祖实录》卷一百四十六，康熙二十九年五月己酉。
③ 《康熙起居注》康熙二十一年六月初四日，中华书局，1984。

可验。"皇庄为旗地,皇庄头为旗人,属内务府衙门管理之人。民人与其发生纠葛,地方官调取,可以以其为旗人身份而拒审,民官也无可奈何。所以奉天府府尹建议,应该派遣大臣一员驻扎宁远、锦州、大凌河等处,令其料理一应公务。管辖里长猎户,遇有词讼事件,会同地方官审结。① 上述是旗署管理环节缺乏造成的混乱。雍正三年(1725)四月,雍正皇帝对盛京官风的败坏有一番议论:"迩来盛京诸事坠废,风俗日流日下,朕前祭陵时,见盛京城内,酒肆几近千家,平素但以演戏饮酒为事,稍有能干者,俱于人参内谋利,官员等亦不以公务为事,衙门内行走者甚少,其聚会往来不过彼此相请,食祭肉嬉戏而已。司官至终年不一至衙门者,堂官亦置若罔闻。"② 从表面上看,这种行政效率低下是个别官员,主要是旗署官员的堕落和腐败导致的。要提高奉天的行政效率,亟待解决三个问题:一是在组织上加强旗署的管理力量;二是明确责任,强化纪律;三是扭转奉天官场中的腐败风气。

首先是加强旗署的管理力量。盛京地区经过八十多年的移民活动,旗人的人口数有了很大增加,民人的人口数增加得更快。但是,盛京地域辽阔,八旗只在十四城驻防,相隔七八百里不等,盛京将军驻扎盛京,辖十四城,管理幅度过宽,造成施政过程中的漏洞。雍正五年(1727)六月,清朝按照吉林、宁古塔、伯都讷先例,在辽西地区设副都统一员,管辖广宁、义州、锦州、宁远等城驻防八旗事务;在辽南地区设副都统一员,管辖复州、熊岳、南金州、凤凰城、岫岩、旅顺等城驻防八旗事务,其职责为"管理一切事务,教训众人,改易陋俗"。这样,盛京将军的管理区域缩小,除直辖盛京及其附近各城外,对辽西和辽南各城的管理只是通过分驻于锦州和熊岳的副都统进行。雍正六年(1728)三月,朝廷又对各驻防城旗署加强力量。盛京所属十四城,旧设城守尉十员、协领二员、掌印防御二员,也就是说每个驻防城只有掌印主官一人,而无副佐。这样既不利于监督,也容易造成管理上的空缺。所以这次调整主要是按照在京八旗的正副参领、佐领骁骑校之例,在设有协领处委任副协领,设有

---

① 《清世宗实录》卷八,雍正元年六月丙子。
② 《清世宗实录》卷三十一,雍正三年四月庚辰。

城守尉处委任副城守尉，设有掌印防御处委任副掌印防御，"令其共同办理"①。这样，每城八旗驻防既有主官，也有副佐，管理力量加强了。

其次是明确责任，强化纪律。旗署管理旗人、民署管理民人的体制，随着移民迁入的数量越来越大，旗民杂居，受到很大冲击。因此，雍正六年（1728）三月，朝廷命盛京将军和奉天府府尹"遴选贤员，会同地方官彻底清查，系民则归州县管辖，系旗人则查明各该旗分，入于各该佐领册内管辖"②。分清旗籍和民籍，各归所属，是当时二元管理体制下提高行政效率所必需的。除了旗人和民人各自内部的事务之外，由于移民的大量进入和旗民杂居，旗民之间的交涉和诉讼也越来越多。涉及旗民之间事务的管理，从清初以来就有一个惯例，即由旗署和民署会同办理。但旗署和民署之间遇事互相推诿，造成管理混乱。针对这种情况，雍正十年（1732）八月定例："嗣后如旗员管辖地内，有民人失事者，将该管旗员查参疏防，限年缉获，民官免其查参，仍令与旗员协缉；其民官管辖之地，有旗人失事者，亦照此例处分。至遇有人命等案，请令旗民官员，会同查验，仍照该管地址，分别议处。"③ 这主要是按照属地原则明确责任，对案件的处理以所发生地行政机构为案件的管理主体，作为对官员奖惩的依据。"奉天地方，旗民杂处，人命案件，州县俱会同旗员办理。旗员自城守尉而下土著者多，每有情面请托，州县号令，常不遵奉。"奉天地区设理事通判官一人，专门监督旗民会审过程中出现的不公现象，但"势难兼顾"。因此，在雍正十二年（1734），奉天府府尹吕耀曾奏准："请添设理事通判一员，一驻奉天府之盖平县，分管海、盖、复、金四州县；一驻锦州府之锦县，分管锦、宁、广、义四州县。如旗民官员有会审不公等事，即稽查揭报。"④ 理事同知、理事通判最初设置于康熙二十四年（1685）十一月，"设浙江满洲理事同知一员"。理事同知、理事通判原为旗署官员，但为旗署的文职，所以在东北移民管理过程中往往被作为一个从旗署管理向民署管理过渡的官员，主要职责是管理旗民

---

①② 《清世宗实录》卷六十二，雍正六年二月丁丑。
③ 《清世宗实录》卷一百二十二，雍正十年八月丁卯。
④ 《清世宗实录》卷一百四十四，雍正十二年六月壬申。

之间的司法和诉讼及民政。但是，这时所设的理事通判主要监察和管理辽西和辽南地区旗署与民署之间的会审案件。据乾隆元年（1736）七月的工部奏疏："奉天府尹宋筠奏，新设熊岳理事通判，尚未设有衙署，请将陈仓之屋修改"①，当时设于辽南和辽西的理事通判备有专门衙署。朝廷对奉天地区行政的整顿，主要涉及司法和诉讼，没有涉及旗署与民署等一般行政事务。但是，在罪案管理上属地原则的规定和加强对旗署与民署之间司法行政上的监督措施对其他行政事务的管理也有促进作用。

再次是扭转奉天官场中的腐败风气。奉天地方，凡事关旗民者，俱送盛京刑部会审，司员会同有司承审，实则由司员主审。"乃奉天司员，积成陋习，惟事威严，一切人犯到案，先将锁链盘于地上，令其膝跪，谓之跪锁。继以荆条互击其背，任意敲打，谓之背花鞭。……又笔帖式皆本处生长之人，所司者不过翻译之事。乃当审讯之时，辄亦列坐诘问。"②盛京刑部为旗署，由于旗人有特殊的社会地位，所谓会审往往以旗署为主，二元管理体制中影响管理体制健康运转的因素主要来自旗人和旗署。雍正五年（1727）三月，因"盛京人员，习气浇薄，营谋钻刺，朋比侵盗，甚是无耻，屡加教诲，终不悛改"。雍正特下谕旨："嗣后盛京居住满州、蒙古、汉军文武官员，除因公讦误获罪者，仍准本地方居住外，其侵盗亏欠钱粮，及奸贪讹诈之事降革者，酌其所犯事由，或令来京归旗，或著于各省满洲驻防之处安插。"③

康熙末年到乾隆末年是辽宁地区移民涌入的高潮时期。就地理范围而言，民署在继续扩大。雍正十一年（1733），裁复州通判，设复州知州一员，辽南的复州终于完成了从旗署向民署的过渡。同时，改金州为宁海县。顺治移民之初，金州为民署，先隶属海城县，后隶属盖平县，再后隶属复州，但是后来改为旗署，居民完全改为旗籍。由于移民不断迁入，民人数量不断增多，清朝政府不得不在此地设置巡检，管理当地民人行政和司法事务。至此，改金州为宁海县，

---

① 《清高宗实录》卷二十二，乾隆元年七月庚申。
② 《清世宗实录》卷一百五十七，雍正十三年六月丁酉。
③ 《清世宗实录》卷五十四，雍正五年三月癸丑。

使辽南地区完全纳入民署管理范围之内。义州，顺治初年为察哈尔王封地，康熙十四年（1675）布尔尼叛乱被平定以后，蒙古人大多迁出。原随公主下嫁的包衣辛珠因告密有功被任命为世袭城守尉。后来不断有民籍移民迁入，清朝将其归入广宁县管理，并在义州设巡检管理其词讼户婚等民政事务。雍正十一年（1733），正式设义州知州一员，管理义州境内和土默特地区的民人。至此，旗署和民署的设置基本相匹配，即一城中既有旗署，也有民署。由于移民涌入，民人比例越来越大，旗人比例越来越小，导致民署事务日繁，旗署事简，旗署与民署二元管理体制的矛盾更为突出。盛京旗署管旗，民署管民，分工比较明确。但旗民交涉案件向例由地方旗民官会同审理，然后略具案情，申送刑部审拟。"但奉属地方，远近不一，应质人犯，多属牵连，该部提解驳查，往返道路，耽延时日，拖累无辜，弊端种种。"① 因此在乾隆三年（1738）七月，乾隆特谕盛京将军和奉天府府尹，因为"地方官身既亲民，驻扎本境，平日习知人情，临时自宜体访"，所以盛京将军和奉天府府尹应该"令会同就近旗民官，承审定拟，只将有罪人犯解部复讯定案，其余一切牵连对质之人，于审明之日，即行省释，则人犯既免拖累，而案件亦得速结"。"但府州县远近不一，其地方旗民官，如何会同审理，可以定为成例，永远遵行"②。这种调整是把一些容易审结的案件在基层旗民官署会审时解决，从而减少盛京刑部的压力。但是，盛京施政上的种种弊端主要是旗民二元管理体制造成的，真正要解决问题必须从管理体制上进行改革。盛京将军管理旗人，奉天府府尹管理民人，各有一套管理系统，盛京将军与奉天府府尹之间没有隶属关系，旗民之间的矛盾必然导致管理机构之间的矛盾，仅仅通过会审或会商是解决不了问题的。关于这一点，清朝统治者也很清楚。所以奉天府府尹苏昌因办理流民案件时旗署和民署往往意见不一，奏请奉天所属州县均为满缺。③ 乾隆十五年（1750）正月，军机大臣奏准："奉天十二州县，向用汉员。其旗民交涉词讼，俱会各城旗员审理，往往意见参差，若竟以旗员选此十二州县，遇事不必会同办理，较为画一，但一

---

①② 《清高宗实录》卷七十七，乾隆三年七月丁卯。
③ 《清高宗实录》卷一千一十三，乾隆四十一年七月己亥。

时更调,未免纷纭。请嗣后于此十二州县内,遇出缺,即令该部将候选旗员铨补,则数年后,该省州县俱属旗员,于旗民交涉事件,竟可专归州县审结,径报该将军查核。"① 这个决议通过以后,盛京开始执行,但由于旗员一时难以到位,曾经出现州县官员严重不足的情况。乾隆十八年(1753)五月,据奉天府府尹鄂宝奏报:"奉省民员本属无多,尔驻扎省城者只有治中理事通判及承德知县等三员,其治中吴日燨业已丁忧回籍,通判栢尔赛,承德知县黄开泰又俱被参离任,一时各缺皆悬,在在令人办理。"② 因此要求暂时保留一部分汉人官员。不过,经过一段时间以后,奉天各州县官由民改旗基本完成。虽然在军机处改盛京州县官为旗员的奏疏中明确提出数年后旗民交涉事件可专归州县审理,但在旗署性质没有改变的情况下,改变州县官的民族身份只能在一定程度上缓和旗民矛盾和旗署与民署之间的矛盾。乾隆二十七年(1762)十二月,朝廷对盛京地区官制进行改革,把原本没有上下级领导关系的盛京将军和奉天府府尹变为节制关系。之所以这样做,主要是因为乾隆十五年(1750)调整奉天官制时,把奉天州县主官改为满缺以后,"凡应行查拿私参,经将军委派官前往,地方各官自应宜会同查缉,乃近日拒捕殴差之事,不一而足,地方官竟视同膜外,乡长保甲兵不协力擒捕,此皆因将军府尹不相关涉,各分畛域之所致,是以各属员亦存旗民分管意见,并不和衷办理,于地方事务甚无裨益,不可不为变通"。因此决定:"府尹为全省大吏,虽不可便为将军属员,亦当令听其将军节制,庶旗民事务归一,一切办理不致参差。"③ 可是仅仅过去不到三年,清朝就取消了节制关系。乾隆三十年(1765)十一月,乾隆谕:"向来奉天府尹事务,令盛京将军兼辖。今思将军与府尹所属旗民事件,各有专司。若令将军节制,于公务未免牵掣。莫如照京城侍郎兼管顺天府尹之例,于盛京五部侍郎内,派出一员管理,永著为令。于体制更为画一。现在奉天府尹事务,即著雅德兼

---

① 《清高宗实录》卷三百五十六,乾隆十五年正月乙卯。
② 台北故宫博物院编《宫中档乾隆朝奏折》第五辑,《奉天府尹鄂宝奏请委定福署治中并奉天理事通判折》,台北故宫博物院发行,1982。
③ 《清高宗实录》卷六百七十六,乾隆二十七年十二月己亥。

管。"① 雅德是当时盛京工部侍郎，则在乾隆三十年（1765）以前就出现了奉天府府尹由盛京某部侍郎兼任的情况，在乾隆三十年（1765）以后成为定例，后来又固定为由户部侍郎兼府尹。这种兼府尹与另派的奉天府府尹没有什么太大区别，只不过盛京五部侍郎的权力更大，使盛京将军权力相对削弱而已。

乾隆时期盛京官制改革，把州县官改为满缺，把奉天府府尹改为受盛京将军节制，这与乾隆时期实施东北封禁政策，阻止满族的汉化有直接关系。虽然改汉缺为满缺等改革措施对奉天地区行政效率的提高有一定的积极作用。然而，问题的关键是弱化旗署功能，强化州县功能，逐渐把行政权、司法权统一于地方。这个问题遇到很大障碍。乾隆二十九年（1764）十月，盛京将军舍图肯和奉天府府尹耀海奏准：奉属十二州县均改满员以后，"嗣后将旗民徒罪以下事件，责令各城就近办理，俟完结之日，呈报将军府尹查核，一面知照该管旗员约束"。"命盗重案及实犯军流者，旗人由州县呈送盛京刑部办理，民人由州县详解府尹复核题咨。""又缉凶捕盗案件，均应责归民员。"② 从这里旗署与民署的分工来看，旗署的功能没有任何弱化的迹象。乾隆四十四年（1779），关于奉天地区的司法管辖，"曾经刑部奏定，旗民词讼悉归州县审理"。道光元年（1821），因为奉天司法管辖权一直不清，复经军机大臣会同刑部议奏：无论单旗单民及旗民交涉与会旗查勘之案，均令州县自行审理，并钦奉上谕，所有奉天州县旗民事件悉归审理，但同样不能落实。只因为历任将军多与府尹不能和衷共济，以致僚属亦分门户，凡遇旗民交涉之案，旗员不免从中掣肘，地方官每以审理为难，遂多方迁就。上面由于盛京将军和奉天府府尹之间的矛盾，不能和衷共济；下面由于旗署和民署之间的矛盾互相掣肘，所以事权仍然不一。③ 而由汉缺改满缺过于极端化的强调，也带来这些弊端。从实际来看，盛京州县专用的满缺，确实有很多优秀者。如乾隆四十三年（1778）在职的岫岩理事通判阿精阿，由奉天理事通判调任岫岩，其才具优长，明敏干练，自调任以来，

---

① 《清高宗实录》卷七百四十八，乾隆三十一年十一月丙子。
② 《清高宗实录》卷七百二十，乾隆二十九年十月癸巳。
③ 《清宣宗实录》卷十九，道光元年六月乙酉。

所有岫岩积案，以及现办旗民互控事件，无不审断自如，实为奉天杰出官员。但由于满人在政治经济上享有专属特权，奉天州县专用满缺对行政效率的提高益处不大。如兴京通判一职，专管旗民审理一切案件，兼资稽查，而乾隆三十三年（1768）担任通判的迈图拉却是才能平庸，性复昏聩，到任一年有余，极度嗜酒，常常醉生梦死，凡一切事务悉假手于书吏衙役，并不亲身经理，无论大小缓急，必迟至数月始行。且奉天州县所用旗员等多有从部院笔帖式等官铨补者，初次担当外任，于吏治未经练习，经验常常不足以治理地方。他们与科举出身的汉缺相比，无论是文化素质还是从政经验都有距离。更因为乾隆、嘉庆时期正是移民大量涌入盛京时期，民人的数量和在总人口中的比例已经远远超过旗人，所以单单强调州县官只使用满人已经没有任何实际意义。乾隆四十一年（1776）七月，乾隆下旨："今思奉天地方，旗人居处者多，旗员在彼，不无粘涉亲故，遇有审理事件，恐不免身存偏徇，即由拘谨之人，听断时过避嫌疑，亦不得谓之公当。且恐缘事被劾之员，接任仍系旗员，或遇应查事件，不无瞻顾情面，辗转滋弊，地方公务，必致积久废弛，殊非整伤吏治之道。嗣后奉天各州县缺出，著照各省仍以满洲汉人通行补用。"① 嘉庆十年（1805）八月，朝廷整理盛京各州县员缺，分定满汉。"将奉天省所属州县各缺，详细查核，此内附近蒙古边界，必须补用旗员者，计若干缺；其可以专用汉员者，计若干缺，并此后著将各缺专用。"② 调查后定例义州、广宁、开原、铁岭四州县邻近蒙古，因为蒙古民案件需要处理，故定为旗缺；其余六州县为汉缺。这次改革以后，直到光绪初年，奉天的二元管理体制没有太大的变化。

（三）旗民二元管理体制的改革

盛京二元行政管理体制的变革直至光绪年间才开始有了本质的变化。光绪年间，盛京二元行政管理体制有两次大的改革：一次是光绪元年（1875）由崇实主持的奉天吏制变革；一次是光绪末年宣统初年徐世昌主持的奉天官制变革。

---

① 《清高宗实录》卷一千一十三，乾隆四十一年七月己亥。
② 《清仁宗实录》卷一百四十八，嘉庆十年八月己亥。

前者不但对盛京，而且对整个东北都有重大的影响。

光绪元年（1875），朝廷鉴于奉天地区行政管理体制混乱、行政效率低下等具体情况，把素有干练之称的崇实调往盛京署将军事。崇实三月初三到达盛京接署盛京将军职务，"自署任以来，屡奉谕旨，谆谆以奉省积弊太深，急宜变通，以期整顿。复于七月初四日，接到军机大臣字，寄奉上谕：该省事权不一，从前将军府尹往往各存意见，以致政令歧出，遇事抵牾，该处公事究竟因何不能彼此相联络，势成掣肘，著崇实将实在情形并酌定章程，妥议具奏"。崇实接到谕令以后，招集盛京城内满汉官员讨论，"深明大义者急愿更张，而瞻顾私情者未免疑阻。奴统筹全局，体验再三，与其筑室道谋，不如临机立断，实事求是。"① 同月，崇实上《奏拟请变通吏治折》，要求对盛京官制进行改革。其核心大意是："兴利不难，难于除弊。弊之习于下者易除，而弊之倡于上者难除。故整饬官常，必由大吏而始。"具体来说就是仿照内地各省总督巡抚制度，重新划分盛京将军和奉天府府尹的职权。盛京将军名义上是盛京地区最高的军政首长，但实际上他的主要行政管理对象只是旗人。盛京地区民人数量远远超过旗人，各州县事权越来越重，而州县的行政管理权则操纵在奉天府府尹手中，特别是奉天府府尹由盛京户部侍郎兼职以后，事权更重。这样，盛京将军位高而权轻，奉天府府尹位低而权重；盛京将军因其地位高而欲插手地方事务，奉天府府尹因手中有权而与之抗衡。因此，奉天地区的旗民矛盾表现在管理结构的上层（即将军与府尹）的矛盾。由此，整个管理机构中各种矛盾的出现，皆因僚属各立门户，有为者诸多顾虑，无能者不免瞻徇，因此地方公事遂不堪设想。

针对以上情况，崇实提出，明确和加重盛京将军职权，将其职权改为管理盛京兵刑两部，兼管奉天府府尹事务，加兵部尚书衔，管辖奉天地区旗民事务，兼管粮饷。这样，盛京五部、奉天府府尹，地方旗民事务，也就是军、民、财权统一于盛京将军，其与内地总督权限相当。

奉天府府尹由户部侍郎兼任，主管地方州县行政管理，权重事繁。但就司

---

① 台北故宫博物院编《宫中档光绪朝奏折》第一辑，《崇实奏闻接署盛京将军日期折》，台北故宫博物院发行，1973。

法审判权力归属而言，奉天府府尹只能管理州县民人的诉求，而旗人的诉讼或旗人与民人之间的诉讼则只能由盛京刑部受理。这必然造成司法混乱。"近年民多于旗……府尹虽设有谳局，审断每不能自专，往往一事而上制于户部之兼尹，旁牵于刑部之会审，稽留往复，清理良难，各州县申详此等案情，亦遂纷而无主，甚至包苴争纳，径窦互开。多一兼管衙门，即多一需索地步，此弊之在上者也"，"健讼成风，意存拖累，原告控于府尹，被告又控于刑部，而部中司员复不遵定章，任意收呈，随处提案，问官亦有偏袒，胥吏因而作奸，审结无期，互传不到，其中命盗重案，竟使待质囹圄，多至一二十年。此弊之在民者也"。改革的办法是奉天府府尹"以右副都御史行巡抚事，旗民各务悉归专理，使与将军相承一合，不致两歧"。

同时，对盛京五部职权进行了限制。礼、工、兵三部原来权限不大，保持不变。户部侍郎以后不兼奉天府府尹；刑部"嗣后惟旗民交涉罪在犯徒以上者方准该部按律定拟，其余一概不得干预"。

盛京旗民二元行政管理体制的矛盾不仅表现在将军和府尹之间，也存在于地方管理旗人的各城守衙门与管理民人的州县衙门之间。就审判权而言，旗人诉讼必须到城守尉衙门，而民人诉讼必须到州县衙门，但旗民同居于一块土地上，对旗民交涉之案，按照规定由各州县与城守尉会同办理。但是，启禀将军之案由城守尉与州县官一并书写，而启禀府尹之案则只有州县官书写，奉天府府尹没有权力处理有关旗人案件。"同一公牍，任意分歧，遂至守尉目中几无府尹。营私挟诈，何所不为，且于地方尤有数弊。""旗界同居，非亲即友，官中公事，但论私情，其弊一也；会办各异，未能和衷，彼此留难，案久悬搁，其弊二也；命盗重件，遇有旗人则借强宗为护身之符，托本管为说情之地，抗拒容隐，不服查拿，其弊三也；捕盗不利，州县官处分綦严，而城守尉佐领等官尤有专责，乃尽委罪于骁骑校及领催微末诸员，指名搪塞，劫掠横行，致无忌惮，其弊四也；上分其肥，下受其毒，曲直无从申理，州县亦遂因循……"改革的办法是按照热河定例，将盛京境内各州县官通加理事等衔，此后一切地方案件全归州县审理，"其旗界大小官员只准经理旗租，缉捕盗贼，此外不得丝毫干预"①。

崇实的盛京官制改革方案很快得到朝廷的批准。光绪二年（1876）闰五月，为防止奉天地方城守和州县职权不清，崇实再上《奏请详定吏治章程折》，对地方旗署的权力再加明确。"现在通同州县均已请加理事衔，所有旗民案件，皆可归其审断，毋庸再与旗员会办。嗣后协佐等官无地方之责者，除各旗过继子嗣，例应加结详咨控分家产，须凭旗存户口册档及各项旗产买卖退领等事，无论旗民佃户仍令该管界督征比催，以专考成照旧办理外，其赌博奸盗等事，比照各省汛防之例，应由各界一体严拿，一经拿获，即送地方官讯问，不准该界旗官等讯供禁押，亦毋庸会同审讯，其余人命斗殴及钱债户婚田土，一切旗民词讼，无论有关罪名与否，悉归各厅州县审断，不准该界官擅受呈词，丝毫干预，倘该界所属旗人不服传唤，及有抗拒容忍等事，准该地方官移提审讯，不得借词推诿稽延，如有包庇牵制，强行干预，准各厅州县禀报严参。"为防止旗署界官干预诉讼，影响司法公正，崇实重申了道光十一年（1831）奏准成案："本地旗人不准作本地武职，藉以杜绝弊端，现虽地方词讼不准旗员干预，而催科缉捕乃其专责，所属旗人口角小事，界官岂能不闻不问，势须回避本城，始可引嫌。"② 除对官员职责进行改革之外，还取消了对官员任职资格上的满汉限制。奉天地方各厅州县官，"向分满汉请补"，结果造成"历年任意纷更"。崇实要求此后奉天各厅州县，能否仿照热河之例，不分满汉，一律请补州县各官。

崇实对盛京旗民二元行政管理体制的改革，基本得到了朝廷的批准，是清朝历史上辽宁政治结构变化过程中的一个重要阶段。

从同治到光绪初年，柳条边以东鸭绿江以西地区陆续开放。光绪二年（1876），经盛京将军崇实奏准，在柳条边凤凰城东，设置安东县。到光绪三年（1877），"地方公事渐经办有条理，民心已尚帖服，上年应征钱粮俱已扫数完纳"。安东以北瑷阳、碱场、旺清三门外并凤凰城沿边以及通沟各处地方，须经总办边务候补道陈本植、知府恒泰、提督左宝贵等督饬各员，分路设局，逐段

---

① 崇厚辑《盛京典制备考》卷八《崇实奏拟变通吏治折》，光绪四年（1878）刻版。
② 崇厚辑《盛京典制备考》卷八《奏请详定吏治章程折》，光绪四年（1878）刻版。

清查。就柳条边外移民来源而言，大略可以划分为两个方向：一是由山东跨海而来；一是由柳条边西东迁而至。柳条边西东迁的居民主要是民人，但也夹杂一定数量的旗人。副都统恩合上疏朝廷，提出在此地同时设置旗署，招佃旗丁，毋庸添练勇营等建议。光绪三年（1877）正月，崇实弟崇厚已经接替盛京将军职务，他在《奏陈筹办东边事宜折》中坚决反对在柳条边以东的新区设置旗署："查前署将军尚书崇实以边外结庐耕种，业已多年，不特各处流民托以为业，即各旗闲散亦不免藉地营生，因而推行皇仁，奏办升科纳税等事，以为化私为官之计。而边氓甫经向化，若此区分旗民，畸轻畸重，又恐不足压服人心，所以奏请，但凡认地开垦者，一律编入户口册籍，以示旗民一体之意。""查奉省边内前此本系旗多民少，嗣则旗民聚处，所以各城设立城守尉协佐等官，又设州县官以便旗民分治。边外则民多于旗，且旗人不过民人十分之一二。奉省州县各官业经奏准，不论满汉，一律请补，均加理事同知通判衔，现在设立州县，照例加衔，即可旗民兼理。"① 同时，加快在柳条边以东地区设置州县的步伐。光绪三年（1877），经崇厚奏准，清朝政府在柳条边以东地区除安东县之外，又在安东以北宽甸设置宽甸县，在六道河设置怀仁县，在头道江设置通化县；宽甸、安东隶属凤凰厅，通化、怀仁隶属兴京厅。为重其权，知县均加四品顶戴兼理事同知。② 为统一管理柳条边以东地区，光绪三年（1877）七月，崇厚又奏准在此地设分巡奉天东边兵备道一员，驻扎凤凰城，统辖二厅一州四县，"巡查边防，督征税课，节制营武"③。

在流民大量进入柳条边以东鸭绿江流域地区的同时，一部分向北进入松花江流域的柳河梅河地区。这里与鸭绿江流域的最大区别是清朝政府的盛京大围场，也就是清朝封禁区域里的禁中之禁。到光绪初年，流民已经私垦围场土地一百多万亩。当崇实崇厚兄弟基本完成安东、宽甸、通化等地的升科设治以后，

---

① 崇厚辑《盛京典制备考》卷八《奏陈筹办东边事宜折》，光绪四年（1878）刻版。
② 崇厚辑《盛京典制备考》卷八《奏请详定吏治章程折》，光绪四年（1878）刻版。
③ 台北故宫博物院编《宫中档光绪朝奏折》第一辑，《崇实陈奉省州县不拘满汉片》，台北故宫博物院发行，1973。

如何管理进入围场的流民就提到日程上来。光绪五年（1879），盛京将军歧元奏准，在被流民私垦的大围场内设抚民通判一名，管理旗民词讼。至此，柳条边以东地区行政管理机制完全建立起来，形成了既与奉天原有的管理体制接轨，又区别于奉天原有的二元管理体制的一元行政管理体制，这无疑是移民推动的直接结果。这次改革使将军和府尹地位突出，盛京五部在管理体制中退居次要地位。将军和府尹的权责基本明确，管理上的关系基本理顺。地方旗署在行政管理中的地位大大下降，事权走向单一，州县在行政管理体制中的地位上升，能够真正履行地方基层政权职能。总之，经过崇实改革以后，奉天地区的官制向一元化方向迈出了具有关键意义的一步。

二、旗地与民地

盛京地区的土地可以划分为官庄、旗地、民地三种。若按照所有者来划分，有皇庄及八旗贵族王庄。皇庄又分盛京内务府皇庄及户部管庄。内务府皇庄由盛京内务府、锦州庄粮衙门、打牲乌拉粮庄衙门分别管辖。盛京内务府皇庄主要分布于兴京、辽阳、铁岭、金州、盖州等地；锦州庄粮衙门管辖皇庄主要分布于锦州、义州、宁远、广宁诸地；打牲乌拉粮庄衙门所辖皇庄分布在五官庄，即凉水泉、三道、喀萨里诸地。以辽宁地区而论，顺治初年盛京河东地区共有内务府粮庄 10 座，康熙初年增加到 27 座，康熙五十五年（1716）增加到 87 座，乾隆三十三年（1768）仍然保持 87 座。康熙五十五年（1716），属于京师内务府的河西粮庄 159 座；到乾隆二十四年（1759），增加到 219 座。[①] 顺治初年，盛京内务府 10 座粮庄可能是清朝入关以前设置的拖克索。辽河以东地区官庄的增加主要来源于顺治、康熙及乾隆时期对辽河以东荒地的圈占。粮庄中的劳动者大部应是由民入旗的移民，其次是顺治康熙时期带地投充的民人。盛京的八旗贵族庄园有些属于清朝的宗室贵族，有些属于异姓贵族，分布在盛京各

---

① 乌廷玉等著《清代满洲土地制度研究》，吉林文史出版社，1992，第 100 – 101 页。

个旗界之内。盛京五部中的户部、礼部、工部也都有各自的官庄,生产品大部分供清朝在盛京皇室的宫殿、坛庙、陵寝之用,实际也应属于皇庄的组成部分。盛京户部官庄在东北所设官庄中仅次于内务府皇庄。官庄分为粮庄、盐庄、棉花庄三种,约有126处。其收益主要供永陵、福陵、昭陵三陵的祭祀。

盛京旗地是随着八旗驻防的设置而建立的。清朝对旗兵按旗分拨土地。顺治五年(1648),拨给沙河以外、锦州以内八旗官兵土地,每名6垧。另有官员旗地,两黄旗设于沙河所,两白旗设于宁远,两红旗设于塔山,两蓝旗设于锦州。康熙初年,屡次颁布奖励开垦奉天旗地的诏令,以充实东北的留守力量。康熙十二年(1673)规定:在京旗人"若将在京所受地亩退出,准拨给盛京熟地。不退者,以荒地拨给"①。康熙十八年(1679),丈量出奉天地亩329049顷40亩,内定为旗地276022顷80亩。康熙二十五年(1686),又准"锦州、凤凰城等八处荒地"② 分拨旗丁耕种。可见,康熙朝奉天各地八旗驻防旗地有所增加。康熙中叶以前,奉天驻防旗地分布广、数量多,比入关前增加3倍。

旗余地。旗余地出现于乾隆三十年(1765)。这一年,清朝政府清丈盛京旗地,共查出旗人在红册地外私自开垦土地1874400亩。因为是私开,所以按照两种办法处理:首报者作为个人私产纳入红册地中,按照折米地纳赋;未首报者没收为官地,仍令原开垦者租佃或转租他人。对于由原开垦者承租的这部分旗余地,各城征收税则不一,从最高每亩8分到最低每亩4分不等。这显然多于民地每亩3分的税负,带有一种惩罚性质。

随缺地。盛京随缺地始议于乾隆十三年(1748),推行于乾隆四十一年(1776)。随缺地分官兵两种:官员按照级别,城守尉协领每员180亩,防守尉佐领144亩,防御126亩,骁骑校108亩;兵丁分为马兵和步兵,马兵60亩,步兵30亩。盛京有马兵15659名、步兵338名,共有兵丁随缺地949680亩。另据《东三省政略》记载:盛京八旗官兵随缺地共有998838亩,其中官员随缺地46146亩,兵丁随缺地952692亩。清朝政府设置随缺地亩的用意在于保证旗民

---

① 鄂尔泰等纂修《八旗通志》卷十八《土田制一》,东北师范大学出版社,1985,第326页。
② 同①,第327页。

生计，所以以国家土地所有制的形式分配给官兵土地，得到土地的官兵只有经营权、使用权而没有所有权，"有私相典卖者，丁民俱一体治罪"①。一般来说，随缺地亩应该在八旗驻防城附近分配，但是，到乾隆中期的时候，盛京地区近城土地大部被旗民开垦，真正的无主荒地已经不多，因此随缺地亩不可能都被安排在驻防城附近。随缺地，既可自种，也可出租。

旗升科地与伍田。嘉庆四年（1799），清朝政府决定对旗人私开自首土地按照民地征收赋税，每亩3分。所有红册地等旁滋开之地，仍作为私产售卖，听其自便；其另外私开及纳租余地边缘开出之地一体报入官府，仍交原佃者承种。如无力耕种，可另行招佃，不准私相授受。这种土地称为旗升科地。其实，其与乾隆年间自首旗余地形式相同，只不过税负和经营方式有所区别。嘉庆五年（1800），清朝政府又把盛京各驻防城马场总计389874亩分配给八旗驻防官兵耕种，每亩征银4分，略重于民地。但这也是保证旗民生计的措施，土地与随缺地一样属于公田性质，不允许买卖。这种土地称为伍田。清朝为加强对驻防旗地的管理设立旗界、民界。

盛京地区八旗驻防的单位是城，以城为中心，按照方位分界。界是八旗驻防的镇戍区域，是旗署的管理范围，也是旗人的活动范围。盛京地区管理民人的单位是州县，民界是州县管理的四至，也是民人的活动范围。盛京的八旗驻防和州县有两种设置方式：一是此城设置八旗驻防，同时也设置州县。如奉天、辽阳、盖平、复州、金州、锦州、广宁、宁远、开原等。二是八旗驻防城与州县并不同城设置。如牛庄、熊岳、岫岩、兴京等均为八旗驻防城，而相邻的海城、盖平、复州、铁岭等地则设置州县。八旗驻防城的管辖四至与相邻州县的管辖四至互相交错、重叠。因为八旗驻防管辖范围远远超出某个州县管辖范围，某个八旗驻防城管辖范围内可能包括某个州县或某几个州县的管辖范围，每个州县的管辖范围也可能分布在几个八旗驻防城的管辖范围之内。

总之，盛京土地制度的基本结构为旗地和民地。在顺治、康熙时期，由于移民的迁入，不论是旗地还是民地都进入了一个迅速开垦的时期。由于旗界和民界的限制，后来移民开垦土地受到限制，这些移民的去向有两种选择：一是

---

① 《清仁宗实录》卷三百五十二，嘉庆二十三年十二月。

由民入旗，身份转变以后，直接进入旗界进行开垦；二是托庇于旗下，成为旗人的佃户。这种局面的形成有以下原因：旗人人口少，占有土地多；民人人口多，占有土地少。旗人开垦土地不受太多限制；而民人开垦土地受到旗民分界的限制，乾隆初年东北封禁政策执行期间又受到不准民人开垦荒地的限制。这样，流入盛京的人口越来越多，国家对旗人土地不征税或者征税很低，就给旗人经营土地留下了很大的利益空间。同时，旗地的性质在悄然发生变化，由官地逐渐转化为私地。最先被承认为私有的旗地是红册地和旗余地。康熙中期就开始征收草豆，后来又是米豆兼征。虽然政府对红册地所征无几，但征税是某种程度上承认土地私有权的标志。对于后来丈出的旗余地，清朝政府采取两种办法：自报归入红册地为旗人私有；非自报地查出则收归国有，然后出租给原主，征税每亩4~8分不等。根据盛京地区租种国有土地享有永佃权的原则，这种土地实际上也成为一种掌握在旗人手中的变相的私有土地。民人租佃旗地，一般享有永佃权，而且这种永佃权受到国家和政府的保护，任何旗人不得随意"增租夺佃"，特别是官庄的土地和官兵的随缺地亩。

清朝末年，由于永佃权的长期存在，原来国有的旗地事实上已经成为庄头、壮丁和租佃这些土地的民人的私有财产。在这种情况下，旗民土地买卖很难遏制。光绪初年，盛京放垦了柳条边以东和鸭绿江以西地区，在南北上千里、东西数百里的土地上对移民开垦土地进行清理。进入此地的移民中不乏原来居住在盛京地区的旗人，但是，主持放垦设治工作的崇实崇厚兄弟力辩不在柳条边以东地区设置旗署，不分旗民一律起科，使得柳条边以东地区升科的230多万亩土地成为单一的民地。光绪四年（1878）以后，盛京鲜围场土地10万余亩升科后全为民地；光绪末年，盛京大围场380多万亩土地丈放升科后也成为民地。大凌河和盘蛇驿牧场情况与此相同。这样，到清朝灭亡前，盛京民地在数量上也占据了优势。加上清末旗地大量丈放，旗地基本消失。经过二百多年的移民活动，盛京地区的二元土地结构终于被一元结构所代替。

随着旗民二元行政体制及二元土地结构的终结，满汉之间杂居交融的局面开始逐渐出现。在辽宁地区，满族与汉族共同成为这一广袤土地的主人，共同谱写出独具一格的文化篇章。

第四章 文人著述

在中国历史上,辽宁地区人口稀少,文化相对落后,非文风昌盛之地。清前期,辽宁地区因为是"国家根本"之地,政治地位较高,文化发展得到重视。再加上文化流人对于辽宁地区文化发展的重要贡献,使得辽宁地区开始呈现文风蔚然之态——主要表现为诗歌创作、方志编撰及文学著作的繁荣兴盛。

第一节
流人诗歌的繁荣

清代,辽宁地区诗歌创作的发展可以分为两个阶段:前一阶段,以流人诗歌为发展主体与时代特征,表现为诗坛的活跃,创作的空前丰收;更主要的是在辽宁地区历史上第一次涌现出了几位在当时全国诗坛拥有一定地位与影响的著名诗人,创作了一批具有较高艺术水平的诗集。后一阶段,随着文化水平的不断提高,本土诗人开始出现。

一、冰天诗社及流人诗

清初流人中有大量因文字狱或科场案而被谴谪的江南名士及在政治案件中

遭遣谪的官员，这使得流人的构成出现了明显的文人、学者化倾向。这些在流放者中具有较高文化修养的文人及官宦群体被称为"文化流人"。流人学者化孕育出了风格独特的辽宁地区流人诗歌作品。

清初，因文字狱、科场案和通海案等被谪戍到东北的流人主要分布在盛京、尚阳堡、铁岭、辽阳等辽沈地区。沈阳是清入关前的都城及入关后的留都，因此清朝极为重视，这使得辽沈地区聚集了一些文化修养较高的流人。正如诗人丁介曾在诗中所写的那样："南国佳人多塞北，中原名士半辽阳。"①

（一）函可与冰天诗社

第一代流人诗人中最具代表性的是诗僧函可。函可的生平上文已做介绍。函可是清前期辽宁地区乃至东北地区成就最大的诗人，他是清代辽宁诗歌创作的开拓者和奠基者，对于辽宁诗坛的繁荣起到了重要的推动作用。

函可的诗作，主要表达了对文化流人气节的赞美、颂扬，对清初残暴统治的不满以及对死难亲友的无限怀念等。例如，对大胆陈述逃人法的弊病、谴尚阳堡后死去的李裀，他著诗称赞道：

读李氏遗书二首之二

举世令人闷，斯人以死争。

开眸沧海窄，点笔老天惊。

佛祖无酸气，英雄有至情。

遗书今尚在，再拜李先生。

另有诗写道：

哭李给谏

山中愁未了，走马哭孤臣。

---

① 丁介：《出塞诗》，载李治亭《东北通史》，中州古籍出版社，2003，第541页。

> 白发随江水，青云逐塞尘。
> 史留忠愤疏，天丧老成人。
> 幸有绨袍在，年年渍泪新。

函可赞美那些堂堂正正、不甘屈服于暴政的刚直之士：

即事十首之十
> 身死固足悲，
> 身辱亦足耻。
> 与其辱以生，
> 毋宁饥以死。

函可故乡的亲族师友大都死于抗清斗争，"闾井十无一，举家惨罹殃"。家中更是"举家数百口，一弟独为人"。唯一幸存的弟弟，后来也在清军威逼下绝食而死。噩耗传来，函可肝肠寸断，痛不欲生。故函可在诗作中哭诉深深郁积在胸中的国恨家仇与对世道变化的期待：

泪二首
> 我有两行泪，十年泪不干。
> 洒天天户闭，洒地地骨寒。
> 不如洒东海，随潮到虎门。

> 泪非还魂香，空流亦何益。
> 只愁双眼枯，还留看天日。

函可痛恨清统治下，"四海尽秦坑"，"天下皆秋气"；愤慨于一些人苟安偷生，对不起烈士，"地上反奄奄，地下多生气"；更是自我惭愧，认为自己"不作文文山，徒然歌正气"。这些诗篇充分体现了函可的忠贞气节。函可表面上是一个僧人，实际上是心怀故明的反清斗士，诗就是他进行抗争的武器。

顺治十六年（1659）腊月，函可病重，临终时说："发来一个剩人，死去一具臭骨。不费常住柴薪，又省行人挖窟，移向浑河波里，赤骨律只待火流石出。"函可的临终偈语，表达了他对自己虚度此生的愤懑与怨恨。其诗作保存下来的有1500多首，生前编为《金塔铃》。"明月在天，寒风习习，辄不自禁绕塔而歌，正如风吹铃鸣，塔又何曾经意。"① 函可死后，弟子今羞和尚对其诗重新补充、整理，编为二十卷，以《千山诗集》之名于康熙四十二年（1703）刊行。

除函可外，辽沈地区流人中不乏名重一时的文人，如左懋泰、李呈祥、孙旸、丁澎、季开生等。他们的政治思想倾向不完全相同，如函可、左懋泰等以明朝遗民自居，而其他流人已为贰臣。但同样的流放遭遇，使他们建立了密切的联系，所谓"同是天涯万里身，相依萍梗即为邻"②，"同是冰天谪戍人，敝裘短褐益相亲"③。在长期往来、频繁唱和的基础上，于顺治七年（1650），函可召集组建了冰天诗社。冰天诗社在文学史上有着独特的意义，它不仅是有史以来第一个流人诗社，也是整个辽宁地区文学发展史上的一座里程碑。

冰天诗社的宗旨，在《冰天社诗》序言中开宗明义："尽东南西北之冰魂，洒古往今来之热血，既不费远公蓄酒，亦岂容灵运杂心，聊借雪窖之余生，用续东林之胜事。"④ 创建诗社，招聚流人，互相酬唱，抒发胸中热血和愤懑。众人将函可比作远公高僧，彼此之间诗酒酬唱，结社作诗，聊慰余生。并将冰天诗社与历史上有名的白莲社并提，说："白莲久荒，坚冰既至，寒云幕幕，大地沉沉。"⑤社人诗中也多次提及白社、莲社，显然众人是将冰天诗社看成与白莲诗社相同的远遁一隅，相互唱和、互诉胸臆的文人结社，其中许多社人尚怀有"城郭已非人尚在，到死空余故国心"的思想。流人们将诗社视为自己的精神寄托之处，借社图复，以酬己志。这些人"悲深猿鹤，痛溢人天"⑥，所以才能

---

① 函可：《千山诗集》卷首《函可自序》，载王钟翰主编《四库禁毁书丛刊》集部144册，北京出版社，2000，第446页。
② 杨宣：《谪居柬友》，载张玉兴《清代东北流人诗选注》，辽沈书社，1988，第418页。
③ 戴梓：《耕烟草堂诗钞》卷二，辽海丛书本，辽沈书社，1985，第1130页。
④⑤⑥ 函可：《千山诗集》卷二十，载王钟翰主编《四库禁毁书丛刊》集部144册，北京出版社，2000，第598页。

"尽东南西北之冰魂,洒古往今来之热血","聊借雪窖之余生,用续东林之胜事"。① 诗社取名"冰天",既表明结社于冰天雪地的自然环境;也寓含着文人流士感叹怀才不遇,一腔热血终结成冰的意味。函可所倡导的"节义文章"宗旨,与复社、南园诗社的主张一脉相承,可见冰天诗社也是明末清初遍及全国的结社活动的组成部分。

冰天诗社"诗愈半百,会未及三"②,仅有两次结社活动,均为祝寿会。第一次集会,"庚寅至前二日,为北里先生悬弧之辰,余首倡为诗,和者僧三人、道二人、士十六人,堡中寄和及后至者八人,合二公子共得诗三十二章"③。"北里",即左懋泰,上文也曾提及;"余",即函可自指。"庚寅至前二日,为北里先生悬弧之辰",指顺治七年(1650)十一月二十七日,是左懋泰54岁生日,函可发起并召集众人聚会为左懋泰祝寿,此即冰天诗社首次结社之由来。故冰天诗社创立于此日。第二次集会为函可生辰。左氏一家的谴谪对冰天诗社的创立有着极为重要的意义。在冰天诗社三十三人中,有左懋泰兄弟四人、子侄四人、门徒二人,合计达到十人。此外,左懋泰早年参加复社,在士人中久负盛名,而且他的从兄左懋第为南明使臣,因不屈降清朝而殉难,被明遗民视为忠臣义士的楷模。他本人亦能保持"大雪自应持汉节,高松宁肯受秦封"④的民族气节。因此,左懋泰在流人中不仅有"文章大家"之称,且被奉为"千仞泰山""塞外高松",成为流人群体中另一位重要的精神偶像。

按《冰天社诗》记载,除为首的函可外,冰天诗社的其他成员如下:

北里先生,山东人;涌狂,千山僧,辽东人;大铃,医巫闾僧,浙江人;正羞,塔寺僧,辽东人;希与道者,北直人;焦冥道者,北直人;寒还,陕西人;苏筑,南直人;叫寰,陕西人;东耳,南直人;天口,南直人;兀者,南直人;锦魂,浙江人;刺翁,山东人;光公,山东人;春侯,山东人;薪夷,陕西人;考滨,江西人;小阮,山东人;阿玄,山东人;

---

①②③④ 函可:《千山诗集》卷二十,载王钟翰主编《四库禁毁书丛刊》集部144册,北京出版社,2000,第598页。

二愚，山东人；雪蛆，辽东人；冰鬼、石人，尚阳堡十里人；沙子，大汉人；青草，冢边人；狂封，朝鲜人；丁仙，辽东人；子规，五国人；不二先生，陕西人；镇君，医巫闾人。①

这段文字为记载冰天诗社成员的原始材料，问题在于，文中所列皆为别名或隐称，例如"沙子""青草""子规""冰鬼"等，这样就给对冰天诗社的研究带来了很大的困难。冰天诗社中有"僧三人、道二人"。"僧三人"，为千山僧涌狂、塔寺僧正羞（均为辽东人），医巫闾僧大铃（浙江人）。除正羞为函可之徒外，其余二人事迹均不详。正羞寿函可诗有"拈将寒瀑问吾师，华首仍余未斫枝"之句。"道二人"，即李希与、焦冥。李希与，北直隶（今河北）人，明末清初辽宁地区著名道士。焦冥，即苗君稷，字有邰，号焦冥，明崇祯秀才。崇祯年间，清兵毁边入内地骚扰时被掳入辽东，皇太极"数欲官之，而焦冥谢不就，因请为道士"。居于盛京三官庙。《千山诗集》中写到二人的诗有《与希、焦二道者夜谈漫记》《同诸公夜集希、焦二师室》等十几篇，可知此二人与函可及其他流人交往甚密。谢国桢先生在分析明末遗民半为僧，多托迹于空门或做黄冠道士的现象之原因时说："他们当和尚道士是作为掩护其志，谋恢复的企图，而并非其本愿的。"② "士十六人，堡中寄和及后至者八人"，其"八人"为北里、刺翁、光公、春侯、小阮、阿玄、大顽、二愚，其中包括左懋泰家族及其门人六人。北里即左懋泰，刺翁、光公、春侯为左懋泰的从兄弟。小阮、阿玄为左懋泰之侄。谢国桢《明清之际党社运动考》《清初东北流人考》，李兴盛《中国流人史》，薛虹《函可和冰天诗社》，都把李呈祥、魏琯、郝浴、季开生、李龙衮、陈心简等人列入冰天诗社三十三位诗人中。依据是《千山剩人可和尚塔铭》中曾经提到这些人物。陈伯陶《胜朝粤东遗民录》卷四的《函可传》中也提及："时遣谪诸臣，若莱阳左懋泰、沾化李呈祥、寿光魏琯、定州郝浴及李龙衮、陈心简辈，始以节义文章相慕重，后皆引为法交，函可因招诸

---

① 函可：《千山诗集》卷二十，载王钟翰主编《四库禁毁书丛刊》集部144册，北京出版社，2000，第598页。

② 谢国桢：《明末清初的学风》，人民出版社，1982，第13页。

人为冰天诗社，凡三十三人。"① 此外，冰天诗社中还有两位女诗人：青草和锦魂。关于二人来历，无史据可考。可能是明南方失陷后，不少江南佳丽遭清人掠夺至关外而沦为流人。《冰天社诗》所载青草，《同社名次》注为冢边人，其第一首社诗说："垂条不学章台柳，妆点全宜苏子羊。近日禁中无可视，暂随诗句入奚囊。"② 函可《招青草》："一寸青青自耐霜，茂陵骊岳总茫茫。黄尘不独埋红粉，社里莲花比尔香。"③ 青草《答诗》："红粉消沉恨独长，千年曾许伴寒霜。远公一去君今到，那见莲花日日香。"④ 社中另一位女诗人锦魂，注为浙江人，其社诗中有"悬弧岂必皆男子"⑤之语，知其亦当为女性，大概也属"被掠北行"的"江南佳丽"。其他成员如雪蛆、冰鬼、石人、沙子、狂封、子规、不二、东耳、丁仙、叫寰等，具体行迹不可考，仅可知《同社名次》注其籍贯而已。

（二）冰天诗社的诗歌内容与情怀

冰天诗社的诗歌创作主要记载于《冰天社诗》和函可《千山诗集》中。冰天诗社两次结社，每次得诗三十三首，加之函可招诸公入社诗及诸公答诗二十首，共存诗八十六首。

入社前的招、答是古代文人结社的基本步骤，冰天诗社的两次集会，都有订会和举会两个过程。订会，即由诗社的主持者或骨干成员确定举会的时间、地点和参加人，并通知所有成员，对距离较远或关系稍疏的成员以《招诸公入社诗》予以邀请，接到邀请的人则做《答诗》回复。《冰天社诗》中保存有招、答诗共二十首，包括函可招入社诗十首和不二、雪蛆、青草、子规、狂封、冰

---

① 陈伯陶：《函可传》，《胜朝粤东遗民录》，载周骏富编《清代传记丛刊》70 册，明文书局，1985，第 419 页。
② 函可：《千山诗集》卷二十，载王钟翰主编《四库禁毁书丛刊》集部 144 册，北京出版社，2000，第 601 页。
③ 同②，第 605 页。
④⑤ 同②，第 606 页。

鬼、丁仙、石人、沙子、镇君等人答诗各一首。入社前的招、答诗虽是古代文人结社的一个基本步骤,但见于记载的仅有冰天诗社一例:

招狂封

三韩总是尔封疆,䶞哹能留只一方。
洪范遗编存布袋,归来别有好商量。

狂封答

国家抛尽话伦常,只道余狂尔更狂。
三子西山居不远,待来携手到僧堂。

招不二先生

三扣先生知不知,残僧亦有胆堪披。
莲花一瓣归来好,上帝年来只掩扉。

不二先生答

何意相寻到海涯,袈裟微动我先知。
帝阍纵扣原无益,只恐空门亦有悲。

招子规

乾坤千古总糊涂,何事年年带血呼?
只有莲花归处好,凤凰山上亦荒芜。

子规答

千年痴恨在西湖,无奈啼多血亦枯。
木佛已烧山寺冷,不知莲社久长无?①

一招一答,两相唱和,流露了流人共通的际遇和共同的心声。在招诗中,主创者往往就所招流人的生平、经历、字号寓意等引申作诗,如招"狂封"则

---

① 函可:《千山诗集》卷二十,载王钟翰主编《四库禁毁书丛刊》集部 144 册,北京出版社,2000,第 605 页。

紧扣"狂"字，招"子规"又围绕"子规"典故出发，以求达到与所招流人精神上的共鸣。答诗则是所招流人根据招诗唱和一首，其思想和内容都有明显的连贯性，同时也明确表明了被招流人的意向和心态。如对结社的向往——"待来携手到僧堂"，或对结社的疑虑——"不知莲社久长无？"

所招流人答诗后即进入正式举会，这又分为倡诗、和诗、答诗三个步骤。第一次集会倡者为函可，主题是为北里先生左懋泰祝寿，故函可首先作第一诗：

> 塞外高松青百尺，凄风吹雨半天声。
> 共经万死知生重，却幸孤身似叶轻。
> 东海只今余大老，西山不愧是难兄。
> 予生非远寒逾甚，白雪同歌岁岁情。①

接着，众人按照僧、道、士的次序各和诗一首。士的人数最多，则又按年龄辈分为序，寒还至春侯等人当为较长者，薪夷以下至二愚六人为年轻之辈。雪蛆等人或寄诗以和或后来赶到，亦皆有诗作。此次得和诗凡三十一首，皆为七律，主题亦相同。众人和诗完毕后，由北里先生赋《答诸公见赠》作结，其诗写道：

> 神农虞夏忽芜荒，五十五年事杳忙。
> 绛县春秋羞甲子，楚歌宋玉谱宫商。
> 腐儒不死蠹空在，窜客添龄罪逾彰。
> 松柏好存冬日色，任随沤沫注沧桑。②

这便是第一次结社的全过程。此后七天，至十二月初四为函可生日，在左懋泰的主持下举行了冰天诗社的第二次集会，形式与步骤一如前会。与其他明

---

① 函可：《千山诗集》卷二十，载王钟翰主编《四库禁毁书丛刊》集部144册，北京出版社，2000，第598页。

② 同①，第602页。

遗民结社相比，冰天诗社结于塞外，规模人数尚少，没有"惊隐诗社"及"甬上遗民诗社"持续时间长、活动多和影响大，且与当时的反清运动也无直接关联。冰天诗社毕竟由流人这一特殊群体构成，在活动上往往多受限制。流人结社作诗，充分体现了文人在苦难中的抗争精神，他们的结社活动也开创了辽宁乃至东北地区文人社团的先河。

冰天诗社的诗歌虽以祝寿会为名，但流人诗中绝少贺寿福庆之辞。流人诗实则成了长期身心疲惫的流人袒露胸怀、表达情感的载体。"各出诗篇斗天巧"。流人中有很多才学横溢、气节傲岸之士，所以流人诗比起一般情况下的文人雅集更能各展诗才、抒发真情。《冰天社诗》序中说：

> 白莲久荒，坚冰既至，寒云幕幕，大地沉沉，嗟塞草之尽枯，幸山薇之尚在。布衲褴毿，匪独杲长老之梅州远逐；孤臣憔悴，尤甚韩吏部之潮阳夕迁。珍重三书，萧条只杖，每长歌以当泣，宁寡和而益高。兰移幽谷，非无人而自芳；松植千山，实经冬而弥茂。悲深猿鹤，痛溢人天，尽东南西北之冰魂，洒古往今来之热血，既不费远公蓄酒，亦岂容灵运亲心，聊借雪窖之余生，用续东林之胜事，诗逾半百，会未及三。

这段话可以看作《冰天社诗》的创作总纲，也是冰天诗社诗人精神品质的概括。一方面是抗争；另一方面在于相互砥砺，树立一种忠贞不渝的人生品格。流人的诗歌创作也正应和了《冰天社诗》序中之语，他们将家国之痛的悲愤之情、去国离乡的愁情别绪、砥砺气节的洒脱情怀、陷于孤立无援境地的凄苦哀怨、相互慰藉的患难情谊，或率直、或曲隐、或直抒、或用典，一览无余地吟唱出来，具有极为感人的艺术力量，形成清初流人文学的杰作。

冰天诗社的成员，大多为旧朝的遗老流人。他们远居边疆，将诗社视为自己的精神寄托。"古来报国几身完，憔悴孤吟见泪冾。未到投荒肝已烈，只今留息骨先寒。""但觉冰坚沙泪结，俄惊诗纵海澜翻。不堪读到伤心处，老雁无声只自吞。"足见流人亡国之痛之深之切，但此时的伤心之泪，也只能"无声自吞"。"但将泡影看身世，海角天涯月一池。"他们的身世之悲，深深地融于山河破碎之中，甚至后悔当年没一洒热血，为国捐躯："半刻山河惟裂眦，千秋杀话在拈须。只应兔管天心见，恨不龙泉颈血枯。"流人为此长歌当哭："春风尚洒伤心泪，又听寒吹日暮笳"，"泪作洪波气作潮，纵枯到底亦难消"，"仍余点点人天泪，未了纤纤侠烈心"，"忍饿岭倾三斗泪，相思望隔几重云"……这"伤心泪""三斗泪"均为伤悼故国沦丧而流的悲伤之泪；流人的一片报国之心，如今也只能化作斑斑热泪洒在边荒冰寒之地。

　　流人在怀念故国的同时，也对满清王朝统治下黑白颠倒、冤狱丛生的社会状况表示了强烈的愤慨和控诉。当时的流人多为冤案所及，前日还为江南风雅文士，今日则沦为边荒阶下之囚，愤懑、悲恸、抑郁之情难以释怀。"谁知浊世佳公子，便是湘江老逐臣"，"正值难容吾幸在，聪明速祸尔方穷"，对现实的忧愤之情溢于言表。在剧烈的社会变化中，这些人留恋旧朝，憎恶新的统治者，然而旧朝消失了，新朝又无法接受，流人内心便陷入极大的困顿与痛苦之中。他们手无寸铁，流落边荒，也只能将这复杂的感情寄托于苦苦不倦的精神追求之上。流人在诗中常以亡明的"顽民"自诩："愁云紫气满关东，无数顽民献寿同"，"见说佛慈原等视，巨航普度尽顽民"，"共尔沉江我亦欣，相从终不了顽心"。"顽"者，顽固不化、顽冥不开也，于自嘲、揶揄的语气中直露一种叛逆的性格。社人们把胸怀反清复明志向的函可看作与自己志同道合、文德兼备的英雄："英雄古佛来寒碛，节义文章属老僧。"有的诗句表达得更为明确："杖头欲豁天人眼，笔底先招忠义魂。田衣泪渍缘何事，到死知君不哭冤。"因反对满清入侵而遭遇流放的函可，以自己的侠肝义胆召唤和鼓舞着当时的流人，有着如屈原一样"虽九死而无悔"的精神。流人褒扬函可，视其为人生楷模，从而修炼自己不向暴政低头的高风亮节："乾坤纳纳一身孤，出世分明大丈夫。从来罪案添洪果，笑他枯衲与迂腐。"他们以屈原、苏武为榜样，坚持节操，矢志不渝："大雪自应持汉节，高松宁肯受秦封"，"却喜疾风知劲草，妆点全宜苏子羊"。正如《千山诗集》卷八《同社中诸子赋百韵》中所说："吹笙约子晋，击筑邀渐离。异域留商咿，石人见汉仪。空城招旧帝，青草惜蛾眉。骚续屈平赋,怨添宋玉悲。喘酬浑不厌,来往各忘疲。"① 苍梧之泪、鼎湖之悲,以及流人自身的人生愁苦,构成了流人诗会的感情主调。②

同时,身处绝塞荒域的流人,并未因身世遭遇而自暴自弃,即使抛身荒域,背井离乡的流放生活也未能泯灭他们热切的精神追求。流人结社作诗,将胸中悲愤与不屈的激情化为诗歌。正如吴兆骞所言:"由来志士,遭此穷途,未有不凭柔翰以消忧,托长歌而申恨者也。"流人以诗言志,以诗抒怀,以诗来反抗、申诉自己的不白之冤:"百炼曾经骨愈坚,孤身迢递出长边。死生既了人伦系,忠义仍凭祖道传。"虽然流人远戍边荒,历尽磨难,但"人伦""忠义"所赋予的道德精神始终是不可磨灭的:"骨头欲比岩岩石,意气仍留浩浩波。"这些既是流人人格精神的写照,又使其精神世界注入了昂扬向上的生命力量。"节旄既落心愈壮,诗卷犹存道未穷",即使流入在人生征途上遭遇打击,身处绝塞,但他们的诗中依然透露着乐观、豁达的精神,表现出塞外青松般顽强的生命力。"刀锯尚能余白足,冰霜依旧长青莲。苦将杲日方寸,笑把微尘掷大千",显露出鲜明的不屈服、不气馁的坚贞品性。③ 函可在《千山诗集》卷五《癸巳冬四日诸公同集普济话别》中写道:

萧条古庙城南隅,钟鼓不鸣鸟惊噪。何人联袂叩荒扃,各出诗篇斗天巧。吏部文章足起衰,祁连千仞欣独造。毛锥如铁面如冰,时复掀髯发长啸。学士前身金粟是,相逢弹指雾烟扫。兴来墨汁自淋漓,明月一倾大栲栳。豫章宿将旧登坛,万金散尽呼苍昊。唾壶崩碎声载途,三郎瘦削偏静好。布衲抛残不耐寒,枯桐一拨凤凰叫。庐江高士雪满胸。六朝荡涤存真藻。梦里花深听鹧鸪,冰池独宿鸳鸯老。浙东公子神复清,屟露双眼顶破

---

① 函可:《千山诗集》卷二十,载王钟翰主编《四库禁毁书丛刊》集部144册,北京出版社,2000,第601页。
② 函可:《千山诗集》卷八,载王钟翰主编《四库禁毁书丛刊》集部144册,北京出版社,2000,第601页。
③ 同①,第599-602页。

帽。写就黄庭不换鹅，向影闲吟孤自悼。①

流人在冰荒苦寒之地结社作诗，"各出诗篇斗天巧"，也不失为一件乐事，虽"毛锥如铁面如冰"，仍掀髯长啸，或鼓琴狂叫，可见其放狂与豁达。他们"兴来墨汁自淋漓"，即兴赋诗，或感怀古今，也难免"写就黄庭不换鹅，向影闲吟孤自悼"，这种酣畅淋漓又悲惋凄切的场面也非寻常可见。流人慷慨义愤的同时也难免流露出对现实的凄婉与无奈，自然气候的严寒更增添了流人心中的阴冷："到处孤云共一间，弥天风雪骨毛寒。"流人虽于渺茫之中不甘沉沦，但毕竟胸有志向而无法实现，以致心灰意冷，这是深刻的社会矛盾所折射出的心灵痛苦，明知前途险恶，却偏唱："趋庭每许闻新句，自觉边寒日日春"，"半菽尚堪供雪窖，敝貂时共舞龙庭"。与其说是流人看破红尘，于艰难困苦中自得其乐，毋宁说是流人在经历坎坷后的大彻大悟，是流人带着创伤的自我慰藉。②

作为远离故土的流人，怎能了却对故乡的思念？流放地与家乡远隔千山万水，他们眷恋故园、思念亲人之情难以抑制。"岁寒尚喜留苍柏，梦去还疑到故园"，只能梦中空有怀念，不能归返，心中溢满酸痛之情，"不堪读至伤心处，老雁无声只自吞"。流人度日如年，对于遥遥无期的归日，也只能"忍饿岭倾三斗泪，相思望隔几重云"。对流人来说，从肉体到精神，已被剥夺得所剩无几，又飘零他乡，连最起码的亲友之情、天伦之乐也无法享受。"既收残骨埋花雨，又召游魂听雪钟"，只剩下一具被禁锢的躯壳，足见诗人的悲怨之情。远离故乡、无所依托的流人对在这边荒之地结社格外珍惜。社人间相互劝慰、相互鼓励的情谊也通过诗句真挚地流露出来："可见天心留不死，幸从雪际识先生。多少野人无别视，千秋莫负发寒盟。"在饥寒交迫中的结社成了他们共同命运的寄托，此时的生命感喟也更为真实。正是"同是天涯沦落人"的际遇，使得他们能够肝胆相照，毫无拘束地吟诗唱和。社人诗中有许多相互同情或为自己的同伴鸣不平的诗句："一日相逢笑一回，世皆欲杀是真才"，"共是伤心愁日暮，

---

① 函可：《千山诗集》卷五，载王钟翰主编《四库禁毁书丛刊》集部144册，北京出版社，2000，第602页。

② 函可：《千山诗集》卷二十，载王钟翰主编《四库禁毁书丛刊》集部144册，北京出版社，2000，第601页。

茫茫何处哭苍梧"。每位流人都有自己的难言之处，正是借他人之口道出无奈的控诉。然而诗句中更多的是共赴险途的互相勉励，如："想得玉京时一笑，存亡生死总同途。"相似的境遇、顽强的灵魂、禁锢不住的思想，在社人诗中化为共同的情感基调。虽然表面上形式不一，有的愁肠百结——"春风尚洒伤心泪，又听寒吹日暮笳"，有的慷慨激昂——"节旄既落心逾壮，诗卷犹存道未穷"，有的浩然明朗——"乾坤纳纳一身孤，出世分明大丈夫"，有的深邃隐晦——"既收残骨埋花雨，又召游魂听雪钟"，但从整体上看，都是决不消沉颓废的信念的表达。"共尔沉江我亦欣，相从终不了顽心"，流人在险恶的际遇中相互鼓励，结下了颇为深厚的友谊；相互劝慰，共同担起命运的重负。①

远戍边疆的流人，胸中充满了抑郁、悲愤之情，表现在诗歌上便是慷慨悲壮，即以抒情真挚、深切见长，亦以气势雄浑取胜。在情感上，激愤与苍凉共存，昂扬与愤懑同在。函可在《偶感》一诗中说："迁客易为感，况兼秋有声。天风吹木叶，一夜满边城。是处皆断肠，无时免泪零。"自古文人悲秋，更何况在边远戍地，怎能不以泪洗面？季开生在《尚阳堡纪事口号》（其九）中说"宁惜茕茕沙雁影，难随霜月入关飞"，借喻孤雁，表述了形单影只、沦落他乡、难归故里的思乡情结；戴梓在《七十自寿诗十首》（之十）中说"磨剑半生虚售世，著书千载枉惊人"，表达了其突遭劫难，半生枉读诗书，怀才不遇的情感。钱谦益说过"古之为诗者，必有深情蓄积于内，奇遇薄射于外……于是乎不能不发之为诗，而其诗亦不得不工"。这些不幸遭谴谪的文人骚客将自己惊险艰难的遭遇、思慕哀怨的感情、塞外的见闻，都形之笔墨，托于诗歌，创作了大量内容丰富的作品，也铸就了诗歌幽怨凄婉、凄凉悲壮的风格。在冰天诗社的诗句中，这种情感的表达极其明显、激烈。如剌翁的"大漠飞沙白昼昏，肝肠碎尽骨空存"，大铃的"终年长许傍孤笻，翘首云飞第一峰"，这种豪迈悲壮的诗句在社诗中比比皆是。正如函可在《与希、焦二道者夜谈漫记》中所说："不如买鼠须，束笔拟长杠。高旻展素笺，浩浩写心胸。心胸亦何有，浮云日夜

---

① 函可：《千山诗集》卷二十，载王钟翰主编《四库禁毁书丛刊》集部144册，北京出版社，2000，第601－606页。

撞。倾血三百斛,奔流泻石磴。化作大海涛,一荡天地蒙。"① 说《冰天社诗》是"高旻展素笺,浩浩写心胸""倾血三百斛,奔流泻石磴"之作,最为贴切。其诗作思想激昂、气魄宏大,几乎字字都有吞云吐雾、震撼人心的力量。冰天社诗又多以东北寒荒的自然景观入诗,"风雪""荒冢""大漠",以景照情,以情染景,情景交汇,融为一体,凸显出旷阔苍凉的辽东平原与社人们悲肠百结又难以排遣的处境。

在艺术手法上,《冰天社诗》中除二十首招答诗为七言绝句外,其他的诗歌作品均为七言律诗。七言律诗结构简洁,韵律整齐,朗朗上口,易于诗人表达情感。社人在诗歌创作中巧妙地运用了象征、用典等手法,更加淋漓尽致地表达了自己的情感。如:"瓶汲几干湘水浪,鱼敲欲起鼎湖龙","鼎湖何处遗弓在,敝笥乃余旧彩单"。其中"鼎湖"之典见于《史记》,通常被作为皇帝死亡之喻,在此借以表达对崇祯帝之死和明王朝之终的哀悼。又如,"大雪自应持汉节""难期苏子看羝乳"都用到了苏武牧羊的典故;"饥来却忆周人粟""采薇已见叔齐死"用到了伯夷和叔齐不食周粟的典故。这些诗句都明确地表达了诗人忠贞不渝的民族气节。象征手法也大量出现在社人诗中,如用"塞外高松""千仞泰山""雪中苍松"等象征流人坚韧不屈的性格;而石人、沙子、青草、子规等人的作品往往紧扣自己的别号做深入的挖掘,他们的别名本身就具有强烈的象征意义。"石人"之"石"是壮志难酬的悲剧命运的象征;"沙子"是人生漂泊不定和世事苍茫的象征,他在诗中说"昔年两度到神州,此日漂流伴海沤",使漂泊之感愈为浓重;"青草"是卑贱、被蹂躏而又不屈服的象征,其诗中说:"一寸芳心自不同,几偕松菊傲霜风";"子规"是哀思和悲情的象征,"日暮凄凄向北鸣,如何天事总难明",都准确地表现了诗人的情感。② 又如,雪蛆、冰鬼等,都赋予了独特的象征意义。

两次结社后,函可曾有诗说:"老猿或可招新社,黑月应当罢苦吟。此处尚留诸子在,何时煮雪一同斟。"③ 冰天诗社真正存在的时间很短,或是因为清政

---

① 函可:《千山诗集》卷二十,载王钟翰主编《四库禁毁书丛刊》集部 144 册,北京出版社,2000,第 599 – 602 页。

②③ 同①,第 601 页。

府对流人的严密管制,限制了诗人的活动,或是因为社人们分迁离散,或是因为当时地广人稀的自然条件和恶劣的气候使得结社难以进行。然而冰天诗社在辽宁地区文学史上留下了壮丽的一笔,它开创了整个东北文人社团的先河,加强了辽沈诗人之间的联系,对后来的文学社团产生了积极的影响,当时许多诗人遥相唱和,也推动了辽宁地区乃至整个东北地区诗歌创作的繁荣。

二、其他主要流人诗人及诗集

顺治至康熙初叶,以函可为主要代表的辽宁地区第一批流人诗人,不仅对于清前期辽宁诗歌创作的发展有着筚路蓝缕的开创之功,也代表了清前期辽宁诗歌创作的较高水平。函可的逝去,标志着清代东北诗歌开拓期的结束。自康熙中叶起,随着文化流人继续踏上东北的土地,又涌现出了一批新的流人诗人,其主要代表人物为戴梓、戴亨父子以及陈梦雷等人。他们诗中最突出的内容是对人民疾苦的同情、对国事的关心和对正直坦荡情怀的抒发,留下了许多记录现实的诗篇。

戴梓(1649—1726),字文开,号耕烟老人,浙江仁和(今杭州)人,曾官翰林院侍讲。戴梓颇博学,"于书无所不读","于兵法战守诸器具,靡不究习",复"工诗善饮","尤善绘事"。康熙三十年(1691),为南怀仁等排挤、诬陷,携家流放沈阳。在度过三十五年的漫长流放生活后,雍正四年(1726年),穷愁潦倒的戴梓卒于戍所。

在京供职于清廷时,戴梓以火器制造专家闻名于世,时人谓其"生平不独以诗名,在公亦不欲以诗鸣","迨迁辽东始以诗闻"。盖因"关东多武人,不读书,能诗者益少"。听说有名叫戴梓的京官被贬,"数百里内有祷祝之事,必来索诗,日常数十辈"。"又工山水画,画成必以诗系,故得画者恒得诗"。① 戴梓到沈阳后生活非常困难,"常冬夜拥败絮,卧冷炕,凌晨踏坚冰入山拾榛子以

---

① 戴梓:《耕烟草堂诗钞》,《戴亨戊寅跋》,辽海丛书本,辽沈书社,1985,第1150页。

疗饥",其主要是靠"鬻书画、卖文自给"。① 在戴梓的诗中题画诗相当多,如《题省斋小照》《题林刺史长本裕小象》《题画罗汉》《题十美图》《题布袋和尚》《戏题施美人》《题马》《题芦岸双蟹图》《题江村积雪图》《题画梅》等。不过,题画诗及为死者写的歌功颂德的诔祝之诗,只是戴梓创作的一小部分。其诗作大部分是其个人情怀的抒发。其子戴亨经常看见父亲"每闭户居一室,辄作诗。诗成辄狂喜朗诵,诵数过辄痛哭不止,碎裂其草,焚之,或塞于墙罅炕隙中"②。与戴梓关系较密切的诗友主要有流人陈梦雷、杨瑄、顾永年等人;同时他与主要活动于关内的李锴、陈石闾等也有诗柬往还。戴梓力主诗歌根柢在于毛诗、楚辞,涉于汉魏、李杜盛唐以上,其他则不必仿效。后人评其"诗雄健,画尽诸家所长,书兼董、米"③。后人称其诗"胸有奇气,不可拘以绳墨"。戴梓死后,其子戴亨集其遗稿,惜贫窭困难,"无以为梨枣费"。直到乾隆二十三年(1758),始由戴秉瑛刻为《耕烟草堂诗钞》四卷出版。

戴梓诗中,相当一部分是记述谪戍生活的。如在《七十自寿诗》中说:"白发苍颜老放民,敝衣羸马冒缁尘。饥搦纸墨生烟雨,饱听妻孥议贱贫。雪窖病中怀贳酒,冰天梦里役回轮。"一派穷愁潦倒、沉痛之情溢于言表。他向儿子回忆出关之初:"携儿投辽东,嚶呷甫三月。汝母泪不干,哭久变成血。……囊无金错刀,饭啜糠秕屑,腹内常苦饥,乳脉久干竭。"有时甚至要去欺骗饥肠辘辘的孩子:"今日文朝许食肉,诸子欣欣就咿喔。日久不见突中烟,眼底蝇飞掩文哭。"写尽了一个穷困文化流人的窘困之境,读之催人泪下。戴梓诗中经常言不离愁:"孤城吹角海天秋,白首黄云相对愁。"主要是生计艰难,完全靠卖文画为生:"一灯说鬼三更雨,八口谋生十指牛。"从京城贬到塞外,从上层社会沦入社会底层,使戴梓对民生疾苦有所了解,对人民群众表示出了一定的同情。他看到农民"终岁勤劬幸有年,相约结袂刈蒿田",但是即使年景丰收,农民又能剩下多少东西呢?"官粮输却余多少,社鼓逢逢促送钱。"而像这样把目光转向穷苦的平民百姓,把笔锋指向封建剥削者,在当时的流人诗人中是为数不多的,这也是戴诗胜人一筹之处。

---

①③ 戴梓:《耕烟草堂诗钞》,《附录·耕烟先生传》,辽海丛书本,辽沈书社,1985,第1152页。
② 戴梓:《耕烟草堂诗钞》,《戴亨戊寅跋》,辽海丛书本,辽沈书社,1985,第1150页。

陈梦雷（1650—1741），字则震，号省斋，翰林院编修，因被诬接受耿精忠伪职，康熙二十一年（1682年）戍沈阳，康熙三十七年（1698）释归。雍正初年，陈梦雷又被认为是诚亲王允祉同党，流放卜魁，不数年卒于戍地。陈梦雷居留沈阳时，"日以著述为乐，从游者甚众"①，广泛参加各种文化活动，影响甚大。诗作收入《松鹤山房诗集》，共九卷。在沈阳时，陈梦雷与戴梓、杨瑄等经常唱和，正如戴梓在诗中所称的那样——"与君同是白头人"，共同的遭遇使他们有着共同的思想感情，以诗抒怀，互相慰藉。陈梦雷文名甚高，著述丰富，但其诗作主要是倾诉个人的不幸，或者表达流离之苦——"瘦骨可堪边塞苦，敝裘宁耐朔风寒"，或者哀叹故园难返——"病后关心唯药裹，愁中入梦是乡园"。其诗多以工稳老到著称，但偶尔也有昂扬浪漫的写景纪游之作，如他在《寿徐元宾》一诗中表达对以重友情而著称的徐元宾的崇敬之情时说："长白山巅万仞潭，飞流喷瀑大江三。恨不移来作酒泉，尽浇块垒日沉酣。山麓有一德林石，玲珑空洞三千尺。移作巨觞尽一举，使醉三万六千日。"②

第二节
本土诗人与寓外文人

清朝前期辽宁地区文化发展具有明显的特点。早期，大量吸收关内人才，

---

① 王一元：《辽左见闻录》，国家图书馆藏手抄本。
② 陈梦雷撰《松鹤山房诗集》，卷二，收入顾廷龙主编《续修四库全书》1415册集部，第573页。

特别是流人文士,深受外界影响。清初来到辽宁地区的文化流人多工于诗文,他们虽在困厄之中,仍不废吟咏,留下各具特色的诗文,为清初辽东地区文化增添了光彩。之后,文化流人所撒下的文化种子开始开花结果,成长起来的本土文人开始代之而起,辽宁地区涌现出本地培养的诗人和文人。他们及其后裔在清代文化发展史上做出了重要贡献。大批"辽东"籍文士开始遍布全国,这些人多祖籍辽东而生活于关内。他们的成就也说明辽宁文化发展的巨大潜力和对文坛的影响,故称其为辽东寓外文人。

一、本土诗人

(一) 高塞与王尔烈

高塞与王尔烈是清前期活跃在辽宁地区文坛的两位著名诗人。

高塞(1637—1670),满洲爱新觉罗氏,清太宗皇太极第六子。顺治九年(1652)封辅国公,康熙八年(1669)晋镇国公,谥悫厚。居盛京,读书医巫闾山,为人聪敏好学,多才多艺,工诗画,善弹琴,精曲理。熟谙汉文典籍,汉化程度极深。性淡泊,从不参与政治。其诗风恬淡清幽,有优游岁月之意。高塞身居辽沈,因其优礼文士,文人学者多从其游,流人孙旸和道士苗君稷同他友情最深。他曾为函可写诗悼念。他的坦荡胸怀也深为众文士所感动和崇敬。清初文士孙旸在《七哀诗·镇国公灵庵》中云:"诗如摩诘画云林,十载边庭结纳深。每到花时思设醴,常从月夜想行吟。平生知己原无偶,草野酬恩但有心。华萼楼空猿鹤散,千秋谁识广陵琴。"称高塞是他平生中唯一的知己与恩人。高塞与许多文人学者交游,谱写了清初满汉人民友谊的佳话。著有《恭寿堂集》。

王尔烈,字君武,又字仲方,号瑶峰,辽阳人,生年不详,以文章书法名噪一时。乾隆十八年(1753)贡士。乾隆三十六年(1771)进士,殿试二甲一名（即第四名，又称传胪）。他是整个清代辽宁地区学子所取得的最好的进士名次。乾隆四十二年（1777）授翰林院编修，历充四库全书处及三通馆纂修。乾隆五十四年（1789）转陕西道监察御史。嘉庆元年（1796）升内阁侍读学士，参与"千叟宴"。嘉庆四年（1799）任大理寺少卿，同年致仕，回故乡掌教沈阳书院。嘉庆六年（1801）卒。王尔烈工于诗文，善于书法绘画。"以词翰书名一世"，在当时享有很高声望，但可惜其作品多散佚，今天能见到的是后人辑录的《瑶峰集》二卷。该集收其诗作三十余首及文章数篇。从仅留下的游千山诗作中，可见其确实很有才华。如《自隆阜岭至七岭》："草色初分深浅碧，峰头遥露短长青。轮蹄已洗千山水，烟霞犹藏五寺形。"《龙泉寺》："一千峰里烟霞胜，十六景中图画存。绝壁时悬云外屋，怪松皆走石间根。"把千山的奇观胜景写得惟妙惟肖。王尔烈可谓清代辽宁地区最负盛名的文人。他聪敏博学，使素有"文风不盛"之称的东北大增光彩。当时即有"压倒三江"之美誉。

图4-1　辽阳王尔烈纪念馆

（二）戴亨、缪公恩和金朝觐

戴亨、缪公恩和金朝觐是三位辽宁地区较有影响力的文人。

戴亨（1691—1760），字通乾，又字嘉会，号遂堂，另号会嘉。祖籍浙江仁和（今杭州）。为戴梓第四子，刚降生两月即随父亲流徙沈阳，因此隶籍盛京。他的青少年时期全在辽东度过，其时家境困窘至"无担石"之资，全赖其父以卖书画谋生。戴亨从小在苦难中长大,"迨至四五岁,居然若老成"。5岁时一度双目失明。15岁眼疾愈后始就读私塾,于攻举子业同时,"间为五七言律"。20岁时曾为奉天府儒学生员。30岁后"肆力各家",诗作渐多。① 艰苦的生活环境磨炼了他"克自树立"的意志。他"数十年破屋冷坐,力战于风雨震电之中,而学乃成"。他32岁中进士离开辽宁地区,先后任顺天河间教授,后任山东齐河县知县。戴亨的官宦生涯并不长久,因为人耿直,居官清廉,政绩卓越,为时人所忌。最终以慷慨率直忤逆上官,遭到陷害,被免官革职。后开馆授徒以维持生计。其坚毅耿直的节操始终不移,更"未尝一日废吟咏",广与学者交游,诗名很高。戴亨与其父之诗友李锴、陈景元结成莫逆之交,被合誉为诗坛之"辽东三老"。不少青年人,"争以得傍门墙为幸"。乾隆二十三年(1758),戴亨刊其诗为《庆芝堂集》,共十八卷,收各体诗千余首。

图4-2 《庆芝堂集》书影

戴亨的诗,"上自汉魏,下逮初盛唐诸大家,皆撷精取液,如金入冶而熔铸

---

① 王树楠、吴廷燮、金毓黻纂民国《奉天通志》卷二百六十《金石志·重修奉天府学宫碑记》,辽宁民族出版社,2010,第5908页。

之,不肯稍降一格"①。任瑗称赞他:"起朔陲,不由师传,覃思精契,雄入九军。"② 陈景元赞戴诗"浑涵万状","顿挫沉郁"。林则徐也说戴亨之诗"尤卓然","气格之高迈,神味之渊恬。则体托于明道而语发乎性情"。③ 其在《儿女》一诗中自述家庭生活困苦状况时说:"大儿怜余老,艰苦知自持。小儿初学语,喃喃索饼饴。两女强解事,绕膝向我啼。问女一何啼,哀哀前致词:无衣长苦寒,无食常苦饥。况当此弱龄,值此深秋时,严风染浩雪,凛冽摧饥皮,粗绤裹枵腹,性命安能支。"戴亨"听之生惭赧,欲答心先悲",他向苍天发问道:"奈何小儿女,亦同罹此危?"乾隆九年(1744),当他再次回到沈阳故居时,在《甲子三月五日抵沈阳》诗中感慨万端:"归来身世感歧途,廿载飘零菀复枯。"更加激起了对父母的怀念:"风木空余游子恨,蓼莪吟罢泪模糊。"面对亲人贫困不堪的境遇,其无能为力,只能在《沈阳留别家人》一诗中空叹:"满眼穷愁悲骨肉,空囊冰雪走饥寒。炎凉作客饥肤惯,天地无家去住难。八口关心聊复尔,松楸回首泪阑干。"时人称戴亨的诗作中"绝无只字干谒当轴,亦无片语谀媚要津"。由于自身贫困与坎坷的经历,戴亨对人民群众的疾苦也有所了解,在思想感情上同下层人民有所靠近。在《范家店遇雨》《喜雨》等诗中,他与久旱逢雨的农民同忧同喜。戴亨的诗质朴无华,思想感情深沉,以现实主义的手法,反映了一些人民的疾苦,表达了对穷苦百姓的一定同情。所以评论者说戴亨"诗宗杜少陵(杜甫)"。

戴亨诗中最突出的内容是对人民疾苦的同情、对国事的关心以及对正直坦荡情怀的抒发。他留下了许多纪实的诗篇。在"康乾盛世",戴亨的诗作却是一幅幅灾难的图画。他对苦难的人民充满了同情之心。当旱情严重时,他曾想象"割下银河水,应沾万顷田",希望兴修水利以造福人民。但"自惭无羽翰,惆怅意茫然"④。回沈途中,看到内地贫民出关后的颠沛流离之状,他写道:"龙

---

① 戴亨:《庆芝堂集》,《庆芝堂集跋》,辽海丛书本,辽沈书社,1985,第1256页。
② 戴亨:《庆芝堂集》,《庆芝堂集序》,辽海丛书本,辽沈书社,1985,第1156页。
③ 戴亨:《庆芝堂集》,《重刻庆芝堂集序》,辽海丛书本,辽沈书社,1985,第1155页。
④ 戴亨:《庆芝堂集》卷九,辽海丛书本,辽沈书社,1985,第1201页。

沙风雪道，资斧怯前程。忍见流亡象，哀闻乞命声。饥寒方切己，胞与复关情。我欲将图绘，风尘隔帝京。"① 他很想把这种情况传递给朝廷，但是"风尘隔帝京"，难以施展经世济民的伟愿。他反对对因生活所迫铤而走险的饥民采取镇压的措施，认为"饥寒趋险步，盗贼本良民。四境期宁谧，嘉谟在抚循"②。当乾隆二十年（1755）江南饥民抢粮事件普遍发生时，他特意写了《野田黄雀行》一诗给其侄、仪征县知县戴秉瑛，希望其对饥苦而不择食的犯法饥民"唯矜唯恤，仁者当念之"。戴亨关心国事，当康熙末年平定西藏叛乱获捷后，他写诗抒感："乾坤且未销金鼓，将士还应卧铁衣。"主张保持国家安定，要常备不懈。胜利之时，他"草野偏多虑远心"③。戴亨才情横溢，诗作造诣很高，当时就很受尊崇。李清杰赞扬其"真天生诗人"④。这并非过誉。戴亨是清代辽宁地区最有成就的诗人。

戴亨、李锴与陈景元被合誉为"辽东三老"，一是因为三人都生活在康乾时代，创作倾向相似，其诗"苍莽高凉，沈郁深厚"，都追求汉魏风骨、盛唐神韵；并且彼此契合，有着深厚的友谊。二是因为三人生平遭遇有相近之处，或仕途坎坷，或矢志归隐，或终老布衣，都是政治上失意不得志的文人。他们有着时代、风格、命运的相同之处，各以清高傲岸的品格和勤奋不息的创作为辽宁文化增添了光彩。李锴（1686—1755），字铁君，号眉山，又号鹿青山人、肩青主人，又自号焦明子。祖籍襄平，生于四川，隶汉军正红旗。为刑部右侍郎、湖广总督李辉祖第三子，大学士索额图女婿。他虽然身世显贵，却淡泊名利，嗜学不倦，笃于友情。曾为官仓笔帖式，但不久便弃官，后终生未出仕。他耽于山水，遍游天下山川，中年以后定居京东蓟县的盘山肩青峰下，以治学著述自娱。因其兄李锟"以事谪戍"齐齐哈尔，李锴念其老病，请假探望，居住一月后归，因"急兄所急，益婆艰"。他年老而无事，自为生计，平日节衣缩食以

---

① 戴亨：《庆芝堂集》卷十一，辽海丛书本，辽沈书社，1985，第1212页。
② 同①，第1216页。
③ 戴亨：《庆芝堂集》卷十三，辽海丛书本，辽沈书社，1985，第1223页。
④ 戴亨：《庆芝堂集》，《重刻庆芝堂集序》，辽海丛书本，辽沈书社，1985，第1158页。

养亲属中孤独穷苦之人。李锴有《睫巢诗文集》十卷，由于长期隐居乡间，与农民、农事联系密切，因而其诗乡土气息甚为浓烈。陈景元出生于沈阳，后主要活动于今河北一带。"辽东三老"在诗坛影响深远，如江南全椒人金兆燕说："余自童时即闻北地有所谓辽东三老者"，"私心向往，每于北人之自北来者，或传其断章零句，必珍重省录，藏之箧衍"。① 同时代山阴（今淮安）人任瑗也说："余伏田里，闻辽东三老人声名藉甚，思见其人，求其书读之，竟不可得。"②

辽宁地区的本地诗人阵容至嘉道年间逐渐壮大，特别是以盛京官学助教缪公恩为领袖人物，"一时名士，若锦县金銮坡、铁岭尚铁峰、辽阳王义门、吉林沈香余，咸奉为骚坛牛耳。继之者福介五、符寿潜、多雯溪，倡和无虚日也"③，而缪公恩"独占骚坛六十年"。

缪公恩（1756—1841），字立庄，号梅澥，因善于绘画，尤喜画兰，故又号兰皋。盛京汉军正白旗人。幼年曾随父宦居江南十余年。回沈后屡试不第，困于名场。50岁时考取盛京官学助教，后转升书院执教。缪公恩青年时就在文坛显露头角。他笃志向学，作诗不辍。执教时，爱惜人才，循循善诱，因而受到家乡人们的喜爱，"尤泰斗视之"，称"留都多少能吟客，总让公才一著先"④。他"工书翰，善篆隶，尤精写兰"。其诗"不以锤幽凿险为能"，"语语真挚，至情流露"。⑤ 缪公恩自述"自少及壮及于今"，"余亦吟诗千余篇，共成五万二千字"。其生平著有《梦鹤轩诗钞》正续集二十四卷，今只存四卷，名《梦鹤轩梅澥诗钞》，收诗500余首。所咏无非思亲怀友、吊古凭今、春花秋月、对酒当歌，自称"固无奇语泣鬼神，亦时机轴生新意"。⑥

时人评缪公恩诗"多山林气"，缪公恩亦在《孙笠山谓余诗多山林气·吟

---

① 戴亨：《庆芝堂集》，《庆芝堂集跋》，辽海丛书本，辽沈书社，1985，第1256页。
② 戴亨：《庆芝堂集》，《庆芝堂集序》，辽海丛书本，辽沈书社，1985，第1156页。
③ 缪公恩：《梦鹤轩梅澥诗钞》，《梦鹤轩梅澥诗钞跋》，辽海丛书本，辽沈书社，1985，第3234页。
④ 缪公恩：《梦鹤轩梅澥诗钞》，《梦鹤轩梅澥诗钞题词》，辽海丛书本，辽沈书社，1985，第3193页。
⑤ 缪公恩：《梦鹤轩梅澥诗钞》，《梦鹤轩梅澥诗钞序》，辽海丛书本，辽沈书社，1985，第3193页。
⑥ 缪公恩：《梦鹤轩梅澥诗钞》卷四，，辽海丛书本，辽沈书社，1985，第3228页。

此奉答》诗中自认如此："谓我山林气，山林别有春，祗愁悲大隐，未获养天真。冷署分官席，炎涂逐俗尘。自因寒素久，台阁岂同纶。"所谓"山林气"，主要是指其诗中所反映的寄情山水、悠然世外的思想倾向，以及恬淡平和、纯任自然的艺术风格。这一点在他的诗集中随处可见。如《小圃》诗中说："课诗消永日，纳爽对斜阳。"《夏昼》二首之一中说："吟余高卧天怀静，半榻清风午梦长。"《归舍》二首之二中说："月轮影落平池里，吟得新诗教小孙。"《山居杂咏》三首之一中说："闲窗吟倦深无事，卧对青峰看白云。"以吟诗遣日，吟罢或对斜阳，或望白云，或睡大觉，或教幼孙。这些诗作，状景逼真，写意情挚，具有感染力。缪公恩的一些写景小诗，亦别有清新之意。他曾在《无字碑》一诗中写道："仅有丰碑表泰山，更无人迹在人寰。多缘事出焚书后，不欲文章著世间。"缪公恩诗中也有少量借咏怀古迹表露思想之作。他在《书桃花扇传奇后》诗中揭示了南明弘光朝廷君臣荒淫导致一朝覆灭的历史悲剧。在《过易水》诗中认为燕太子丹收买死士以抗秦的做法不足取，但不畏强秦、慷慨赴义的荆卿却值得歌颂。而在《过齐长城》一诗中却对谴责秦始皇筑长城的传统看法提出批评，认为事物发展总是有一定的过程，把历史责任推到一人身上加以追究并非妥帖。作为辽宁第一代乡土诗人的主要代表人物，缪公恩在朝鲜也有一定影响。他与时常路经辽东的朝鲜使臣李鲁山、金清山、李桐渔、朴晚晤等"函牍往还，时相赠答"。朝鲜使臣凡"道沈阳，有不识缪兰皋先生者，至引为缺憾"。①

金朝觐，又名銮坡，字西侯，号午亭，锦州汉军镶红旗人。大约生于乾隆四十五年（1780），主要活动在嘉庆、道光年间。嘉庆十六年（1811）中进士。曾官至四川崇庆州（今崇州市）知州。道光八年（1828）尚在世，卒年不详。金朝觐在沈阳书院学习时就英才显露，文名远扬。朝鲜使臣每经过沈阳时必与之接触，"往复最久，酬和亦多"②。金朝觐尤为盛京官学助教、著名诗人缪公恩所推许，称其"天资颖迈，雄视文坛"，"异日者飞黄腾达，鼓吹休明，为吾

---

① 缪公恩：《梦鹤轩梅澥诗钞》，《梦鹤轩梅澥诗钞跋》，辽海丛书本，辽沈书社，1985，第3234页。
②③ 金朝觐：《三槐书屋诗钞》，《三槐书屋诗钞序》，辽海丛书本，辽沈书社，1985，第1359页。

乡振兴风雅而启迪来兹者，殆其人乎，殆其人乎！"③可见，时人对其寄予很大希望。他确以自己的诗作为家乡"振兴风雅"作出了贡献。他的著作现存有《三槐书屋诗钞》四卷，计收录诗歌500余首。

　　金朝觐才华横溢，给人以鲜明深刻的印象。他的诗有对祖国绮丽河山的描绘，有对东北家乡风物的写真，有对人生时事的议论与记录。如《望笔架山》《笔架山四首》等生动、形象，具有浓厚的浪漫主义色彩，洋溢着对祖国河山的热爱之情。金朝觐生于辽西，对自己的家乡怀有特殊感情，《塞上吟二首》便是对家乡历史与现实的歌咏，既描绘了辽西的形胜，更点出了亦军亦政、亦兵亦农的八旗制特点。这可以作为诗史来读。金朝觐诗中歌咏风物的诗篇独具特色，充满了浓郁的乡土气息。其中《乌拉草》三首最脍炙人口。诗人反复歌咏这种不登大雅之堂、遍地生长、韧性极强的野草，经捶捣柔软后，可絮在靴里，起保温护脚作用，因为它"缘随野老同行止"，同农村广大贫苦劳动人民有不解之缘，所以赞美它是"可人心"之宝。"试问三千珠履客，可能解履到当阶"，在诗人看来，富人名贵的珠履也比不上它。对乡土的深沉的爱，对家乡劳动人民的深厚感情跃然纸上，感人至深。像金朝觐这样执着地热爱家乡、同情劳动人民、具有浓厚乡土气息的著名诗人，在清代辽宁地区的文化史上并不多见。他的诗歌为乡邦文化增添了异彩。

二、寓居关内文人及其作品

　　清初辽东寓居关内的文人，数量很多。他们多是八旗满洲或八旗汉军人，其中不少人是出身贵胄的军政要员。而且一个很有趣的现象是八旗世家中文人的出现，或祖孙、或父子、或兄弟、或族人，竞相以诗文名世，蔚为大观。

　　如沈阳汉军镶黄旗人大学士范文程之子，范氏三兄弟范承谟、范承勋、范承烈。范承谟官至福建总督，著有《范忠贞集》；范承勋官至云贵总督；范承烈官至户部侍郎，著有《雏凤堂集》。

　　铁岭汉军镶黄旗高氏三兄弟高其位、高其倬、高其佩：高其位官至礼部尚书,著有《韫园遗诗》;高其倬康熙年间进士,官至云贵、两江总督,著有《味和堂集》;高其佩以荫生官至刑部侍郎,著有《且园诗钞》。此外,高其佩还是清代著名画家,他一生中最突出的成就是绘画,"画有奇致,人物山水,并苍浑沉厚"。尤其善于用手指蘸墨作画,所画栩栩如生,极为传神。他曾据黄初平"叱石成羊"的神话传说作画,画面上有已成羊而立者,有将成羊而未起者,有一半成羊一半为石未离地者,妙趣横生。诗人刘廷玑称高其佩的指画"别开生面,超越前人"。高其佩的指画是清代画苑中的一朵奇葩,为清代绘画艺术大添异彩。他作画后题款,往往多书"铁岭高其佩"字样,表示其不忘父母之乡。他的成就也成为清代辽宁地区文化史上光辉的一页。

满洲乌喇纳兰氏两兄弟纳兰性德、纳兰揆叙:纳兰性德著有《通志堂集》,为清代著名大词人;纳兰揆叙为翰林侍读,官都御史,著有《益戒堂诗集》《鸡肋集》。

广宁(今辽宁北镇)汉军镶黄旗年希尧、年羹尧两兄弟:年希尧累官至广东巡抚、工部右侍郎,擅诗文,尤精于科学技术,著有《视学测算》《比例便览》《算法纂要总纲》;年羹尧官至川陕总督,加太保,封一等公。

汉军人、云贵总督卞三元之子卞永誉与弟卞永吉:卞永誉官至刑部侍郎,著有《式古堂集》《书画汇考》;卞永吉官至四川绵州(今绵阳)知州,著有《来远堂集》。

铁岭汉军正黄旗人李辉祖、李兴祖兄弟:李辉祖累官至刑部尚书;李兴祖累官至山东布政使,著有《课慎堂诗集》。

锦州汉军正白旗人蔡氏祖孙三代:蔡士英官至漕运总督加兵部尚书,著有《抚江集》《督漕奏议》《滕王阁集》;士英之子蔡毓荣曾官至云贵总督加兵部尚书,著有《通鉴本末纪要》;毓荣之子蔡珽,康熙年间进士,曾官至吏部尚书兼掌院学士、直隶总督,著有《守素堂诗集》;毓荣女蔡琬季,著有《蕴真轩小草》。

还有先世满洲、后隶汉军正蓝旗的佟氏家族:佟世恩、佟世南、佟钺、佟铉、清海、夸岱、佟凤彩等。

除上述八旗子弟文人外,入关的辽东人及其后裔中还有为数众多的学者文人，其中著名的有刘廷玑、曹寅、甘运源、顾八代、徐元梦、朱昌祚、文昭、李锴、陈景元、马长海、唐英等。他们或擅长诗文，或喜研科技，或精于艺术。他们在文学上的巨大贡献，丰富了清初文坛。

  曹寅（1658—1712），字子清，号荔轩，又号楝亭。正白旗满洲（一说汉军）包衣人。祖籍辽阳。其母孙氏为康熙帝乳母。其父曹玺在曹寅13岁时为侍卫，康熙二十九年（1690）以郎中被差任苏州织造。康熙三十一年（1692）改任江宁织造，直至病死。死后其子曹颙继任其职，颙死，又以曹寅嗣子曹頫继任织造。曹霑（曹雪芹）即曹頫之子。曹寅多才多艺，善诗词戏曲，博览群书。于织造任上，奉康熙帝之命广为交结江南文士名流，日与酬唱，著作有《楝亭集》。并主持刊刻《全唐诗》。《楝亭集》包括《楝亭诗钞》八卷、《楝亭诗别集》四卷、《楝亭词钞》与《楝亭词钞别集》各一卷，共收诗词900余首，《楝亭文钞》收文10余篇。诗词虽平淡无奇，但他以诗词联络东南名士，对稳定清朝统治、推进文化事业的发展作出了有积极意义的贡献。他主持刊刻的《全唐诗》，共九百余卷，收唐五代诗人2200余家48900余首诗，是清代最完备的一部唐诗总集。可谓中国文化发展史上的一件盛事。

  唐英（1682—1756），字隽公，号蜗寄居士，内务府汉军正白旗人，祖籍沈阳。26岁时入值养心殿，42岁时授内务府员外郎。47岁后赴江西监理窑务。他是清代著名的陶瓷专家，还是诗人、画家和剧作家。著有《陶人心语》和《古柏堂传奇》等。他一生中最重要的贡献在陶瓷和戏剧创作两个方面。他的《陶人心语》是研究、总结我国陶瓷制造的专门著作，在我国陶瓷发展史上有重要的作用和意义。《古柏堂传奇》是他的戏剧创作集，包括14个剧本。通过简短紧凑的故事，表达作家的社会观点。其中最引人注目的内容是揭露、鞭挞专制制度下大大小小的贪婪卑鄙的人物，以及一些丑恶的社会现象。剧作中的另一重要内容是宣扬传统的孝悌信义。唐英的所有著述都署以"沈阳唐英"字样，其文化成就是清代辽宁地区文化瑰宝。

第三节
官修方志

清代辽东地区文化方面还有一项明显的成就,就是编纂方志。在明清之前,关于辽宁地区历史沿革、山川地理、民族风貌、社会经济等方面的记述绝少。元代有《辽阳图志》《开元志》两部志书,现已失传。明代的《辽东志》《全辽志》为现存最早的关于辽宁地区的方志。当时方志为文人私修。清前期,兴起了官修志书的高潮,辽宁地区的方志编修既有官修府州县志,又有官修总志。康熙朝是清代第一次大规模修志时期,其目的也是为朝廷修纂一统志服务。县有县志,州有州志,府有府志,省有省志;合县为州,合州为府,合府为省,合省而为天下。辽宁地区的方志也基本上是按顺序依次递修的。

一、府州县志的修纂

康熙十一年(1672),清朝通令全国普修志书。因文献缺失及缺少人手,辽宁地区府州县志的编纂大体经过了两个阶段:第一阶段是康熙十六年(1677)至二十一年(1682)间,为部分府州县志的初步修订;第二阶段是康熙二十一年（1682）后，为部分府州县志的补订与增修。

  首先完成初稿的是《铁岭县志》。因清廷"令直省府州县各修志书数年矣"，奉天地区迟迟未动，故"（奉天）府檄频催"下属州县修志。铁岭知县贾弘文遂于康熙十六年（1677）组织人员迅速完成了《铁岭县志》的修纂工作。贾弘文谓全书"纂辑率出董子，搜集、校正诸绅士咸与有力"①。贾弘文，直隶延庆州人，康熙十四年（1675）任铁岭知县。"董子"指董国祥，字掌录，直隶广川人。"诸绅士"指孙梗、罗继谟、邢为枢、左暐生、左昕生等五人，为徙居铁岭的文化流人。全书分上下两卷，包括建置等九志，分别为：卷上，建置志、疆域志；卷下，田赋志、户口志、学校志、官师志、祥异志、人物志、艺文志。志下又分二十九个细目。该志将本应收录在艺文志中的祠庙题记收入"祠庙"一目中的小目之下，如"城隍庙"下收录了《重修铁岭县城隍庙记》《增修城隍庙记》，"圆通寺"下收录了《银州重修圆通寺记》，"三官庙"下收录了《银州重建三官庙记》等。后又在康熙二十一年（1682）由新任知县李廷荣进行修订，时"部颁以《河南通志》为例"，取消初稿细目之分，而将原来两卷所含建置等九志细分为二十六志。在内容上亦有所删减，如初稿"祠庙"一目载寺庙二十二，于其方位、建筑、沿革甚为详悉，李廷荣本虽增为三十六寺庙，但于各寺庙内容则大加删略。又如"艺文志"中，李廷荣本删除了初稿所收铁岭文化流人左懋泰、董国祥、郝浴、李呈祥、左暐生、左昕生、吴达、戴国士诸人诗文，仅录知县贾弘文文章一篇、知县胡药婴诗二首。故，初稿本仍有参考价值。李廷荣本所收史实最晚至康熙二十二年（1683），可知李廷荣本《铁岭县志》当完成于康熙二十三年（1684）或二十四年（1685）。《铁岭县志》是辽宁地区成书最早的县志，对研究清初铁岭政治、经济、文化状况有着极为珍贵的史料价值。其中某些记载为其他史料所不载。例如对铁岭驻跸山的注解，即以纂修者亲历解释地名，其注说："旧为水口山。康熙十年，上谒陵毕，乘便校猎以周览形胜。驾旋过铁岭，入北门，出南门时，大雨淋漓。果园马文通新室成，上驻跸其中尚食，行赏银十两，因名为驻跸山。"《铁岭县志》是清代辽

---

① 贾弘文修康熙《铁岭县志》，《铁岭县志序》，辽沈书社，1985，第763页。

宁第一部地方志书，标志着康熙时期修纂地方志书高潮的到来。

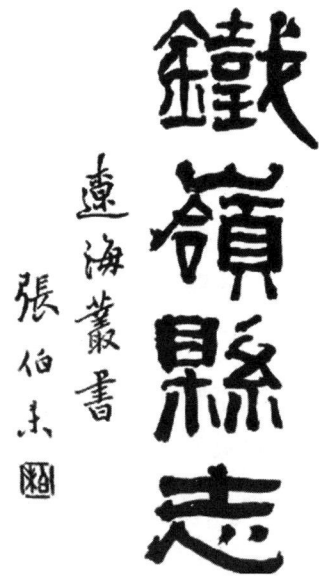

图4-3 《铁岭县志》书影

《开原县志》初稿的完成略晚于《铁岭县志》。康熙十七年（1678），由开原知县刘超凡"偕一二耆老，傍搜广索，大约凡应有而已具者固不敢没，即应有而未具者复不敢略"，"幸二三子不惮涉猎，以襄厥役"①，最后由刘超凡参其可否以订之。后由续任知县周志焕增补。今因原刘超凡本已不存，仅存知县周志焕校辑本。修订本《开原县志》体例与李廷荣本《铁岭县志》相同，分二卷二十六目，卷上含建置沿革、星野、疆域、山川、城池等诸志，卷下含职官、学校、选举、户口等诸志。前附县图、城图各一，并有图叙。修订本《开原县志》所收康熙十七年（1678）至二十三年（1684）间的记载，有公署、职官、学校、选举、户口等志各一二条，艺文志增录自作记与诗各一首，职官中录有训导一员，为康熙二十三年（1684）添设。因此，增补时间当在这一年之后，为康熙二十四年（1685）。

《锦县志》《广宁县志》《宁远州志》《锦州府志》四部志书合称辽西四志。

---

① 刘超凡修纂康熙《开原县志》，《开原县志叙》，辽海丛书本，辽沈书社，1985，第2459页。

康熙十八年（1679）春，在清朝修纂一统志的推动下，奉天府府尹对各府州县志书"牒催愈急"，故锦州知府刘源溥邀范勋主持修纂辽西各志。刘源溥，直隶清苑籍，高阳举人，康熙十四年（1675）任锦州知府。范勋，保定府定兴县人，恩贡。范勋来到后，全力以赴，"非陟巘穷源，即扪读残碑断碣，或访高年问遗事"①。先修《锦县志》，次修《宁远州志》，又次修《广宁县志》，皆由范勋"草出一手，校以二目，左右无将伯之助"，康熙十九年（1680）完成全部草稿。康熙二十一年（1682）春，因修《盛京通志》的需要，"大京兆（奉天府府尹）高公再檄督催"，新任锦州知府孙成"并三属志，手为裁定，删繁就简、订讹补缺，阅三月而卒事"，完成了《锦州府志》。孙成，顺天大兴举人，康熙十九年（1680）任锦州知府。其在《锦州府志》序中写道："今之锦自为郡，而不有以志之，锦之失其重也，可胜道哉！况今奉部檄修天下志。盛京为天下重，锦为盛京重，又岂一方之书也？旧守上谷刘公纂辑，裒然成集，其间即不可谓大备，而亦粲若列眉矣。"

《锦县志》现所见版本为康熙二十二年（1683），王奕曾修，范勋等纂。计八卷，分地理志、建置志、田赋志、典礼志、武备志、官师志、人物志、艺文志。

《宁远州志》现所见版本为康熙二十二年（1683），冯昌奕等修，范勋纂。计八卷，分舆地志、建置志、田赋志、典礼志、军备志、官师志、人物志、艺文志。首附州图、署图、文庙图、城图及八景图。

《广宁县志》现所见版本为康熙二十二年（1683），张文治、项蕙修，范勋纂。计八卷，分地理志、建置志、田赋志、典礼志、武备志、官师志、人物志、艺文志。前附县图、县署图及八景图。志原缺卷七、卷八。

《锦州府志》现所见版本当为康熙二十二年（1683）（今所见康熙年间辽西四志所收史实有晚至康熙二十二年的），由知府刘源溥、孙成修，范勋纂。总裁为知府刘源溥、孙成，监修为通判乔嵩裔、朱梦熊、宁远州知州冯昌奕、王琨、锦县知事王奕曾、刘惠宗、广宁县知事张文治、项蕙、儒学教授李元发、张橑，

---

① 刘源溥，孙成修康熙《锦州府志》，《河西志序》，辽海丛书本，辽沈书社，1985，第805页。

经历为王继茂、侯懋功、缪廷甝，纂辑为范勋，采录为府学生员赵光璧、锦县县学生员马天儒、才时变、广宁县县学生员张景。《锦州府志》共十卷，有舆地、府城等六图，分舆地、建置、田赋、典礼、武备、官师、人物、艺文八门，下设星野、沿革、疆域、形势、山川、风俗等四十六目。其为清代最早修成的一部府志，也是辽宁现存第一部府志。内容较为充实，记载人物多而详细，尤重明清名人学者艺文，并收录各种诗文，具有较高的史料价值。

《辽阳州志》，康熙十九年（1680）由知州杨镳组织采录了有关资料，翌年聘告休奉天府经历施鸿纂辑。施鸿自述："辽阳事迹既经杨君采录，不患不详，予特核其详而实、简而备者以为鉴。至讨论润色，则端赖杨君。予两人者各竭其长。"①"甫月而纂修成帙。"②杨镳，字莲峰，河南洛阳举人，康熙十八年（1679）任辽阳知州。施鸿，字则威，奉天府经历。全书共28卷，分为：京城、宫殿、苑囿（各庄附）、建置沿革、星野（祥异附）、疆域（形胜附）、山川、城池、关梁（船舰）、驿站（铺递）、公署、职官、学校、选举、户口、田赋（税课）、风俗、祠祀、物产、古迹、名宦、人物、孝义、烈女、隐逸、流寓、仙释、艺文。附州城图、东京城图、治城图。《辽阳州志》的体例与其他州县方志略有不同，卷首不是建置沿革而是京城志。主要是因为辽阳州的历史地位，其在清初曾为京城所在地。

《盖平县志》由知县骆云于康熙二十一年（1682）纂成初稿。计二卷，分建置沿革志、星野志、疆域志、山川志、城池志、关梁志、驿递志、公署志、职官志、学校志、选举志等二十六志。首附县图、城图各一。该志列旧日建置数十州县，不合章法。因"从龙之家皆入京师，老成既远，又无图籍，虽欲详之亦乌从而详之"，现有居民"素非土著，何能问以人物风土之所自出"。但是屡"奉宪檄，催成是役"，故"所可按形而记者只有山川，其余皆阙而不详，谨以耳所及者，上之尹宪"③。《盖平县志》定本当成于康熙二十四年（1685），

---

① 杨镳修康熙《辽阳州志》，《辽阳州志叙》，辽海丛书本，辽沈书社，1985，第723页。
② 杨镳修康熙《辽阳州志》，《辽阳州志后跋》，辽海丛书本，辽沈书社，1985，第761页。
③ 骆云纂修康熙《盖平县志》，《盖平县志序》，辽海丛书本，辽沈书社，1985，第2435页。

陈梦雷代盖平知县撰有《盖平县志序》，谓康熙二十三年（1684），"州县有司先后掇集闻见"，以待《盛京通志》编者采摘，其后"邑乘未待轻为厘定"，盖平"小臣某以乙丑之秋，作令兹土，乃为之先后论次"。①

在康熙二十一年（1682）前完成了《铁岭县志》《开原县志》《锦县志》《广宁县志》五部县志，《宁远州志》《辽阳州志》两部州志及《锦州府志》共八部志书的初稿。然而由于文献缺乏及修纂时间仓促，其内容还需进一步修订。史载："甲子、乙丑间修奉天府志，各州县官挟画工而行，分诣边外深山穷谷中，阅历殆遍，图其形而归，逾年志成，秉笔者原任编修陈梦雷也。"② 故在康熙二十三年（1684）至二十四年（1685），又对前一阶段已成各府州县志初稿进行补充、订正与统一体例。

此时，又新纂《承德（沈阳）县志》与《海城县志》。这两部志书今已不传。《松鹤山房文集》中收有陈梦雷代《承德（沈阳）县志》《海城县志》所撰全书序及二十六个分志的小序，二志定稿亦当在康熙二十四年（1685）。而康熙二十三年（1684）本《盛京通志》卷八"疆域志"已见《海城县志》引文，故其应完成于《盛京通志》成书之前。此外，《盛京通志》卷一〇五引用有《奉天府志》一书，但该志向无传本。

二、《盛京通志》的编撰与重修

《盛京通志》为清代关于辽宁地区内容最丰富、体例最完备的一部地方总志，是珍贵的历史资料。

康熙十一年（1672），为编修一统志，清朝通令全国普修志书。辽宁地区从康熙十六年（1677）起开始修撰府州县志。然而府州县志进展缓慢，资料未备。康熙十八年（1679）春，在清朝组织修撰《大清一统志》基础上及辽宁地区拟

---

① 陈梦雷撰《松鹤山房文集》卷九，收入顾廷龙主编《续修四库全书》1416 册 集部，第 105 页。
② 王一元：《辽左见闻录》，国家图书馆藏手抄本。

修《盛京通志》的推动下，奉天府府尹对各府州县志书"牒催愈急"，称《盛京通志》"奉命纂辑良已有年，只以旧籍靡稽，艰于速就"。康熙二十一年（1682）前后，辽宁先后完成八部方志的初稿，为纂修《盛京通志》奠定了基础。奉天府府尹高尔位在其任职期间已着手《盛京通志》的编纂工作。康熙二十二年（1683）四月后，新奉天府府尹董秉忠继任。董秉忠六月即"檄令各属咸至，量能授事，分类采辑，或稽之稗史，或询之老成，更取各属新志，增删丁正"，"数阅月而稿成"。① 又谓董秉忠"率二三守令夙夜敬勤，以襄厥事，不期年而告竣"②。康熙二十三年（1684），修成三十二卷本《盛京通志》。负责纂辑的为佐领哲备、锦州知府孙成等七人，分辑为锦州通判朱梦熊、辽阳知州李文龙等八人，"边圉征之镇帅，内地则二三有司分历考究"。

《盛京通志》为清代留都第一部志书，因盛京为留都，故以宫城、坛庙宫殿建置在前，帝王后妃置于名宦人物之前。全志有图九，志三十二，共三十二卷。前有序文、凡例以及图。每卷分为独立的门类，称之为志。每卷前各有小序，是该卷内容提纲挈领的论述，而"未尽之意，皆附一二绪论，以相发明"③。条清缕晰、完整严密，是清初辽宁地区所修志书中的集大成之作。对于国朝典制尤其严谨审慎，"今志中凡事关国朝典制，皆咨请四部（户、礼、刑、工四部）、内务府，历查旧案，往返再三，然后入志。其他土地、名物，古今互异，其有可据者，从古；无可据者，从今"。做到"信则传信，疑则传疑，不敢以臆说附会，且以待博文者参评也"。④

康熙二十三年（1684）本《盛京通志》，是清代辽宁地区第一部地方总志，所述内容虽以盛京为主，也包括了吉林、黑龙江两地。康熙二十三年本《盛京通志》的完成标志着清初辽宁修志工作的圆满结束。

康熙五十年（1711），因《盛京通志》"颁行日久，印刷滋多，梨枣蒙翳"，故又重新订正，锓版印行。此次补刻重印只是在艺文志之首新加了御制典诏、诗文，其他部分一律未动。所以这次补刻基本属于修版重印。

---

①② 董秉忠等修，孙成等纂康熙《盛京通志》，《前通志序》，清康熙二十三年刻本。
③④ 董秉忠等修，孙成等纂康熙《盛京通志》，《凡例》，清康熙二十三年刻本。

此后，《盛京通志》进行了四次较大规模的增订。雍正十一年（1733），因增修康熙《大清一统志》的需要，清朝"诏直省重加增订（省志），次第献之朝廷"。由奉天府府尹吕耀曾主持，聘永平府教授魏枢重新纂辑《盛京通志》。雍正十二年（1734）三月，吕耀曾离任，奉天府府丞王河"督学本土，兼署尹篆，值《盛京通志》尚未告竣"，遂"率所属，分类纂辑"。此次增修在康熙二十三年（1684）本的基础上增补了许多，"凡幅员之广，生齿之繁，文物之盛，制度之详，莫不备载，并前志或遗者亦旁搜博采，悉为增入，自夏至冬五阅月而稿就"①。这就是雍正十三年（1735）三十二卷本的《盛京通志》，但当时尚未"讨论删润"，仅为初稿。

雍正十三年（1735），新任奉天府府尹宋筠到任，王河同他就完成的初稿"相与商榷论定，而各处覆询之事与边徼之所当详者，又以次俱到"，遂于乾隆元年（1736）"复集原纂辑诸臣，细加校雠，益为增补，又七阅月，再易稿而后成"，并付刊印。②此为乾隆元年（1736）四十八卷本《盛京通志》。其与雍正十三年本相比较，"志目仍同，而事实较增"。总卷数亦增为四十八卷，是因为将原为一卷的典谟志、山川志、职官志、名宦志、人物志、孝义志、艺文志增为2～6卷的缘故。

乾隆九年（1744），乾隆东巡盛京，认为"旧纂《通志》，未为精核，特命重修"，故命在乾隆元年四十八卷本的基础上"删烦订讹，厘其次第，补其缺逸，并省卷帙，使无复杂"。此次重修由汪由敦主持，是为乾隆十三年（1748）三十二卷本的《盛京通志》。

《盛京通志》的最后一次大规模修订是在乾隆四十四年（1779）至四十九年（1784）。乾隆四十三年（1778），乾隆第三次东巡时，认为原有《盛京通志》"叙事简略，体例亦多未合"，命军机大臣"派员重行纂辑"。乾隆四十四年（1779），由武英殿大学士阿桂、于敏中、梁国治等人修治，礼部给事中刘谨之、吏部员外郎程维岳二人负责纂辑，历经六年，至乾隆四十九年（1784）全书告成。此次增补"因故帙以折中，扩新编为考索。三十七门之按部以倍而加

①② 吕耀曾等修乾隆《盛京通志》，《续修盛京通志序》，乾隆元年刻本。

详,一百三十卷之分函数惟赢而更审"①。这是《盛京通志》变动最大的一次:增订京城、坛庙、宫殿、山陵诸志,订正山川城池、疆里远近钦定舆图,补充了旧志中吉林、黑龙江两地关津的缺略、户口田赋的疏漏,增补了兵防部分等。乾隆四十九年本《盛京通志》是清代有关辽宁地区乃至整个东北地区最详审的一部地方总志。

三、辽宁地区官修方志的特点

其一,内容详尽,体例得当。首先是资料的可靠性较高。编纂人多是当地"宿儒",熟悉当地地理、历史和现状。地方志修纂的依据也多是当地的档案、史书、地方文献、前代遗迹、古器物等。在编纂收集资料时,重视已有文献资料。如《锦州府志》跋中所记:"往者吾郡修志,遍搜古人底本于缙绅、学士、乡耆、野老之家不可得,讵张君众异得于千里外燕台图书馆残编断简之中,首尾完全,未必非鬼神呵护,留待有心人之考据参证也。吉光片羽,既足珍藏,他日与吾郡所修志书,蒸烛观之,且可补其遗而弥其缺陷。"《辽阳州志》凡例:"时事、山川、地名必考实于乡产父老,然后登载。"《铁岭县志》凡例:"铁岭新造之邑而无旧志,辽东旧志草本舛误良多,今凡关沿革、古迹悉照辽金二史,细加考订。山川城堡或今昔异名,或方言各异。其更改之,由有据者则详,疑者则阙,里巷附会之说,不敢入志,传信故也。"其次是材料新颖翔实,反映现实问题迅速。在说清历史沿革,明确演变的同时,最突出的一个特点是详今。它使用大量的统计数字,借以说明问题,如《锦县志》田赋志中记载锦县地区地亩"行粮地共六百零六顷一十九亩一分",户口"行差人丁共六千八百零一丁,不行差食监男妇共四千一百五名口",粮税"行粮地共六百零六顷一十九亩一分,每亩岁额征条边银三分,共该征银一千八百一十八两五钱七分三

---

① 阿桂等修,刘谨之等撰乾隆《钦定盛京通志》卷首《阿桂等缮写告成表》,收入《影印文渊阁四库全书》史部259地理类,第23页。

厘，解奉天府。四季杂税共该收银一百五十一两零三分二厘，解奉天府。康熙二十年奉文归驻防征收"。徭役"行差人丁六千八百一丁，每丁岁额征均徭二钱，共该征银一千三百六十两二钱，解奉天府。大凌河水手五十名，水手头一名。小凌河水手二十名，水手头一名"。这些数字清晰地记载了锦县地区的田亩、人口以及赋税状况。①

其二，参与者众多。如《锦州府志》总裁为知府刘源溥、孙成，监修为通判乔嵩裔、朱梦熊、宁远州知州冯昌奕、王琨、锦县知事王奕曾、刘惠宗、广宁县知事张文治、项蕙、儒学教授李元发、张橴，经历为王继茂、侯懋功、缪廷鼐，纂辑为范勋，采录为府学生员赵光璧、锦县县学生员马天儒、才时变、广宁县县学生员张景。官修方志多由地方官员总裁监修，如《宁远州志》的纂修者宁远知州冯昌奕、《广宁县志》的纂修者广宁知县项蕙、《盖平县志》的纂修者盖平知县骆云、《辽阳州志》的纂修者辽阳知州杨镳。志书的具体编纂者为地方乡绅，实际上多为关内至辽宁地区的文化流人。如《铁岭县志》序中所言，"纂辑率出董子，搜集、校正诸绅士咸与有力，余借手以观其成耳。""董子"，即董国祥，明旧臣，入清官至刑部右侍郎、吏部右侍郎，后被贬。顺治十五年（1658），董国祥上司卢慎言贪赃事发，董国祥因曾替卢慎言寄收过金银而受牵累，被流放尚阳堡。所谓"绅士之隶籍兹土者"，即被流放到铁岭但曾获取过功名的官绅文士。可见，这部县志是以董国祥为主的流人文士的集体创作。董国祥、罗继谟、孙槭等都是学识渊博的流人文士。左暐生、左昕生是左懋泰之二子，随父被流放到铁岭。二人聪敏好学，博通典籍，曾捐资助郝浴修铁岭银冈书院。由此可见，《铁岭县志》在硕学文人所组成的纂修班子的努力下获得清初东北修志第一功也就很自然了。该志分上下两卷，包括九志，二十九目，简明扼要，首开清代东北编修县志的先河。

陈梦雷对于康熙朝方志的修订做出了重大的贡献。《盛京通志》的最后校订，承德、海城、盖平三志的最后审订、定稿都由陈梦雷一人完成。对于康熙二十三年（1684）修成的三十二卷本《盛京通志》，陈梦雷的工作主要是指导

---

① 王奕曾等修，范勋等撰康熙《锦县志》卷三，辽海丛书本，辽沈书社，1985，第2367－2368页。

与修订。他不仅代高、董两任府尹写了志序,而且写了该书二十六个分志的小序。陈梦雷的《代高京兆盛京通志序》《代董京兆盛京通志序》被收入《松鹤山房文集》。在陈梦雷的具体指导下,修订了《盖平县志》的初稿本,并新纂了《承德(沈阳)县志》《海城县志》。今存本《盖平县志》虽未署陈梦雷之名,但肯定经过他的修订,一是体例与新定之《铁岭县志》《开原县志》同,即分为两卷二十六志;二是陈梦雷为书中二十六个分志所撰七八十字至一百六七十字的小序,既见于陈梦雷《松鹤山房文集》,亦见于今《盖平县志》。陈梦雷还代盖平知县撰有《盖平县志序》,谓康熙二十三年(1684年)"州县有司先后掇集闻见",以待《盛京通志》编者采摘,其后"邑乘未待轻为厘定",盖平"小臣某以乙丑(康熙二十四年)之秋,作令兹土,乃为之先后论次"。《松鹤山房文集》中收有陈梦雷所撰《承德(沈阳)县志》《海城县志》全书序及二十六个分志的小序。故清初东北所修的志书虽出于众人之手,却基本上由一人审定完成。志书的全部书稿完成后,由陈梦雷做了通阅审定,既保证了全书的质量,使之成为浑然一体的严密的科学著作,又保持了东北方志在行文方式上的一致,使体例更加规范严整。

其三,辽宁地区官修方志的修撰过程具有延续性。其指导原则是"县有县志,州有州志,府有府志,省有省志;合县为州,合州为府,合府为省,合省而为天下"。在这种情况下,先修县志、州志、府志,再修地方通志。康熙十一年(1672),清朝通令全国各直省府州县修志,奉天府府尹遵旨下令下属组织人力纂修。康熙十六年(1677)两卷本的《铁岭县志》修纂完成,之后陆续修成的志书是:康熙十七年(1678)所修的两卷本的《开原县志》;康熙二十年(1681)所修的二十八卷本《辽阳州志》;康熙二十二年(1683)所修的八卷本《锦县志》《广宁县志》《宁远州志》以及十卷本《锦州府志》,还有补辑两卷本《铁岭县志》。康熙二十三年(1684)所修的三十二卷本《盛京通志》,补辑的《开原县志》;康熙二十四年(1685)修成的《海城县志》《承德县志》以及两卷本的《盖平县志》;康熙中期所修的《奉天府志》。《海城县志》《承德县志》《奉天府志》现已亡佚,但在《盛京通志》以及一些清人著作中依然能找到踪迹。《盛京通志》修成之后,盛京地区修志工作并未结束,还有《开原县志》的补辑，以及第二年承德（沈阳）、海城、盖平三县志的纂修。这说明各地方志的修纂为通志（即省志）的修纂提供了依据；在通志的修纂过程中，根据发现的问题，又指导、改进和提高了各地方志的修纂，彼此促进，并保证了质量。

此外，因为修志是朝廷盛典，故历任奉天府府尹经常督促属官精心修志。这在各志的序言中都有所反映，如《盖平县志》序："今上之三年，始以盖州作盖平县，设令主之，建议招徕，填实兹土。素非土著，何能问以人物风土之所自出哉？今奉宪檄，催成是役。"《铁岭县志》序："余未受简命之先，已奉有旨令直省府、州、县各修志书数年矣。莅任以后，府檄频催而苦无以应。今岁秋冬之际，乃与绅士之隶籍兹土者谋，所以终其事。"朝廷及上级官员的重视，使得辽宁地区志书编纂水平较高。清朝有六十年一修志的规定，后除对《盛京通志》加以重修外，其他方志一概未动，更未有新修之志问世。直至乾隆三十八年（1773）才有一部新志书问世，即《塔子沟纪略》，计十二卷，为理事官通判清格修纂。乾隆四十九年（1784）又重修《开原县志》，共二十二卷。

四、官修图考

在上述官修方志之外，清代前期东北地区还有两部重要文献：《满洲源流考》与《盛京、吉林、黑龙江等处标注战迹舆图》。它们是这个时期整个东北地区疆域沿革、民族历史等方面的重要研究成果。

乾隆四十二年（1777）八月，乾隆帝提出旧史中所载有关满族源流、习俗、地域、山川之"典籍遗文，斑斑可考，徒以年祀绵长，道途修阻，传闻不免失真，又文字互殊，声音屡译，记载亦不能无误"[①]。他认为这些"不可以不辨"，遂命大学士阿桂、于敏中等"悉心检核，分条编辑"，"用昭传信，而辟群

[①]《清高宗实录》卷一千三十九，乾隆四十二年八月壬子。

惑"。① 乾隆四十三年（1778），《满洲源流考》二十卷书成。全书分为部族、疆域、山川、国俗等四门，"每门以国朝（清代）为纲，而详述列朝以溯本始，其援据以御制为据，而博采诸书以广参稽"②。《满洲源流考》从八十多种文献中摘录有关满族历史源流、活动地域、风俗习惯、山川河流等资料，分类编排，酌加按语与考辨。其按语、考辨虽不无牵强或穿凿之处，但大体尚得其脉络。特别是历史上第一次从先秦至清初的文献中，把有关满族的历史资料爬梳出来，分类编纂，为研究东北民族史，尤其是满族史提供了许多方便及进一步探讨的线索。

《盛京、吉林、黑龙江等处标注战迹舆图》是反映努尔哈赤、皇太极两代重要战争的历史地图。乾隆四十年（1775），乾隆查阅满洲档案，感到努尔哈赤、皇太极时代的一些战争"虽在东三省地方，因向无绘图，竟难按地指名"，加上旧有"《皇舆全图》刊载地名不能赅备"，因此命盛京、吉林、黑龙江三省将军组织人员"详对盛京志、实录，缮写清单"，将城池、山川、古迹"逐一详查，三省会同共绘一图呈览"。③ 乾隆四十一年（1776），由盛京将军弘晌组织人员将努尔哈赤、皇太极两代重要战事发生地，在经过"增改刊刻"之《皇舆全图》上，"按其道里形势，将所开地名添绘成图"。旋以"旧图方幅有限，详载地名字体已小，不能复列事迹"，遂将图"另行展拓，绘为大图一幅"。乾隆四十三年（1778）绘成，全图宽2.5米，长3.8米，分成5排，原题称《盛京舆图》，以其实际包括东北三省在内，故又名《盛京、吉林、黑龙江标注战迹舆图》。图上用满汉两种文字对照标注，除山川、城堡、屯寨外，共标注了144处战事发生地点。该图在绘制方法与个别地名的定位上虽有不够准确的地方，但史地结合、文图相配，入关前重大战事一目了然，对考察当时史事颇有参考价值。其中对入关后柳条边、牧场、道路等情况也都有较翔实的标记，为其他文献所鲜见。

---

①② 永瑢、纪昀等编《四库全书总目》卷六十八《满洲源流考》，中华书局，1965，第604页。
③ 《清高宗实录》卷九百九十六，乾隆四十年一月壬午；卷一千一十一，乾隆四十一年六月丁巳。

第四节 私人著述

辽宁地区文化的繁盛也表现在私人著述的大量出现。其主要形式有志书、行记、笔记等。

在清初官修史志过程中,盛京地区出现了一个私人撰修史志的热潮。如林本裕修《辽载》。林本裕,字益长,其始祖于明初即家居于盖州,世居其地,后其父林天擎携家随清军入关。曾任知州,因"三藩之乱",被罢官放归田里,故自号"废民"。其父林天擎亦熟于辽东掌故,林本裕"教以乡土之形势、风景、事迹、人情,无不详尽"。林本裕既熟谙盛京史事,复"上稽史籍,旁考诸家说部,折中于《盛京通志》,遂成书两集,前集则仿龙门(司马迁)志乘,后集则仿涑水(司马光)编年"。今仅存前集,是为《辽载前集》。全书"首总论,次图考,余分二十一门",基本仿造康熙二十三年(1684)所修《盛京通志》而成,只不过更为简略。所增之处是所谓"细载吾乡事实,但绝无违碍清朝统治之处"。在"流寓""人物""隐逸"诸门类里均只有明朝,而"皇清"无载,是为缺憾。《四库全书总目》评论此书时说:"亦颇勤于搜采。然留都记载,而地名仍题前代之称,于体例终为乖迕,是亦不检之过也。"[1]

---

[1] 永瑢、纪昀等编《四库全书总目》卷七十四《辽载前集》,中华书局,1965,第649页。

有关盛京地区笔记作品,最重要的是"有方志之体"的《辽左见闻录》。作者王一元,字畹仙,锡山(今江苏无锡)人。康熙二十四年(1685),王一元出关至沈阳读书。康熙二十六年(1687),"入京应举",落第而归。康熙二十八年(1689),于沈阳玉皇阁授徒读书。康熙二十九年(1670)"举于乡",至康熙四十二年(1703)"始登第",即在这一年到河南临汝做低级官吏,故自署"崆峒羁宦"。《辽左见闻录》为王一元在沈阳时所著,书中记事年代大部止于康熙三十八年(1699),仅最末一条涉及康熙四十二年(1703)事,当为后来所补。此书原稿约成于康熙三十九年(1700)。康熙六十一年(1722),王一元整理书籍,"得废帙于中箱,半蚀羽陵之蠹,则昔年所著《辽左见闻录》也",遂加校雠,始克定稿。全书记事三百四十余条,共约二万三千多字。王一元自述其书凡舆图制度、琐事方言、少数民族、内地流人等内容,是为"要皆纪实之书"[①]。除上述内容外,在盛京地区生活情况、中俄雅克萨之战后清朝于沈阳安置俄国降卒的情况、清初东北招民垦荒、辽左土地丈量及税收,以及天时地利、物象物产等,都有较为明确的记述,均为他书所不载,十分珍贵,可补正史缺略。

有关盛京地区的另一笔记是《凤城琐录》,为凤凰城城守尉博明所著,约成书于乾隆四十二年(1777)后不久。博明在任榷使时,因喜于"询访故迹","渐录成帙,半皆琐细"。全书约万余字,正文记事四十三则,主要记述凤城地区的边栅、驿站、马市、流民、农业、山川、古迹、物产诸事;正文后所附三十二则记事,则为朝鲜贡使往来之际,博明问其国中典故,"集语附焉"。《凤城琐录》一书内容比较简略,但是当时各种文献所述多偏重辽河东西地区,于东部濒临鸭绿江地区少有言及者,而《凤城琐录》恰好填补了这一空白,弥足珍贵。

《嘉庆东巡纪事》《沈阳纪程》是与盛京情况有关的行纪,《扈从东巡日录》则兼及盛京、吉林两地。

《嘉庆东巡纪事》三卷,撰人不详,记嘉庆十年(1805)嘉庆帝东巡之事,

---

① 王一元:《辽左见闻录》,国家图书馆藏手抄本。

卷一记事，卷二记路程，卷三杂记。何汝霖《沈阳纪程》一卷，为道光九年（1829）随扈东巡之作。两书虽偏重于记述行程，但是对于了解当时交通状况，以及沿途山川、村寨、古迹、建筑等，亦颇有参考价值。

《扈从东巡日录》分上下两卷，后附《扈从东巡附录》，全书共约 27000 余字。作者高士奇，于康熙二十一年（1682）正月至五月，以翰林侍讲从康熙皇帝东巡。自山海关，经间阳、沈阳、抚顺、庚格（英额）、阿尔滩讷门，至大乌喇虞村；回路自大乌喇虞村沿吉林至威远堡到沈阳，复南下牛庄、三岔河，经十三山、宁远等地入山海关，前后历经八十天整。三名扈从文臣中，高士奇"独从銮舆，备历松花、混同、白山、黑水诸胜"。一路上，高士奇陪同康熙皇帝于"所过山川、郡县、兀塞、要害之地"，一起"抚今追昔，究论兴衰治乱之由，而咏怀古迹，流连景光"。① 书中除收有"歌咏盛美"之诗作外，高士奇还"就见闻所逮"，"总其时物，参以前史公私两载，逐日成编"②。归后复经整理，于康熙二十三年（1684）成书。张玉书赞其书"记事必核，辨物必析"，"盖有辽金元史志所未具载，而胡峤、薛映诸人所未尝叙录者"。③ 这次东巡遍历东北地区南半部，于山川地理、历史沿革多有记述。于盛京、吉林山川古迹、造船、居民、农业、物产、旗丁生活记载尤多，具有珍贵的史料价值。

此外，还有几部没有流传下来的笔记。如太仓人王紫崖的《出塞记》。顺治十二年（1655）四月，谈迁在北京吴伟业寓所见到王紫崖"方归自沈阳"，为谈迁"述其往返"。后又出示其所著《出塞记》，谈迁为其跋说："南人还迹辽沈者三十二年，今紫崖氏割絷马兔而东走，……亦东游之快事也。其叙道里，述见闻，洁而不芜。"这应该是清代东北的第一部乡土笔记。其具体内容虽不可知，但谈迁初见王紫崖时，曾闻其述说所见，而谈迁"详著于篇"。从谈迁的记述中可知，王紫崖于顺治十一年（1654）腊月出关，经塔山、锦州、间阳、盘山、牛庄、海城、辽阳而至盛京，又经白旗堡、广宁而至山海关。其所记颇有

---

① 高士奇：《扈从东巡日录》，《叙三》，长白丛书本，吉林文史出版社，1986，第 80 页。
② 高士奇：《扈从东巡日录》，《自序》，长白丛书本，吉林文史出版社，1986，第 83 页。
③ 高士奇：《扈从东巡日录》，《叙二》，长白丛书本，吉林文史出版社，1986，第 78－79 页。

他书所未见者，如谓广宁前屯"城乡侨民"；塔山"新民可数百家"；在锦州"见粟数百车"，"诸贾走集，俱贩自义州"；牛庄"错马野谷俱登，其值大减于关内，海贾所贸，一舟浮二千石，辽人利之"。① 康熙二年（1663），谪戍宁古塔的祁班孙，字奕喜，著有《东行风俗记》《紫芝轩集》。《东行风俗记》又名《盛京风俗记》，简称《风俗记》，全书已佚，仅见《柳边纪略》等书引有数则，如谓宁古塔食盐，"祁奕喜《风俗记》：出沈阳者斤八分，出高丽者斤六分"；又如宁古塔汤子酒，"祁奕喜《风俗记》作满洲烧酒"。②

这些有关盛京的私人志书、笔记与纪行著作中，记述了关于辽宁地区的重要资料，是辽宁地区的宝贵文化遗产。

---

① 谈迁：《北游录》，《纪邮下》，中华书局，1960，第104页。
② 杨宾：《柳边纪略》卷三、卷四，辽海丛书本，辽沈书社，1985，第255－256页、第259页。

第五章 外来文化影响

清代辽宁地区文化深受周边民族地区及国家影响。清代的中国先后存在两种不同的对外文化交流模式：传统模式和近代模式。传统模式即华夷秩序，是中国以自身为中心构筑的国际关系模式。华夷秩序在对外关系中的主要表现是宗藩体制和朝贡制度。清代，中国与朝鲜即是宗藩关系，朝鲜地区与辽宁地区有着密切的物质文化交流。所谓"近代模式"，是指清王朝与其他国家以"平等"身份进行交流。与辽宁地区发生密切联系的有英国、俄国、日本。值得注意的是，这些国家与朝鲜不同，虽然理论上与中国是近代"平等"国家关系，但实际上英、俄、日挟"坚船利炮"而至，主观上带有殖民目的，给辽宁地区人民带来了深重的苦难。同时，也给辽宁地区带来了现代文化影响。

第一节
朝鲜在辽宁地区的经济文化交流

清代，辽宁地区与朝鲜地区（包括今朝鲜与韩国地区）之间有着密切的政治经济文化交流。清朝与朝鲜的文化交流是在宗藩关系体制下进行的。实际上，如果仅就清代中朝两国之间文化交流而言，其所包含的范围很广，如文人交游活动、西学文化互动、思想观念交流等。这里重点说明中朝交往中对辽宁地区文化有重要影响的那些事实。首先，中朝两国的文化交流是在"锁国"体制下通过使节往来这一极其狭窄的通道实现的，参与交流的人员仅限于往来于两国的使节团成员。辽宁地区作为两国使臣往来津要之地，首先受到朝鲜文化传入的影响。不过，中国作为具有文化优势的国家，其对于朝鲜的影响要远远大于朝鲜对中国的影响，尤其是在思想文化方面。因此，朝鲜文化对于辽宁地区的影响更多地表现在物质文化交流方面，即朝鲜是如何通过朝贡贸易活动将其商品及货物输入到辽宁地区，以影响辽宁地区的物质文化生活的。

一、宗藩关系下的物质文化交流

朝鲜与辽宁地区物质文化交流的前提是清朝与朝鲜宗藩关系下朝贡贸易的展开。具体体现在清入关前朝鲜的朝贡、清入关后的沈阳使团贸易及边境贸易这三种途径。

（一）清入关前朝鲜的朝贡

早在明代初年，女真人与李氏朝鲜之间就存在朝贡贸易关系。在《朝鲜王朝实录》记载中，往往称女真人来"献方物""献土物"，而朝鲜政府对来人给予一定数量的赏赐[①]。此时，女真各部向朝鲜输出的主要是马匹、貂皮、药材、蘑菇、人参、松子，而朝鲜方面向女真人输出的主要是农具、耕牛、粮食、布帛、盐酱等。

努尔哈赤兴起后，于明万历十九年（1591）征服鸭绿江及长白山诸部，从此与朝鲜接壤。万历三十六年（1608），努尔哈赤首次向朝鲜献纳貂皮，朝鲜方

---

① 刁书仁：《明代女真与朝鲜的贸易》，《史学集刊》2007年第5期，第72页。

面依例回赠绵布。这一时期，建州女真与朝鲜之间的关系可以称为"受禄通商"，或称"求职授禄"。即建州女真的首领接受朝鲜方面授予的官职，并向朝鲜政府献纳一定数量的"方物"，而朝鲜方面回赠建州女真一定数量的财物，作为其首领所任官职的俸禄①。因努尔哈赤与明朝决裂后，朝鲜对明朝忠诚，拒不与女真人结盟，故皇太极在其即位的第二年（1627）出兵朝鲜，史称"丁卯之役"。此战之后，朝鲜被迫与后金政权结盟，双方约为兄弟之国。朝鲜每年向后金致送下列礼物：杂色绸600匹，白苎布200匹，白布400匹，杂色木绵2000匹，正木绵5000匹，豹皮50张，水獭皮200张，青鼠皮160张，霜华纸500卷，白绵纸1000卷，彩花席50张，龙纹席1张，好刀8柄，小刀8把，丹木200斤，胡椒、黄栗、大枣、银杏各10斗，干柿50贴，金鳆10贴，天池、雀舌茶各50封②。同时双方还约定开市贸易。不过朝鲜虽然与后金约为"兄弟之国"，却仍然与明朝保持着宗藩关系，朝鲜与后金在许多问题上经常发生矛盾。因此，在崇德元年（1636）皇太极改国号为大清后，即开始第二次征朝鲜，史称"丙子之役"。朝鲜于次年（1637）被迫求和，接受清朝提出的全部条件。

至此，清朝取代原本明朝的宗主国地位，与李氏朝鲜正式确立起宗藩朝贡关系。朝鲜方面的贡物主要为岁币贡物和三节使贡物。清入关之前，朝鲜岁币及三节方物都是送往沈阳。

崇德二年（1637）正月，清太宗接受李氏朝鲜仁祖降服时要求朝鲜每年进贡方物数目如下：

> 黄金一百两、白银一千两、水牛角弓面二百副、貂皮一百张、鹿皮一百张、茶一千包、水獭皮四百张、青黍皮三百张、胡椒十斗、好腰刀二十六把、顺刀二十把、苏木二百斤、好大纸一千卷、好小纸一千五百卷、五爪龙席四领、各样花席四十领、白苎布二百匹、各色绸二千匹、各色细麻布四百匹、各色细布一万匹、布一千四百匹、米一万包。③

---

① 张存武：《清韩宗藩贸易：1637—1894》，台湾"中央研究院"近代史研究所，1978，第4页。
② 同①，第7页。
③ 《朝鲜仁祖实录》，仁祖十五年正月二十八日。

以上要求的"每年进贡方物数目",名义上为岁币,实际上是战胜国强制性要求战败国的一种赔偿。从当时的客观情况来看,朝鲜根本不可能每年向清朝朝贡那么多的物资。特别是金银、水牛角、茶、苏木等,有的在朝鲜根本不生产,有的即使生产,但其数量绝对不足。所以随着两国关系的好转,或出于清朝的善意,或根据朝鲜的要求,岁币的种类和数目逐渐减少,甚至开始减免。

实际上,清朝要求朝鲜送往沈阳的岁币数并不确定。康熙七年(1668)出使的朴世堂在《西溪燕录》一书中记载:"送大小好纸六万三千张、杂色木二千六百匹、红绿绸二百匹、青黍皮七领、用唐斗量七斗,共七十三驮,于沈阳。"[1] 康熙十七年(1678)出使的金海一在《燕行录》中记载,送往沈阳的岁币为:大好纸一百五十卷、小好纸一千五百卷、黏米三十八斗(以唐斗改量作10斗)[2]。康熙三十二年(1693)出使的柳命天在《燕行日记》中记载,送往沈阳的岁币大致为:红绸一百匹、绿绸一百匹、白绵绸一百匹、生木棉二千匹、大好纸五千张、小好纸四万五千张、黏米三十斗等物[3]。康熙六十年(1721)出使的俞拓基在《知守斋燕行录》中记载,送往沈阳的岁币为:生木绵二千五百匹、白绵绸二百匹、红绿绸各一百匹、大好纸一百卷、小好纸二千一百卷、黏米三石五斗五升[4]。

除岁贡外,朝鲜每年还要进献圣节、冬至、正朝三节方物,称为三节使贡物。其入关前后数量变化不大,崇德年间的规定基本一直沿用至清末。如果有皇太后,其进贡的物品和数目与皇后相同。冬至使、正朝使各进贡白兰布十五匹,白绵绸十匹,黄花席、满花席、杂彩花席各十张,白绵纸五百卷。除三节使外,还有谢恩使、陈慰使、奏请使、陈贺使、进香使、问安使等,根据每种使行的性质,进贡物资的品种和数目也有所差异。

---

[1] 朴世堂:《西溪燕录》,载林基中编《燕行录全集》23册,东国大学出版部,2001,第348页。
[2] 金海一:《燕行录》,载林基中编《燕行录全集》28册,东国大学出版部,2001,第201页。
[3] 柳命天:《燕行日记》,载林基中编《燕行录全集》23册,东国大学出版部,2001,第446页。
[4] 俞拓基:《知守斋燕行录》,载林基中编《燕行录全集》38册,东国大学出版部,2001,第79页。

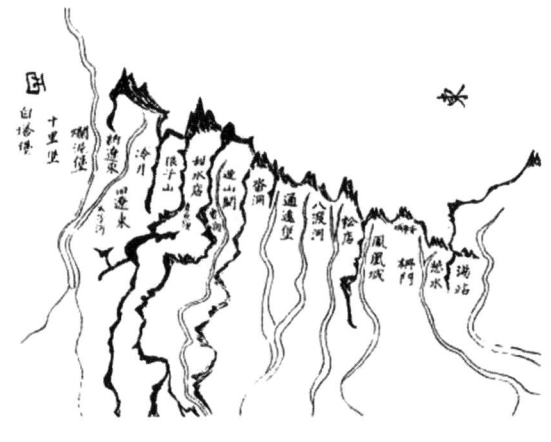

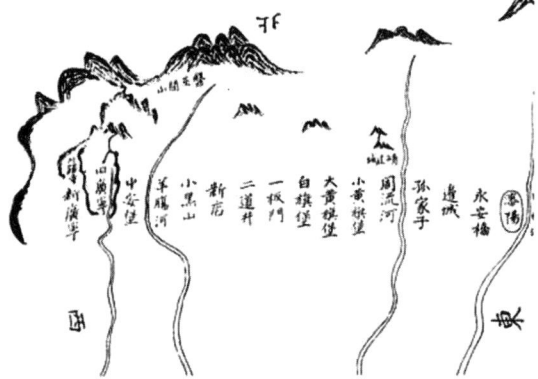

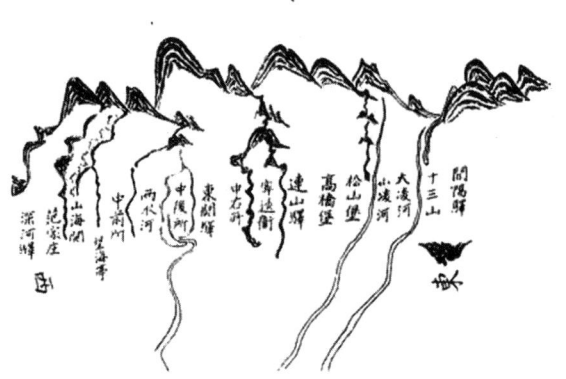

图 5-1 《燕行录》中凤城至山海关的地图

清朝对朝鲜各类使节的朝贡都有相应的回赐。不仅赏赐贡使人员，而且对朝鲜国王也进行回赐，唯对庆贺、谢恩、陈奏、奏请、告讣等使节的回赐不及国王。清朝赐物的品种前后虽然不同，但其总价值变化不大。清崇德二年（1637）给朝鲜的赐物："赐国王鞍马一、貂皮一百二十、银一百两。赏正副使鞍马各一、貂皮各十、银各五十两、靴各一双，书状官、大通官、押物官貂皮、银两、靴、从人银两各有差。"①

从朝鲜向清朝进献的岁币和三节使贡物及清朝对朝鲜的回赐品的数量和品种可以看出，朝鲜对清朝的朝贡物品主要是纸张、毛皮、纺织品、刀、米等当时中国日用生活物资；而清朝对朝鲜的回赐品主要是绸、缎、绢、鞍马等王公贵族的奢侈品。

（二）使团贸易

朝鲜使团和商人进行的经贸活动即使团贸易。按照朝鲜使团从事贸易的具体区域分为两种：赴北京使团贸易和赴沈阳使团贸易。赴北京使团贸易是指前往北京的使团于沿途及在京期间所进行的贸易。赴沈阳使团贸易是指赴沈阳的部分使团成员在沈阳及返程途中所进行的贸易。

清入关前，朝鲜岁币及三节方物都是送往沈阳，故朝鲜使团贸易主要在沈阳进行。清迁都北京后，仍令朝鲜将部分岁币送往沈阳。因而朝鲜使团在进入中国境内后于凤城或牛庄将岁币分为两部分：一部分由使臣带领送往北京，一部分另派一名团练使押送前往沈阳。送往沈阳的岁币由朝鲜派马匹驮运，交付后直接返回朝鲜。朝鲜使团趁机在沈阳进行贸易，以空马匹将货物驮回。因向沈阳运送岁币的首领是团练使，故而朝鲜史籍中称在沈阳进行的使团贸易为团练使后市，后也称"沈阳八包"贸易。团练使后市最初并没有得到合法贸易的地位，直至康熙中叶才逐渐得到朝鲜政府的承认，并由朝鲜政府规定其"包数"。朝鲜政府以其赢利补贴各地接待清朝使者的支出及支付朝鲜宫廷的一些特殊物资需求。

---

① 伊桑阿等纂康熙《大清会典》卷七十四《给赐·朝鲜国》，载沈云龙主编《近代中国史料丛刊》三编，文海出版社，1992，第3792页。

团练使后市在其鼎盛时期规模曾超过10个"八包",雍正五年(1727)进行削减。据记载,在雍正五年(1727)前沈阳八包数目中,义州府占六包,平安监营占二包,平安兵营占二包,松都(开城府)占二包,团练使占一包,总计十三包。雍正五年(1727)后,义州府占三包,平安监营占一包,平安兵营占一包,松都(开城府)占一包,团练使占一包,黄海监营占一包,共八包①。以一"包"为本金白银2000两计算,在雍正五年(1727)以前,朝鲜方面用于沈阳使团贸易的本金总额达白银2.6万两;在雍正五年以后,其贸易的本金尚达白银1.6万两。

与其他中朝贸易形式相比,团练使后市存在的时间相对较短。雍正七年(1729),朝鲜方面主动申请罢团练使,送往沈阳的岁币也不再由朝鲜方面派马匹驮运,而是入境之后由朝鲜使团雇用中国民间车辆运输至沈阳。在此申请得到清朝方面的批准之后,团练使后市或者说"沈阳八包"这种贸易形式也就不复存在了。严璹在《燕行录》中记载:"自昔年岁币方物,我国别差团练使马运至沈阳,沈阳受而车载入燕。雍正七年己酉,以团练使入栅交易有弊,罢之。我国输载马匹到栅还归,自栅至沈阳则令我国雇彼车以运。"② 朝鲜主动取消团练使后市,一方面是因为部分守旧的官员不愿意看到中朝间贸易规模的逐渐扩大,认为将有用之银大量输入中国购买无益的"唐货",对朝鲜有百害而无一利;另一方面则是因为团练使后市的利润主要归于义州府的商人,而其他地方的商人不得参与其中;更为重要的是,团练使后市以及在鸭绿江流域进行的中朝边境贸易的发展对朝鲜使团赴北京贸易构成冲击,因此与之相关的利益集团才积极呼吁取消团练使后市。雍正四年(1726)爆发的胡嘉佩索债案是朝鲜方面在雍正七年(1729)主动向清朝申请取消团练使后市的直接原因。胡嘉佩为辽东地区专营对朝鲜贸易的中国商人。雍正四年(1726),其向清朝上诉,指出有274名朝鲜商人拖欠其总计白银67 380余两货款,希望清朝出面讨债。清朝积极审理胡嘉佩一案,希望通过追讨朝鲜商人欠胡嘉佩的货款以抵偿胡嘉佩所欠政府的官银,但清朝最终却未能追回欠银。此案使得清朝与朝鲜之间的关

---

① 马大正:《中国东北边疆研究》,中国社会科学出版社,2003,第280页。
② 严璹:《燕行录》,载林基中编《燕行录全集》40册,东国大学出版部,2001,第163页。

系极为紧张，对中朝关系产生了负面影响。为避免引起矛盾，朝鲜方面主动申请取消了团练使后市。

（三）边境贸易

朝鲜与清朝之间的边境贸易主要在两个区域进行：一个是在鸭绿江流域，有中江后市、栅门后市、余马贸易、延卜贸易，在中国境内（贸易的集散地分别是中朝界河鸭绿江的江心岛屿、中国凤城的边门内外）；另一个是在图们江流域，有会宁开市、庆源开市，在朝鲜境内。就贸易的规模及其影响来看，鸭绿江流域中朝边境贸易的重要性要远远超过图们江流域的边境贸易。

在明清两代，鸭绿江下游入海之前水势分作三股，其中间一股朝鲜人习惯称之为中江，这也一直是中朝两国的界河。所谓中江后市，一般认为是指在中江的兰子岛上进行的中朝两国间定期的边境贸易。作为中朝两国间的边境贸易市场，中江后市的始设可上溯至明末。虽然清在入关前已经与朝鲜存在一定的边境贸易，但中江开市的正式恢复却是清入关以后的事情。清代，中江后市恢复之初，只存在官方贸易，"并不许私商随往"，后来才出现私人贸易。中江后市私人贸易的规模没有任何史料记载。朝鲜方面在康熙三十九年（1700）申请取消中江后市。其原因是栅门后市兴起，中江与栅门相距极近，故在朝鲜政府正式承认栅门后市的合法性之后，向清朝申请取消中江后市。在中江后市取消以后，鸭绿江两岸的走私活动开始兴盛。至清光绪年间，边门由原来的凤城移至鸭绿江边，中朝间的边境贸易重新在中江一带展开。清代，管理这一贸易的机构中江台的办公地点就在今辽宁省丹东市振安区九连城镇鸭绿江右岸马市村的老爷庙旧址。通过清朝存留下来的中江课税档案，可以统计和分析这一时期在中江一带进行的中朝边境贸易的规模。据光绪年间中江一带中朝边境贸易课税数额推断，年平均交易额约为白银23万两，当然，这还不包括没有上税的走私贸易在内。其交易额应比从前的中江后市多出10倍以上，由此可见19世纪末期中江一带中朝边境贸易的发达。

此外，清朝与朝鲜之间的边境贸易还有余马贸易与延卜贸易。

按规定，朝鲜使团在进入中国境内以后，其所携带的货物以及使团成员的日常生活用品全部改雇中国大车驮运前往北京，除使团成员骑乘的马匹之外，其余马匹以及马夫和相关人员从此返回朝鲜义州。朝鲜方面利用这一机会在中国境内进行贸易，将购买来的货物用这些马匹驮回，称为"余马贸易"。康熙二十九年（1690），徐文重在《燕行日录》中记载："大明于辽东置怀远馆，以待朝鲜使介。岁币方物自此替载车辆，还送团练使人马矣。丁丑后，仍用旧制，替载于牛家庄。"① 其书中所说的"丁丑"年是指清崇德二年（1637），也就是清朝刚刚与朝鲜确立宗藩朝贡关系的那一年。徐文重所说的旧例是指朝鲜与明朝交往时的"旧例"。朝鲜向明朝朝贡时，通常也是在牛家庄，后来曾一度在怀远馆改换中国方面的大车，并将多余的马匹遣回。因此，余马贸易的起源可以追溯至明代。而清代朝鲜的余马贸易应该始于其首次向清朝进贡的崇德四年（1639）。康熙十六年（1677）出使清朝的孙万雄在《燕行日录》一书中记载，使团在牛家庄"交付方物岁币于车夫，盖自此至北京，清人自转输也"②。洪命夏在《燕行录》中也提到，在牛庄"留方物交付清人"③。清代的牛家庄即今辽宁省海城市的牛庄，也称牛庄城。由此我们可以确定，余马贸易所涉及的地点是今中国辽宁海城牛庄以东的朝鲜使团沿途所经各地，主要是牛庄至凤城间各地。余马贸易的规模没有直接的史料记载。据孙万雄的《燕行日录》记载，该年使团总人数达719人、马630匹；其中前往北京的为310人、马225匹，"其余刷马及驱人，团练使秦柱国、明当领还湾上"④。余马贸易主要是朝鲜义州府商人与清朝辽东地区商人之间进行的贸易，但在其极盛时，甚至也有中国北京和南方的商人参与，自海路船运货物直抵牛庄海口，并在此将货物出售给朝鲜商人。

朝鲜使团购买大量商品自北京返回，雇用中国民间大车运输至栅门，而后换由朝鲜马匹驮运。由于使团所携带的马匹远远不够，因此每当使团返回时，义州府都要派出一定的马匹到栅门迎接，以帮助驮载货物，朝鲜称之为"延卜"。朝鲜方面利用这一机会，"延卜"时有意多派马匹前往，并驮运货物，在栅门附近与清朝商人交易，并将贸易所得货物用"延卜"马匹一并运回，因

---

① 徐文重：《燕行日录》，载林基中编《燕行录全集》24 册，东国大学出版部，2001，第 174 - 175 页。

②④ 孙万雄：《燕行日录》，载林基中编《燕行录全集》41 册，东国大学出版部，2001，第 328 页。

③ 洪命夏：《燕行录》，载林基中编《燕行录全集》20 册，东国大学出版部，2001，第 271 页。

此，朝鲜方面称迎接使团时在栅门附近进行的边境贸易为"延卜贸易"。而最初，义州府只是送"空马"去栅门迎接使团，并不驮运货物前往，因而也就不存在延卜贸易，所以朝鲜史料说延卜贸易"古则无是事"。据《朝鲜王朝实录》记载："逮至甲戌，延卜杂物略定数爻，其所买卖，不过关东物件。而十数年来，西商辈暗藏银货于杂物中，私结商胡，狼藉交易，其数至于四五万两"①。甲戌年，即康熙三十三年（1694），朝鲜政府规定了延卜贸易的本金基本额度，从此延卜贸易获得朝鲜政府许可。然而，随着贸易的发展，实际进行的贸易额早就远远超出了朝鲜政府规定的额度。朝鲜的领议政金致仁曾说："虽许限万两入送，而杂物异于银货，湾府利其收税，无所察饬，故万数之外，加入去者不啻三倍"②。延卜贸易中朝鲜用于与清朝交易的货物，不仅来自义州，而且来自朝鲜全境——虽然称为"湾货"，却并不都是义州府当地的土产，而是自朝鲜半岛各地运到义州府的。随着延卜贸易的繁荣，赴北京使团的私人贸易受到巨大冲击，当时朝鲜方面对此现象也有着清楚的认识，总结为："杂物则无年不丰，八包则无年不空"③，即随着延卜贸易的年年丰收，赴北京的八包贸易却年年落空。而在讨论是否应该取消延卜贸易时，朝鲜君臣多数认为对国家和边境人民均有益处，不可立即讨论罢革，实际上是建议维持延卜贸易。而延卜贸易的衰落，最主要的原因是受到新兴起的栅门后市的冲击。

在朝鲜史料中，常将栅门后市混同于延卜贸易。但是，通过对清朝文件的考察可以发现，栅门后市与延卜贸易两者存在明显的区别。据《户部知会罢拦头咨》所载：

> （康熙）二十九年间，盛京户部侍郎帕海具题，前往朝鲜定税之原任员外郎今升侍郎登德，将胡朝辅之子胡嘉佩等十二买卖人，承认自京拉到凤凰城朝鲜国包子，除每年额征税银二千两外，至颁历、进贡朝鲜人等，共在凤凰城贸易八日，买卖人照例每两征税银三分，计数多得银二千余两。④

---

① ③ 《朝鲜正宗实录》卷二十一，正宗十年正月辛亥。
② 《朝鲜正宗实录》卷二十三，正宗十一年五月戊子。
④ 郑昌顺等编《同文汇考》原编卷三十九《蠲弊·（清）户部知会罢拦头咨》，韩国国史编纂委员会，1978，影印本。

史料里所提到的"胡朝辅之子胡嘉佩等十二买卖人,承认自京拉到凤凰城朝鲜国包子",是指康熙二十九年(1690),"正黄旗胡嘉锦佐领下胡朝辅等十二人,情愿照驿站官常祥交与之例,每年认税银二千两交部"①,即承包赴北京朝鲜使团的货物运输。在康熙二十九年(1690)以前,朝鲜赴北京使团的货物交由清朝驿站代为运输,贡物及使臣日常用品由驿站免费运送,用于八包贸易的货物则由朝鲜使团向清朝驿站支付运费,驿站官员由此项收入中上缴白银 2000 两作为税金。后来,此项运输成为驿站方面颇为沉重的负担。因此,胡朝辅等 12 名商人主动向清朝政府申请,由其负责运输朝鲜使团用于八包贸易的货物,并向清朝上缴税银 2000 两,得到了清朝的批准。自康熙二十九年(1690)起,除朝鲜使团所携带的贡物和使臣日用品仍由清朝驿站免费运送之外,其他货物皆由被称为"揽头"的这 12 家商人负责运输。这 12 家商人从清政府那里得到了垄断朝鲜使团货物运输的权力。康熙三十九年(1700),这 12 家商人又向清朝申请,在每次朝鲜使团返回时,在凤城与朝鲜方面贸易 8 天,并按照每两白银三分的税率向清朝上缴贸易税,得到了清朝的批准。由此,12 家清朝商人操持的在凤城为期 8 天的贸易才是所谓栅门后市。正是由于栅门后市与延卜贸易都是在朝鲜使团返回时在栅门附近进行的,所以很多记载才误将二者混为一谈。但实际上栅门后市比延卜贸易的起源要晚。正是由于清朝方面在凤城新设了栅门后市,朝鲜方面才相应地申请取消了原来的中江贸易,从而使鸭绿江流域的边境贸易集中在栅门与凤城一带进行。

然而,延卜贸易并未消亡。大体而言,凤城的栅门后市是指在中国境内进行的边境贸易,而延卜贸易则是在边门附近进行的边境贸易。两者虽然都是在朝鲜使团返回时进行,但栅门后市按清朝方面的规定,为期 8 天,有着明确的期限;而延卜贸易却并不存在相关的规定。不过,清朝规定贸易期限为每次开市 8 天很快便被打破了。

康熙六十一年(1722)十月初一日,朝鲜议政府向清朝状告"揽头"有意推迟朝鲜货物出关的时间。雍正元年(1723),因朝鲜政府提出诉告,清朝正式取消了揽头的垄断专营权。朝鲜方面用于八包贸易的货物此后由朝鲜使团任

---

① 郑昌顺等编《同文汇考》原编卷三十九《蠲弊·(清)户部知会罢拦头咨》,韩国国史编纂委员会,1978,影印本。

意雇用中国人的车辆运输,"其进贡包子照原定之例,仍动驿站车辆拉运,嗣后朝鲜人等雇车拉运伊等买卖包子,不许高抬脚价"①。"揽头"取消后,栅门后市却一直存在,直至清末将边门由凤城附近移至鸭绿江边,栅门后市才与复兴的中江后市合而为一。

(四) 近代中朝贸易的调整

19世纪末,在列强的逼迫下,清朝与朝鲜不得不改变以往的闭关锁国政策,在新的世界环境中,中朝双方开始对传统的宗藩朝贡关系进行一定的调整。1876年2月26日,朝鲜与日本在江华岛签订《江华条约》(又称《丙子修好条约》《朝日修好条约》)后,日本的势力迅速向朝鲜半岛渗透,这引起清朝方面的警觉,清朝主动与朝鲜进行调整,尤其是在双方的贸易关系方面。1882年7月,朝鲜大臣鱼允中等到达天津,面见天津海关道,申请变通旧例,议定两国间新的通商章程。同年10月11日,李鸿章与鱼允中议妥清朝与朝鲜的通商章程并上奏朝廷。同月23日,得到上谕批准。光绪八年(1882),清朝与朝鲜签订了《中朝商民水陆贸易章程》,这是清朝与朝鲜政府正式签订的第一个通商条约。至此,两国以条约的方式正式确定传统边境贸易形式的终止。同时,也废止了具有宗藩朝贡特色的朝鲜给予清朝官员的各项招待及礼物。又统一进出口货物税率,除朝鲜的红参为百分之十五外,余皆为百分之五。史料记载的光绪时期的中江互市,指的就是在此章程规定下的中国栅门与朝鲜义州之间的边境贸易,而非传统的"中江后市"。签订《中朝商民水陆贸易章程》,成为两国间贸易由传统的宗藩朝贡体制之下的贸易完成向近代国际贸易转型的契机。此后的中朝贸易具有近代国际贸易所具有的共性特点。

在《中朝商民水陆贸易章程》签订后的第二年,即光绪九年(1883),清朝与朝鲜就栅门与义州、珲春与会宁之间的边境贸易又分别签订了《奉天与朝鲜边民交易章程》《吉林朝鲜商民贸易章程》。其中,《奉天与朝鲜边民交易章程》共有22条,《吉林朝鲜商民贸易章程》共有16条,对两处边境贸易的具体问题做出了相关的规定。至此,清朝与朝鲜之间的边境贸易最终完成了由宗

---

① 郑昌顺等编《同文汇考》原编卷三十九《蠲弊·(清)户部知会罢拦头咨》,韩国国史编纂委员会,1978,影印本。

藩朝贡特色的边境互市到近代国家间边境贸易的转型。更为重要的是,《中朝商民水陆贸易章程》中还规定,中朝两国间取消海禁,开放海路贸易。而中国的牛庄(今辽宁营口)、大连、烟台成为对朝鲜贸易的主要港口。

此后,海上贸易逐渐成为清朝与朝鲜间贸易的主要形式。自光绪九年(1883)之后,中国与朝鲜之间的贸易呈快速发展之势;因甲午战争,1895年出现低谷。随着中国的战败,中国失去了对朝鲜的宗主权,但中朝两国之间的贸易并未受到影响。至1896年,中朝贸易就已达到甲午战争前的水平,而且此后还有相当大的发展。由此可见,中国与朝鲜间的边境贸易由传统的宗藩朝贡体制下的贸易完成向近代国际贸易的转型之后,对两国经济有良性影响。然而,日本吞并朝鲜后,中国与朝鲜之间的贸易又发生了剧烈变化。

清代,中国与朝鲜之间的贸易无疑对辽宁地区产生了深远的影响——丰富了辽宁地区的物质生活,推动了辽宁地区的经济发展。随着两国使团贸易与边境贸易的展开,作为朝鲜贡道冲要的辽宁地区,从贸易中获得了直接的利益,其经济发展甚至对鸭绿江流域的边境贸易具有相当大程度的依赖性。同时,贸易的发展增进了辽宁地区与朝鲜乃至东亚人民的联系。需要指出的是,清朝与朝鲜之间贸易的发展,使得辽宁地区成为由中国江浙至日本列岛东亚贸易链中最为重要的一环。以纺织品为例,我们可以明显看出一个东亚商品流动的贸易链。中国的纺织品自其产地苏杭一带沿大运河北上,由中国商人运往北京,并在北京出售给朝鲜商人,由朝鲜商人经辽宁境内运往朝鲜,除于朝鲜半岛消费外,还有一部分由朝鲜商人沿朝鲜东海岸运往釜山,并在釜山出售给日本商人,再由日本商人跨海运销日本列岛。与此同时,作为交换的代价,日本列岛出产的"莱银"登陆朝鲜半岛,再由朝鲜商人携往北京,最终作为货款由北京商人支付给苏杭一带的纺织品生产者。

二、朝鲜文人在辽宁地区的精神文化交流

清代,朝鲜文人在辽宁地区的文化交流多发生于朝鲜使团觐见清代皇帝途中。清代,朝鲜使团的活动以在北京城为主。但若仔细研究后就会发现:朝鲜

使团的燕行（前往北京）路线自康熙十七年（1678）固定下来，由义州渡过鸭绿江后，在中国境内总计 2019 里。其中，从镇江城（今辽宁省丹东市九连城镇）到山海关属于今辽宁地区，行程为 1352 里；从山海关到北京为 667 里。①据此可知，朝鲜使团在盛京地区的行走里程占燕行路线的三分之二以上，从而揭示出这样一个重要事实：朝鲜使团在中国境内的文化交流活动有一大部分发生在盛京地区。朝鲜使团在辽宁地区停留的具体时间，根据嘉庆六年（1801）出使北京的朝鲜使团官员柳得恭的具体记载："三月初三日渡鸭绿江，十一日到沈阳，十九日到宁远，二十二日入山海关。二十四日过抚宁县到永平府，二十六日到丰润县，二十七日到玉田县，四月初一日入燕京。五月初三日还发宿通州，十二日出山海关。二十一日到沈阳，二十七日到栅门，三十日还渡鸭绿江。六月十一日还京师。往返凡一百七日，留燕馆者三十二日。"② 由上可知，柳得恭去北京时，过鸭绿江至山海关为 19 天，归程自山海关到鸭绿江为 18 天，合计 37 天，比"留燕馆者三十二日"还多 5 天。由此可知，他在路上有一个多月的时间。由于清代驿站往往只有站丁十几人，所设立的临时馆所很难容纳下多达数百人的朝鲜使团。而担任朝鲜使团正、副使之人多为朝鲜李朝显贵，不愿忍受驿站馆所的简陋，宁可临时租住民宅。因此在这段时间势必会与辽宁地区人民产生文化交流。尤其是清代前期，盛京地区满族居民多于汉族，朝鲜使团沿途住宿的房主人也多是满族人。满族风俗纯朴，对远道而来的朝鲜客人更是热情好客、无微不至。

顺治六年（1649），朝鲜以仁兴君李瑛为"谢恩兼冬至、正朝、圣节岁币使"，率使团前往北京。仁兴君一行于当年十一月二十三日傍晚进入凤凰城，在不通语言的情况下，受到主人的热情款待。主人对其礼敬有加。因为客人是朝鲜王子，主人不肯上炕与之对坐，而是蹲在地上用餐。在颇受儒家礼仪熏陶的仁兴君李瑛看来，房主人对客人礼遇确属发自内心，因此大为感动，认为使团

---

① 佚名：《赴燕日记·路程记》，载林基中编《燕行录全集》85 册，东国大学出版部，2001，第 24–25 页。

② 柳得恭：《燕台再游录》，辽海丛书本，辽沈书社，1985，第 763 页。

人员若是在这种情况下"傲然自尊",简直就是"罪人"。① 康熙五十八年（1719）三月二十九日,朝鲜使团行至边城（今沈阳市于洪区一带）,在住宿时,遇到了一位沉默寡言的满族人,根本不计较朝鲜使团给他多少房租,当看到住在家中的朝鲜客人不适应此地的泉水味道,就亲自挑着水桶到远处取回味道好的泉水送给家中客人喝,而且不要一文钱。不仅这位房主人这样做,而且朝鲜使团正使、书状官住宿的满族房主人同样到远处挑水送给客人,故朝鲜使团官员齐声称赞"此村有仁厚之风"②。盛京地区满族群众天性善良仁厚,大大改变了清初朝鲜使团人员心中将辽宁地区的满族人当作夷狄野蛮人来看待的印象。

清朝为了维持八旗军队的战斗力,在盛京地区大力提倡"国语骑射",维护满族固有习俗,致使当地文化事业发展较关内缓慢。康熙三十年（1691）,清朝在盛京城中设立八旗官学,选八旗子弟入学读书,学习内容为满、汉两种文字,以培育地方人才和参加科举考试。府、州、县等民治机构虽然设有学习汉文化为主的儒学,然而广阔的盛京地区儒学数量太少,根本不可能满足当地人学习文化的需要,当地人若想学习文化,只能在私塾中读书。嘉庆八年（1803）,朝鲜冬至使团路过甜水村（今属辽宁省辽阳县）时,书状官徐长辅发现有学堂在九圣祠内,群童围坐,具有相当规模,分别有读《诗》《论语》《春秋》之人,而齐声朗诵,不辨其句读音语。此外,桌上摆有《八股诗》《五经辨》等科举考试用书,显然这所私塾性质的学堂是为科举考试而设立的。

同时,在辽宁地区,朝鲜人也有因缘际会得以与汉人相识交往的。宁远城（今辽宁省兴城市）汉人王宁潘,14 岁时曾结识朝鲜使团书状官宋相琦,被宋相琦称为"聪秀"并载入其日记中。朝鲜著名学者金昌业闻知,来中国时两度相访王宁潘。康熙五十一年（1712）,金昌业借随同朝鲜使团出使北京之际,途经宁远城时,向当地人打听王宁潘的住处。王宁潘此时成了武生,听到消息后主动前往使团驻地见金昌业,并要以书相赠。金昌业说赠书是为不忘故交之意,无论何种书均可。王宁潘便让他等着,他回家取书,片刻回来带有歉意地说:"今得《春秋》一部旧弊,不敢烦寄宋公,聊表寸意。"双方相约等金昌业

---

① 仁兴君李璄:《燕山录》上,载林基中编《燕行录全集》19 册,东国大学出版部,2001,第 521 – 522 页。

② 赵荣福:《燕行录》,载林基中编《燕行录全集》36 册,东国大学出版部,2001,第 232 页。

归途时取书带给宋相琦。第二年金昌业归国途中再至宁远城，仍然没有忘记去王家取书。但王宁潘此时外出未归，他的侄子王眉祝来见金昌业。于是金昌业问："尊叔曾以《春秋》一部要送宋老爷，君亦闻此事否？"王眉祝答称："我家叔未曾得此文稿。"然后起身而去，很快他带回来一套"今人诗文类抄之书"，告诉金昌业说："此书也是我家叔有言要拿送宋公。"① 金昌业收下此书，又应王眉祝的请求，送给他紫金丹、拜苏合元、九味清等药物及别扇一把。金昌业出国之前，对王宁潘充满仰慕之情，当他发现其由当年的翩翩文生变成了赳赳武夫时，同时又在归途中未见到王宁潘，心中难免会有失落。但是他从王宁潘侄子手中得到了诗文抄本，并对王眉祝的求药求扇给予满足，也体现了朝鲜文人的儒雅风度。

此外，雍正十年（1732），朝鲜谢恩兼进贺使团行至十三山驿站（今属辽宁省凌海市），使团正使李宜显得知驿丞林玠以善刻图章知名，忙派译官相请。据李宜显记载，林玠时年32岁，俩人碍于言语不通，便以笔谈。李宜显拿出他之前托使团人员在北京所刻图章印本，以及本国金益谦所刻印本，请林玠鉴赏。林玠对此一一点评。李宜显对林玠的品评颇为认同，还说愿意请林玠指点改正。后因李宜显未随身携带印石，林玠主动表示愿意送他两颗。离别之际，林玠相约李宜显在朝鲜使团返程时再见，同时对朝鲜客人表现出高度的尊敬。而李宜显对林玠的评价也颇高，称赞其为"雅士"②，同时对林玠在交流中所体现出的全面文化"素所折服"，并未因林玠处于社会下层驿丞而对其有丝毫的怠慢。

乾隆三十一年（1766），朝鲜著名学者洪大容随使团从北京归国途中，出山海关后在八里铺过夜。时为三月初九。傍晚，有两人来到洪大容的住所求见，他将客人迎入屋内问其来意，来客表示见到使团大人时再说。来客中一人姓孙，另一人称其为"老爷"，洪大容便问孙老爷现任的官职。孙答称："进士出身，未及补官。"③ 洪大容遂带孙进士去见他的叔父，宾主分坐炕上。孙进士先问洪大容叔父及其他使臣的官职品级、朝鲜国内的科举制度以及诗文所尚。然后孙进士自称有病，希望能得到清心丸。不过因孙进士举止颇为骄傲，洪大容与在

---

① 金昌业：《稼斋燕行录》，载林基中编《燕行录全集》32册，东国大学出版部，2001，第328页。
② 李宜显：《壬子燕行杂识》，载林基中编《燕行录全集》35册，东国大学出版部，2001，第490页。
③ 洪大容：《湛轩燕记》，载林基中编《燕行录全集》49册，东国大学出版部，2001，第120页。

场的几人见状，就想难为一下孙进士。一般而言，朝鲜使团人员在盛京各地所遇文士多为下层知识分子，在文化交流中优越感较强，较少见到对他们傲慢不恭之人，因此看到如此情形，有此想法也在情理之中。洪大容一连向孙进士提了十个问题，其中涉及不少历史典故和辽东现实的问题，没想到孙进士不仅有问必答，而且知识极为广博，在谈话中解决了许多朝鲜使团人员的诸多疑惑，甚至补充了清朝官方记载的不足，因此双方谈话直至深夜，仍意犹未尽，而最后洪大容也心甘情愿地送其一枚清心丸。

由上可知，清代在朝鲜使团出使北京的过程中，由于辽宁地区与朝鲜之间的地缘关系，因此使团在辽宁地区行走时间较长，停留地点也较多。这不仅使辽宁地区成为清代中国与朝鲜半岛文化交流最为频繁和最为活跃的地区，也使得其在中国与朝鲜半岛文化的交流中具有举足轻重的地位和作用。

三、近代朝鲜越境移民及文化影响

晚清时期，大批朝鲜平民越境潜入中国东北地区。其流入渠道及移居范围大致有两个方向：一是朝鲜西北部的边民越过鸭绿江北岸的中国东边道边外地区定居；二是朝鲜东北部的边民越过图们江，到北岸的中国延边地区定居。而19世纪60年代以来，图们江和鸭绿江以北一直都是朝鲜移民的主要聚居区。

咸丰十年（1860）至同治九年（1870），朝鲜北部连年发生历史上少有的水灾、旱灾和虫灾，民不聊生，饿殍遍地。饥饿的农民，扶老携幼，不顾禁令，纷纷渡过鸭绿江和图们江，私垦定居。同年十一月，盛京将军玉明遵旨奏报东边道一带流民私垦情形：自东边门外至浑江，东西宽百余里至二三百里不等，南北斜长一千余里，多有垦田、建房、栽参、伐木等事。自浑江至叆江，东西宽数十里至三四百里不等，南北斜长二千余里，情形与前大致相同。其流民聚集甚众，已有建庙、演戏、组织团练等活动。且其屯聚地方又多与朝鲜边境毗连，朝鲜民人也有越垦者。同治皇帝上谕说："随时察看情形，总期于潜移默化之中，寓杜渐防微之意，以期周密而昭慎重。"① 仅同治九年，鸭绿江北岸就出现了 28 个朝鲜移民聚居乡。

同治十一年（1872），朝鲜原昌郡官吏崔宗范等人受郡守之命对鸭绿江北岸一带进行 40 多天的调查，发现自咸丰十年（1860）以来，从朝鲜迁入的垦民，上自朝鲜三水郡仁遮对岸，下至朝鲜厚昌对岸清金洞四百里之间有朝鲜流民 18 个部落 193 户 1673 人；上自清金洞下至三道沟（板乃洞）往返路之间 150 里有朝鲜流民 277 户 1466 人②。

光绪元年（1875），清朝为了加强边防和增加财政收入，废除了奉天省的封禁令，后来又设抚民局，招民垦荒。光绪九年（1883），清朝与朝鲜先后签订了《奉天与朝鲜边民交易章程》与《吉林朝鲜商民贸易地方章程》，基本上废除了鸭绿江下游的边禁。虽然解禁措施的目的是清朝为增加收入强化边防，而且其准入对象也限于关内的中国流民，但客观上为朝鲜北部流民的流入提供了可乘之机。同年，集安、临江、新宾等县就有了 3.7 万多朝鲜移民人口。光绪十七年（1891），朝鲜国王向平安监司闵丙奭问及边情时，闵丙奭回答说："本道边九邑，接壤彼界。我民之越去者，不下十余万。"③ 据文献所记：到光绪三十年（1904），我国东北地区的朝鲜移民总数已达到 5 万户 30 多万人口④。光绪三十一年（1905），边外南路的安东、凤城和宽甸有 1190 户 4920 余人⑤。

宣统二年（1910），日本帝国主义吞并朝鲜后，朝鲜人民生活更加艰难。反对"日韩合并"的爱国志士、义军和惨遭祸殃的农民也纷纷涌入东北各地。进入我国东北的朝鲜移民数量急剧增长，形成了第二次移民高潮，主要分布在图们江和鸭绿江以北，少数朝鲜移民再迁至奉天和北满等地。

晚清时期迁入东北地区的朝鲜移民，根据其迁移动因与社会地位，大体上可分为三种成分：第一种成分是忍受不了饥饿和压迫，背井离乡迁入我国东北

---

① 《清穆宗实录》卷八十五，同治二年十一月丙辰。
② 衣保中：《近代朝鲜移民与东北地区水田开发史研究》，南京农业大学博士学位论文，2002，第 10 页。
③ 《朝鲜高宗实录》卷二十八，高宗二十八年五月戊寅。
④ 陶增骈主编《东北民族教育史》，辽宁大学出版社，1994，第 443 页。
⑤ 朝鲜族简史编写组：《朝鲜族简史》，延边人民出版社，1986，第 5 页。

的贫苦农民，大约占90%；第二种成分是反对日本帝国主义侵略的爱国者，大约占3%；第三种成分是抱着赚钱发财目的来到我国东北的小资产阶级和自由职业者，他们在移民比例中大约占7%。这一时期占绝大多数的朝鲜移民在刚刚迁移过来的时候生活十分困难，除了一部分自由职业者与私垦土地者外，大部分同我国关内来"闯关东"的汉族移民一样遭受着封建地主的压榨和剥削，"农民中百分之九十八为佃农，移居以来一直靠借贷为生，向地主借农业资产和生活费用以维持生活，年年如此"①。李勋求在调查黑龙江地区的201户朝鲜移民中发现，不负债务的只有3户。他们称满族人为"商力密"（尊称），而自称为"娘伴呢"（有唐人之意）。这也反映了朝鲜移民在当时的社会地位。总的来说，这一时期朝鲜移民多数是以难民、雇工或佃户的身份出现的。从职业构成来看，以从事农业者居多。"日韩合并"前，朝鲜垦民基本上是因为生计艰难而迁入的。

朝鲜移民因为社会地位普遍不高，所以迁入东北后，绝大多数人从事农业劳动。朝鲜移民在东北试种水稻成功，为辽宁地区乃至东北水田的开发作出了一定的贡献。虽然在渤海国时期东北地区就已经有水稻种植，但后来水稻生产中断，没能延续下来。清代前期只在盛京地区附近有水稻种植。19世纪中期东北水田农业再次出现，但这并不是辽东水稻耕作的完全继承，朝鲜移民传播也有一定的功劳。19世纪中期到20世纪初是水稻种植的试验阶段，水稻栽培的范围和规模都比较小，但南满地区朝鲜移民已经在种植水稻。朝鲜移民于道光二十六年（1846）在浑江河口附近种植水稻，咸丰十一年（1861）在安东（今丹东）的三道浪头试种水稻。光绪元年（1875），朝鲜流民在通化县上甸子、下甸子等地试种水稻成功，很快推广到邻近的兴京、柳河、桓仁等地。光绪十六年（1890），汤山城一带朝鲜移民栽培水稻获得成功。随后，凤凰县内的沙里塞、陡沟子、南岔沟和岫岩县葵家岭一面坡等地也出现了水稻种植。大约在光绪二十六年（1900），延边朝鲜族聚集地区才开始栽培水稻。吉林延边地区的朝鲜移民虽多，但大多来自朝鲜北部的旱田地区，缺乏水稻种植技术与经验，而且迁入初期大都住在不适宜农业耕作的山坳之中，再加上气候寒冷等原因，

---

① 李德滨、石方：《黑龙江移民概要》，黑龙江人民出版社，1987，第145页。

故其水稻种植较晚一些。随着朝鲜移民的不断迁入,水稻种植区域也不断扩大。光绪三十一年(1905),从通化、桦甸等地迁来的朝鲜移民在永吉县的鳖龙河、五里河、牤牛河、团山子一带开水田300余垧。宣统二年(1910)以后,永吉县的江密蜂、太平乡、新安屯、杨家乡的大裕屯、大岗乡的东响河、西响河、三家子等村屯都有朝鲜移民种植水田。因此,到20世纪初,东北的水田大多是朝鲜移民开发的。但由于东北农业仍以旱田为主,不重视水田的开发,故朝鲜移民种植水稻多处于试种阶段。随着稻米种植逐渐在辽宁地区推广,本地人民的饮食结构发生了一定的变化,稻米在日常生活饮食中的地位也在逐步提高。

火炕虽然是北方地区普遍存在的御寒方式,但在长期的发展过程中,同一地区的不同民族也会有不同之处。朝鲜传统民居中的火炕为大炕,又称"满屋炕",是朝鲜民居的一大特色。所谓"满屋炕",是指除厨房外,所有屋内均为大炕。在迁入初期,柳条炕较为常见,山区中则以石板炕居多。后来,朝鲜移民民居中也出现了南北炕和一面炕等新的形态。这些本是满族民居中的火炕形态,朝鲜移民吸收并加以改进,形成了新的类型。由于朝鲜民居是满屋炕,拜访时,进屋必须脱鞋。而火炕与辽宁地区人民的生活密切相关,影响着人们的居住生活等方方面面。此外,朝鲜移民深受儒家文化的影响,传统婚姻礼仪十分讲究,要经过纳采、问名、纳吉、纳徵、请期、亲迎六种礼仪程序。朝鲜旧式的婚娶方式有"半亲迎"和"亲迎"两种。前者是结婚当天在新娘家举行完婚礼,住上两天后,第三天新郎才领新娘到婆家接受"大桌",行舅姑礼。受汉族迎亲方式的影响,"半亲迎"形式逐渐衰退至消失,现在多为"亲迎"。"亲迎"是新郎在新娘家举行完婚礼的当天,直接将新娘领回家,是"女嫁"和"男娶"同时进行。在杂居地区,朝汉通婚也较以前有所增加,主要是散居的朝鲜族家庭比较容易接受与异族通婚。

移民构成了近代东北社会的主体,移民将原住地先进的生产及生活文化也带入到了辽宁地区。他们同辽宁地区原有民族一起对辽宁地区文化产生了巨大影响,创造了一个崭新的东北区域社会。新型辽宁地区文化既保留了原生态文化,又吸纳了由移民行为而传播进来的中原文化与朝鲜半岛文化。这种兼容并蓄而又异彩纷呈的文化形态,既是中华文化的一个缩影,又是博大的中华文化的体现。它与辽宁地区原生态文化所具有的精神特质是一脉相承的,体现着辽宁地区的精神风貌和社会生活样式。但是，近代朝鲜移民大多是生活在社会最底层的贫苦农民，既缺少富商大贾，又缺少启蒙知识分子。因此，他们所传承下来的文化也基本上不是传统的精英文化。这对辽宁地区文化的形成产生了一定意义上的负面影响。这种移民文化底蕴太薄，过分依赖资源，缺少独立思考、自我反省和批判的精神，在解决生存危机后，容易形成惰性，缺乏忧患意识和主动进取的精神。

第二节 近代列强对辽宁地区的影响

辽宁地区以其重要的战略地位和丰富的矿产等工业资源闻名于世。旅大地区位于黄海、渤海之滨，辽东南端，号称"东亚第一要塞"，长久以来为各近代列强所觊觎。近代史上发生的中日甲午战争、日俄战争，皆以侵占中国的东北（包括辽东半岛）为主要军事目标。列强对辽宁地区的影响可以从两方面来了解：一方面，其对侵占地区实行带有侵略性质的经济文化政策；另一方面，具有资本主义化及近代化的因素。

一、英国初始浸染

列强对近代化港口城市的侵略和控制尤为明显。英国作为近代最早觊觎辽宁地区港口城市的列强，早在鸦片战争时，就不断侵扰。1840年8月21日，英舰驶进辽东半岛东岸。次日，英舰"布朗底""摩底斯底""衣那"等兵舰侵犯复州（今瓦房店市）所属长兴岛、塔山海域。三舰驶达，随即靠岸登上长兴岛和交流岛。英军登岛后，对该岛进行侦探和侵扰。起初还出钱购买食物，后开始公然抢劫耕牛、粮食，以补充物资供给。随着林则徐被撤职查办，英军舰队南返广州。侵入辽东半岛的英舰也渐次离开复州湾，但又于9月17日侵犯辽南海域及沿海地区。第一次鸦片战争期间，英国侵略者侵占辽东半岛的时机还不成熟，清朝对"龙兴之地"的辽宁地区有较为强硬的防御政策，加上辽宁地区人民的抵制和反抗，使得英军骚扰月余便迅速离开。

第二次鸦片战争期间，英国首先侵占旅大，欲把旅大作为它侵略中国的基地。英法联军于咸丰十年（1860）春天入侵大连湾。二月，英军计划由舟山直驶大连湾，然后伺机攻占大沽口。七月初，停泊在大连湾的英国军舰最多时达到157艘，登陆的英军有5000余名，在青泥洼、大孤山、二道河子、白石洞等处搭盖帐房1000余间。他们将东西青泥洼（大连）的民房强行占踞，又在该处并大孤山、小孤山、二道河子、白石洞等处前后共搭帐房1000余间，骑马持械，抢劫牲畜食物，且在居城最近的三里庄山上用望远镜窥看城池①。英军在占领大连湾后，肆意拆毁民房，搭盖帐房，乱放枪炮，抢掠牲畜，建立进攻北京和天津的军事基地。失去家园的大连湾居民不得不弃家外逃，流离失所，走上逃荒之路，曾经繁华的大连湾呈现出一片荒凉景象。英国侵略者一度妄想永久占领辽东半岛，把他们占据的许多中国地方都改成了英国名字。诸如把黑嘴子改成"维多利亚湾"、小孤山改为"贝尔湾"、大孤山改为"奥甸湾"、旅顺口改为"亚瑟港"、复州湾改为"亚当湾"等。

实际上，英国受各种条件所限，并没有实际控制辽宁地区南部。而是通过中英《天津条约》、中英《北京条约》等一系列不平等条约攫取了当地的各种特权，其中对辽宁地区的经济文化生活冲击尤为明显的是"营口开埠"。

最初条约规定牛庄为通商口岸。牛庄本为辽宁古镇，隶属海城县。明清以

---

① 王魁喜等：《近代东北史》，黑龙江人民出版社，1984，第47页。

来，即为南北商人交易的重要城镇。特别是福建、江浙数省的商人海船皆由三岔河行至枭姬庙河口登岸，在牛庄卸货。故牛庄是辽宁地区重要的贸易商埠。英、法侵略者从商业利益考虑，强迫清朝开放牛庄为通商口岸。但牛庄开埠时，英国驻牛庄领事密迪乐乘兵舰至牛庄考察后发现，牛庄距海口很远，而且辽河下游海口泥沙淤积，轮船进入十分困难。后英国政府派人考察发现了条件远优于牛庄的营口，并将其辟为商埠。名义上是牛庄开埠，实为营口开埠。在此后的交涉文件中，所说的牛庄就是营口。

营口正式开埠，成为辽宁乃至东北第一个对外通商口岸。营口原本也是贸易繁华之地。更为重要的是，营口在开埠前就已经成为辽宁乃至东北地区的贸易中心和金融枢纽。营口有准金融机构——营口过银炉，并有自己的硬通货标准——营口过炉银。营口过炉银的信誉极高，开始时以现银交付，当贸易量扩大后，变成支票信用交易。即炉银置于"银炉"内不动，买卖双方以支票形成交易，记账付票则完成一次交易。到三、六、九、腊月四个月的初一，可凭票去"银炉"兑现，到期不兑者，可予追加利息，绝无缺付亏空现象发生。营口的贸易地位和方便的港口与航行条件能够满足英国的要求。营口开埠极大地改变了辽宁地区的经济文化生活。

营口开埠后，英国便在营口首先开设老沙逊洋行、远东洋行、瑞林洋行。此后，各国在营口纷纷设立洋行。至清末，外国在营口设立洋行有17家之多。洋行一般是大型或超大型的商业机构，具有控制市场、垄断贸易的政治和经济实力。辽宁本地的商贸并不是外国资本的对手。再加上"关税协定"及"子口半税"，在商贸关系中中国商人处于绝对的劣势。海关称"母口"；内陆各关称常关，又称"子口"。原本中国仍保有内陆各关的税收自主权，洋商入口通过海关后，商品进入内陆，仍要受到中国内陆常关的控制。外国人为彻底摆脱中国关税的约束，于中英《天津条约》中规定"子母半税"制。也就是海关按规定进口征收5%的关税，进入内陆只要交纳海关关税的一半，即2.5%。这样一来，洋货进入内地只交7.5%的税，而中国商人面对的是层层设卡、处处抽厘。

同时，营口开埠后，辽宁地区民众的各个领域也深受影响。根据中英《天津条约》，英国于咸丰十一年六月十一日（1861年7月18日）在营口设立领事

第五章 外来文化影响

图 5-2 营口基督教堂

馆。此后,法国、瑞典、日本、荷兰、美国、俄国也相继在营口设立领事馆。营口最主要的街道和繁华市区"东营子"成为领事馆区和租界区。按照中英《天津条约》片面最惠国的规定,所有上述国家都享有中英《南京条约》中的"领事裁判权"。而且中英《天津条约》还规定:"英国民人,在各门并各地方意欲租地盖房,设立栈房、礼拜堂、医院坟茔,均按民价照给。"[①] 各国领事进驻营口后,还驻扎军队、修筑军事设施等。在这些特权之下,辽宁地区人民受尽压迫,也给他们带来了前所未有的影响。1866年3月,美国驻营口领事赖特的仆人与持地民人金某因故发生口角争端。赖特仆人带着四名美国士兵持枪闯入金某住宅行凶,双方互有轻伤。海城知县闻讯后出面调查处理,而美国领事馆则派出二十多名士兵再次闯入金宅,枪杀1名中国人,重伤4人。知县见事端严重,将金某及同伴拘捕至县衙。而美国领事率兵闯入海城县衙,迫使知县

---

① 《天津条约》,转引自王铁崖:《中外旧约章汇编》第1册,生活·读书·新知三联书店,1957,第57页。

严惩"凶手",并要求烧毁金某住宅。海城知县在赖特的武装压力下,公审了金某,将金某及同伙4人拘捕入狱。在美国人的武装监督下,烧毁了金某的住宅,赔偿白银2000两。显然,这是在政治与司法领域完全扭曲了中国传统模式。此外,外国基督教势力也随着营口开埠进入辽宁地区,以传教为名对辽宁地区人民进行宗教宣传,并进行各种侵略活动。实际上,辽宁地区的文化具有开放性。以宗教文化而论,佛教、伊斯兰教、基督教很早就进入辽宁地区并生根。基督教在辽宁地区受到抵制和反对是因为其在"圣经"掩盖下的侵略势力。我们不应否认在基督教的众多传教上中,不乏虔诚、正直、以传播上帝福音为宗旨的传教士,传播一些西方的新思想和科学文化知识,对辽宁地区文化有一定的正面影响。但是,在基督教传入辽宁地区时,辽宁地区的文化结构是稳定的,辽宁地区的民众有着完整的自我文化认同。所以,辽宁地区的反洋教运动表现了辽宁地区人民英勇不屈的性格。

二、俄国对大连的城市建设

俄国对于中国尤其是中国东北一直有着强烈的领土野心。末代沙皇尼古拉二世曾经不断地强调说:"从长远看来,特别关心东亚事态的发展,在东亚确立和扩张俄罗斯的势力,正是我们统治世界的课题。"① 俄国远东政策的核心首先就是侵略中国。其重心在于武力占领东北,梦想把东三省变成它的乌克兰那样的"小俄罗斯"与"白俄罗斯"那样的"黄俄罗斯"。俄国采用军事力量和"铁路银行的征服"政策并行,开始了在远东的侵略扩张活动。1895年4月6日,外交大臣罗拔诺夫上奏沙皇:"我们的目的可能是双重的,我们要在太平洋上获得一个不冻港,为便利西伯利亚铁路的修筑起见,我们必须兼并满洲的若干部分。"② 俄国想在中国东北获取出海口,将目标锁定在不冻港"旅大"。

---

① 李济棠:《中俄密约与中东铁路的修筑》,黑龙江人民出版社,1989,第7页。
② 佟冬主编《沙俄与东北》,吉林文史出版社,1985,第330页。

第五章 外来文化影响

中国在甲午战争战败后,被迫与日本签订《马关条约》。《马关条约》中有割辽东半岛给日本一条。但沙俄出于自身利益的考虑,与德、法两国迫使日本将辽东还给清朝。三国干涉还辽时,俄国为主导。后俄国向清朝索取干涉还辽的报酬,与清朝签订《中俄密约》,以扩大在华利益,实现远东扩张。签订于1896年6月的《中俄密约》,形式上是中俄两国的对日同盟,实际上是在共同防日的名义下通过修筑东省铁路,使俄国侵入中国的东北地区。《中俄密约》签订后,俄国又强迫清政府与华俄道胜银行签订《合办东省铁路公司合同章程》。根据这个章程,设立了名为中俄合办、实则是俄国控制的"中国东省铁路公司",并把铁路沿线逐步纳入到俄国的势力范围。俄国还计划在沿黄海一带取得一到两个港口,并将东省铁路修筑支线直抵港口。

1897年末,俄国军舰开进旅顺口。沙俄政府欺骗清朝,解释俄舰开进旅顺"是为了帮助中国人免遭德国人侵害,保护中国不让德国欺侮,只要德国人离开,我们也就离开"①。但随后,在俄国武力的胁迫下,清朝与俄国经过数轮谈判,最终同意了俄国租借旅大的要求。旅大成为沙俄最为重要的远东军事要塞。俄国单方面擅自颁布《暂行关东州统治规则》,将旅大租界改名为"关东州",并在人口密集的区域内设立了大连(达里尼)、旅顺、金州、貔子窝4个市。其中,旅顺、金州、貔子窝3个市归关东州管辖,大连市为特别市,直接为俄国财政部管辖。

俄国欲将大连建造成为它永远的不冻港和远东商城,故对其建设及规划极为用心。他们选择大连湾东面的青泥洼东海岸为港址,宣布在大连湾附近兴建自由商港,在商港附近兴建都市,命名该市为"达里尼"(俄文为"远方"之意)。1902年,根据沙皇的敕令,大连市为财政部所辖的特别市,任命大连港及城市建设总工程师萨哈罗夫为大连市长,同时设立市政厅、参议会、港务局、警察署、消防队等机关。市区规划为欧罗巴街区、行政街区和中国街区三个区。同时,沙俄强征青泥洼一带中国居民的家园和土地,将中国居民从市中心区赶到郊区,在那里修建中国人居住区。日俄战争前,大连市已建成面积为4.25平

---

① 马丽芬:《大连近百年史见闻》,辽宁人民出版社,1999,第119页。

方公里、拥有 4 万人口、粗具规模的小城市。大连街道建设完成 10 544 米，加上街道碎石路面共计 39 996 米。而在行政街区已有大量竣工的主要建筑物，包括市长宅邸、市政厅以及商用、民用建筑。而旅顺市的建设更多的是带有军事要塞性质。

图 5-3 "达里尼市"市政厅旧照

沙俄侵占旅大地区的目的是彻底将此地收入囊中，把旅顺建成俄罗斯帝国称霸东方的军事要塞和政治中心，将大连建成沙俄"东方第一商港"，成为沙俄贵族、资产者的乐园。沙俄政府派遣技术人员到大连湾一带勘察，同时利用清朝已有的港口基础建设。商港以俄国黑海敖德萨商港和巴黎为样板进行规划。1899 年 8 月，沙皇尼古拉二世发布敕令，向全世界宣布未来商港实行开放自由港制度，进出口货物一律不征关税，商港附近城市命名为"达里尼市"，海港名为"达里尼港"。沙俄政府的建港工程分为两期完成，采取边建设边使用的方法，第一期工程从 1899 年 9 月至 1902 年末。可同时停泊 25 艘千吨级船舶，年货物吞吐量为 8000 万普特（约 130 万吨）。1904 年，沙俄又投入 3000 万卢布进行第二期工程建设，后因日俄战争爆发导致工程中断。

三、日本"铁路附属地"的殖民化

甲午战争后，俄国怂恿下的"三国干涉还辽"迫使日本归还辽东半岛，于是，日俄矛盾极度尖锐化。日本不满足独占"台湾全岛及所有附属各岛屿"，对俄国"干涉还辽"耿耿于怀，认为已到手的辽东半岛被拿出去是奇耻大辱，发誓要"卧薪尝胆"十年，以报复俄国。而俄国急于维持其在辽宁地区的权益，同时为攫取修筑中东铁路及其支线的权利，使整个东北彻底沦为其势力范围。因此日俄两国矛盾急剧上升。

战争前夕，日本就坚决反对中国参与战争，这与它独占中国的野心是分不开的。日本发动日俄战争的目标是：保证通过战争夺取俄国在中国东北的权益，并且独享胜利果实。由于英、法、德等国在华权益主要不在这一地区，因此，通过把战争限制在日俄两国间及限制战争的作战区域，可以避免因损害其他列强的权益而引起他们干预的危险。同时，日本还担心其他列强会趁战争之机瓜分中国。因此，1904年1月15日，日本向清朝提出：一旦日俄两国发生战争，中国不要参战，应宣布中立。其目的是：在日本战胜俄国后，中国"将听凭日本人任意处置"。随后，日本又照会英、美、德、法等国，申明日俄战争打响后，四国不必从中"调停"。此外，让中国保持中立也能防止俄国以中国作为其战争的后方基地。此时，俄国在扩充陆军的同时，也在竭力加强海军力量。双方的一场大战不可避免。

1904年2月8日，日本海军偷袭驻仁川和旅顺口的沙俄太平洋舰队，日俄战争爆发。软弱的清政府竟应日本的要求，于2月12日以光绪皇帝上谕的形式发表声明，宣称："朝廷轸念彼此均系友邦，应按局外中立之例办理"，同时公布了局外条规。2月13日，驻日公使杨枢照会日本政府宣布中国"中立"，中国把辽河以东划为交战区，辽河以西为中立区。3月，日本海军击败俄国舰队后，陆军随即在朝鲜和辽东半岛登陆。从1904年5月初到1905年3月，俄军先后在鸭绿江、大连、旅顺口和沈阳战败。1905年5月27日，从波罗的海赶来增援的俄国舰队在对马海峡遭到日本舰队的毁灭性打击，几乎全军覆灭。7月，日军在库页岛登陆。1905年8月，在美国的调停下，日、俄在美国的朴次茅斯开始谈判。9月5日，日俄签订《朴次茅斯和约》。沙俄承认朝鲜为日本的"保护国"，还把旅大租借地、长春到大连的铁路（即所谓"南满铁路"）以及与这些租借地和铁路有关的一切权利转让给日本，并割让库页岛南半部给日本。同年12月，日本又威逼清政府签订《中日满洲协约》，承认沙俄转让日本一切权益，并攫得在我东三省开埠通商、开采森林等特权。

日俄战争后，日本获取了其在中国大陆的首块租借地——3490平方公里的旅大租借地；同时也建立起了属于自己的"东印度公司"——"满铁"（即南满洲铁道株式会社的简称）。占据南满铁路附属地以及16处商埠地——满铁附属地，即南满铁路沿线属于"满铁"的用地。1905年日俄战争结束后，日本依据《朴次茅斯和约》的规定，在继承、接收原由沙俄占据的长春以南至大连的中东铁路及附属地带的基础上，以保护和管理"南满洲铁道株式会社"所属南满铁路的名义，继续通过胁迫、霸占、兼并、商租等手段，在辽宁地区南部铁路沿线建立类似以往中东铁路附属地和租界的形式，使之成为具有殖民地性质的特殊地域。具体来说，是指大连至长春、奉天至安东、营口、烟台、抚顺、柳树屯（合计约1129.1公里）的铁路沿线属于"满铁"的用地。满铁附属地内包括许多大小不等的城、镇、市、街地，以及抚顺、鞍山等地的广大矿区。满铁附属地受"满铁"管辖。设满铁附属地的主要目的不是满足铁路用地，因此附属地的范围不断扩大，而其大部分成为市街用地，包括住宅、街道、学校、公园、图书馆、体育场，还包括农田、矿区甚至宽广的练兵场等。例如，满铁奉天附属地的纯铁路用地仅占奉天附属地的7%。总之，"满铁"以武力作后盾，通过各种手段巧取豪夺，不断扩大附属地的范围，使之实际上成为日本控制中国辽宁地区中心地带的占领地。

"铁路附属地"是辽宁地区城市发展史上的特有现象，在那里，侵略者比在关内的租界获得更多的特权，实行殖民统治，辽宁地区城市被打上殖民地的烙印。"满铁"从出现至消亡历时30年之久。满铁附属地作为日本侵略辽宁地区的前沿阵地，外籍移民的大量迁入以及日本在铁路附属地的巨额资本投资，也给当时的辽宁地区社会注入了资本主义性质的东西，对当时辽宁地区居民的社会生活、城市发展等造成一定的冲击与影响，致使铁路附属地内各城市急速向近代化演变。例如，在当时满铁附属地的社会阶层中，由于日籍移民占据东北社会成员中的主体（上层人物以及行政人员、公司职员、商社的中下层雇员等），辽宁地区城市居民的社会生活呈现出日本文化特征。附属地与租界相似，成为全面向中国人展示域外风俗的舞台和传播近代文明的辐射中心，对辽宁地区近代风俗变迁产生着重要影响。

在日本侵占旅大地区后，日本统治当局认为沙俄在日俄战争中失败的原因之一是交通闭塞，后援不及时，粮食、弹药供应断绝。日本殖民者吸取这一教训，为达到长期占领"关东州"的目的，以此为基地向辽宁地区不断扩张铁路，而铁路交通建设由1906年成立的南满洲铁道株式会社承担。此外，作为南满城市，如大连、营口、安东、奉天（沈阳）等，其日化痕迹表现得较为明显。日俄战争后是日本对中国辽宁地区进行经济侵略的重要历史时期。其间，日本对辽宁地区的经济文化侵略最为严重，辽宁地区也是日本取得经济文化侵略成效最大的地区。

第三节 清末辽宁地区社会文明变迁

一、物质文化的飞跃

营口开埠，特别是甲午战争后，外国资本竞相进入辽宁地区，设厂开矿，近代科学技术、生产设备与经营手段也迅速传入辽宁地区。至20世纪初，辽宁地区已有多个通商口岸和一批新型工商业城市，许多使用机器生产的工矿企业相继建立；日益扩展的河道、公路，特别是铁路交通，把这些通商口岸、工商城市、新式企业与内地农村连接起来。随着对外通商的逐渐扩大，传统农业社会的经济基础即小农业与小手工业紧密结合的自给自足的自然经济开始解体。长期封闭的辽宁地区社会及其居民与外界有了更多的联系，内外贸易活跃并发展起来。随着资本主义势力的冲击与本区域民族资本主义经济的发展，廉价工业品大量倾销。从辽宁地区进口与销售的货物来看，大多数为洋货，国货只占次要地位。物美价廉的洋货进入了人们的生活。

作为西式近代工业文明的物质载体，火柴、煤油、铁钉、雨伞、肥皂、西药、玩具、灯泡、牙刷、牙膏、化妆品、电灯、电铃、电话、留声机、电扇、钟表、测量器、缝衣机等种类繁多的洋货把西方近代生活方式和习尚带入辽宁地区，逐渐使人们自觉不自觉地改变着传统的生活习俗，潜移默化地影响着这一地区民众的价值观念，冲击着传统的生活方式，使风俗习惯和社会风气发生变化。伴随洋货销售市场的不断扩大，洋货品种与进口数量不断增多，洋货对辽宁地区民众生活方式的冲击也愈来愈广泛、愈来愈深入。当民众的日用生活消费广泛使用洋货时，城市消费市场的商品结构就发生了巨大的转变。20世纪初以后，洋货店的数量与经营规模均发生了很大改变，除专业的洋货店外，一般杂货店也开始经营一些日常的洋货。如"盛进商行，春季用各种洋帽、洋服用颈带，洋服用各种汗衫、各种化妆粉等多有销售……"[①]

日俄战争后，进入中国辽宁地区定居的日本人数量激增，每年按0.5万至1万人的数额增加。这部分人主要居住在满铁附属地内。满铁附属地以其相对优越的物质条件和生活环境对外来移民尤其是国际移民构成了强烈的诱惑力，吸引移民在此集聚，因而人口增长速度极快。伴随外国资本主义的侵入、西方习俗的冲击以及移民的进入，辽宁地区民众的饮食风俗也逐步发生变化，饮食习惯与内容呈现出多样化的特点；饮食生产和消费逐步丰富和走向社会化。商品经济的发展与商业活动的繁荣使人们不断追求生活方式的变化和翻新，社会饮

---

① 《盛京时报》，1912年4月10日。

食观念开始偏离农业社会崇俭恶奢的模式——主要表现为饮食品种的繁多，日式、俄式料理的增加，城镇西式餐馆酒楼的崛起和奢靡之风逐步滋长。有些人在饮食上开始追求时髦、新鲜以及西化。尤其是在中上层社会里，这种风气尤甚。如洋酒在当时的辽宁地区可谓风靡一时，洋酒的消费日益普遍，各大洋酒公司纷纷在《盛京时报》上大登广告。如大日本啤酒公司所作的"天下一品老牌日光啤酒"广告这样写道："其色清味纯，历沉不变，芳香馥郁，甘甜适口，饮之有益。卫生清热开胃，滋补气血，实为养身之妙品也。各国驰名销售日增，中外官绅学商各界请尝试之，方知言之不谬也。"① 俄商秋林洋行在奉天鼓楼北坐东向西开设分店，"出售洋酒有地图牌香滨酒、白兰地酒，价值格外公道"②。

清末，辽宁地区各大城市里相继开设了西餐馆，如奉天的锦绣春番菜馆、海天春番菜馆、云龙番菜馆，经营各式西餐，在当时都小有名气。各大西餐馆"特请头等番厨揣做英法大菜、西洋糕点、各种洋酒、烟卷均无不备。院内宽敞，房屋洁净、陈设华美……"③ 达官显贵每每出入其间，热闹非凡。早在光绪三十一年（1905）日俄战争后，第一批大规模的日本移民到达辽宁地区时，日本料理就开始进入大连、营口、奉天等南满车站附近地带。1906年11月7日，奉天第一家日本料理屋小西关红叶馆开业。随着奉天铁路附属地日籍移民的渐次增长，日本料理店的数量也不断增加。到1906年9月，日式料理店已发展到35家，1907年前后逐步遍及南满铁路沿线。日本寿司、生鱼片等一时间成为时髦食品，上层社会人士争相品尝、一吃为快。人们出于对西方物质文明的向往，能在一定程度上接受西方饮食风俗，但这种变化只在少数人中较为突出，对于大多数人特别是农民阶层则影响甚微。

交通的发展也带来了辽宁地区物质生活环境的变化，为辽宁地区经济的发展提供了重要的契机。同时也间接带动了民众观念逐步走向开放，走向市场化。光绪二十九年（1903），中东铁路全线建成通车后，形成辽宁地区"丁"字形

---

① 《盛京时报》，宣统元年七月一日。
② 《盛京时报》，1912年6月11日。
③ 《盛京时报》，宣统三年七月二日。

主干铁路运输大动脉，通车里程为2425.3公里，辽宁地区的交通面貌发生了巨大的变化。交通的发展扩大了商品的运输总量和流通范围，加速了商品周转的速度，促进了区域商贸市场的发展。大量外商深入到辽宁地区各个角落，把辽宁地区城乡经济联为一体，逐渐形成统一的区域市场。商业贸易的活跃，在各地形成了具有不同辐射范围的商贸中心城镇。省城奉天不仅是辽宁地区的政治中心，也是东北南部地区传统的商业中心。除了拥有数千家作坊和店铺外，还设有大批官办金融机构、市政设施及近代企业。同时，号称"南满三港"的大连、营口和丹东作为辽宁地区重要的进出口贸易口岸迅速崛起，铁路、公路、港口事业的发展为辽宁地区经济的发展带来了契机，交通设施完备，其地方经济先受其益。此外，铁路的发展、交通运输方式的变化也推动了新兴城镇的崛起和发展。辽宁地区由于开发较晚，在有铁路之前，只有沈阳、营口等几个较大规模的城镇。伴随着铁路的兴建与加工工业的发展，辽宁地区陆续出现了一批沿铁路线发展起来的中心城镇，使辽宁地区城市数量明显增加。沈阳、大连等相继发展成为大型城市，铁岭、辽阳、大石桥、瓦房店、安东、本溪等一批中等城市逐渐兴起。这些城市中，有的是借助铁路的修建，在原有城镇的基础上进一步发展为近代城市的，如沈阳、辽阳等；另外一些是依托铁路新兴的近代城市，这类城市的兴起大多是由于近代铁路的修筑，便利了移民的迁移，因此铁路沿线大小村镇聚集人口日多，逐渐发展成为中小城市甚至大城市。光绪三十三年（1907），辽宁地区万人以上的城市有37个。

　　传统的城市建筑在清代辽宁地区城市景观中仍占主要地位。城区建筑基本沿袭辽宁地区的传统形制：民居皆以单层木骨架结构的住宅为主，道路和公共空间极少，沿街店铺多为低矮的平房，城区整体上就是一个个封闭的低层建筑群体组合。清末，伴随日式、俄式等西式建筑文化的渗透与中国传统建筑体系的碰撞和交融，形成了错综复杂的中西建筑融合与并存的格局，整个城市的建筑面貌不再划一。从城市建筑及外在景观风格看，既有传统风格城市沈阳，也有体现欧洲风格的大连。在城市布局规划上也各有特点，有借鉴欧洲形式主义特征的放射形布局，有中国传统的棋盘布局，还有直角相交与放射形相结合的布局。宣统元年（1909）后，清朝开始在辽宁地区投资建设高等级的车站大

第五章 外来文化影响

图 5-4 清末大连周水子车站

楼。第一个完工的车站大楼是"满铁"所建沈阳（奉天）火车站，该站由日本司法省兼大藏省技师、"满铁"建筑课技师太田毅设计，规划占地 1273 平方米，建筑面积 1785 平方米，于 1910 年 7 月 2 日建成，10 月 1 日启用。该楼室内大厅为圆形穹顶，地面水磨石和马赛克饰面；外墙为红砖勾白色缝清水罩面，屋顶为绿色，红绿白三色比例协调，整体造型庄重典雅，是一座典型的融东西方文化为一体的建筑杰作。[①] 不可否认，铁路附属地的建筑及其辅助设施是日俄侵华殖民的产物，然而建筑作为一种物质文化的表现形式，对其风格和施工技术的引进实际上体现的是文化的传播与吸纳。

铁路附属地城市建筑模式客观上对辽宁地区城市建设具有一定的示范效应，推动了整体城市走向近代化。由于受到西式建筑风格的影响，虽然传统的建筑形式仍占主体，但也出现了一些明显的变化。在住房的样式与布局上，追求新颖、美观和科学的倾向在日益增长，出现了一些新式房屋，在有些地方还出现了小型楼房。在房屋的建筑用料上，也比从前更为讲究。除了原有的草、木、

---

① 沈阳市人民政府地方志办公室编《沈阳市志·建筑志》，沈阳出版社，1995，第 450-451 页。

土外，砖、瓦以及炉渣、石、灰、坯、水泥、玻璃、金属等材料越来越普遍地被作为平民百姓的建房材料。这些材料所盖起的建筑较中国传统民居结构坚固、合理，采光也好，当时被人们冠以"洋""新式""西式"等名目。辽宁地区满铁附属地住宅的日式风格则更为浓重——主要是"满铁"的社员住宅以及中、日商人的个人住宅。沈阳满铁附属地的住宅建设始于光绪三十四年（1908），主要是日式木屋。第一批满铁社员住宅40余单元于宣统元年（1909）建成，位于宫岛町（今胜利大街北段）、桥立町（今民族北街），是近代沈阳第一个按规划建设的住宅区。宣统三年（1911），"满铁"在附属地大批量开发建设整齐美观、标准化的一户独立式高级住宅和两层四单元的欧式楼房。主要在奉天的五里河和南斜街（今民主路）两侧、大连南山的近江町（今七七街）、长春西公园外、抚顺永安台等。清末，大连的连排式住宅（多户居于一楼，各户平面相近，横向连为一体）、户建式住宅（2户、4户、8户居住在一个楼内）和集合式住宅（每层居住多户，楼层在3层以上）陆续出现，大连民用房屋样式和格局亦由此逐渐走向多样化。

光绪三十三年（1907），日本人又开始在"铁路附属地"内规划修建道路。满铁各附属地马路设计的宽度一般是按照铁路附属地所在城市的级别和不同区域来划分的，其中奉天、长春等重要城市的中央大街为36米或27米，铁岭、四平等城市的中央大街为27米或21.6米，其他商业区街路为10.8~36米，住宅区街路为10.8米和14.4米。宣统二年（1910），"满铁"在奉天铁路附属地修筑了站前广场，通向老城区的三条放射形主干大街之一的沈阳大街（1919年1月改为千代田通，全长为1400米，宽36米，初建时为块石路，1927年改修成沥青路面）。这条大街后来与商埠地十一纬路衔接，进而连通大西关马路，成为沟通奉天满铁附属地、商埠地和古城区的一条东西向的最重要干线，即东北走向、宽27米的昭德大街（1919年改名为浪速通，1946年又改名为中山路）和东南走向、宽22米的南斜街（1919年名平安通，今为民主路）。在修建三条伸向老城的干路同时，还修建了与之交叉、同火车站和铁路大街方向平行的中央大街（今南京街，1912年建成）、协和大街（今和平大街，建于1917年）、西四道街（今太原街）等南北向的干路以及中央广场（今中山广场）、平安广场（今和平广场），由此构成了一个纵向、横向、斜向道路相互连接的道路网络。① 在这个网络中间，又修建了从北一条至北九条等一些街道，作为沟通商业区、住宅区的支线马路。至1912年，日本人把铁道大街南端延伸至南五马路，并改为碎石路。

随着城市交通的不断改进，新式交通工具也开始进入辽宁地区，这在一定程度上也推动了辽宁地区交通工具的丰富和近代化。随着铁路的修建，火车逐渐成为主要的交通工具。盖平县"火车未通过以前所有各项货物均系马车运送……大马车往盖平运货者络绎于途"，而宣统元年（1909），"火车运送利便，凡在该城购买山货及各项货物均由火车装运，道上马车运货如晨星数点，殊形寥寥"②。安东"铁路原为日、俄战时军装输运起见，罢战后搭客以资交通，近日搭客益多"③。汽车当时被人们称为"自动车"或"机器车"，在清末极为罕见。1910年2月，日本在旅大地区引进一台汽车，供"满铁"要人使用，这是旅大地区使用汽车的开始。此后，辽宁地区一些中心城市有轨电车的出现标志着城市公共交通工具时代的到来。日本殖民者在旅大地区于1908年提出实施市内公用交通计划，1909年5月着手铺设有轨电车道，制造车辆，当年9月25日开始营运。由码头至今动植物园之间的2.45公里的第一条电车线路首先开通，不久向西延伸到小岗子（今西岗）。1910年9月，进一步向西延伸到沙河口。同年6月，从常磐桥（今青泥洼桥）至小岗子间的复线竣工，开始运行。1911年1月，北沙河口至星个浦（今星海公园）间的电车线路开通。同年8月，老虎滩至市内的线路开通。奉天的公共电车是从马拉有轨车开始的。"奉天马车铁道股份有限公司"于1908年1月开始营业。当时只有1条线路，由沈阳站经老道口、北市场、小西边门至小西城门，行驶里程共5.23公里。有马200匹、车29辆，每日往复运行160次，日平均客运量7000人次。1909年，奉天车站（今沈阳站）建成后，马车铁道延伸至站前。这些城市公共交通工具的发展大

---

① 沈阳市人民政府地方志办公室编《沈阳市志·城建志》，沈阳出版社，1994，第138－139页。
② 《盛京时报》，宣统元年十一月一日。
③ 《盛京时报》，宣统三年四月二十八日。

大方便了人们的日常出行与生活，给市民生活方式与社会观念的变化创造了条件。

随着近代西方文化影响的加强，特别是清末以后，西式娱乐逐渐在辽宁地区社会形成潮流，并很快建立了一批由夜总会、俱乐部、剧院、旅馆、公园、保龄球馆、运动场等构成的，可供人们从事娱乐活动的公共空间，开展了令当时辽宁地区市民既感到陌生又觉得新奇的娱乐活动，逐步形成了比较完整的、适应民众活动的社会公共娱乐体系，成为近代辽宁地区城市娱乐发展的基础。清末，一些公共娱乐设施与文化教育场所的出现为辽宁地区民众的休闲生活提供了有利的外部条件。一些娱乐设施与新式娱乐项目的传入，在一定程度上也丰富了辽宁民众的社会生活，改变了传统的娱乐活动方式。宣统元年（1909），"满铁"修建了电气公园（今大连动物园）。同年，"满铁"又在马栏河口至黑石礁间开辟了海滨公园，即星个浦（今星海公园），园内设立了京台式建筑、旅馆、更衣室、温室等设施，铺设了草坪，种植了樱花。辽宁最早的电影院出现在光绪三十二年（1906），日本侨民在营口建立"营口座"，内设专门放映电影的电影馆，并面向中国人营业。宣统元年（1909），"满铁"的电气游园陈列馆改为电气馆，专门放映电影。宣统二年（1910），侨居奉天的日本人在"满铁"附属地（今沈阳站至和平大街一带）开设一些容纳 200 人左右的小电影院，观众在草垫上席地而坐看电影。同时，台球等休闲娱乐活动在这一时期也传入辽宁各大城市。1912 年《盛京时报》上的一则"新开球厂"广告这样写道："本球厂新由东洋购买办华美台球，房屋洁净，设置完善，现由十月十一日起开厂，专供中外等闲人打球玩戏"①。类似这种新式娱乐形式的广告在《盛京时报》上比比皆是。

清末以来，辽宁地区物质环境的改变也使近代辽宁地区民众的生活观发生了改变。城市建设与公共事业的诞生、发展对辽宁地区民众来讲相当于一次生活方式的革命，近代交通工具使人们的空间概念得以更换。物质环境的变化也使得人们心灵有所变化，近现代马路的修建在拓宽与改变传统土道小路的同时，

---

① 《盛京时报》，1912 年 10 月 13 日。

亦拓宽了人们的胸怀。广场、大道、公园、林荫地等新兴的公共空间的产生，造就了铁路、电线对山河田野的穿越，增强了城乡之间信息交流与反馈的能力，从而赋予这种辐射作用以强大的冲击力。

二、精神文化的潜移

文化环境的变化是清末辽宁地区社会风俗变迁的又一重要条件。清末辽宁地区文化环境也发生了相应的变化。清末，辽宁地区社会风俗的变迁在一定程度上是文化潜移默化的结果。在文化人类学中，由于社会的接触而产生的社会与文化的变迁，被称为"文化潜移"。当两个或多个社会发生直接而持续的接触时，也就开始了文化潜移的过程，致使文化环境发生改变。

报刊是社会舆论的新阵地，是启发民智的工具。众多的报纸杂志丰富了市民的生活，开阔了市民的眼界，拉近了辽宁地区与国内其他地区乃至世界各地之间的距离，使新的社会风俗时尚传播的速度更快。报纸广告对人们衣食住行的影响更为直接。新的生活方式、新的价值观念逐渐渗透到市民的生活中。据统计，20世纪初期辽宁地区的报刊与内地相比，不仅报刊数量较少、资历尚短，而且受清朝管控极严，远较内地落后。不过，随着日本人开始在满铁附属地内开办以传播日本殖民地文化为宗旨的报馆，辽宁地区不仅报刊数量大大增加，发行量也在不断扩大。日本人创办报馆始于光绪三十二年（1906），末永纯一郎在大连创办日汉双语的《辽东新报》，中岛真雄在奉天和营口分别创办汉文《盛京时报》和日文《满洲日报》。光绪三十三年（1907）后，各铁路附属地的日文报纸和日文书刊出版、发行急剧增长，其中《盛京时报》《奉天日日新闻》无论就其版面规模还是发行来看都属于当时国内的大型报纸。在旅顺大连地区，1907年11月3日，"满铁"拥有大部分股份的《满洲日日新闻》创刊，这是当时大连较有影响的日文报纸。1908年11月3日，大连第一家中文报纸《泰东日报》创刊。该报最初由大连的华商会议会集股主办，但很快就被日本商人金子平吉收购。

清末，辽宁地方政府也开始积极鼓励办报。奉天将军赵尔巽认为，要想启迪民众、开发民智，"惟有报纸为最捷之利器"。同时，创办报纸也是抵制外国文化侵略的一个重要手段。光绪三十二年（1906）初，他组织创办了《奉天民报》，随后《东三省日报》《大中公报》《醒时白话报》《公民日报》等纷纷创办。这样，辽宁地区不少城市相继有了自己的近代新闻传媒，初步改变了"编户齐民，固不知报为何物"的状况。在辽宁地区近代报刊中，影响较大的是宣传革命共和的《大中公报》和以改良社会、启发民智为目的的《醒时白话报》等。《大中公报》由辽宁人袁渤阳1910年7月创办于奉天，特聘同盟会会员沈肝若担任主笔。该报宣传革命，独辟一栏，名曰"三千毛瑟"，读者随意投稿，言论自由，并刊登了不少抨击帝国主义侵略与清朝卖国的文章，深受有志之士欢迎。《醒时白话报》于1909年1月创办发行，此后改称"醒时报"，创办人为张兆麟。该报初创于营口，后迁奉天，为奉天首家白话报纸。这份报纸"以改良社会、开通民智、提倡教育、振兴实业"为宗旨，适合一般群众的口味，以其通俗性赢得大量读者，报纸发行量多时日销量达七千份，甚至发行到整个东北地区乃至北京，成为辽宁地区颇有影响力的报纸。白话报的内容多以破除迷信、劝诫缠足、劝诫鸦片为主，此外还包含一些劝善惩恶，攻击传统习俗、制度的文字，以及一些介绍新知新俗的作品。

大量中文报刊的出现，使辽宁地区在思想文化上打破了历史上的封闭状态，关内各种新思潮也逐渐传入辽宁地区，对市民的社会生活、信息传递起到了不可估量的作用。以往，人们传递信息主要依靠官办的邮驿、民办的民信局等。近代以后，信息传递手段逐渐发展，信息传递领域发生了质的变化。进入清末，新兴的信息传递形式（如邮政、电报、电话等）相继出现、发展，大大加速了社会信息的传递，增强了人们之间的交流，不断丰富了人们的物质和精神生活。但必须指出的是，当时辽宁地区的信息传递业带有殖民地城市信息业畸形发展的一般特征——主要体现为分布极不均衡。大多数通信机构与设施集中在一些大城市与铁路附属地周边。

语言是人类认识世界、认识社会的工具，是表达思维情感以及人际交流的符号系统。当社会变迁时，原有的语言系统不足以成为人们了解与适应新生活的工具，必然发生相应的变化。日本势力进驻辽宁地区后，大批的日本官员、文人、商人和工厂主也纷纷涌入辽宁地区，日本商品开始大规模地充斥辽宁地区市场，日本人的生活习俗也在辽宁地区蔓延开来。社会生活的这些变化反映到辽宁地区汉语中，就出现了许多日语词，如商店、街道的名称、管理术语等。对于日语的学习与耳濡目染，使得辽宁地区的汉语在一定程度上受到日语的影响，并出现了对日语的借词现象。大连作为日本人停留时间最长的地区，语言中残留的日语词较多。笔者通过调查发现，尤其是在一些80—90岁的老年人中间残留的日语词使用更多。这些残留的日语词大多为日常生活用语与行业语。如"瓦斯"（煤气）、"榻榻米"（草垫子，多指床上用的草垫子）、"腕匣子"（衬衫）、"骚"（站、火车站，常常附加在具体站名的后面表"某某车站"，如"大连骚"即为"大连站"）、"磨吉"（一种食用年糕，日语词"饼"的音译）、"邮便"（常在前面加上动词"打"，说成"打邮便"，表示寄信、寄包裹）、"料"（费、费用，如"瓦斯料"即为"煤气费"）、"病院"（医院）、"毛必流"（润滑油）、"古力司"（甘油）、"哈马"（锤子）、"万年笔"（钢笔）、"寮"（宿舍）。值得一提的是，如今即使是大连青年一代中，上述词语中的"瓦斯""邮便""腕匣子""磨吉"等词的使用也是非常普遍的，完全没有异样与疏离之感。可见，一些日语词汇对辽宁地区的影响之深。

  19世纪下半叶，辽宁地区各地的教育仍沿用以科举为中心的旧式教育，这种教育落后状态限制了辽宁地区文化事业的发展。随着20世纪初清朝废除科举，辽宁地区的新式学堂也勃然而兴。光绪三十一年（1905），奉天、吉林、黑龙江三省各奉命设学务处，为全省教育总机关。光绪三十二年（1906），奉学部指示各省改设提学使司，统辖全省学务；改学务处为学务公所，并先后成立了一些推进新式教育的辅助机构，如：小学教育研究会、私塾改良会、宣讲所等。到宣统元年（1909），东北三省各级各类学校的在学人数已近10万人，且毕业生逐年递增[①]。而且这一时期地方政府也在有意地提倡民众学习日语，尤其是中日杂居区，清朝也提倡日语学校的兴办，从此新的教育制度日臻完善，

---

① 杨余练等：《清代东北史》，辽宁教育出版社，1991，第586页。

新的学校如雨后春笋般建立起来。满铁附属地的学校始建于光绪三十二年（1906），最初称侨民会经营学校，从光绪三十三年（1907）起，改为日本人小学校、中学校、高等学校。

　　与此同时，辽宁地区地方当局积极鼓励出国留学。宣统元年（1909），奉天省派出官费留日学生40多人。宣统二年（1909）初又派往日本20余人，同时还选派了25名女学生留日。出国留学、考察，通过自身感受或撰写游记，也在一定程度和范围内对民众具有引导与启示作用。近代以来，西俗东渐是我国社会风俗演进的主要方向。随着资本主义商品经济的发展，辽宁地区社会风俗的演进基本上是朝着文明、进步的方向。在这一过程中，留学生往往起到了开风气之先的作用。由于有在国外求学、生活的经历，他们比同一时期的其他社会群体更多地接受了西方先进的科技、文化和民主思想，接受了西方进步的价值观念，亦目睹了西方全新的社会风俗。因此，他们对中国传统社会风俗的弊端有较为深刻的认识。而晚清民族危机的加深，使他们怀有强烈的民族存亡的忧患意识。他们投身于移风易俗，批判中国传统文化中落后的东西，力求使国人摆脱封建习俗。

第六章 教育文化

第一节
学校与科举

清代前期，盛京地区的学校大体有官办和民办两种。官办学校又分为八旗官学和州县儒学两种，八旗官学主要生源为旗人子弟，盛京、吉林、黑龙江以及东三盟南部均有设立；州县儒学主要为汉族子弟设置。然而，入关之初东北八旗子弟亦曾就学于当地儒学。康熙三十年（1691）设置八旗官学后，旗、民子弟才开始分校学习。

一、儒学系统

（一）州县儒学

清初曾保留明辽东卫学。顺治元年（1644）八月，清入关时，"将辽东等处十五学改附永平府，设教官三员，分司教导，择辽地经明行修之士充其任"①。因寄附永平府，又称"寄学"，共设廪生名额150人。顺治十年（1653）设辽阳府，翌年（1654）欲在永平府设辽阳府学，简称辽学，"令辽生寄籍永平者，拨归辽学肄业"②。然而，直到顺治十三年（1656）平西王吴三桂前往镇守川陕之际，辽阳府学才正式设立。因辽东"诸生大半随入秦中"，将廪生额120名减为80名，其中40名留永平寄学，40名划归辽阳府学。当时辽阳府仅辖辽阳、海城二县，"学宫初设，诸生数少，每学先设廪生五名"③。顺治十四年（1657）罢辽阳府，设奉天府，辽阳府学随之改为奉天府学。

康熙年间，州县儒学系统随着盛京地区州县建置逐渐完备而不断完善。康熙四年（1665）清政府规划了盛京地区儒学系统：照京府学例设奉天府学，考取生员7名；锦县为大学，考取生员7名；辽阳、宁远、海城为中学，考取生员5名；盖平、铁岭、广宁为小学，考取生员2名；锦州府为府学，考取生员4名。④

此外，在府、州、县儒学之外，又有官方所设社学，"州县于大乡巨堡各置社学一区，俱由该管官选择生员学优行端者补充教习，免其差徭，量给廪饩"⑤。如雍正三年（1725）宁远州在中后所设社学。乾隆三十一年（1766）置学田1000亩，年征银70两。其他"大乡巨堡"之社学，文献记载阙略。

（二）书院与私塾

从学校性质上看，书院也属于儒学系统，而且是儒学中层次较高的学校。书院设置的目的是"择一省文行兼优之士读书其中，使之朝夕讲诵，整躬励行，

---

① 《清世祖实录》卷七，顺治元年八月乙丑。
② 《清世祖实录》卷二十五，顺治十一年四月癸亥。
③ 《清世祖实录》卷一百四，顺治十三年十一月戊午。
④ 《清圣祖实录》卷十五，康熙四年八月己卯。
⑤ 阿桂等修、刘谨之等撰乾隆《钦定盛京通志》卷四十四《学校》，收入《影印文渊阁四库全书》史部260 地理类，第146－147页。

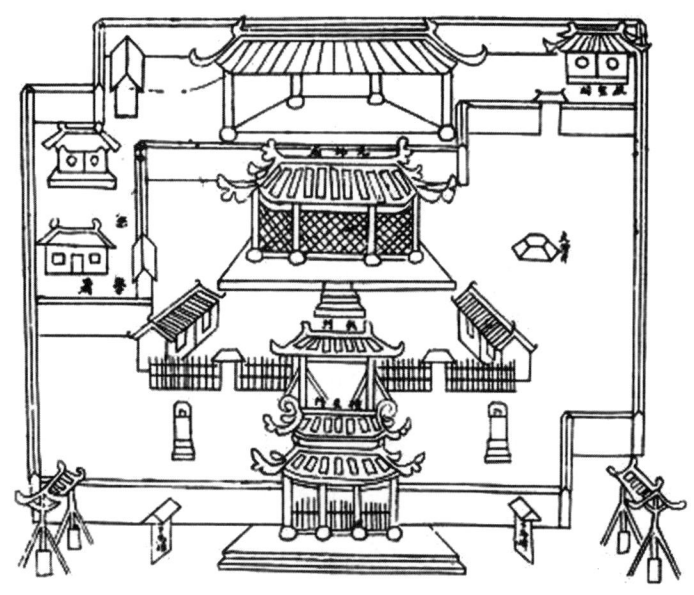

图 6-1 锦州府学示意图

有所成就,俾远近士子观感奋发"①。书院大多为地方长官或有名望的士绅捐赠、捐资或集资兴建,按其性质来说应归为私人办学之列。不过,从其经费来源来说,或多有奏请借帑营息,或请拨学田以征收银两以解决书院的各项支出及掌教的薪水银、生员的膏火银及奖赏银。所以,有时某些书院也具半官方性质。鉴于明末书院的兴废斗争,又担心一些文人利用书院"摇撼朝廷",从事反清复明活动,清初,朝廷曾大力压制书院的建立。顺治九年(1652)颁令全国:"各提学官督率教官,务令诸生将平日所习经书义理,着实讲求,躬行实践,不许别创书院,群聚结党,及号召地方游食之徒空谈废业"②。不过,此后书院之禁渐形松弛,至雍正十一年(1733),准每省于省会所在之地建立书院,

---

① 《清朝文献通考》卷七十《学校考八》,收入《影印文渊阁四库全书》史部 391 政书类,第 687-688 页。

② 昆冈等重修光绪《钦定大清会典事例》卷三百八十三《礼部·学校·劝惩优劣》,收入顾廷龙主编《续修四库全书》804 册 史部,第 115 页。

分别赐银千两，以为"士子群聚读书"之处。① 此后，全国各地书院渐多。

辽宁地区最早的书院是铁岭的银冈书院。由流人郝浴初设，其"于居室之旁结茅三间"，称"致知格物之堂"。郝浴在铁岭十八年，期间读书讲学，启蒙后进，注《周易解》《孟子解》，士人对其推崇备至。"致知格物之堂"可说是清代东北地区第一座由个人创建的书院性质的教育机构。康熙十四年（1675）郝浴离去时，将"致知格物之堂"改名为"银冈书院"，并捐地两块，以为将来生徒膏火之资。

沈阳的萃升书院具有较大的规模与影响。康熙五十八年（1719），奉天府丞任銮玺于沈阳天祐门内创建了萃升书院，"初仅三楹"，不久废去。乾隆初年，盛京工部侍郎李永绍于奉天府学宫之右建立义学一座，"旋改为沈阳书院"。乾隆七年（1742），扩建讲堂 5 楹、斋舍 21 楹。乾隆二十七年（1762）又将沈阳书院改名为萃升书院。乾隆三十一年（1766），朝廷批准盛京将军拨学田二千亩作为书院束脩、膏火之费，命其"延师慎选生徒，勤加训诲"②。萃升书院的正式开设之年应当是乾隆三十一年（1766）。规定书院每年招收生员二十四人左右，"每名月给膏火银一两五钱"，每年奖赏银十三两多。萃升书院曾集中了东北地区一批较有名气的文人执教其中，如王尔烈于嘉庆四至六年（1799—1801）掌教该院。著名学者马瑞辰因公获罪，后被委任为书院山长，治学卓有成效。

清入关后，辽阳襄平书院长期湮废。道光十五年（1835），由辽阳知州等集资重修。但仅活动了八九年，后来因经费缺失，未能招募到老师授课，旷废近五十年。光绪年间又重修启用。

此外，还出现过海州书院、秀塔书院、瑞云书院、集宁书院（柳城书院）、南金书院、聚星书院、辰州书院等。

官督社学，是一种由官府组织、由民间集资建立的学校，一般都比较简陋，也可以说是私塾的一种。凡"民间自立者，即概称义学，凡子弟年十二以上，

---

① 《清朝文献通考》卷七十《学校考》，收入《影印文渊阁四库全书》史部 391 政书类，第 688 页。
② 《清高宗实录》卷七百七十一，乾隆三十一年十月丙寅。

有志学文者，俱令人学肄业"①。如康熙十九年（1680），广宁知县项蕙设立的广宁义学，"筑茅为舍"，招收本地子弟并聘请塾师教导。雍正元年（1723），辽阳知州王翰组织建立了辽阳城义学；雍正三年（1725）建立了开原县义学与宁远州义学；雍正七年（1729），盖平知县组织建立了盖平义学；乾隆元年（1736）建沈阳义学，六年后改为沈阳书院。乾隆三年（1738），承德州自设义学，居民奋志读书，附近八沟四旗童生获准一同入学。锦州府所置义学年代不详。这种社学实际上是政府倡导督办的县级以下的地方学校，每所社学政府都拨给一定数量的学田作为校产向外租佃，每年从中收取租银，以充作修缮校舍和其他办学经费。因而学田多寡往往反映社学发展的状况。

清代辽宁地区的私塾教育与文化流人有着密切的关系。流人多通文墨，以教书自给。如江阴人徐某，因科场案流放沈阳，"食贫，授徒终其身"②。著名学者、翰林院原编修陈梦雷为沈阳城中影响较大的塾师，他自康熙二十一年（1682）起谪居沈阳十七年之久，为谋生而设馆授徒，公卿子弟受业者甚众。

自乾隆年间起，多有当地士人以授徒为业。在辽西地区，如宁远人李延龄，主攻公羊学，尤精通"三礼"，为乾隆五十四年（1789）举人，因自家贫困而设帐授徒，所设之馆学规严肃，还有一大特点是与生徒讲论，纯以白话文交流。他在当地影响很大，门下学习之人多是当地知名人士。宁远贡生吴景春，道光初年"讲学团山别墅"，属于经馆性质，当地名士多出其门下。锦县人朱自新，宗奉宋明理学，被称为"锦县理学第一人"。嘉庆二年（1797）进士，选顺天府学教授，不就，告养亲归故里，教读于家，一时之间英俊多从其游学。同县人高步稼，道光十七年（1837）举人，候选州判，因家贫年老，回归而教授学生，先后"设帐四十余年"，朝阳、义州等地学子从业者颇众。张建中，乾隆年间自乐亭迁居义州，曾补义州岁贡。他淡泊名利，不钻营仕途，在奉天、热河间讲学，倡导文风，四十年从无厌倦。他教书以通经明道为要，不屑于科举。

---

① 阿桂等修、刘谨之等撰乾隆《钦定盛京通志》卷四十四《学校》，收入《影印文渊阁四库全书》史部 260 地理类，第 147 页。

② 王一元：《辽左见闻录》，国家图书馆藏手抄本。

每每遇到贫士好学者,便不计束脩。义州人李锡文,家贫无力就学,本村蒙师"不取束金教之读",经七载苦读,可谓"经史子皆通览",于是出师而授徒谋生,前后教书近四十年。他是当地知名文化人之一,嘉庆九年(1804)曾参与规划、创建义州聚星书院。辽南地区私塾亦很普遍。海城人孙昭,乾隆三十六年(1771)进士,曾任襄阳等知县,后告老还乡,在乡居住授徒三十余年。岫岩人王际清,道光年间为附贡生,经史子集皆考核精确,雄于文才。但屡试不第,遂灰心于仕途,教授学生,其教学特点是"师法严而善诱"。同邑岁贡生张煦,授直隶巨鹿训导不就,在家设帐授徒,长达数十年。

二、八旗官学

八旗官学是专门为八旗子弟设立的学校。清入关之初,八旗子弟与汉人子弟同在府州县儒学学习,但是科举考试时,分两榜录取,即以满洲、蒙古为一榜,汉军、汉人为一榜。至康熙九年(1670)始合满洲、蒙古、汉军、汉人"通为一榜"①。当时,盛京先后建立寄籍永平的辽学及奉天府学,"盛京驻防八旗官兵子弟应试者,因赴京遥远,亦入奉天府学"。不过,盛京八旗子弟应乡试时另有要求,即先由"奉天将军、副都统等验射马步箭,能者准其考试,不能者不准入场,至会试时,同京师举人一体考试马步箭"②。康熙二十五年(1686),朝廷于北京首先设立八旗官学。康熙三十年(1691),礼科给事中博尔济奏请:"盛京府州县俱设立学校,考取士子,盛京左右翼亦应各设官学,酌选俊秀幼童,设立满汉官,教习满汉书、马步箭。"清政府以"盛京系发祥重地,教育人才宜与京师一体",因此同意博尔济的提请,决定在盛京驻防八旗左右两翼各设官学二处,每旗选送俊秀幼童10名,入校学习。每翼两处官学,一为满官学,学生20人,"教读满书,习马步箭";一为汉官学,学生20人,"教

---

① 王士禛:《池北偶谈》卷四《谈故四·八旗开科》,中华书局,1982,第82页。
② 《清圣祖实录》卷一百四十四,康熙二十九年三月癸丑。

读满、汉书，习马步箭"。① 雍正十年（1732），每翼增设盛京内务府学生30名。道光年间，改为满洲每旗选学生8名，蒙古每旗1名，汉军每旗1名，盛京内务府60名，学生总名额120人。

宗室学、觉罗学、八旗义学也是八旗官学的一部分。顺治九年（1652）即为皇室近支子弟设立了宗室学。因为"觉罗人众"，地位也低于宗室，子弟不能合于宗室学内，于是雍正七年（1729）又为皇室远支子弟设立了觉罗学。凡宗室、觉罗8—18岁的子弟，均可分别入宗室学或觉罗学，学习满汉书，兼学骑射，但"首重清语（满语）翻译"。盛京为清朝"龙兴之地"，皇室后裔较多。雍正年间有宗室、觉罗子弟三百多人，其中"资质可成就者颇多，惟离京较远，不知勤学，而族长等复不能悉心训导"②。遂于乾隆元年（1736）在沈阳建立宗室学、觉罗学各一所，令10—20岁子弟入学，设翻译、骑射及汉文三种教习，学生"讲读满汉文，练习骑步射。后有文学成就、弓马娴熟者，准赴京考试，艺射精者可备选侍卫"③。乾隆二年（1737），在沈阳天祐门外正式开设盛京宗室学与盛京觉罗学各一所。宗室学学生名额20名，每名学生月支膏火银3两、粟米3斗；觉罗学学生名额40名，每名学生月支膏火银2两、粟米3斗。嘉庆十七年（1812），移北京宗室与觉罗共70户于盛京，因其居地距盛京宗室学较远，如子弟入学，"冬夏寒暑，幼童徒步为艰"，遂在居地附近另设"宗室营官学"一所，学生名额20名。宗室营官学生与教习待遇同于盛京宗室学，不同的是宗室、觉罗子弟共处一校。

盛京宗室学、觉罗学原由盛京将军、盛京礼部、奉天府尹会同查管。乾隆八年（1743），"恐府尹事繁少暇"，改由专司学政的奉天府丞"稽查宗学"；乾隆三十九年（1774），又在盛京五部侍郎内钦派管学大臣一员专司其事。皇室子弟大多养尊处优，耽于嬉戏，不愿学习，有关官员也不敢严加管理。原定盛京宗室学、觉罗学每五年考试一次，但是从成立直到乾隆三十一年（1766），

---

① 《清圣祖实录》卷一百五十，康熙二十年三月乙未。
② 《清高宗实录》卷九，雍正十三年十二月己丑。
③ 《清世宗实录》卷九，雍正十三年十二月己丑。

"三十年之久,并未考试",学业荒废,不可名状。经奉天府丞近一年的整顿,"重新严立课程,每月逢五、逢十翻译、作文、作诗,逢三六九日射箭",并将"所习清、汉各功课按日登簿",以备考查。奉天府丞每月要亲自前去"面课一次",盛京将军与奉天府尹每月查看一次,此后"诸生学业稍有进境"①。但学生人数常不足额,如宗室学定额学生20名,有时只有7名学生。

奉天八旗汉军义学始设于雍正七年(1729),初设时每旗一所,共8所。学生主要学习满文,学校教学效果较差,"读书子弟不尽通晓书义"。究其原因,主要是这种所谓义学并非专设,只是附设于旗内,教师水平也较低。雍正十年(1732),将每旗合为一学,减为4所,"每学设清文教习一员,以司训课"。当时,奉天八旗汉军共有24佐领,四所义学每年有学生120名,学生"无公费","自备膏火"。

三、学校教育及科举的特点

(一)学校教育的科举化

辽宁地区学校教育具有明显的科举化特点,即学校教育是为科举服务的,体现为学校科举一体化。

清代科举出现的最早时间,据文献记载:"国家诞敷文教,八旗多士,涵濡尤深。"天聪八年(1634)四月,始立科举之制,皇太极"命礼部考取八旗通于文义之士,取中满洲习满书者刚林、敦多惠二人,满洲习汉书者察不害,恩国泰二人,汉人习满书者齐国儒、朱灿然、罗绣锦、梁正泰、雷兴、马国柱、金柱、王来用八人,蒙古习蒙书者博特、石岱、苏鲁木三人"②。若此说成立,

---

① 《清高宗实录》卷七百八十一,乾隆三十二年三月癸巳。
② 福格:《听雨丛谈》卷七《八旗科目》,中华书局,1984,第149页。

则科举在清入关前十年即已创立。又,徐珂《清稗类钞》记载:"天聪己巳,试儒士,取二百人。甲戌,合试满、蒙、汉,取举人十六名。崇德戊寅,赐举人罗硕等十名牛录章京品级,一、二、三等生员十八名护军校品级,此为八旗科第之始。"① 徐珂的记载将科举的创立时间在天聪八年的基础上又前推到了天聪三年(1629)。此外,李绂在《穆堂别稿》中赞成福格的说法,即天聪八年为科举开始的时间,如"天聪八年四月,太宗文皇帝,命礼部考取通满洲、蒙古、汉书文义者为举人"②。

图 6-2 绥中魁星楼

---

① 徐珂:《清稗类钞》二册《考试类·八旗科举始于天聪》,中华书局,1984,第589页。
② 李绂:《穆堂别稿》卷二十七《八旗选举表序》,清道光十一年(1831)珊城阜祺堂刻本。

学校科举一体化在八旗官学中最为明显。《清史稿·选举志》记载："世祖定鼎燕京，修明北监为太学。顺治元年，置祭酒、司业及监丞、博士、助教、学正、学录、典籍、典簿等官。设六堂为讲肄之所。曰率性、修道、诚心、正义、崇志、广业，一仍明旧。少詹事李若琳首为祭酒，请仿明初制，广收生徒，官生除恩荫外，七品以上官子弟勤敏好学者，民生除贡生外，廪、增、附生员文义优长者，并许提学考选送监。又言学以国子名，所谓国之贵游子弟学焉。前朝公、侯、伯、驸马初袭授者，皆入国学读书。满洲勋臣子弟有志向学者，并请送监肄业。诏允增设满洲司业、助教等官，是为八旗子弟入监之始。厥后定为限制。条例屡更，益臻详备。"① 从文献记载反映的事实看，八旗子弟进入国子监学习，是八旗官学的最初形态。而清代八旗科举考试的实行与其八旗官学的设置时间是大体一致的，从清代留存下来的历史文献可以初步确认这一点。如清入关后，顺治八年（1651）题准："满洲、蒙古子弟，内院礼部会同考试，通清、汉文者，翻译汉字文一篇；通清文者，作清字文一篇。汉军子弟，令顺天学院考试，与民童一体出题。"② 这是目前所见清代最早实行八旗科举考试的时间记载。

关于八旗科举考试的作文、场次与取录标准，《清稗类钞》记载："礼部议定，满洲、蒙古识汉字者，翻汉文一篇；不识汉字者，则作满文一篇。汉军文章篇数，如汉人例。会试中额，满洲二十五名，蒙古十名，汉军二十五名。各衙门博士、笔帖式俱准会试，考取文字篇数与乡试同。"③ 上述文献记载之事参照清代其他文献记载可知是在顺治八年（1651）前后，这一时期八旗内部参加科举考试的人员在作文时既可以用满文书写，也可以用汉文书写，这是针对当时八旗内部的某些应试人员对汉文的掌握还不是很纯熟的情况下提出的。同时，允许各衙门，即政府各部门的博士和笔帖式可以不经过乡试考试而直接参加会

---

① 赵尔巽等：《清史稿》卷一百六《选举一·学校一》，中华书局，1977，第3100页。
② 昆冈等重修光绪《钦定大清会典事例》卷三百八十七《礼部·学校·旗学事宜》，收入顾廷龙主编《续修四库全书》804册 史部，第180页。
③ 徐珂：《清稗类钞》二册《考试类·八旗科举始于天聪》，中华书局，1984，第590页。

试，表明清政府在八旗科举考试的实行上在某些方面并不严格遵循三场考试的规制，而是视具体情况灵活掌握，在形式上并不拘泥于已有的规定，采取了跳级考试的办法。

清代八旗科举考试虽然在大的方向上同清代全国性的科举考试保持了一致，但在科举取士的一些具体环节和内容上却带有自己鲜明的特点，科举分榜而取便是其中一项重要的内容。昭梿《啸亭续录》记载："本朝顺治壬辰，始许满洲子弟廷试，与民籍另置一榜，头场四书文二道，二场论一道而已。麻文僖公尔吉中廷试首名，人争呼为麻状元，今其宅犹存，人呼为'状元街'云。其后停试，至癸丑复开科，即与民籍贡士同榜。如今制云。"① 而录取人数，在顺天府乡试中特意为辽宁地区满洲八旗设立"夹字号"，有四个名额。

带有私人性质的书院，其教学内容也是围绕科举进行的。清代书院被朝廷引导成为政府从中选拔人才之所。乾隆元年的上谕中就明确说道："书院之制，所以导进人才，广学校所不及。我世宗宪皇帝命设之，省、会发帑金，以资膏火，恩意至渥也。古者，乡学之秀，始升于国，然其时诸侯之国皆有学。今府、州、县学并建，而无递升之法，国子监虽设于京师，而道里辽远，四方之士不能胥会。则书院即古侯国之学也，居讲席者固宜老成宿望，而从游之士亦必立品勤学，争自濯磨，俾相观而善。庶人才成就，足备朝廷任使，不负教育之意。"这里已把为国家选才列为书院学习的最终目标，因此进入书院学习者"必择乡里秀异沉潜学问者，肄业其中。其恃才放诞，佻达不羁之士，不得滥入书院中"②。清代的书院从一开始便同科举有更多的关系，《钦定大清会典事例》中记载了各省书院所学内容："嗣后书院肄业士子，令院长择其资禀优异者，将经学、史学、治术诸书，留心讲贯，以其余功兼及对偶声律之学。其资质难强者，且令先工八股，穷究专经，然后徐及余经，以及史学、治术、对偶、声律。至每月课试，仍以八股为主，或论、或策、或表、或判，听酌量兼试，能兼长

---

① 昭梿：《啸亭杂录》续录卷二《麻状元》，中华书局，1980，第434－435页。
② 吕肃高修乾隆《长沙府志》卷首《皇言》，成文出版社，1976，第40页。

者酌赏。以示鼓励。再各省学官，陆续颁圣祖仁皇帝钦定《易》《书》《诗》《春秋传说汇纂》及《性理精义》《通鉴纲目》《御纂三礼》诸书，各书院院长自可恭请讲解，至《三通》等书，未经备办者，饬督抚行令司道各员，于公内酌量置办，以资诸生诵读。"① 从中可以看出，科举考试的内容也是书院日常课业的基本内容。

（二）辽宁八旗科举的特殊性

清代，辽宁地区的科举同样因为八旗官学的设置而具有地区特点，表现为八旗科举占重要地位。

首先，八旗的特殊地位使得它在国子监的取录上拥有特权。以选拔贡生为例，《清史稿·选举志》记载："康熙十年，令学臣于考取一、二等生员内，遴选文行兼优者贡太学，从祭酒查禄请也。明年，始选拔八旗生员，满洲、蒙古二人，汉军一人。"又如恩监一项，《清史稿·选举志》中载："恩监，由八旗汉文官学生、算学满汉肄业生考取。又临雍观礼圣贤后裔，由武生、奉祀生、俊秀入监者，皆为恩监"；"恩荫，凡满、汉子弟奉敕送监读书，恩诏分别内外文武品级，荫子入监"。《清史稿·选举志》中又记载："（顺治）十一年，觉罗荫生照各官荫生例，一体送监"。

其次，八旗官学的待遇高于其他各学。诸如宗室学、觉罗学、咸安宫学、景山学、八旗义学等，就清统治者的初衷和本意，是为了培养更多更为优秀的八旗子弟，故待遇十分优渥。如在京师国子监，"其率性、修道、诚心、正义、崇志、广业六堂，并算法馆、八旗官学，各置汉、满、蒙古助教、学正、学录，兼司鄂罗斯学子弟教授，户部月给膏火教习银二两，米二斛，汉教习更由工部岁给夏衣、秋衣各一袭，二岁给冬裘一袭，学生给银亦差"。"他如宗室学、觉

---

① 昆冈等重修光绪《钦定大清会典事例》卷三百九十五《礼部·学校·各省书院》，收入顾廷龙主编《续修四库全书》804 册 史部，第 304－305 页。

罗学、咸安宫学、景山学、八旗义学，皆所以广厉学业者也"①。雍正五年（1727），"拨八旗教养兵额满洲三十，蒙古、汉军各十名钱粮分给学生"②。

再次，学额持续增加，晋身途径宽泛。清代八旗官学的取录人数至雍正时期有了相应的增长，史称："（雍正）五年十月，疏言：'八旗官学生，由佐领申送国子监考录，酌定年幼学清文，稍长学汉文。每旗额：满洲六十，蒙古二十，汉军二十。缺出通一旗拣选，不拘每佐领各送一人之例。现在官房狭隘，另拨宽敞者居住，酌给钱粮，俾专心诵读。'疏入，议行。"满洲八旗、蒙古八旗同汉军八旗三者合计取录一百名。这同清初顺治年间的取录名额相较确已有了明显的增长。《清史稿·选举志》中记载："顺治元年，若琳奏：'臣监僻在城东北隅，满员子弟就学不便，议于满洲八固山地方各立书院，以国学二厅、六堂教官分教之，以时赴监考课。'下部议行。于是八旗各建学舍。每佐领下取官学生一名，以十名习汉书，余习满书。二年，从所蕴言，合两旗为一学。每学教习十人，教习酌取京省生员。其后学额屡有增减"③。有县志记载："旗人之肄习经书、文艺、翻译、弓马者，期满课最得升监生及各部寺库使、本旗外诸职，若遇大比之岁，均由监录科册送顺天府乡试，所谓北闱者也"④。而觉罗学则"学成，与旗人同应岁、科试及乡、会试，并考用中书、笔帖式"。从中可以看出，旗人"期满课最得升监生及各部寺库使、本旗外诸职"，即直接谋得职位；也可以通过科举进入官场。觉罗学则更加优渥。

---

① 陈铭勋修民国《渠县志》卷三《教育志中》，成文出版社，1976，第323－324页。
②③ 赵尔巽等：《清史稿》卷一百六十《选举一·学校一》，中华书局，1977，第3110页。
④ 陈铭勋修民国《渠县志》卷三《教育志中》，成文出版社，1976，第324页。

第二节 国语骑射

清代的八旗教育中一个突出特点是始终强调和强化保持自身民族语言传统与尚武习俗。乾隆曾言："满洲原以学习清语，专精骑射为要"。国语骑射既是所谓"满洲根本"，又是八旗子弟的晋身途径。不同时期国语骑射所侧重的方面有所不同。康熙、雍正时期，即以国语骑射作为八旗子弟晋身途径。乾隆、嘉庆时期，则强调以国语骑射作为满洲特性及国家根本。而从道光时期起，无论清统治者如何强调，"国语骑射"不可避免地日渐衰落。

一、康雍时期的国语骑射

关于康熙之前的国语骑射，《清史稿·选举三》中记载："八旗以骑射为本，右武左文。世祖御极，诏开科举，八旗人士不与。顺治八年，吏部疏言：'八旗子弟多英才，可备循良之选，宜遵成例开科，于乡、会试拔其优者除官。'报可。八旗乡、会试自是年始。其时八旗子弟，每牛录下读满、汉书者有定额，应试及各衙门任用，悉于此取给，额外者不得习。往往不敷取中。故自十四年至康熙十五年，八旗考试，时举时停。先是乡、会试，殿试，均满洲、蒙古为一榜，汉军、汉人为一榜。康熙二十六年，诏同汉人一体应试。寻定制，乡、会场先试马、步箭，骑射合格，乃应制举。庶文事不妨武备，遂为永制。初八旗乡试，仅试清文或蒙古文一篇，会试倍之。汉军试书艺二篇，经艺一篇，不通经者，增书艺一篇。二、三闱试论、策各一。逐科递加，自与汉人合试，非复前之简易矣。"① 从以上记载中可以得知，从康熙年间起，八旗科举开始形成规制。在康熙年间，清统治者对于国语骑射的重视态度也初现端倪。康熙时期规定，"京师八旗各佐领下幼童，由各佐领内择其优长之人，令其教习读书及马步箭。……至于京师八旗子弟，读汉书者，考取生员、举人、进士时，仍令射马步箭，能者方准作文考试。其余幼童十岁以上者，各佐领于本佐领内，选优长者各一人。满洲旗分幼童，教习满书满语，蒙古旗分幼童，教习满洲、蒙古书，满洲、蒙古语；汉军幼童，教习满书满语，并教习马步箭。"可见，早在康熙年间，对于八旗子弟的教育就强调骑射及满语，并在八旗科举考试中重视和强调武备的考核。康熙曾晓谕大臣："文武考试，虽曰两途，俱系遴拔人才。而习文之人，亦有学习武略、善于骑射者；习武之人亦有通晓制义、学问优长者。如或拘于成例，以文武两途，不令通融应试，则不能各展所长，必致遗漏真才。嗣后文童生、生员、举人内，有情愿改就武场考试者，武童生、生员、举人内，有情愿改就文场考试者，应各听其考试。如此，则各得施其所学，文武两途，皆得其真才矣。"②

至雍正时期，明确了满洲的"翻译技勇之科"，即满语翻译及骑射二科。雍正元年（1723），总理事务王大臣等会同礼部、兵部遵上议复："八旗满洲人等设翻译技勇之科。嗣后将满洲、蒙古能翻译者，三年之内考取秀才二次，举人一次，进士一次，其所取额数，临期视人数多寡，请上择日钦定，再照汉军例，考取武秀才四十名，举人二十名，进士四名。"③ 不久，又重新规划宗室进

---

① 赵尔巽等：《清史稿》卷一百八《选举三·文科》，中华书局，1977，第3160页。
② 《清圣祖实录》卷二百五十七，康熙五十二年十一月甲寅。
③ 《清世宗实录》卷六，雍正元年四月辛酉。

身途径并规范宗室学。雍正二年（1724），又颁布诏谕："朕临御以来，施恩于文武官，各得疏通，惟宗室等并无升迁之路，欲令考试举人进士，与民人等一例搜检，亦非体统。唯有宗人府司官笔帖式等员，可否补用，尔等议奏。再宗室内有学优才美者，作何考选之处，一并议奏，钦此。遵旨议奏，闲散宗室内，有考取一等、二等者，以笔帖式用。嗣后遇理事官缺出，以副理事官升补。副理事官缺出，以经历及主事升补。经历及主事缺出，以笔帖式升补。其补授理事官、副理事官、经历、主事、笔帖式等缺，均由宗人府拟定正陪，引见补授。又定宗室左右两翼，每翼各立一满学，一汉学，选满洲教授四员，教习清书。汉教授四员，教习汉书。善骑射者四员，教习骑射。又选宗室四人为正教长，又十六人为副教长。凡宗室在学子弟，每月考试一次。将学业骑射分别申报注册，每春秋二季，宗人府亲试，其学业优长，骑射出众者，特行奏明，并带领引见。"①

二、乾隆嘉庆时期的国语骑射

乾隆多次强调国语骑射的重要性，曾晓谕群臣："满洲原以学习清语、专精骑射为要。近多借读书为名，转荒正业，所关甚重。著寄信清保，令其晓谕盛京人等，嗣后务念满洲根本，勤习清语骑射，断不可务虚名而舍正业，晓谕之后，复蹈故辙，朕必从重治罪，断不姑容。"

乾隆三十年（1765），乾隆对于满洲八旗子弟既不能保持满洲国语骑射本色，又于科举文章没有资力的情况发布上谕申饬："前经降旨，八旗三品以上大臣子弟，果有娴熟国语、练习弓马者，遇考试之期，奏明准其入闱。原因八旗淳朴素风，近来未免沾染虚浮，艳心诡遇，是以示之节制。俾知崇实黜华，非概从禁制，遏其进取之途也。乃迩年来八旗大臣竟无奏请子弟应试者，未免多

---

① 昆冈等重修光绪《钦定大清会典事例》卷三百二十九《礼部·贡举·宗室乡会试》，收入顾廷龙主编《续修四库全书》803 册 史部，第 262 - 263 页。

生顾虑，因噎废食。伊等既不潜心力学，而于国语、骑射，又未见专攻娴习出色，自不如兼收并进，犹可为造就之资也。我国家满洲世臣，宣力赞政，原不藉文章一途。但承平百余年，满洲词臣文藻黻饰，亦不可少。大臣子弟中，延请师资，扩充闻见，较之寒素之家，成材自易。嗣后八旗大臣子弟仍准一体考试，毋庸奏明请旨。倘伊等仍不以实学就考，如前怀挟，或进身之后仍蹈虚名陋习，无裨实用，又何难随时惩治，俾知所儆惕乎？"① 从中可以看出，允许八旗现任三品以上大臣子弟参加科举考试的前提是"娴熟国语、练习弓马"，即国语骑射。同时，八旗子弟同样有两条晋身途径。

乾隆高度评价国语及翻译科的作用，"设立翻译科，原为鼓舞满洲，令诸生专意学习国语（指满语），考取时必取真才，然后未得考取之人方知奋勉勤学而翻译书史，亦能发挥清文精粹义理。"② 又说："我朝国书，义蕴精微。向来工于翻译者，能得其神理，于汉文大有裨益。昔圣祖仁皇帝时，常将满洲官员考试分别优劣以示鼓舞。皇考世宗宪皇帝，特开翻译之科，俾人人奋勉向学，以图进取，诚为盛典。"③ 乾隆四十年（1775）上谕中更明确指出："原以清书为满洲根本，考试翻译使不失满洲本业也。"④

直到嘉庆时仍重申："国语骑射，乃我满洲要务，宗室等时当力学，即习汉文清文，亦当以清文为要。若将国语骑射置而不务，专事文章，久之满洲旧业必致废弛，此风断不可长。着交管理宗人府王公等，晓谕八旗宗室，务将国语骑射留心习学。"⑤ 嘉庆四年（1799），重开宗室科举，史载："嘉庆四年奉上

---

① 昆冈等重修光绪《钦定大清会典事例》卷三百三十七《礼部·贡举·录送乡试一》，收入顾廷龙主编《续修四库全书》803 册 史部，第 353 页。
② 杜受田等修《钦定科场条例》卷五十九《翻译·翻译乡会试上·例案》，收入顾廷龙主编《续修四库全书》830 册 史部，第 557 页。
③ 《清高宗实录》卷六十五，乾隆三年三月戊辰。
④ 《钦定八旗通志》卷一百三《选举志二》，收入《影印文渊阁四库全书》史部 423 政书类，第 804 页。
⑤ 杜受田等修《钦定科场条例》卷五十九《翻译·翻译乡会试上·现行事例》，收入顾廷龙主编《续修四库全书》830 册 史部，第 572 页。

谕：宗室向有会试之例，后经停止。敬惟皇考圣意，原因宗室当娴习骑射，以存满洲旧俗，恐其专攻文艺，沾染汉人习气，转至弓马生疏。然自停止考试以后，骑射亦未能精熟，天潢支派繁衍，自当仍准考试，广其登进之路，兼可使读书变化气质，不致无所执业，别生事端。且应试之前，例应阅射马步箭，方准入场，于骑射原不致偏废。旧制宗室均不由乡举，径赴会试，未免过优。嗣后宗室应考者，辛酉科为始，与生监一体乡试，应定中额，著礼部核议奏闻，候朕酌定。"① 嘉庆的这道诏令等于否定了此前停废宗室科举的所谓皇考祖训。

清代宗室科举考试注重满文满语的考察，并特设翻译科，这是清代宗室科举考试在清代科举制度总的方向上的一个独具特点之处。《钦定大清会典事例》卷三百二十九记载："嘉庆八年奏准，凡准宗室翻译会试，应照文会试例，考试一场其题目照翻译乡试例，试以清字四书文一道，翻译一道，届期遵奉办理。又奏准，宗室翻译乡会试，与八旗同归并文闱，三年一举。"② 针对后来参加宗室翻译科考试人数较少的问题，嘉庆还特颁谕旨："此次宗室翻译会试只有九人，人数太少，此皆宗室等平时惟习汉文，竟不以翻译为先务。清语骑射，乃我满洲根本，宗室等自当加意勤习。即汉文、翻译两端，尚当以翻译为要。若清语骑射久荒，将来必致有失满洲旧制。著交宗人府王公等通谕八旗宗室等，务当专心力学骑射，不可徒习制艺。向来宗室等翻译会试，十九名内取中三名，十一名内取中二名。此次报考仅止九名，朕仍加恩取中二名。嗣后，翻译会试如足九名额数，仍取中二名。翻译会试如不足九名，即著停止入场。"③ 可见，以满语骑射为核心的宗室科举考试成为清代科举制度中一个极具民族特色的考试取录规制。

---

① 杜受田等修《钦定科场条例》卷一《宗室人员乡会试·例案》，收入顾廷龙主编《续修四库全书》829 册 史部，第 684 页。
② 昆冈等重修光绪《钦定大清会典事例》卷三百二十九《礼部·贡举·宗室乡会试》，收入顾廷龙主编《续修四库全书》803 册 史部，第 268 页。
③ 《清仁宗实录》卷三百五十六，嘉庆二十四年四月丁丑。

三、道光以后的国语骑射

直到道光帝时,仍然强调"俾宗室人员倍加鼓励,虽国家所尤重者清语骑射,然泽以诗书,亦能变化气质,于嘉惠宗潢之至意,更无微不周矣"。道光曾发布诏谕对翻译科予以申明,道光八年(1828)又谕:"我朝纶才取士,于定立制科之外,复设翻译科目,既以广八旗士子登进之阶,亦识不忘本业,立法洵为至善。无如近日旗人力学者少,转视科目为迂途,不复勉图进取。即如从前乾隆年间翻译乡试,满洲约五六百人,蒙古约五六十人。本年应试人数,计考满洲翻译者仅一百三十余人,蒙古翻译者仅二十余人。人数既较前多寡悬殊,而取中之卷,自系简拔其尤。乃昨日复试中式满洲翻译举八名内,即有文理欠通、错误太甚者四名,罚令停科。其余未经中式之卷,文义字画,概可想见。清语、骑射为旗人根本。近日八旗生齿日繁,而勤学应举者转日见其少,岂国家设立科目本意?特降旨申谕八旗人等,嗣后务当父教其子,兄诫其弟,勤加策励,共效观摩,期于精研本业,以备旁求,毋负朕谆谆告诫至意。"① 可以看出,此时国语出现了"文理欠通、错误太甚者",而翻译科则"勤学应举者转日见其少"。这说明此时虽然国语依然被统治者强调,翻译科依然是晋身之道,然而八旗子弟已经没有了学习国语的热情。

道光在给驻防八旗士兵的诏谕中称:"国家分设八旗兵丁驻防各省,立意至为深远。嗣因生齿日繁,披甲名粮,例有定额,势不能概令食粮当差,而各弁兵子弟,亦有读书向上、通晓文义者,听其应试,以广进取之阶。所以造就人才,体恤旗仆者,无微不至。但思八旗根本,骑射为先,清语尤其本业。至兼习汉文,亦取其文义清通,便于翻译。乃近年以来,驻防弁兵子弟,往往鹜于虚名,浮华相尚,遂至轻视弓马,怠荒武备。其于应习之清语,视为无足轻重,

---

① 昆冈等重修光绪《钦定大清会典事例》卷三百六十四《礼部·贡举·翻译乡会试》,收入顾廷龙主编《续修四库全书》803 册 史部,第 677-678 页。

甚至不能晓解。恭阅嘉庆五年皇考谕旨：'各省驻防人等，准于该省考试文生，原系于伊等格外恩施，如专务此而废弃清语、骑射，即停止此例，不准考试，亦原应该，俟清语骑射演习熟练时，方准考试等因。钦此。'仰见我皇考圣虑周详，训诫谆谆之至意，因思清语、骑射，全在该管大臣官员等，平日尽心训饬操演，而弁兵子弟，亦必令借此进身，方能益加劝勉。现在武闱乡试，各省驻防，一体与考。应试之人，弓马如悉熟娴，不患无登进之路。其应文试者，必应试以翻译，庶不至专习汉文，转荒本业。除本科各省文乡试，仍照例准其应考外，嗣后各处驻防，俱著改应翻译考试，俾有志上进者，咸知非熟习清文，不能倖邀拔擢，自必争相磨厉，日益精通。其各该将军、副都统等尤宜随时训练，董劝兼施，毋得视为具文，因循积习，以副朕崇实黜浮之意。其考试一切章程及翻译童试进额，乡、会试中额，应如何酌定之处，著军机大臣会同该部悉心详议具奏。钦此。'遵旨议准：除例应顺天乡试各生，及驻防现任京官之子弟随任在京者，俱照旧办理外，余均改试翻译。"① 这条上谕再次强调国语骑射是八旗子弟的根本，并规定八旗子弟不可从汉文科举之路。咸丰年间则又准许八旗子弟科举。"各省驻防八旗，向来本有考取举人、生员之例，自道光年间改为翻译，将旧例停止。原为八旗人员均应谙习国语清文以为本务，恐其因考试汉文，致有荒废。现在翻译考试，各省遵行，已历有年，其驻防八旗中通达汉文、绩学之士，不克观光，诚为可惜。嗣后著于驻防翻译科甲外，仍复驻防考取文举人、生员之例，均准其乡、会试，与翻译一体录用，以广登进。该驻防八旗人等，仍不得专骛汉文，致将翻译国语稍涉荒废"② 同治元年（1862）议准："各省驻防，前经取进之文生暨翻译生，从前曾经应翻译乡试者，现在或仍应翻译，或改应文闱，人数无多，均听其便。嗣后取进之翻译生员，即令专应翻译，不必兼应文闱，其新进之文生员，令其专应文试。其中有愿应翻译者，

---

① 昆冈等重修光绪《钦定大清会典事例》卷三百八十一《学校·驻防考试》，收入顾廷龙主编《续修四库全书》804 册 史部，第 106 – 107 页。
② 同①，第 107 页。

准其自行呈明，改应翻译。既改之后，不得再应文闱。"①

  清朝统治者认为八旗子弟国语骑射与汉文科举之间存在矛盾，认为汉文科举是浮华，八旗子弟因为汉文科举而荒废了国语骑射。然而，从道光年间起，国语骑射就已经逐渐衰落。禁止八旗子弟汉文科举并不能达到兴盛国语骑射的目的，故清朝统治者在禁与不禁之间徘徊。

---

① 昆冈等重修光绪《钦定大清会典事例》卷三百八十一《学校·驻防考试》，收入顾廷龙主编《续修四库全书》804 册 史部，第 107 页。

第七章 宗教文化

第一节
萨满教

萨满教是流行于亚洲和欧洲的北部等地区一些民族普遍信仰的宗教。我国满族、蒙古族、锡伯族、赫哲族、鄂伦春族、鄂温克族、达斡尔族等民族的民俗生活中，至今还在不同程度上存在着萨满教的信仰活动。我国学术界一般认为，萨满教是一种自然的、原始的多神教。如任继愈主编的《宗教词典》中把萨满教定义为："原始宗教的一种晚期形式。因满—通古斯语族各部落的巫师称为'萨满'而得名。形成于原始社会后期，具有明显的氏族部落宗教特点。各族间虽无共同经典、神名（近亲部落除外）和统一组织，但彼此有一致相同的几个基本特征。相信万物有灵和灵魂不灭。"

一般认为，我国关于萨满的最早记录见于南宋人徐梦莘的《三朝北盟会编》。该文献中有"珊蛮者，女真语巫妪也，以其通变如神，粘罕之下皆莫能及""国俗，有被杀者，必使巫觋以祝杀之者"。萨满教是满族及其先世所信仰的原始宗教。至清代，萨满教开始系统化、制度化甚至宫廷化。清乾隆十二年（1747）刊印《钦定满洲祭神祭天典礼》。该书正式使用了"萨满"一词，而且记录了大量的萨满神歌、萨满仪式、萨满祭器以及众多的萨满教神祇。此书原为满语写成。乾隆四十五年（1780）为将其收入《四库全书》而译成汉文。宫廷祭祀成为清代萨满教的主要表现形式。此后,清朝又刊刻了《满洲跳神还愿典礼》(道光八年,1828)、《恭祭神杆礼节之册》(光绪二十四年,1898)等有关萨满祭祀的书籍。此外,受宫廷萨满祭祀的影响,民间萨满祭祀也表现兴盛。在一些笔记私志,如《柳边纪略》《龙沙纪略》《宁古塔纪略》《黑龙江外记》等书中都有相关记载。在清代,萨满教开始成为一种独特的文化表现形式,是清代辽宁地域乃至东北文化的重要组成部分。

一、清入关前的早期萨满信仰

早期萨满教的活动内容主要是自然崇拜、动物崇拜、祖先崇拜及与之相应的祭祀仪式。在萨满教的活动中,萨满多以跳神的形式为本氏族消灾除魔、祈求丰收、为病人治病等。

明代女真人也普遍信仰萨满教。《朝鲜王朝实录》中记载:"成宗十四年十月戊寅,野人(即女真人)赵伊时哈等八人辞,命都承旨李世佐赐酒……(李世佐)又问:'有祭祀之礼乎?'答曰:'祭天则前后斋戒,杀牛以祭。'又于月望,祭七星。然此非常行之事。若有疾病,祈祷则有之耳。亲死则殡于家,亦杀牛以祭,三日后择向阳处葬之。其葬之日,当时所服之物并葬之,且杀所乘之马,去其肉而葬其皮。"[①] 从这段史料上看,赵伊时哈等人所说的祭祀之礼,如杀牛祭天、月望祭七星,正是这一时期女真人萨满教祭祀的表现形式。

实际上,明代女真诸部族的萨满教是相对独立、自成体系的,有自己的守护神、祖先神,各部一般有自己的萨满及神册、神器。其主要祭祀目标有三大类:天或天神、各种自然神灵、祖先神灵。

俄国学者史国禄认为,满族萨满依托氏族(莫昆)组织而存在,可分为"包衣滚"(满语家族的)萨满和"安巴"(满语,大)萨满,前者为祭司型萨

---

① 王钟翰辑录《朝鲜〈李朝实录〉中的女真史料选编》,载《清初史料丛刊》第七种,辽宁大学历史系发行,1979,第 61 – 62 页。

满，后者为巫师型萨满。包衣滚萨满不具备"掌控"神灵的能力，他们通晓固定的祭祀方法，负责主持祭祀氏族神灵的特定仪式。在满族人的观念中，每一成员都与所属氏族的神灵系统紧密相连。"有多少莫昆，就有多少神灵群"，只有通过懂得氏族仪式或典礼的包衣滚萨满，氏族神灵赐予的佑护才能施予族人①。

包衣滚萨满由莫昆大会认定，候选者从熟悉氏族仪式与传统的人员中产生。在不同满族氏族中，包衣滚萨满数量不一，个别氏族多达十几位。不过，每个氏族中只有一位包衣滚萨满承担主祭人的角色。在不同类型的献祭仪式中，包衣滚萨满须保证仪式程式和唱词的准确性。每个氏族的包衣滚萨满都有记录仪式唱词的手抄本，这些文本一般不记录仪式细节——主要通过萨满的口头传说进行传承。在日常生活中，包衣滚萨满要处理氏族神灵和外神之间的关系，他们会采取特定的仪式手段，防止氏族之外的神灵与氏族神灵相混淆，享受氏族神灵祭品。满族人认为，如果发生此类情况，氏族神灵的善意活动可能会因此终止。满族的安巴萨满为神抓萨满。长期以来，满族人厘定并传承了选择安巴萨满的文化传统。一般情况下，回到氏族中抓萨满的神灵为已故的萨满祖先，安巴萨满候选人被"相中"后，会表现出成为萨满的典型征兆，如躲避阳光、坐在地上或者炕上沉默、突然哭泣或歌唱、离家一段时间并返回、爬树并且跳跃等。如遇此类情况，莫昆大会要讨论候选人是否具有承担萨满的资格，讨论的内容包括萨满候选人的道德、掌握传统的能力等。候选人被认定后，由有经验的萨满教导，学习内容涉及氏族的萨满教传统知识以及仪式细节。满族人相信，在这一过程中，候选人会从萨满祖先处获得神灵助佑，并逐渐掌控这些神灵。一段时间过后，安巴萨满要举行一次由全部氏族成员参加的认定仪式。只有通过仪式，其萨满资格才会得到氏族的认可。在认定仪式中，有两项内容比较重要。第一，萨满要记住氏族神灵的名字和细节。第二，萨满要能够掌控"冷"和"热"的技能（如跑火池、钻冰眼等），氏族内部会有一些检验者负责对萨满的表现进行评判。通过检验的新萨满，仪式结束后要向所领神灵进行一

---

① 于洋：《史禄国对满族萨满类型的研究与相关反思》，《满族研究》2015年第2期，第85-92页。

次献祭。需要说明的是，并非每个满族都有安巴萨满，大多数氏族只有包衣滚萨满。因此，满族的安巴萨满虽然是氏族的萨满，但也会为那些"扣香"（即没有神抓萨满）的氏族服务，收取一定的报酬。安巴萨满的社会作用多为"治疗"，主要处理灵魂失调、驱赶附身邪魔等问题。他们运用萨满教的神灵与灵魂"理论"，寻找人们所遇"病"和"事"的原因，并予以恰当的解释。然后，安巴萨满会在萨满助手的配合下，举行以迷幻术为核心特征的仪式，氏族或地域社会的全体成员都需要参加，仪式的目的是恢复病人的心智平衡。此外，安巴萨满的"治疗"手段还包括占卜、预测等巫术方式。在满族人中，包衣滚萨满所祭的神灵群为包衣滚窝车库，被视为氏族的祖先神。而安巴窝车库是萨满掌控的氏族神，在氏族的安巴萨满间代代传承。

图 7-1 萨满法师

实际上，包衣滚萨满所祭祀的祖先神灵分为图腾性质的保护性神灵和血缘祖先的化身性神灵。而安巴萨满所"掌控"的安巴窝车库是各种自然神灵。前者是氏族特有，具有排外性；而后者则是可以共有的神灵。

努尔哈赤时期，举凡大规模的军事行动前，要到堂子拜祝。万历二十一年（1593）九月，叶赫等九部兵马与建州发生攻战。战前，努尔哈赤"率诸贝勒大臣诸堂子拜"，祝祷皇天后土，上下神祇："愿敌人垂首，我军奋扬，人不遗鞭，马无颠蹶。惟祈默佑，助我戎行"。后金天命二年（1617），努尔哈赤在劫掠抚顺前也"率诸贝勒及统军诸将，鸣鼓奏乐，谒堂子而行"。后金天命十一年（1626），病中的努尔哈赤派阿敏祭拜其父祖，通过祭祖来求其"扶助，使迅速康复"。这些都显示了努尔哈赤对于萨满教的信奉。

随着女真族的统一和满族的形成，努尔哈赤及皇太极对原有的萨满崇拜及祭祀进行了改革。

其一，提高爱新觉罗祖先神的地位，将天或天神崇拜与爱新觉罗氏相联系。称爱新觉罗的始祖布库里雍顺是"天降三仙女"中的第三女佛库伦所生，认为爱新觉罗是"天降爱新觉罗姓之人"。努尔哈赤的尊号为"承奉天命养育列国英明汗"，年号为"天命"。

其二，摧毁别部堂子，使堂子祭祀成为特权。早在努尔哈赤统一女真之前，某些部族中有奉祭本部诸神的固定场所，称"堂涩"（即堂子的异写，也写作"堂色"），并立神杆祭天。努尔哈赤攻占其部族时，先废该部"堂色"，"掠祖像神牒于贝勒马前"[1]。皇太极时期则正式规定：凡官员庶民等，设立堂子致祭者，永行停止。从此，堂子祭祀成为皇家特权。

其三，控制祭祀耗费，尤禁宰杀大牲畜。在祭祀上耗费大量财物，浪费财富，不符合后金政权的发展要求。岳托贝勒曾建言："如欲使国家丰裕，则当严察祭祷之靡费"。早在天命六年（1621），有贝德牛录鄂里肯，因"以三匹马为死人殉葬"，被"革去其千总之职"[2]。崇德元年（1636），皇太极下令："凡人祭神、还愿、娶亲、死人、上坟、杀死货卖，宰杀牛、马、骡、驴，永革不许……今后许绵羊、山羊、猪、鹅、鸡、鸭还愿、祭神……母猪不许杀，若杀，卖者问应得之罪，仍赔猪入官"。如违令，被"家下人或部下人举首，赔牲畜与举首者"。可以看出，这道命令是为了保护生产、发展经济而设的。崇德三年（1638），有"正黄旗宁塔海牛录下苏拜因其妻三次求神而把家产靡费净尽"，

---

[1] 富育光、孟慧英：《满族的萨满教变迁》，《黑龙江民族丛刊》1984年第4期，第56页。
[2] 《满文老档》太祖皇帝天命朝第十七册，中华书局，1990，第162页。

经查处后，苏拜夫妇应论死，其余受连累之人或贯耳鼻，或受鞭责，或罚财物。①

其四，禁止萨满巫术。皇太极为此屡次颁发律令。天聪五年（1631）谕令，"凡巫觋星士，妄言吉凶，蛊惑妇女，诱取财物者，必杀无赦。该管佐领、领催及本主，各坐应得之罪，其信用之人亦坐罪"②。崇德元年（1636）曾下令："满洲、蒙古、汉人端公道士，永不许与人家跳神拿邪，妄言祸福，蛊惑人心，若不遵者，杀之"。正黄旗固山额真纳穆泰的岳母，因在祭祀亡故之子时携带"称能眼见灵魂之女巫"同往，并受其蒙骗，事发后，与女巫同被正法。③崇德七年（1642），多罗平安贝勒杜度有疾，其家属违背禁令，招巫人荆古达至家祈祷。荆古达"剪纸作九人，同太监捧至北斗（星）下，半焚半瘗之"，然而杜度还是死了。此事被人告发，皇太极以此将杜度的三个儿子统统"革去公爵，默宗室籍"，"巫人荆古达，照议正法"④。

经过清入关前的改革，萨满教的原始形态发生了重大改变。禁毁别部堂子和严控祭祀耗费等规定导致祭祀规模的简化和仪式的改变。严禁萨满巫术，使得安巴萨满受到限制。萨满神职功能随之萎缩，满族萨满教开始以包衣滚萨满的家祭为主。实际上，从这一时期起，萨满信仰就开始了宫廷与民间两个体系的分化。

二、萨满祭祀的宫廷化

宫廷萨满教主要源于爱新觉罗氏的祭天，与民间萨满教相比，更加典礼化、等级化，并具有一定的政治影响力。其规范始于入关前皇太极时期，经顺治、

---

① 中国人民大学清史研究所、中国第一历史档案馆译《盛京刑部原档》，群众出版社，1985，第86页。
② 《清太宗实录》卷十，天聪五年十一月庚寅。
③ 同①，第167-168页。
④ 《清太宗实录》卷十四，崇德七年十月丙寅。

康熙、雍正三朝而完善，至乾隆朝颁布《钦定满洲祭神祭天典礼》始成定制。

努尔哈赤时期，每逢重大的军事、政治活动及重大节庆，如春节正月、春秋季月上旬，都要举行祭神祭天活动。《清朝文献通考·郊社考》记载："太祖高皇帝建国之初，有谒拜堂子之礼。凡每岁元旦及日朔，国有大事，则祈为报，皆恭请诸堂子行礼，大出入必告，出征凯旋则列纛而告，典至重也。"皇太极继承了这一传统。后金天聪元年（1627），"正月己巳，上（皇太极）率诸贝勒大臣，诣堂子，拜天，行三跪九叩头礼"①。

皇太极时期对萨满教的规范主要表现在四个方面：

其一，祭天与祭祖场所分离。最初，祭祀是"于所至之地皆可举行"。努尔哈赤起兵后，沿其旧俗，在佛阿拉建堂子；定都兴京赫图阿拉后，便"立一堂宇，缭以垣墙，为礼天之所"；随着后金都城迁徙，在东京辽阳、盛京沈阳设堂子。然而至皇太极时期，祭天与祭祖的场所开始分离。据《清史稿》记载："堂子祭天，清初起自辽沈，有设杆祭天礼。又于静室总祀社稷，名曰堂子。建筑城东内治门外，即古明堂会祀群神之义。"另据《满洲源流考》记载："我朝自发祥肇始，即恭设堂子，立杆以祀天；又于寝宫正殿，设位以祀神。"由此可见，皇太极时期祭天神的堂子是在沈阳城的东内治门外，而祭祖的地方主要在盛京皇宫内。这样，就将皇帝祭天与宗氏祭祖相分离，发展为堂子祭祀与清宁宫祭祀。

堂子祭祀。康熙朝《大清会典》载："崇德元年定，每年元旦，皇上率亲王以下、副都统以上及外藩来朝王等，诣堂子上香……每月初一日，亲王以下，贝子以上，每府派一人斋戒一日，往堂子内供献。每年四月初八日，内府并每旗王贝勒一位，依次往堂子备供。……春秋二季，立杆致祭。……凡为马群致祭者，亲王以下，辅国公以上，许祭。"② 堂子祭祀包含"元旦拜天""月祭""四月初八浴佛祭""春秋二季立杆大祭""为马群致祭"等，这些内容都是在

---

① 《清太宗实录》卷二，天聪元年正月己巳。
② 伊桑阿等纂康熙《大清会典》卷六十五《群祀三·堂子》，载沈云龙主编《近代中国史料丛刊》三编，第3355－3358页。

崇德元年（1636）确定的。

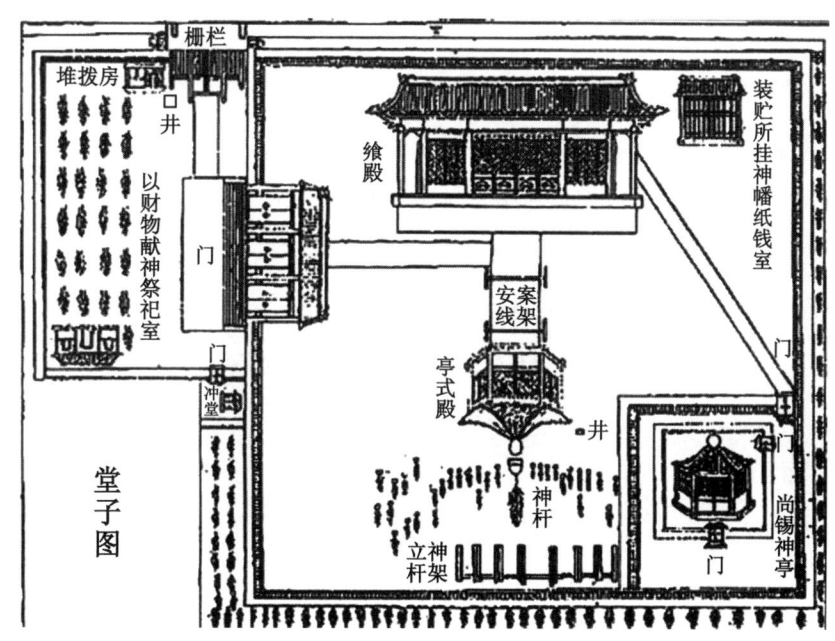

图7-2 堂子平面图

清宁宫祭祀。据《清史稿》记载："坤宁宫祀神，仿自盛京。……世祖定燕京，率循旧制，定坤宁宫祀神礼。"① 这说明，盛京清宁宫祭祀是北京坤宁宫祭祀的前奏。清宁宫祭祀主要是祭祀祖先神灵。值得一提的是，"佛、观音、关帝"三位外来神在这一时期是作为保护神引入的。清人考证，"原系满洲住居东土时，因忽遇瘟疫最盛，曾经在前明请去关帝、菩萨二像祭供，后随皆蒙庇感佑，所以立愿世世不忘，至今祭供，以成报本之行耳"②。

其二，祭祀内容典礼化。皇太极谕令，"前以国小，未谙典礼，祭堂子、神位，并不斋戒，不限次数，率行往祭"，"嗣后，每月固山贝子以上各家，各出一人斋戒一日，于次早初一日，遣彼诣堂子神位前，供献饼酒，悬挂纸钱。

---

① 赵尔巽等：《清史稿》卷八十五《吉礼四·坤宁宫祀神》，第2559页。
② 索宁安：《满洲礼集》，载《北京图书馆古籍珍本丛刊》59册，书目文献出版社，1998，第596页。

……除此外其妄率行祭祀之举，永行禁止"①。出兵之前的祭祀仪式也更加隆重。崇德元年（1636）亲征朝鲜拜堂子时，右翼兵前往东京大路至浑河排列，左翼兵前往抚顺大路排列。御驾出抚近门，设卤簿，鸣角吹螺，恭谒堂子。行三跪九叩头礼，复于堂子外建立八旗致祭，礼毕启行。此时，祭祀已经具备了国家典礼的性质，成为文化典章制度的一部分。

其三，祭祀仪制等级化。起初的萨满教祭祀是没有等级差别的，随着国家政权的建立，统治集团内部身份成为宫廷萨满教祭祀中祭祀资格和祭祀内容的限定条件。崇德元年（1636）规定，在堂子春秋二季立杆大祭中，"亲王、郡王、贝勒，每家各祭三杆。贝子、镇国公、辅国公，每家各祭二杆。镇国、辅国、奉国将军，每家各祭一杆。不祭者听，其无爵宗室不祭"②。祭杆数量依爵位而定。

综上可见，清代宫廷祭祀的发展方向和地位早在努尔哈赤和皇太极入关前就已基本确定。宫廷萨满祭祀在入关前就已发展成为统治者维护自身统治的典礼。

顺治、康熙、雍正三朝宫廷萨满教逐渐向着典仪化方向发展。

顺治时期，清朝迁都北京，在重新建造和安排祭祀场所的同时，制定了一系列宫廷萨满教的礼仪规范。顺治命"建堂子于长安左门外玉河桥东"③，"设七品官二人，八品官二人。由礼部选补"④。完备元旦拜堂子的流程，首先由礼部预期奏请，并对随祭王公大臣的品级、候驾地点、随拜位置等进行严格规定。另，仿照盛京清宁宫，将紫禁城内原明朝皇后所居坤宁宫定为"祭神殿"。坤宁宫祭祀人员设司俎、宰牲、赞祀、司香、爨掌、碓房妇等，共计183人。对

---

① 《满文老档》太宗皇帝崇德朝第十八册，中华书局，1990，第1521页。
② 伊桑阿等纂：康熙《大清会典》卷六十五《群祀三·堂子》，载沈云龙主编《近代中国史料丛刊》三编，第3356页。
③ 托津等纂：嘉庆《钦定大清会典事例》卷八百九十二《内务府·祀典·堂子规制》，载沈云龙主编《近代中国史料丛刊》三编，文海出版社，1992，第6834页。
④ 托津等纂：嘉庆《钦定大清会典事例》卷八百九十三《内务府·祀典·堂子员役》，载沈云龙主编《近代中国史料丛刊》三编，第6907页。

于各种祭祀器皿和供品,下令"其祭猪粢盛薪炭及造办祭品,一应器皿,均由掌仪司照司俎官呈报,移文各该处敬谨办进,祭神所用安春香,每年一次,移文会计司并内管领处于口外采取"①。同时,对坤宁宫日祭、月祭、四季献神都进行了详细规定:"顺治初年定,大内每日祭神二次,晨以丑寅时,晚以未申时,均用猪二。月朔皆陈时果九碟,余日陈糕十盘。"②

康熙时期,进一步加强了宫廷祭祀的典礼化,突出其文化典章制度方面的作用。如元旦拜堂子增加鸣赞赞礼环节。"康熙十一年(1672)下谕,人君对于神祇务尽其诚敬之心,礼仪节文,宜臻明备。每年元旦,躬诣堂子展拜,可令鸣赞赞礼,永著为令。"③ 在春秋立杆大祭奉请神位至堂子时,"令步军除道清跸","侍卫十人前导,掌仪司官及司俎官导引随行,以肃观瞻"④。此外,康熙朝规定了皇太子在祭祀中的特殊地位。康熙二十九年(1690)定,元日,皇太子随驾诣堂子行礼,于皇帝拜位后稍左,随行礼。另又规定,"皇太子宫每日祭神,暨四季敬神,皆视大内之办。"⑤ 这说明,宫廷祭祀此时已经具有了完备的礼制上的意义。值得提出的是,康熙十二年(1673)规定,"嗣后堂子行礼,汉官不必随往"⑥。元旦随拜堂子成为满洲王公大臣的特权,表明了宫廷萨满教祭祀的满洲性质。同时,康雍年间,对于祭祀人员的俸禄及赏赐始有定例。"康熙二十年定,赞祀女官十二人,岁给官用缎二正,纱、绫、绸、绢、杭绸各一

---

① 托津等纂:嘉庆《钦定大清会典事例》卷八百九十四《内务府·祀典·坤宁宫日祭》,载沈云龙主编《近代中国史料丛刊》三编,第6926-6927页。
② 同①,第6926页。
③ 托津等纂:嘉庆《钦定大清会典事例》卷八百九十二《内务府·祀典·堂子圜殿元日拜天》,载沈云龙主编《近代中国史料丛刊》三编,第6850页。
④ 托津等纂:嘉庆《钦定大清会典事例》卷八百九十二《内务府·祀典·堂子立杆大祭》,载沈云龙主编《近代中国史料丛刊》三编,第6871页。
⑤ 同①,第6827页。
⑥ 托津等纂:嘉庆《钦定大清会典事例》卷八百九十二《内务府·祀典·堂子规制》,载沈云龙主编《近代中国史料丛刊》三编,第6850页。

匹。其长二人，加给官用素缎一匹，均以岁十月，于广储司领取。"① 雍正四年（1726）又下令，"祭神殿执事妇人，皆赏给银米"②。

满族入关后，承平日久，宫廷萨满教开始荒疏与懈怠，出现偷卖祭肉的现象。雍正九年（1631）九月初五日，上谕说："坤宁宫祭神肉，近来颇觉无味。朕向曾降旨，神前祭肉甚有关系，理宜专心恭敬。乃阿木孙章京等甚是懈弛，竟似全不经心，肉味如何，一概不管，只同阿木孙首领太监窃肉售卖，以致于此。今特交与总管安泰经管严查，嗣后祭肉如仍前无味，或有偷出私卖者，一经查出，将安泰责四十板，从重治罪。阿木孙章京、首领太监等亦俱不轻恕。"③ 乾隆时期，再次下谕旨惩戒太监私售祭肉之事，"嗣后祀神祭肉，著派总管太监等管理，每日吃肉之时……并遍加查看，如有仍前弊端，即据实具奏，务将总管太监全行治罪外，其派出专管之总管太监加倍治罪，仍著内务府大臣，于宫廷内外随时稽查，倘有私行偷出售卖者，即行严拿究办。"④

乾隆时期，对宫廷萨满教进行了全面整顿：整修祭祀场所及规范堂子内所立神杆；调整堂子和坤宁宫员役数额；规定坤宁宫祭献用牲；恢复盛京清宁宫祭祀，规定凡皇帝东巡至此皆举行祭祀。

乾隆时期最重要的措施是颁布了《钦定满洲祭神祭天典礼》，这是首次由官方主持修订的关于满族萨满教的典籍。《钦定满洲祭神祭天典礼》的出现首先纠正了宫廷祭祀中祭祀祝词错乱的情况。对此，曾有上谕："厥后，司祝者国语俱由学而能互相授受，于赞祝之原字、原音渐致消舛，不惟大内分出之王等累世相传，家各异词，即大内之祭神、祭天诸祭，赞祝之语，亦有与原字原韵不相吻合者。若不及今改正垂之于书，恐日久讹漏滋甚。爰命王大臣等敬谨详考，分别编纂。"还指出了具体的实施方法，"凡祝辞内字韵不符者，或询之故老，或访之土人，朕复加改正"。故此书对于神灵的名称与内涵、祭祀的内容与

---

①② 托津等纂：嘉庆《钦定大清会典事例》卷八百九十五《内务府·祀典·神员役》，载沈云龙主编《近代中国史料丛刊》三编，第6965页。

③ 鄂尔泰、张廷玉等编修《国朝宫史》卷三，北京古籍出版社，1990，第31页。

④ 托津等纂：嘉庆《钦定大清会典事例》卷八百九十四《内务府·祀典·坤宁宫日祭》，载沈云龙主编《近代中国史料丛刊》三编，第6929页。

缘由、祝辞的用字和音韵等进行了厘定。其次，详细记载了各项祭祀的仪注和祝辞、供献器的形制数目、供品的规格等。

《钦定满洲祭神祭天典礼》使得宫廷萨满祭祀有章可循，祭祀仪轨成为定制；改变了以往萨满之间身口相授的传统传承方法，而将祭祀知识变成钦定的规范，降低了宫廷萨满的地位和影响。宫廷祭祀规范化和典章化，成为固定的典礼仪式。

上文曾提到，满族萨满分为"包衣滚"（满语，家族的）萨满和"安巴"（满语，大）萨满，前者为祭司型萨满，后者为巫师型萨满。当萨满教演化成宫廷萨满教与民间萨满教时，"包衣滚"萨满和"安巴"萨满也随之变化。就宫廷萨满教而言，安巴萨满的职能基本被禁止，而包衣滚萨满的职能也被分割：祭天由管理祭祀的官员负责，祭祖则主要由各级皇室宗亲负责主持。

三、民间萨满教的家祭与野祭

与宫廷萨满祭祀不同，民间萨满教分为家祭和野祭。辽宁地区的家祭可看作萨满教的一种简化形态。

1. 家祭

辽宁地区的家祭受宫廷萨满祭祀和汉人祭祖影响较大，在萨满、神灵和祭祀活动等方面有着独特的变化。

辽宁地区的家祭已经完全没有安巴萨满的踪迹。包衣滚萨满原本需要通过学习选拔。宋和平先生归纳其产生途径有两种，"一种是助手演变而来，另一种是族内选出或是许愿当家萨满"[①]。然而，辽宁地区的家祭，其所谓"萨满"有两种途径：第一类是家庭主妇充任。《宁古塔纪略》中记载："有跳神礼，每于春秋二时行之。……以当家妇为主，衣服外系裙，裙腰上周围系长铁铃百数。手执纸鼓敲之，其声镗镗然。口诵满语，腰摇铃响，以鼓接应。旁更有大皮鼓

---

① 宋和平：《满族萨满神歌译注》，社会科学文献出版社，1993，第3页。

数面，随之敲和。"① 包衣滚萨满由同宗传承转变为由宗亲充任。第二类是主祭的家主充当。至清中期以后，在萨满失传的情况下，主祭家的主人便自己主持仪式和祝祷，承担起了萨满的职能。完颜麟庆在《鸿雪因缘图记》中描述了其家在道光十五年（1835）的一次祭祀："余家旧有萨玛，今则乐设不作。"其仪式图中也只有主人率子弟叩首而已。《满洲西林觉罗氏祭祀书》也载："近因清语生疏，不能赞颂，而聘请来者，又无竭诚洁净之人，是以多有家长点香默祷，诚敬叩头而已。"② 其实，从严格意义上说，这已不能算作萨满，这类形式在辽宁地区极其普遍。

家祭神灵数量少，内容趋同，神灵象征物简化。在一般姓氏的家祭中，"祭天"所祀为"天神"，"换索"祭祀的是"佛多妈妈"，"祭星"为星神，另有祭祀关帝、菩萨和"马神"者。具有明确内涵的神仅有数位或十数位，相较于早期萨满教而言，其数量已大大缩减，所祀神灵有趋同性。"祭天""换索""祭星"等内容是很多姓氏普遍的祭祀活动，另有一部分姓氏则在第一天上午祭中祀关帝和菩萨。家祭原本"姓氏各异，礼皆随俗"的特点逐渐消失。在神灵象征物方面，满族往昔以神偶和图绘形式最为传统，清代家祭则在此基础上越来越简化。譬如，在神偶的形式上，以往多以实物或者木、石、骨等材质制作神偶。清代一些姓氏则在祭祀时临时设置。如扈什哈理氏祭祀时，先于西炕正中安一胖枕，次取主人新袍子一件，披在枕上，两袖向前，以象征神明。此外，还普遍出现一种以"绞条"替代神位的方式，有的称作"索林"（满语，神位之意），一个绞条象征一位神灵。还有一种最简单的方式，即以香碟来象征神位。如盖州瓜尔佳氏的祭祀仪制中载："祭祀之时，原设香盘五碟，祖宗三碟、老爷一碟、妈妈一碟。"祭祀时，人们只对着香碟磕头供献。

祭祀内容简化，仪式相同。家祭中以黑毛公猪献祭，以各式糕点、酒作供品。一些保持萨满传承的家族，其仪式中包含萨满歌舞祝祷的内容；萨满失传

---

① 吴桭臣：《宁古塔纪略》，黑龙江人民出版社，1985，第248－249页。
② 鄂尔泰氏修《满洲西林觉罗氏祭祀书》，载郭又陵等主编《北京图书馆藏家谱丛刊·民族卷》44册，北京图书馆出版社，2003，第56页。

的家族，则只有主人默祷、磕头，然后共食胙，俗称"磕哑巴头"，是最简化的祭祀形式。祭祀仪式一般包括几个基本环节：第一天上午，在西炕设案祭祀。第一天下午，在北炕设案祭祀，仪式与上午相似，只是献牲后要熄灭灯火祝祷、行礼，俗称"背灯祭"。第二天，在院中设案、架灶、献牲，将猪杂碎等置于"索伦杆子"的锡斗内，称作"祭天"。第三天，换索，祭祀"佛多妈妈"，为孩童求福。虽然各姓氏的祭祀内容并不完全相同，有的还有祭马神和祭星等内容，但趋同是总体的倾向。

2. 野祭

清代盛京地区，接近于萨满教原始形态的野祭极难看到踪迹。而黑吉地区的野祭更接近萨满教的原始形态。野祭的萨满有一定的神迹神选萨满；除主持祭祀外，还兼有治病活动。野祭的神灵以动物神和氏族英雄神为主，数量众多，神灵形象各异，"能力"不同。野祭祭祀活动一般包括"祭家神"和"放大神"两部分。"祭家神"内容与满族一般姓氏的家祭类似。石姓神本有"家神本"和"大神本"之别，按其家神本所记条目为南炕、北炕、淘米、换锁、奥都妈妈、顺星、祭天、升斗回话、又回话、领牲、求太平、除病灾、出兵。从神辞来看，祝祷也无非是"喜庆、吉祥、平安"等内容。这部分祭祀中也没有萨满神灵附体的内容。因此，所谓"祭家神"，其实质就是"家祭"。"祭家神"结束后，收起家神案，摆设大神案，便开始"放大神"。这是野祭的主体部分，其内容主要由一些仪式单元构成。排神，即念诵萨满所领神名，有邀请众神降临的含义，一般在院内的升斗前进行。单独请某位神灵，这一单元又包括"请神——神附体——送神"三个环节。请神，是由萨满以唱颂的方式向神灵说明祭祀目的，请求神灵降临。神附体，则是神灵降临、附着于萨满身体。送神，则是在该神灵展示神技之后，请其回转。同时，由于每次祭祀多是数位神灵同祭，则每位神灵都要附体于萨满身上，送走一位神，再请下一位神。这一单元便成为请求神灵附体、享受人间盛宴的过程。诸位神灵请送完毕后，最后进行总的送神，由萨满手执神器在各角落挥舞一遍，象征驱赶滞留不走的神灵，以保证家宅平安。

盛京地区萨满家祭盛行的原因如下。野祭的祭祀活动中去除"放大神"部分，便是家祭的内容。宋和平先生也曾指出："种种迹象表明，背灯祭是满族大神祭祀消歇后形成的一种大神祭祀内容的家祭项目。"① 也就是说，野祭中的"放大神"部分退化成了家祭中的背灯祭。由此可见，家祭其实是野祭的一种退化形态。清代盛京地区野祭普遍退化为家祭，是清朝统治者发展宫廷萨满祭祀的结果。入关前的萨满教改革，努尔哈赤和皇太极限制萨满教活动，包括毁禁别部堂子，严控祭祀耗费，禁止萨满巫术。严禁萨满巫术一项，将萨满这一神职功能定义为违法行为，处死那些自称能够通灵的萨满。没有了通灵萨满，许多姓氏的"放大神"就无法继续，这是导致野祭走向衰落的转折点。

第二节
佛教、道教及其他

就辽宁地域而言，汉传佛教与道教可以视为本土宗教，而藏传佛教、伊斯兰教可以视为外来宗教。

---

① 宋和平、孟慧英：《满族萨满文本研究》，五南图书出版有限公司，1997，第85页。

第七章 宗教文化

一、辽宁地区的宗教背景

（一）明代佛教、道教情况

早在明代，辽东地区佛教势力已现兴盛之势。据《辽东志》记载：嘉靖十六年（1537），辽东十四个城镇约有佛教寺院 115 所。这些寺庙多在以前辽金旧址上重新修葺。时人多信奉，辽东地区至 "其民之笃信，般若之门三分二焉"①。道教的发展略逊于佛教。《辽东志》记载的道观仅有 5 座。然而，道教神话体系中的某些神灵已经发展成为民间信仰或民俗的一部分，如关帝、城隍、财神、门神、灶君、土地。

汉传佛教早在明初即传入女真。永乐十年（1412），明朝派遣太监亦失哈于奴儿干地诏谕当地各部修永宁寺。当地部族，"远近之人，叩首展敬"。修建永宁寺的目的是借助佛教推行汉文化，以使 "地方人民" 服从明朝的统治。宣德元年（1426），再次 "整饰佛寺"。宣德七年（1432），亦失哈再至奴儿干时，发现寺庙被毁，故又 "委官重造，命工塑佛"，"华丽典雅，优胜于先"。当地部族 "无远近，皆来顿首，谢曰：'我等臣服，永无疑矣'"②。永乐十五年（1417），明朝派遣太监张信、指挥陈景等率军马一千人至长白山伐木修寺，"以达达僧人及近处有善心僧人看值"③。不久，明朝又 "设辽东建州卫僧纲司，命本土僧搭儿马班为都纲"④。这说明佛教在女真族中出现了信徒及僧侣。

---

① 王树楠、吴廷燮、金毓黻纂：民国《奉天通志》卷二百五十八《金石志·新建蛟龙林寺禅林碑》，辽宁民族出版社，2010，第 5862 页。
② 曹廷杰：《重建永宁寺记》，载丛佩远、赵鸣歧编《曹廷杰集》上册，中华书局，1985，第 209 – 210 页。
③ 《朝鲜太宗实录》卷三十三，太宗十七年五月乙卯；卷三十四，太宗十七年七月己卯。
④ 《明太宗实录》卷一百四，永乐五年正月己亥。

（二）后金政权的宗教态度

后金政权对于各种宗教采取包容的态度。万历三十一年（1603），建州努尔哈赤营建赫图阿拉城的同时，即"于城东阜上建佛寺、玉皇庙、十王殿，共七大庙，三年乃成"①。其中地藏寺供地藏菩萨（中国佛教的四大菩萨之一）。天聪六年（1632），"拨僧居之，岁给衣帽"。玉皇庙在西院，崇德年间置道士。"十王殿"指供奉"十殿阎王"（中国佛教所传十个主管地狱的阎王，后来道教也主此说）。玉皇庙所供玉皇大帝是道教中总执天道的最崇高之神。此外，七大庙中还有萨满堂子。这种情况说明，努尔哈赤对佛、道以及本族固有的萨满教都予以尊崇，利用各种宗教维护统治。同时，也说明在多民族共居地区，包括宗教在内的各种文化风习互相濡染。这一现象影响了辽宁地区宗教信仰的发展。

后金政权对于汉传佛教及道教是大力支持的。努尔哈赤广修寺庙，给和尚、道士以庄田，免其差徭。其在天命六年（1621）下令："不准任何人毁坏庙宇，不要在庙里拴马牛，不要在庙里出恭。如发现违指示，或毁坏庙宇，或拴牛马者，逮捕治罪。"皇太极在天聪三年（1629）二月巡视辽阳时，首先"遍阅寺庙"，看到玉皇庙被毁，当即"命重葺之"，并惩罚了毁坏庙宇的贝勒属下人。②天聪六年（1632），其告诫军队，所经之处"勿毁庙宇，勿取庙中一切器皿，违者死。勿扰害僧人，勿擅取其财物……不许屯住庙中，违者治罪"③。皇太极时期在辽宁地区新建或重建了许多佛教和道教的庙宇，如天聪二年（1628）创建沈阳慈恩寺；天聪三年（1629）重建海城保安寺；天聪四年（1630）创建鞍山奶奶庙（即道教娘娘庙），重修铁岭关帝庙；天聪九年（1635）建海城娘娘庙；崇德六年（1641）创建辽阳弥陀寺。

---

① 《满洲实录》卷四，乙卯年（万历四十三年）四月。
② 《清太宗实录》卷五，天聪三年二月己酉。
③ 《清太宗实录》卷十一，天聪六年正月乙未。

（三）后金时期蒙古佛教情况

后金政权对于蒙古喇嘛教也优容对待。努尔哈赤"闻北边蒙古有大喇嘛，二聘交加，腆礼优待"。于是尚在东部蒙古传教的西藏喇嘛斡禄打儿罕囊素"率一百家撒哈儿掐，辞蒙古贝勒，翻然越数千里而至"。努尔哈赤对斡禄打儿罕囊素"敬礼尊师，倍常供给"，并"赐之庄田，给之使命"，加以"恩养"。①天命六年（1621）八月，斡禄打儿罕囊素于辽阳"示寂归西"，经其徒弟请求，天聪四年（1630）为斡禄打儿罕囊素建塔"钦藏舍利"，并"设僧监守，供陈香果"。天命十年（1625），在蒙古科尔沁部传教的汤古特部喇嘛萨哈尔察等认为，"蒙古贝勒养活不好"，因努尔哈赤供养虔诚，于十一月投后金。努尔哈赤下令："念其归来之功，喇嘛之下萨哈尔察等亦皆背井离乡，随喇嘛来归，殊堪怜悯，所有随喇嘛前来之萨哈尔察，其子孙世代豁免徭役，获死罪则囚之，获掠财罪则免之"②，并给予其中132人以敕书。因蒙古喇嘛都是带人口来投后金，故后金政权给予其优待。当察哈尔墨尔根喇嘛以玛哈噶拉佛金像来献时，皇太极亲率王公、贝子，对金佛行三跪九叩大礼，崇德元年（1636）在沈阳建实胜寺（皇寺）供奉玛哈噶拉佛。后金对藏传佛教的态度正如清人昭梿所说："国家宠幸黄僧，并非崇奉其教以祈福祥也。只以蒙古诸部敬信黄教已久，故以神道设教，藉仗其徒，使其诚心归附以障藩篱，正王制所谓'易其政不易其俗'之道也。"③

---

① 顺治十五年辽阳《大喇嘛法师宝记》，见《辽阳碑志选》二编，转引自佟冬主编《中国东北史》四卷，吉林文史出版社，2006，第1332页。
② 《满文老档》太祖皇帝第六十六册，中华书局，1990，第648页。
③ 昭梿：《啸亭杂录》卷十《章嘉喇嘛》，中华书局，1980，第361页。

二、清代辽宁地区佛教、道教、伊斯兰教

(一) 辽宁地区佛教发展情况

清朝一直延续着对宗教宽容支持的态度。辽宁地区的佛教得到了长足的发展，佛寺的数量持续增多。据康熙二十三年（1684）《盛京通志》所载，盛京地区的寺庙达72座，而到乾隆元年（1736），已达106座。有学者统计盛京地区佛寺数目达到216座①。其中有多所寺庙为敕修。入关前有实胜寺及舍利塔。顺治元年（1644）六月，盛京四塔四寺即东塔永光寺、西塔延寿寺、南塔广慈寺、北塔法轮寺竣工。顺治二年（1645）又敕建舍利寺，顺治十三年（1656）敕改盛京御花园为长宁寺。实胜寺与长宁寺从顺治年间起就成为皇寺，并派兵护卫。清代辽沈地区著名的佛教寺庙除上述外，还有沈阳的慈恩寺、般若寺、万寿寺、长安寺，海城的金塔寺，辽阳的广佑寺、莲花寺、龙泉寺，北镇的北镇庙，义县的大佛寺等。

清代辽宁地区的佛教信徒大增，时人谓"辽左好佞佛，乐施舍，远近游僧闻风至"②。并开始有函可等高僧入辽，扭转了过去佛法不昌的局面。函可是清前期辽宁地区的著名僧人。函可原为明末广东博罗人，29岁出家，拜罗浮山空隐上人为师，属于禅宗五家之一的曹洞宗。顺治五年（1648），被流放到沈阳，奉旨修慈恩寺。顺治五年（1648），函可贬居沈阳城南慈恩寺，因其佛教理论的精湛见解，受到当地佛教界的高度尊重，曾在普济、广慈、大宁、永安、慈航、接引、向阳等寺院，"凡七做道场"，为僧徒讲解《首楞严经》《大方广圆觉修多罗了义经》等佛教经典，在辽沈地区先后收徒六七百人，并在鸭（绿

---

① 佟冬主编《中国东北史》四卷，吉林文史出版社，2006，第1917页。
② 王一元：《辽左见闻录》，国家图书馆藏手抄本。

图 7-3 辽阳广佑寺

江)西数千里一带被奉为开宗鼻祖。不久,又有赤岩、古林二位和尚先后来到辽沈地区,宣传佛法,使清初辽沈地区佛教得以兴盛。

(二)辽宁地区道教发展情况

清代辽沈地区的道教发展也很迅速。道教寺观众多,遍布各地,如沈阳的景佑宫、太清宫、老君堂、玉皇阁、天后宫、南极宫、清虚观、七圣宫、白衣庵,兴京的显佑宫、玉皇阁,千山的无量观、五龙宫、青云观、南泉庵等。其中最著名的寺观是景佑宫与太清宫。

清前期辽宁道教的主要代表人物为郭守真,字致虚,号静阳子。郭守真原为江南丹阳人,后徙辽东。崇祯三年(1630),隐于本溪铁刹山(今辽宁本溪境内),苦修十余载。顺治四年(1647),下山访道,遍历名山,拜山东即墨县聚仙宫紫气真人李常为师。顺治八年(1651),复至北京白云观求戒。顺治九年(1652),回铁刹山,"持戒重修"。康熙元年(1662)起,郭守真开始收弟子。翌年(1663),盛京将军吴库礼因天旱请郭守真祈雨,遂将沈阳外攘门(小西门)外西北角赐其建庙观,"于外攘关角楼西隅玄武池撤水筑台,建筑三教堂"，郭守真遂据此收徒传道。康熙八年（1669）获御赐道经一藏而声名大起，于是他"启道经，终日讲演"，并派弟子到"关东各名山建庙鸣道"。整个东北道教因此获大发展。郭守真羽化（逝世）后，弟子将其葬于三教堂后院并建塔立祠。至乾隆四十四年（1779），郭守真法孙三教堂监院赵一尘又重修兰教堂，扩大规模，更名为太清宫，成为东北道教中心。

（三）辽宁地区伊斯兰教发展情况

中国对伊斯兰教，也称清真教。因自阿拉伯传入又称天方教。大约在明末清初之际传入辽东。清初，随着内地流民的络绎出关，更多的回民教徒也来到辽宁地域，虽然人数不多，但分布较广。伊斯兰教最突出的特点是"独自为教"，当时几乎所有回族都信仰伊斯兰教。因此，凡有回族生活的地区，都有伊斯兰教活动，特别是在回族居住比较集中的地区，大都建有伊斯兰教徒的礼拜场所——清真寺。

早在康熙初年辽宁地区便出现了清真寺，由铁氏家族兴建。铁氏为回民中著姓，笃信伊斯兰教，明末由山东迁至辽东义州（今辽宁义县），是为铁氏第一代。清初陆续迁到沈阳。康熙年间，铁氏第三代铁魁率众于沈阳外攘门（小西门）外兴建辽沈地区第一个清真寺。康熙三十六年（1697），铁氏子弟铁范金中进士，选授翰林院检讨，后奉命为江南学政，未到任而卒。铁范金字仪斋，铁魁弟铁桂之子，为铁氏第四代，是铁氏家族第一个荣获功名的人，提高了家庭地位和影响力。因此，清真寺得以扩大占地并多次扩建，伊斯兰教活动也随之活跃。后来，回民逐渐增多。康熙末年，回民脱氏、杨氏、冯氏又集资于铁氏所建清真寺之北新建清真寺，称为北寺，铁氏所建清真寺称为南寺。嘉庆年间又出现了东寺。在海城、复州等地也先后出现清真寺建筑。此后，吉林伯都讷（今扶余）也出现清真寺。伊斯兰教遂向东北全境发展。

综上可见，清代辽沈地区是整个东北佛教、道教、伊斯兰教发展的中心。这说明，在清代东北宗教文化的发展上，辽沈地区更占优势。这种优势的形成一是因为盛京地区曾作为清朝的统治中心而存在；二是辽宁地区本身就有一种兼容并包的文化宽容氛围；三是清代辽宁地区人口的增长为宗教的发展提供了土壤。就清代东北而言，辽宁地区宗教文化较为发达。

第三节 辽宁地域的民间信仰与文化特点

一、民间信仰的多元化

辽宁地区除此前提到的萨满教、佛教、道教等，还有一些民俗信仰来源。许多来自内地的汉族把内地的一些民间信仰也移植到了辽宁地区，同时又结合辽宁社会与自然条件特点，或将中国古代的某些祭仪加以改造，或对传说、演义及某些历史上的人物加以神化，或赋予某些动物以人格和神奇的功能，从而创造出不少新的崇拜偶像。清代辽宁地区除佛教、道教、伊斯兰教等大的教派广为流传并于各地广建寺庙、道观、清真寺之外，人们还敬奉相当数量的诸神，修建不少供奉这类诸神的寺庙。这些寺庙可分为两类：其一，表现人们的理想与道德观念型的，如文庙、关帝庙、岳王庙、先王祠、先贤祠，以及姜女庙等；其二，表现人们征服自然的愿望与希求平安吉祥的心理型的，如土地庙、药王庙、火神庙、灶君庙、财神庙、瘟神庙、马神庙、龙王庙、虫王庙、山神庙、鬼王庙、圣水庙、东岳庙、酒仙庙、三皇姑庙、河神庙、苗神庙，以及浑河神庙、辽河神庙等。

　　文庙与关帝庙在沈阳到处皆有。其中，文庙修建比较严肃和讲究，每县一座，均按固定范式修建，内有学官。它与科举制联在一起，是以纲常伦理训导士子的地方。其中除供奉中国先师圣人孔子之外，还有陪祀者及附祀的历代贤人。关帝庙所祀为三国时蜀汉名将关羽，清初被尊谥为忠义神武关圣帝君。关帝庙比文庙更为普遍，到处都有，往往是一地一城数座甚至十数座。据乾隆元年（1736）所修《盛京通志》所载，锦州府和宁远州各有 16 座，而在复州（今瓦房店市）的 38 座寺庙中有 7 座是关帝庙。这一方面反映了清统治者的企图，另一方面也反映了广大人民群众对理想道德人物的尊重和向往。

图 7－4　沈阳文庙旧照

　　姜女庙是根据历史上孟姜女哭长城的传说而修成的神庙，属锦州府宁远州。乾隆认为，其事虽不合常理，但有关风化，应该大加提倡和渲染。

　　虫王庙。中国古代各级地方长官于一年之终有"蜡祭"：一祭"先啬"神农；二祭"司啬"后稷；三祭"农"田官之神；四祭田庐、道路等创始者"邮表畷"；五祭田禾保护神"猫虎"；六祭堤防之神"坊"；七祭护城河神"水庸"；八祭昆虫，以防虫灾。谓之"蚅蜡"之祭，即"合聚万物而祭之"。至清代前期，蚅蜡庙在辽宁地区变为单纯祭祀禾苗保护神的虫王庙。康熙初，锦州府学教授张樕说："虫王未见经典，畿内亦未闻其名，予出关时于北平东偏始见之，颇以为异。"及至锦县后又见有虫王庙，庙中僧人告诉他："此祠建于康熙初年，土人祈禳虫灾者"，"岁时报赛以祈卫田苗"。"虫王即蚅蜡也"，"虽不经,而不失礼意"①。可见,祀虫王以祈卫田苗虽源于蜡祭,但仅见于北京以东及沈阳地区。沈阳地区虫王庙比较多见,反映了人们重视农业、祈求丰收的美好愿望。

沈阳地区多有火神庙。康熙年间的铁岭,"以残毁旧地设立县治,衙宇民舍皆苫茅为之,近始有为瓦屋者,千百之什一耳。先是郁攸不戢,延烧数十家,黎民惧焉"。又感到"具畚挶,储绠缶,撤小屋,涂大屋,穷民苦力结茅,才蔽风雨,撤岂易言。城中汲井不十数,亦已难矣。然则设建神庙,岁时礼之以求无咎,固非不经之祀也"②。遂于康熙七年(1668)在城南门内建火神庙。

明代辽东以养马为"边镇重务",有马神庙之设,每年春季祭祀神话中的"马祖"——"天驷马房星之神"。清代,沈阳即有牧场之设,军队乘骑、耕耘畜力皆赖马匹,因此民间崇奉马神,建庙以祀,认为马匹繁殖,千百为群,为防瘟疫之灾,故设马神庙。

佛教有药王,为施良药除治身心病苦的菩萨;道教也有药王,所尊奉者为唐代道士、医学家孙思邈(被封为妙应真人)。沈阳地区内也有相当一部分药王庙,非道亦非佛,所祀者为神话传说中的上古神医,如神农、苗父、扁鹊等。如乾隆六年(1741)塔子沟所建药王庙,所祀即以尝百草之神农氏等分别为药师、药王、药圣,并以"十代名医"配祭。建立药王庙的目的是祈求除治病痛。

地仙。所谓地仙信仰,是以"胡黄白柳"等动物崇拜为主而形成的一种民间信仰。胡为狐狸,黄为黄鼠狼,白为刺猬,柳为蛇,民间称为胡仙、黄仙、白仙、柳仙。大小城镇往往建庙塑像以崇奉。如沈阳仙人洞供胡仙,建于清初,民间"信仰极伙,问病祈卜者终年不绝"。"至各县城乡,胡仙祠堂随在皆有,多用砖或坯砌成小庙,绘像于木版上,男者翎顶袍褂,或戎服跨马,女者旗妆

---

① 刘源溥,孙成修:康熙《锦州府志》卷十《艺文·锦县虫王庙重修记》,辽海丛书本,辽沈书社,1985,第872-873页。

② 贾弘文修康熙《铁岭县志》卷上,辽海丛书本,辽沈书社,1985,第767页。

脂粉"①。供奉黄仙情况大体相同。

各个特定行业又分别有自己的守护神,如鲁班庙祀木匠祖师鲁班,酒仙庙祀酒祖杜康,祖师庙兼祀笔祖蒙恬等。此外,还有传说中驱鬼镇邪之门神,"动土迁移,必避其方"的凶神太岁,打鬼驱祟的神话人物钟馗等。

上述民间信仰都是伴随着汉族流民的到来而出现的宗教文化的一部分,它们的渊源在内地,同时又大都经过改造而具有一定的辽宁地方特点。

二、民间信仰的杂糅化与世俗化

辽宁地区的宗教发展中有一个现象值得注意,即有相当一部分寺庙是多教诸神共处一庙之内,甚至共处一坛。如盘锦境内的慈峰观,建于嘉庆二年(1797),由道士主持,前正殿供三仙圣母,后正殿供关帝,而东配殿供释迦牟尼,西配殿为九圣祠。同地区的普渡寺,乾隆三十四年(1769)重修,由僧人主持,各殿分别供有龙王、关帝、胡仙等。不仅佛、道两教神灵可以共处于一庙,民间崇信的火神、虫王、马神、胡仙、黄仙、各业祖师,乃至秦叔宝、"十不全"等,均可登堂入室,同享香火。于正殿之西配以狐仙堂者尤多。关帝庙中,"两序分祀龙王、牛王、马王、虫王、药王、火神、财神、苗神、山神、土地、青龙、白虎、瘟神、五道诸神,各以想象貌其像"②。一庙多教现象的出现,一方面反映了一些佛教、道教的义理不精,另一方面也是这些寺庙适应当地居民信仰各异的客观情况而采取的便宜之举。在地方财力有限的条件下,建一座庙即可满足多种信徒需求,募化八方香火,因此既节省了财力,又增强了寺庙的生存能力。还有一点是,对于大多数信徒来说,信教主要是为了"企邀福祚",只要是能够在精神上给他们带来追求财富、祛除灾害疾病的希望,不问何教之神,他们全都愿意顶礼膜拜。所以,在普通居民中,相当多的人是既崇

---

①② 王树楠、吴廷燮、金毓黻纂:民国《奉天通志》卷九十九《礼俗志·神教》,辽宁民族出版社,2010,第2432页。

祀佛教的如来佛、观世音，也积极参加道教的娘娘庙会或向龙王求雨，至于黄仙、胡仙，更是当时民间谈之色变、敬之唯恐不恭的偶像。实用主义的宗教信仰观，导致了一些人宗教信仰的多元化。某些寺庙供奉神灵的多教混杂，虽然不是所有的寺庙、所有的信徒均如此，但确实是这个时代宗教发展上一个相当引人注意的特点。而这其中以萨满教与地仙信仰结合最具代表。

在清代的民间信仰格局中，萨满教有着特殊地位。一方面，它是与满洲文化共生的宗教信仰；另一方面，它开始与其他民间宗教信仰相融合，形成了特有的内容和特点。

"胡黄白柳"被民间称为胡仙、黄仙、白仙、柳仙，也有以"某家"或"某门"称之。每门之下又有衍化，如胡门下有称胡大太爷、胡二太爷、胡三太爷及胡大太太、胡二太太、胡三太太、胡少爷、胡少奶奶，黄门之下有称黄天霸、黄天龙、黄天亮诸名号者，等等。民间认为，此类仙家能够赐福添财、驱邪治病，如若冲撞，则会加祸报复，故信众极广，或附祀庙中，或于家中设堂供奉。并有一类自称"香童"的神职人员，自称"出马"，称各类仙家可凭依其身，为人祛灾求福。

地仙信仰流布颇广，华北地区亦有"四小灵"或"四大门"（狐狸、黄鼠狼、蛇、刺猬）及"五大仙"、"五大家"、"五大门"（狐狸、鼠、蛇、兔、刺猬）之说。其实质内容基本都是相同的。这类信仰有着深厚的历史渊源，是汉族民间的传统信仰。在清代辽宁地区，清初流人文献与地方志书中并没有胡仙一类的内容，说明至少清初辽宁地区尚无此种信仰。至清末，东北各地方志书中则涌现大量关于胡仙及"香童"活动的记录，这说明随着汉族的流入，地仙信仰才渐次遍布辽宁。

地仙信仰具有很强的功利性，在满族民众中也有很大的影响力。甚至在萨满教祭祀时，也要同时祭祀仙家。辽宁凤城《那拉氏族谱》的祭祀条目中有这样的记载："此猪祭完时，后世东西院另有老仙家猪一口，亦在此时抓住，抬至西老院老仙家案下，点香、去冠、叩首三遍，或领牲或奠酒不限。"① 所谓"老

---

① 傅波、张德工、赵维和：《满族家谱研究》，辽宁古籍出版社，1996，第162页。

仙家"，即是民间对地仙的称呼，说明在祭祀献牲的同时，也要隆重地为仙家献牲。这说明地仙信仰已经对满族萨满教有所影响。

与此同时，地仙信仰也吸收了满族萨满教的许多因素。其一，神职人员虽有"香童"之名，但也采用萨满的称呼，称作"萨玛"或"查玛"。神事活动也借用满族萨满教祭祀的名称，称作"跳大神"。《双城县志》中记载，俗称为跳大神，称其人为大神，巫类也。承担此事之人，有男有女，以为专业，或称之为"萨玛"，亦曰"查玛"，都是满语的音转。其二，神职人员的服饰也仿效萨满，跳大神时，其人腰系铃铛，手执皮鼓，先击鼓，摇身振铃，喃喃作咒。其三，神职人员也有助手，职能类似满族萨满的助手"载力"，旁有一人名"二神"，帮扶神祇，并击鼓提问。其四，所行巫术仿效萨满的神技。《凤城县志》中记载，案前盘置古镜，浸为鸡血，名脱离，谓可按摩诸病。这与方式济于康熙年间在卜魁所见萨满神技颇为相似。神灵降临时使用的语言中有满语名称：称猪为黑毛子，家鸡为凤凰，酒为哈拉气，烟为大姆葛。其中，酒为哈拉气，烟为大姆葛，都是满语音。其五，地仙信仰中也吸收了萨满教动物崇拜的内容。如鹰、虎、熊属于东北地区的凶禽猛兽，满族各姓均有祭祀者，地仙信仰中也增加了这类动物崇拜，但在称呼上有别于地仙的习惯，不称仙而称神，称为鹰神、虎神，而不是鹰仙、虎仙，体现了外来神的特征。地仙信仰对萨满教诸因素的吸收，主要体现为两种对萨满教象征符号的借用。具体而言，"查玛""跳神"这类称呼，以及满语名称等，皆属于语言形式的符号；萨满服饰属于物件形式的符号；萨满与助手的配合属于一种表演形式，神技也是如此，都属于行为形式的符号。另一种类型则是对萨满教信仰内容的撷取，鹰、虎、熊等动物崇拜的列入即属于此类。

地仙信仰对萨满教因素的吸纳极为深入。地仙信仰与萨满教具有更多相通之处，如内容中都包含动物崇拜，都采用神灵附体的方式表现神灵的存在，并且都能行巫治病。更重要的是，它们的根本性质都属于原始信仰的范畴，只不过萨满教发展到了略为成熟的阶段。这种信仰原理上的相通，使地仙信仰更容易采纳萨满教的内容。另外，地仙信仰虽没有严密的信仰组织，但其传播过程中存在"香童"的人为参与和促进，这就使地仙信仰在清代传入辽宁地区的同时，主动吸收地方文化，以增强对群众的亲和力。辽宁为满洲发祥地，故而对满族文化因素的吸收成为必然。正因为如此，辽宁地区的地仙信仰与华北地区的"四大门""五大家"等信仰在根本上虽属同源，但二者的外在表现却有明显差异。《清稗类钞·方伎·巫顶神》中也记载："京津女巫自称顶神，以看香头为人治病，人称姑娘子。乡愚无识，偶有疾病，辄召姑娘子往疗之。姑娘子至，即爇香于炉，口喃喃作呓语。俄而所顶之神下降，或称白老太太，或称黄少奶奶，或谓胡七姑姑，所立名称，大抵妇女为多，故妇人易被蛊惑。"由此可见，京津地区"五大家"信仰的神职人员称作"姑娘子"，她们没有助手，行巫的方法也仅是点香而已，与东北地仙信仰中的诸般缘饰大相径庭。这更说明，对满族萨满教因素的吸收使地仙信仰具有了鲜明的地方特色。

第八章 文化遗产

辽宁地区有着独特的文化遗存。在建筑文化方面,主要表现在民居建筑与宫廷建筑上;在艺术方面,表现在满族的曲艺与舞蹈上;在文化方面,表现在满族族谱的纂修上。

第一节
民居建筑与宫廷建筑

一、满族建筑的起源

满族的先民为肃慎、挹娄、勿吉、靺鞨、女真,其居住方式经历了三种形式:穴居、半穴居、地面建筑。居住在东北最古老的居民之一是肃慎,它是满族的先世。《晋书·四夷传》云:"肃慎氏在不咸山之北……夏则巢居,冬则穴处"。夏天构木为巢,在树上搭横木,铺上树枝柴草,这样既可防止野兽袭击,又可防蚊虫叮咬。冬天气候寒冷,为了抵御寒冷,挖地为穴。

秦汉时期,肃慎的后裔称挹娄。《后汉书·东夷传》载:"挹娄,古肃慎国也。在夫馀东北千余里……不知其北所极。……其邑落各有大人。处于山林之间，土气极寒，常为穴居，以深为贵，大家至接九梯"。据《三国志·挹娄传》载："作溷在中央，人围其表居。"因"土气极寒"而采取穴居。比起他们的先民肃慎人的地穴，他们的地穴已经深到"接九梯"，地穴深，保暖性就更好，这是满族先民为适应高寒地区自然条件所想出的最为理想的措施。

北魏时，挹娄又称勿吉。《魏书·勿吉传》载："勿吉国，在高句丽北，旧肃慎国也"，"其地下湿，筑城穴居，屋形似冢，开口于上，以梯出入"。这说明当时的居住习俗也是"穴居"，出入口设在穴室的屋顶。

可见，穴居是当时社会生产水平相对低下和气候条件恶劣的必然产物。在高寒山区生存，在生产力比较低的条件下，"穴居"是最方便且理想的方式。

隋唐时期，勿吉称靺鞨。公元698年，靺鞨粟末部首领大祚荣统一各部，创建渤海国，因吸收了唐朝的先进文化，经济发展迅速，号称"海东盛国"。其居住习俗发生了根本性的变革，居所开始由半地穴向地面建筑过渡，并具有高超的建筑水平。《新唐书》载："渤海，本粟末靺鞨附高丽者，姓大氏。……筑城郭以居"，"无屋宇，并依山水掘地为穴，架木于上，以土覆之，状如中国冢墓，相聚而居。夏则出随水草，冬则入处穴中"。这说明，当时居民仍为穴居，但是在建筑用材、方法和风格及室内设施方面都有了很大进步。他们先在地面上挖1米至2米深的土坑，在土坑上架上木梁，上面盖满树枝做棚，再抹上草泥。1977年，在黑龙江东宁县团结遗址发掘四座渤海时期的房址，其房屋均为带火墙的半地穴式。渤海初期，仍是半地穴式住房，而且开口朝上。这种"半穴房"式建筑是向地面建筑物发展道路上的一个进步。在其出口处，往往用石板、木板搭起一个屏障，以抵御直接吹入房门的风雨，这是满族居室中"影壁"的雏形。随着时间的推移和生产力的发展，渤海人渐渐将居所由地下半穴居搬到地上。《松漠纪闻》记载："渤海国，去燕京女真所都皆千五百里，以石累城足，东并海"[①]。由此可见，此时渤海有石城，出现地面建筑，居住条件有所改善。考古发现了大量渤海国时期的火炕遗迹：渤海上京宫城内房址有方形烟筒的双烟道火炕，用大块玄武岩石作为炕面；渤海东京龙原府宫城遗址发现双烟

---

① 洪皓：《松漠纪闻》卷上，辽海丛书本，辽沈书社，1985，第204页。

道火炕；吉林集安渤海时期遗址残存炕洞，炕面用不规则的沉积岩石片并排铺列；黑龙江海林渡口遗址（三期）也发现长方形火炕。这说明，此时的渤海国已经普遍使用火炕来避寒取暖。通过向唐王朝学习，渤海国掌握了一定的建筑技术，可以修筑建筑风格与唐朝相类似的住宅、宫殿、庙宇等。在其统治中心，出现了精美的宫殿和坚固的砖瓦居室，不过在其他地区半穴居依然存在。

辽金时期，女真人的居住习俗已经发生了本质的飞跃，由穴居转变为地面建筑。据《金史·世纪》记载："金之先，出靺鞨"。《大金国志》载："女真在契丹东北隅，地饶山林。国初之时，族帐散居山谷……无城郭居止。"《金史·世纪》云："献祖乃徙居海古水（今黑龙江省阿城县境内海沟河），耕垦树艺，始筑室，有栋宇之制，人呼其地为纳葛里。'纳葛里者'，汉语居室也"。而《契丹国志》云："女真部族皆处山林，有屋居舍，门皆于山墙下辟之。"《大金国志·初兴风土》载："其居多依山谷，联木为栅，或覆以板与桦皮，如墙壁，亦以木为之。冬极寒，屋才高数尺，独开东南一扉。扉既掩，复以草绸缪塞之。穿土为床，煴火其下，而寝食起居其上。"《文献通考》中亦有记载："女真俗以桦皮为屋"，"桦木之用在皮，厚者盈寸，取以为室，上覆为瓦，旁为墙壁户牖，体轻而工省"。女真平民所住的房屋是联木为栅，覆以桦皮，户开东南，屋内设火炕，居室由穴居转为地上的房屋。房屋位置，多选在山谷中的背风向阳处。这种房屋依山而筑，用木头作墙和顶棚，用草拌泥抹在墙和棚上，冬天将窗户堵严。这种居室虽然很简陋，但就居住的状况而言，已比先人有了明显的进步。这时的房屋有了门窗，夏季可以开窗通风，阳光照射室内，屋里空气新鲜，又不潮湿。这个时期女真人住房最显著的特点是人们在火炕上休息、饮食。这种居室的出现，使女真人开始了真正意义上的定居生活，给后世满族住宅奠定了基础。随着生产力的提高，经济的发展，统治地区的扩大，金国的宫城建筑愈加讲究、壮观。金正隆年间建南京宫殿，"金碧翠飞，规模壮丽"，其宫殿尽显豪华，"一殿之费，以亿万计"，可见规模之大。目前在东北地区发现了大量金代的古城和居住遗址，这些居住遗址中出土了金代瓦当、板瓦、花纹砖、鸱吻等。在金上京还出土了大量的琉璃瓦、龙纹砖等。这些文物的出土，说明金国有了一定的宫殿建筑艺术。此时，女真人的居住条件有了明显的进步，其居住房屋的建筑已由草木结构向砖木结构转变。对于平民而言,桦皮房、土木屋,内设火炕,仍为其主要居所。

二、辽宁地区的满族民居建筑

　　清初,辽宁地区的满族房屋仍比较简陋,"覆以女瓦,柱皆插地,门必向南,四壁筑东、西、南面,皆辟大窗户,四壁之下皆设火炕……卒胡之家,盖草覆土,而制则一样,无官府郡邑之制"①,这是满族民居的基本形制。满族祖先以狩猎为生,故其居住选址常依山就势、居高建房。满族民居建筑普遍使用木材。满族建筑的木结构大体上有两种形式:一种是梁柱式结构,另一种是穿斗式结构。贵族住宅建筑通常采用梁柱式结构,而一般平民住宅通常采用穿斗式结构。穿斗式结构是在房舍四周立起木支柱,多为四柱,也有九柱的,然后用横穿柱与立柱连接起来,形成类似木排的格局。木排外用草泥砌实,这就是房架的支柱和墙壁。屋顶上铺草或盖泥,侧面呈人字形的硬山式,屋顶从正脊向前后两面下倾,分别称为"前坡"和"后坡",这样利于夏季排雨水、冬季排积雪。房顶盖草多用高粱秆铺平,再抹泥填堵缝隙。铺草时梢部向下,层层叠压铺盖,可防止滑脱和被风刮散,有时用砖块或石块在屋顶四角压实。满族民居外表十分简朴,连窗权也多是横直相交的简单样式,而且还盖着"糊在外"的窗户纸,加上抹草泥的墙壁、日久发黑的草顶,几乎找不到添加艺术装饰的地方。它之所以能长期存在,是由于可就地取材、盖造方便的特点,以及厚墙厚顶、冬暖夏凉的实用性。

　　满族人生活在关外,受地理环境的影响,建筑风格与关内中原地区有很大不同。关于满族民居,东北民间有一句顺口溜:"口袋房,匚字炕,窗户纸糊在外,烟囱竖在地面上"。

---

① 李民寏:《建州闻见录》,载辽宁大学历史系辑《清初史料丛刊》第九种,辽宁大学历史系发行,1978,第42-43页。

图 8-1 满族民居

辽宁地区满族民居院落一般为四合院。据《奉天通志》记载,省境民宅构造,多坐北面南,成四方形,单房如此,宅第亦如此,故有所谓四合房(即上屋、门房及东西厢房)之称①。满族宅院一般坐北朝南,因东北天气寒冷,住宅多喜向阳,正房前常用大院庭以便多吸纳阳光。宅院通常是四方形,北侧居中是正房。正房有三间至五间不等,每间宽4米左右。院子左右建有东西厢房。西厢房多是碾磨房或存放零杂物件,东厢房是粮仓。人口多的满族人家也可以住进西厢房。普通满族人家如盖不起厢房,便只在正房的东西两侧各接上一个连山的小房,也叫耳房,或叫仓房,用作仓储。在宅院四周套上木、石或砖墙,形似四合院。院子多用细木杆围成,俗称"杖子"。"杖子"也有自己的特点,便于通风,适合院内种菜、栽果。满族官宦人家的住宅比较复杂,一般要建三进。第一进为二堂(穿堂客厅),三间、七间不等,二堂中间有前后二门,直通大堂。第二进为大堂,五至七间不等。中间两间是客厅,两侧是客人休息室。第三进为内室,正中房间是直系家属居所,东侧居住一般家属。满族人家庭院内以前常设有由砖或木制的影壁。早先是一种为了安全、防御用的设施,后来

---

① 王树楠、吴廷燮、金毓黻纂:民国《奉天通志》卷九十九《礼俗三·居室》,辽宁民族出版社,2010,第 2433-2434 页。

被赋予神话色彩而起到装饰作用，人们认为影壁是这户人家的假面，可用来防妖辟邪。因此，不论贫富，很多满族人家都建影壁。

满族民居"乡村农舍"的规制又与城市不同，正房三间或五间，或于三间之首东接盖一间"耳房"，东西各有厢房，配以门房，俗称四合套。亦有缺东西一厢，或缺门房者；或两厢齐备，门房只作一间，名曰"走马门楼"。旧俗节约，多用坯土砌成；近代，两山及前后皆用砖砌石。正房中楹辟户，与大门相对。入户为堂室，室中横隔板或照门，外间通行人。此房多坐北朝南，东边开门，形如口袋，俗称"口袋房"，是满族民居的最大特色之一。之所以称之为"口袋房"，是因为满族住房的门口不在正中间而在偏东的位置，整座房屋像一个口袋。满族民居一般由三间或者五间屋子组成，三间屋子的门口开在最东边，五间屋子的门口开在东边倒数第二间。这种建筑既是为了抵御北方的严寒，保持室内的温度，又是为了使室内空间宽敞明亮，用以家庭聚会等活动。

上屋室内有炕，或南北二炕，或南西北接绕三炕。西北南三面环绕呈"转圈炕"型的火炕被称为"卐字炕"，在满语中称为"土瓦"，又称"蔓子炕""弯子炕"。"卐字炕"南北两面炕的长度与房间长度相等，西炕与房间的宽度相等。由于满族人冬天多在室内活动及需要取暖驱寒，这就需要炕具有足够的面积，于是三面相连的"弯子炕"就成为普遍采用的方式。三炕各有不同的使用习俗，其中以西炕为贵，满族人家在西墙上安放祭祀祖先的神龛，是不许坐人的。南北炕也称"对面炕"，是人们起居坐卧的主要场所。南炕因在南窗下，冬季阳光可直射其上，比较暖和，多是家中长辈和客人们使用；北炕冬季阳光不易直射，较为阴冷，往往是晚辈居住或用来存放粮食。满族人对"炕"十分重视，这是因为在冬季滴水成冰的东北地区，居室必须具备御寒的功能，于是他们就把这种"穿土为床，煴火其下"的火炕作为室内采暖的主要设施。不只是夜晚就寝在炕上，每日三餐以至待客、读书、宴饮等也大多在炕上。

汉族人的烟囱都是在房顶上，而满族人的烟囱则是在房子外面山墙两侧，矗立在地上，像塔一样。烟囱是将炕洞中的烟火排出来的装置，在满语中称为"呼兰"。这种将烟囱放置在山墙侧面，一是为了避免火灾。满族先人房屋的房顶都是用树木和野草搭建的，极易燃烧，如果将烟囱放置在屋顶，很容易引起火灾。二是为了避免屋顶损坏。将烟囱放置在房顶容易因重力而损坏屋顶，放置在地上能够减轻房顶的压力。且东北地区雨雪丰沛，雨水会随着烟囱流进房屋顶部，将烟囱放置在地面上则避免了这种情况的发生。最早的烟囱是用被虫子蛀空的树干，满族先人截取适当的长度将它埋藏在地下，在房山墙上打个洞，将树干与炕洞相连，将炊烟导出来。为了防止冬天雪从烟囱里回灌到炕洞中，满族人在烟囱底部挖了个坑，积雪和冷空气会积聚在这个小坑中。由于北方的风雪很大，满族人在烟囱顶部扣一个筐或者篮子，冬天下雪的时候雪就不会落进烟囱中；同时，篮子阻挡了一部分寒风倒灌进烟囱，这使得在有风的天气也能正常生活，不至于因为外面风大导致灶屋里炊烟弥漫。烟囱还有取暖的作用，烟囱里走的烟火带着热量，有些满族人在冬天的时候将鸡窝搭建在烟囱脖子上，这样在寒冷的冬季也能吃上新鲜的鸡蛋。有些迷信的人认为烟囱根是死者灵魂的居所，每到逢年过节都会在此焚香烧纸。

满族民居中窗纸的糊法也独具特色：与汉族人惯于把窗纸糊在窗内恰巧相反，满族人将窗纸糊在窗外。辽宁地区冬季严寒，室内外温差很大。如果将窗纸糊在窗内，室内外温差导致的凝结水就会流到窗纸和窗框结合处，不仅容易使窗纸脱落漏缝，还会造成窗框构件腐烂，影响其使用寿命。长期生活在这里的满族人通过实践，逐渐因地制宜地形成了"窗户纸糊在外"的做法。这一方面可以避免窗户中积沙积尘，另一方面可避免窗纸因冷热不均而脱落。

三、盛京皇宫建筑群

（一）盛京皇宫修建与增修

努尔哈赤迁都沈阳，在营建居所"汗宫"的同时修筑了办事衙署——"大衙门"与"八旗亭"，也就是今日沈阳故宫的大政殿与十王亭。大政殿建在约1.5米高的"须弥座"上，台基上有雕刻精细的荷叶、净瓶状石栏杆，各间为

"斧头眼"式隔扇门，内为"彻上明造"斗拱藻井天花，外檐为五踩双下昂斗拱，殿顶为八角重檐攒尖式，满铺黄琉璃瓦绿剪边。现今大政殿虽经历代修缮多次油饰彩画，陛石栏杆等部分或许为后来所增建，但大政殿与十王亭等建筑仍保存了盛京皇宫早期建筑的风貌。大政殿曾称笃恭殿，是努尔哈赤时期营建的重要宫殿建筑。诸如皇帝继位、宣布重大军事活动的进军令、颁布大赦令等重要政令、迎接凯旋将士、举行国宴等重要仪式皆在此举行。在大政殿的东西两侧，依序排列着十座亭子，其中最靠近大政殿向前略为突出的两座亭子为左右翼王亭。其余八亭按八旗顺序呈燕翅状排开。东侧为左翼王和镶黄、正白、镶白、正蓝四旗王亭，西侧为右翼王和正黄、正红、镶红、镶蓝四旗王亭，合计十亭，人称"十王亭"或"八旗亭"大政殿与十王亭是努尔哈赤时期殿宇建筑的重要部分。从建筑布局看，殿、亭是一个不可分割的整体，显得雄伟壮观而又十分和谐。入关后的清皇宫再未出现过这种建筑形制。因而，清初的大政殿与八旗亭具有明显的建筑特色。它反映了努尔哈赤时期特殊的八王议政制度。一般，将十王亭与大政殿称为盛京皇宫的东路。

皇太极于1626年继承大统后，在其原建王府的基址上拓建皇宫，形成今日沈阳故宫的中路建筑。皇太极续建皇宫的主体建筑为大清门、崇政殿、凤凰楼及清宁宫等高台五宫。这些建筑最早当建于天聪六年（1632），迟至天聪十年（1636）改元以前。天聪十年（1636）四月为宫殿命名，说明上述建筑已全部竣工。但实际上，天聪六年（1632）始，主体建筑已陆续建成。

大清门是盛京皇宫的正门（俗称"午门"），原称大门或正门。它是一座面阔五间的硬山式建筑，房顶满铺黄琉璃瓦，饰以绿剪边。尤其是大清门山墙的最上端，南北突出四个檩头，三面皆用五彩琉璃镶嵌而成，纹饰为凸出的海水云龙及象征皇家富贵吉祥的各种动物，做工精细，栩栩如生。午门庄严富丽，与整个宫殿建筑混成一体，显得十分协调。

进入大清门，中间为御路，沿御路向北不过百米，登上月台，便是金碧辉煌的皇宫正殿崇政殿，俗称"金銮殿"。崇政殿居皇宫大内中路建筑的正中，是一座面阔五间、硬山前后廊式建筑，周围有石栏杆围绕，雕有麒麟、狮子和梅、葵、莲等纹饰。山墙顶端和正脊上镶嵌着做工精美、栩栩如生的五彩琉璃赶珠龙，两端廊柱、殿柱皆朱红色，十分耀眼。廊柱为方形，殿柱为圆形。两柱间用一条雕刻精细的整龙连接，而将龙头探出檐外，龙尾直入殿中。这种构造使实用与装饰融为一体，既增强了皇家殿宇的神秘气氛，也对整个金銮宝殿建筑起到了美化作用。殿内顶棚为"彻上明造"，不饰天花。望板上用彩绘的手法画蓝天白云，给人一种高洁感。梁脊椽柱又依材质大小彩绘云龙、仙桃等。在殿堂正中，则建有"凸"字形堂陛，全部为木结构。脊梁椽柱一应俱全，色彩鲜艳。殿内四根金柱为沥粉贴金的金龙蟠柱，龙姿态生动，做工精细。殿内设有屏风、宝座。崇政殿作为皇宫的正殿，距皇太极的寝宫较近，出入方便，因此皇太极使用崇政殿的时间最多。除在此举行重大庆典活动，也作为常朝之所。诸如召见外国使臣，封赏文武官员及少数民族首领、头人，乃至接待喇嘛僧人等均在此进行。在大清门与崇政殿之间的空地上，即崇政殿前东西两侧，还建有面阔各五间的飞龙、翔凤二阁，组成了一个院落式建筑。

  崇政殿的两侧有左、右两朔门，可通往后院。进入院内，便是凤凰楼，楼后即是皇太极的后妃寝宫——清宁宫及四大配宫。凤凰楼是坐落在崇政殿后、建在人工堆砌的近四米高台上的三层单檐黄琉璃瓦绿剪边式建筑。它高耸矗立，雕梁画栋，别具风姿。凤凰楼前有殿后有宫，既是后宫的大门，又是整个宫殿建筑的制高点，穿过楼下中门直通高台上的后妃生活区。这一组建筑构成了一座城堡式的独特建筑群。高台下砌高墙围绕，墙下为更道。皇太极生前曾多次在凤凰楼聚合议事、筵宴、小憩。凤凰楼原名翔凤楼，崇政殿在笃恭殿右，翔凤楼、飞龙阁俱在崇政殿后，清宁宫在翔凤楼后，而台上楼为翔凤楼，台下楼为飞龙阁。康熙年间，飞龙阁拆毁。

  沿凤凰楼拾级而上，穿过底层门洞，便进入一组四合院建筑，这便是皇太极的后妃生活区，统称"台上五宫"。在定宫殿名称时，"以中宫为清宁宫，东宫为关雎宫，西宫为麟趾宫，次东宫为衍庆宫，次西宫为永福宫"[①]。

  中宫清宁宫之主是皇后博尔济吉特氏哲哲。清宁宫建筑是独具北方特色的"口袋宫"。它在全国现存的宫殿建筑群中亦属罕见，说明其建筑年代久远，系

---

① 《清太宗实录》卷二十八，天聪十年三月丁亥。

图 8-2 沈阳故宫凤凰楼

皇太极时期的早期建筑。清宁宫在台上五宫中居中面南，为五间硬山前后廊式建筑，屋顶满铺黄琉璃加绿剪边，正脊为五彩琉璃，其纹饰中间为五彩火焰珠，两侧有作前进状的行龙、展翅欲飞的凤凰、含苞待放的荷花及莲藕，四条垂脊亦为五彩琉璃。整座建筑显示出居住者的尊贵地位及皇家气派。清宁宫四周绕以较低矮的"女墙"，东次间开门，为正门。内东间亦有一小门。东间称"暖阁"，是皇太极与皇后博尔济吉特氏哲哲的寝宫。暖阁正中有一道间壁，把寝宫分为南北二室。二室各有炕，称"龙床"。房屋不大，南炕临窗，炕长一丈二尺二寸五分，宽五尺四寸；北炕长一丈二尺二寸五分，宽五尺六寸。这种设计极为巧妙，适于北方气候温差较大的特点。由于"胡天八月即飞雪"，冬季移住南炕，既明亮，又有充足的阳光照晒，自然十分暖和；而时至炎夏酷暑，避住北炕，则很凉爽，因此这是理想的起居之处。清宁宫西四间为宽敞的堂屋，一进正门，南西北有呈"匚"形的乩字炕，炕上铺红白毡条，有炕桌，冬季还添置火盆以供取暖之用。当年皇太极就曾坐在炕上多次召见爱新觉罗家族的兄弟子侄和皇亲国戚，或在这里举行便宴。由此可知，清宁宫西四间是作为皇太极常朝和便宴之所。另外，还设有神堂，是爱新觉罗家族举行萨满家祭的地方。

高台除中宫清宁宫外，还有东宫宸妃海兰珠寝宫关雎宫、西宫贵妃娜木钟寝宫麟趾宫（分设在清宁宫南的东西庑），次东宫淑妃巴特玛璪寝宫衍庆宫和次西宫庄妃布木布泰的永福宫。现今沈阳故宫的永福宫在东，衍庆宫在西。或为乾隆时期在修缮各宫重题门额时弄错了位置；或是福临称帝后，因"尚东"的习惯，才故意将次西宫永福宫提到了次东宫的位置。真实原因尚不可考。四宫在建筑上几与清宁宫相同，皆为五间硬山式建筑，琉璃彩顶。唯在房屋的举架、进深规模的大小方面可以看出其地位、等级的差别。如东、西宫的规模仅次于清宁宫，而次东宫和次西宫又次之。清宁宫以北东西两侧无名号的两配宫，无论规模、举架、进深等均小，仅为三间硬山式建筑。四宫皆系明间开门，与清宁宫不同，非"口袋房"式，但室内仍然有呈"匚"形的卐字炕。四宫由各宫之主率众多的庶妃及宫女居住，只作为寝所，故未设神堂。麟趾、衍庆二宫与关雎宫的室内规模、格局基本相同，仅有东向西向分别。永福宫与上述三宫室内建筑略有不同，该宫并无暖阁。从沈阳故宫原永福宫的建筑情形看，并无北门，除靠南面辟有正门外，进正门还有一内门，将一宫分为内外二室。这大约是因为福临称帝后，虽在冲龄不能离母，但毕竟已贵为天子，所以将一宫辟为二室，以便福临独居一处。

四宫的室内建筑格局与清宁宫略为不同，配宫为明间开门，未形成口袋式房屋，进中门后设有暖阁，内仅一炕，平时为各宫之主居住。皇太极临幸各宫嫔妃时，自然与承幸之妃同居暖阁内。暖阁外亦设卐字炕。外间宽大，但不设神堂，而搭设较大的万字炕，多为那些无名号的妃嫔居住。以关雎宫为例，一进中门，便是西、南、东三面呈"匚"形的卐字大炕，以东炕最长，有两丈六尺多，西炕和南炕略短。另一间设有暖阁，暖阁内有一西炕，长仅一丈零六寸，宽仅六尺六寸，居二人较合适。暖阁外还有西、北、东三面较小的"卐字炕"，长仅一丈余，宽不过五六尺。在面阔五间的一宫内辟为二室，合计有七铺炕之多。这种居室设置从侧面反映了皇太极时期妃嫔数目众多。

盛京皇宫为清帝东巡谒陵期间必至之处，但这里宫殿简陋，地域狭窄，并无适合皇帝驻跸之所。乾隆便经"躬亲相度"，决定重葺崇政殿前飞龙、翔凤二阁。后又决定增建东、西所和崇政殿后诸斋楼。乾隆首次东巡后未到五年，盛京皇宫内一百多间新建的宫、殿、楼、阁等建筑拔地而起，使这里形成了"旧宫"和"行宫"并存的宫殿群。后又于乾隆四十三年至四十八年（1778—1783）期间修建了盛京太庙和文溯阁等西路建筑。如今所见的盛京皇宫建筑群东、中、西三路的格局，可以说是乾隆时期奠定的基础。

乾隆初次东巡和二次东巡之间，盛京皇宫内增建了一批新宫殿，如今习惯上称之为盛京皇宫的"中期建筑"。主要包括位于崇政殿至清宁宫一线左右两侧的东、西驻跸所（俗称东、西宫），以及崇政殿北、凤凰楼南的日华楼、师善斋、霞绮楼、协中斋。

东所位于崇政殿、清宁宫一路早期建筑东侧，系供皇帝东巡盛京时皇太后驻跸之处。由南至北共五进院落：南端为琉璃宫门，入内东西各有"阿哥房"三间，应系供随驾东巡的皇子居住。北面垂花琉璃宫门内为第二进院落，正面坐落着颐和殿三间，为单檐歇山式建筑，殿内设有宝座颐和殿，两旁各有角门通往后一进院落，此门当只供下人行走，皇太后、皇帝则可通过殿内北门进出。殿后为介祉宫，乃皇太后寝宫，为五间硬山式建筑，东间为寝房，内设板床、幔帐等，中三间为敞间，西间设有床凳等，为皇太后休息和接受皇帝等问安之处。介祉宫后的一进院落内并无建筑物，很可能是小花园之类供太后游赏休息之处。其北正中有一门，入内为最后一进院落，敬典阁即坐落其中。阁制二层，重檐歇山式建筑。上层内无间壁，面阔进深均三间；下层分东西间，中为过道。阁内放置存贮玉牒所用的大柜。

西所位于崇政殿至清宁宫一路建筑之西，为东巡时皇帝后妃驻跸之所。主要建筑布局与东所相同，南端一进院落内东西各有值房三间。其北垂花琉璃门内为迪光殿，建筑式样与颐和殿同。高宗御制诗集中称此殿为"别殿""便殿"，乃供皇帝驻跸时处理日常政务之处。殿中置宝座、屏风、香炉等，供皇帝御殿之用。宝座后悬挂有高宗御书匾联。殿内尚置有黑漆描金书桌、条案等，上放陈设品。迪光殿这进院落内原无其他建筑。乾隆四十三年（1778），由于需要在此办理政务，遵旨于殿前东、西各建配殿三间，均为黄琉璃瓦绿剪边硬山式。迪光殿后为皇帝的寝宫——保极宫。这进院落与东所介祉宫的明显不同之处是宫前两侧各有游廊与迪光殿后相连。保极宫的建筑样式与介祉宫相同，其内东间为寝宫，西间为皇帝读书、休息和召见重要官员之处。保极宫后的院落里是一座很别致的建筑继思斋。此斋屋顶是三波浪卷棚式，在诸宫殿中独树一帜，颇为奇特。其建筑进深、面阔均为三间，正方形的室内隔成九个大小相等的单间，各以小门相连，形似"迷宫"。各间内置有宝床幔帐，有的摆放佛桌佛像，有的陈设书画卷册。斋南正中一门通过数楹游廊与保极宫北门相连。斋两侧各有值房一座。由其所处位置及室内布局、陈设观之，当为随驾东巡的后妃住所。西所最后一进院落内是崇谟阁。其内外构造与敬典阁相近，阁内亦安置大柜，为盛放圣训、实录之用。著名的《满文老档》也放在这里。崇谟阁院内之北尚有七间殿，是乾隆四十三年（1778）增建的。

日华楼、师善斋、霞绮楼、协中斋分别坐落于崇政殿后凤凰楼前东、西所之间的空地两侧。东侧南为日华楼，北为师善斋；西侧南为霞绮楼，北为协中斋。《黑图档》曾记载，崇政殿西北有五间青瓦房，崇政殿西有三间厢楼等，而此两斋两楼分别为五间和三间，估计应是在原有同式建筑的位置或相距不远处，按照东西对称的间数和式样重新建造的。斋、楼分别为前出廊、后无窗的卷棚式、硬山式建筑，楼为二层，其屋顶皆覆黑瓦。其建筑和装饰风格与重修的飞龙、翔凤二阁相近，而异于其他主要宫殿。

盛京皇宫中期建筑的风格与关内同期同类宫殿类似。如东、西所的垂花琉璃门、保极宫前后的抄手游廊等，均系移植关内汉族的传统建筑形式，各宫殿内外的彩画装饰也具有明显的清代中期关内建筑的特点。新建的东、西所，给人的印象是小巧幽静、清雅别致。寝宫内既没有口袋房、匚字炕，也没有厚厚的间壁墙，而是代之以制作精美的宝床、几案和雕花嵌画的楠木隔扇，这与凤凰楼台上宫区简练实用、素朴无华的风格形成鲜明的对照。东、西所诸宫殿虽为皇太后、皇帝驻跸之处，但并未修建得过于富丽豪华，其建造力图少施增饰，多从省俭。当然，这里的"朴素"也是相对而言的。新建各主要宫殿屋顶琉璃瓦的装饰皆依关外旧式，即黄琉璃瓦绿剪边，而非满覆黄顶。早在工程开始之前，弘历审阅设计图样时，即已就此谕示飞龙阁、翔凤阁、霞绮楼、日华楼、师善斋、协中斋仍蒙布筒瓦，而两边新建宫殿俱照旧式，蒙镶边琉璃瓦料。这样便使盛京皇宫内早中期建筑的屋顶装饰趋于一致。

继东、西所等中期建筑兴建之后,在乾隆四十三年(1778)乾隆第三次东巡至乾隆四十八年(1783)第四次东巡期间,又于盛京皇宫兴建了一批宫殿。这些建筑如今习惯上称之为后期建筑,主要包括移建的盛京太庙和兴建的文溯阁等西路建筑。后期建筑主要围绕贮存《四库全书》的文溯阁而建。

今坐落于大清门东的盛京太庙,位于盛京宫殿建筑区域内,清代一些官修史籍及档案中亦以此为盛京"大内宫阙"的组成部分。盛京太庙始建于清崇德元年(1636),位于盛京城抚近门(大东门)外东五里处,因肇、兴、景、显"四祖"神位尚供奉于此,故改称"四祖庙"。顺治五年(1648),"四祖"神位奉入北京太庙,盛京太庙遂因"神去庙空"而停止使用。乾隆四十三年(1778)八月,清高宗弘历第三次东巡盛京。为恢复留都坛庙之制,"命重修地坛。移建太庙于大清门东"。盛京工部遵旨将景佑宫移至德胜门(大南门)内重新盖造,并将太庙移建于大清门东景佑宫故址。移建后的盛京太庙北为正殿五间,殿前西侧有焚帛砖楼一座。东西配殿各三间,配殿之南各有顺山耳房二间。其南中为庙门三间,东西有角门各一座。太庙整个院落位于高台之上,院内地面高出墙外地面两米左右。正殿、东西配殿和庙门组成一座四合院。这一特点与凤凰楼后台上宫区颇为相似。太庙各殿屋顶皆满覆黄琉璃瓦,而不像宫内殿阁那样饰以绿剪边,这是为了符合太庙的特殊用途,寓"以崇典祀"之意。重建后的盛京太庙实际上只用于收贮清代诸帝后玉册玉宝,并非规制健全的宗庙。

乾隆四十六年(1781),因贮藏《四库全书》的需要,在原有建筑群之西新建了以文溯阁、嘉荫堂、仰熙斋等宫殿为主的一百余间斋堂亭阁及附属建筑,构成了盛京皇宫的西路。文溯阁至乾隆四十六年(1781)方正式动工,至乾隆四十七年(1782)五月,主体建筑文溯阁即已完工。其他宫殿完工时间当不晚于翌年九月乾隆车驾至盛京时。其时,共修建宫殿建筑一百六十余间,由南至北大致可划分为三个区域。

南端一组包括嘉荫堂、戏台等建筑。前为扮戏房五间,室内北墙有通往戏台的上下场门。扮戏房以北戏台两侧各有游廊七楹,东侧西向,西侧东向,南北分别与扮戏房、嘉荫堂之两山相接。内颇宽敞,乃皇帝于此赐宴赏戏时王公大臣等设座之处。正北为嘉荫堂五间，主要作为赐宴赏戏时皇帝临御之处，其东西稍间均有暖阁，亦可小憩。嘉荫堂正前方庭中即为戏台。此戏台为歇山卷棚式顶，四面共有圆柱十二根，下为半米多高的台座。戏台周围，嘉荫堂、游廊和扮戏房互相连接，构成四面封闭的空间，有利于在演出时获得较好的音响效果。

中部一组建筑包括文溯阁、仰熙斋等，其中文溯阁是整个西路的主体建筑。阁南有宫门三间，前为皇帝出入西路的通道，向南可入嘉荫堂，向东可横穿更道与保极宫前西侧游廊、旁门相通。宫门之内即为文溯阁。它与其余六座《四库全书》藏书楼皆仿宁波范氏"天一阁"形制建造。阁名"文溯"，按弘历《文溯阁记》所述，乃用周诗"溯间求本"之意"而予不忘祖宗创业之艰，示子孙守文之模"。阁之外观为二层，黄琉璃瓦绿剪边硬山顶，面阔五间，加西侧楼梯间为六间，进深三间。阁下前后均出檐廊，额枋绘以"河马负图""翰墨册卷"等图案的苏式彩画，画面以蓝、绿等冷色调为主，与绿色的立柱相配合，给人以清爽之感。前檐两山各有卷门，其上悬砌绿琉璃垂花门罩，门下各有四级踏跺。阁内为三层，在下层顶板下的空间，东、北、西三面各以回廊的形式增加一层，俗称"仙楼"，两侧各一间之地，正面约2米宽，使正中三间形成二层空间的敞厅，下层靠北以隔扇分出近2米宽的过道。殿内南北面均悬有高宗御书匾联。敞厅内置有御榻、书案、香几、鸾翎宫扇等，其东、西间及隔扇后夹道也分别置有紫檀炕案、琴桌、挂屏等，仙楼及顶楼上亦于书架中间置有宝座、桌、杌、香几等，供皇帝御阁时使用。《四库全书》和《古今图书集成》书架分排于阁内各层。文溯阁之东有方形碑亭一座，盔顶翘脊，四角为曲尺形红墙，其间各有栏杆。亭内置石碑一座，碑阳面为高宗御制《文溯阁记》，碑阴面为御制《宋孝宗论》，均用满汉两种文字刻写。文溯阁后为仰熙斋七间，斋前两侧各以游廊与文溯阁后檐廊相连。斋内设有宝座、几案等，并悬有高宗御书楹联，此应为皇帝读书作画之处。西路最北一组共有三座建筑。正面为九楹直房，名"九间殿"，两侧各有配房三间。

第八章　文化遗产

第二节
满族历史文化传说

满族历史文化传说一般由家族首领、萨满或部众世代口耳相传。满族历史文化传说具有独具特色的民族特点，反映了满族的信仰观念、社会生活和审美心态等，寄托了其对美好生活的憧憬。满族在长时间的历史发展中形成相互关联而又内容不同的故事传说。从内容方面来说，主要有两类：一类为神话故事传说，主要包括初始神及创世故事、祖先神或保护神故事等；另一类为历史故事传说，主要包括关于满洲始祖故事及清太祖努尔哈赤的故事等。

一、神话故事传说

（一）关于初始神及创世的传说

关于初始神及创世，有三种不同内容。

《老三星创世》《阿布卡赫赫创造天地人》两则神话情节连贯，主要讲述了在混沌一片的宇宙中，火花撞击形成了大水星、大火星、大光星，它们就是宇宙的三位古神。又过了很多年，它们常常合成一个星体，但仍称为"老三星"。老三星出现后，宇宙就产生了灵气。灵气不断聚集，形成天宫，即第一层天；浊气下沉，与水混合而成为大地。老三星借用灵气造出万物后，退居第二、第三层天，把位置让给了新三星，即佛多妈妈、堂白太罗和纳丹岱珲。此后，老三星又裂生出五个徒弟，有天母阿布卡赫赫、男性天神阿布卡恩都哩、地神巴那姆恩都哩、敖钦大神、魔鬼耶鲁里。这些神灵成为后来争夺宇宙领属权的两股势力的代表。天劫过后，阿布卡赫赫带领众神重造天、地及世间万物。

满族独特的长篇神话故事《天宫大战》讲的是，宇宙处于一种混沌状态时，是流溢不定的水泡泡。水泡泡渐多渐长，从中生出创世母神——阿布卡赫赫（也有称卡伊拉罕），她就是宇宙的第一位大神。从她身生万物，万物愈多，便分出清浊，清光上升为天，浊气下降成地。阿布卡赫赫小能成为水珠，大能变成天宇。她无处不在，无处不生。只有在小水珠里才能看清她是七彩神光。从其下身分裂生出地母巴那姆赫赫女神，上身分裂生出司掌光明的布星女神卧勒多赫赫，即宇宙三姐妹女神。她们同身同现、三位一体，共同创造了人类万物。阿布卡满语"天"，赫赫满语"女人"，由满语 FeFe 音义转引而来。阿布卡赫赫即"天女"的意思。满族的神灵神话以天女为核心形成了庞大的女神谱系。各种"妈妈神""格格神"达三百种。众神有不同的职司和性格，之间存在着统属关系。阿布卡赫赫身边有三个侍女，大侍女喜鹊神，二侍女固鲁女神（刺猬神），三侍女奥朵西（牧兽女神）。布星女神卧勒多赫赫有领星女神七星那丹那拉呼为助手。《天宫大战》是以创世女神阿布卡赫赫与恶魔耶鲁里争夺宇宙主宰权的斗争为轴心和主线的。九头恶魔耶鲁里是由含有天女三姐妹骨肉魂魄的敖钦怪神转化的，拥有许多恶神作为他的属下。这场"天宫大战"异常激烈残酷，经过反复较量，以耶鲁里失败而告终。关于阿布卡赫赫与耶鲁里的大战，有许多故事。如大神风神西斯林是阿布卡赫赫的爱女，其因贪睡，被耶鲁里破了风阵，闯了大祸，被宇宙三姐妹女神取消女性神牌，赶出天地之外。太阳神和月神曾被耶鲁里所骗，使宇宙失去光明，阿布卡赫赫说服太阳神和月神，使她们重放光明，照耀天地。有一次阿布卡赫赫被耶鲁里打败，战裙被耶鲁里撕碎，昏倒在太阳河边，众神兽神禽献出自己身上的魂骨，昆哲勒神鸟衔来金光流漾的太阳河水为阿布卡赫赫洗涤伤口,又撕下自己的羽毛为阿布卡赫赫编织战裙。阿布卡赫赫有了九彩神光战裙和众生物灵慧的魂骨,成了永生不死、神威无敌的宇宙主宰。

后来出现了阿布卡恩都哩。传说,阿布卡赫赫战胜恶魔耶鲁里的数万年后,变成了人称阿布卡恩都哩的男性大神,仍主宰宇宙万物。神话《天神创世》讲的是:世上原本没有地。天连着水,水连着天。天神阿布卡恩都哩造了一个男人一个女人,让他们在一个飘浮在水上的石头罐子里生存繁衍。由于人越来越多,石头罐子装不下了,阿布卡恩都哩用土给人类造了一个很大的地,把地放在水面上,命令三条大鱼驮着它。还让一个天神每隔几天给三条大鱼送一次食物。但有时天神偷懒没能按时把食物送到,大鱼饿了就会忍不住晃动身子,地也就随着晃动,这就是地震。

(二) 关于部落首领的故事

满族先民的诸多部落都有自身独特的故事传说。《鄂多玛发》讲述了宁古塔郭合乐哈拉在第一代穆昆达恩都哩玛发带领下迁徙的传说。"这位爷,生下来就跟平常人不一样,有时变成男的,有时变成女的",他心灵手巧又力大无穷,教人们制造弓箭、捕鱼、打猎、祭天祭神,又教人们做衣做饭。他不辞辛苦,任劳任怨,但有个坏毛病,脾气太暴,好发火、打人、骂人。由于他们居住的地方气候酷寒、环境恶劣、生活艰苦,他率领全哈拉人往宁古塔迁徙。一路上经过了许多艰险、磨难和斗争。他为了全哈拉的人,勇敢地与五条火龙搏斗而失去了双脚。他把大雁师父给他的羽毛神衣拆开分给大家做新衣,自己却不能在天空飞翔,用黑老鸭给他的一双鸭爪走路。他背族人游过堆满冰块的乌拉江,累得昏倒在地上。又把剩下的翎毛衣领子套在脖子上,长出又长又尖的利嘴,把恶魔的铁壁啄成个小门,使全族人脱险。走了好几年时间,终于带领全部族人来到了山青水秀、气候温和,可捕鱼、狩猎又可种麻织布、耕田种谷,居民明礼重义、不抢不偷的好地方宁古塔。全部族人过上了好日子,而恩都哩玛发却"长得人不像人、鸟不像鸟",他不愿在部落出现,天天在林子里游荡。后被天神阿布卡恩都哩召到长白山去了。郭合乐哈拉奉他为第一代祖先神。

《他拉伊罕妈妈》讲述了他拉伊罕妈妈成为乌苏里江东部各部落的联合葛珊塔及后来化神的故事。他拉伊的父亲是他拉伊部落的人，也是乌苏里江哈拉第三支的渔人。小他拉伊出生之后不久，便被大风吹走了，十几年后回到家乡，阻止了一场部落内斗。因其力大而被推举为各部落的联合葛珊塔，她领导人们过上了幸福的生活。但是，有三个懒汉不爱劳动，被他拉伊批评，他们不服，到山中找狼精，获得毒药，要毒死他拉伊。他拉伊将计就计，杀死了狼精，之后，被长白山主召回山上。她的九个徒弟成为四十八个部落有名的九个大萨玛。他拉伊罕妈妈被供奉为"断事神"。

《朱图阿哥》讲述了朱图成为穆昆达，带领部落进入农垦时代的故事。在长白山脚下的牛祜禄哈拉，其穆昆达是一位很有名望的老太太，被称为博尔混妈妈。她心地善良，对人一视同仁，办事公平合理。但人老了，到底怎样领大家过上好日子，她想不出什么主意来。别人提一点新的办法，她老人家总是摇头说："不行啊，孩子们，这不符合咱们祖传的规矩呀！"别人提出一个好主意，她又摇摇头说："算了吧，还是照老办法办事顺当啊！"就这样，牛祜禄哈拉的日子总过不起来。尼马察哈拉有个叫朱图的小伙子，聪明伶俐，见啥一学就会，十几岁跟阿玛上山打围、采参。十七岁那年，还跟阿玛去过抚顺马市，用人参、鹿茸、兽皮换回一些铁铧子、铁镐，用这些铁具开荒种地，日子一天比一天红火起来。朱图二十岁那年到牛祜禄哈拉家为女婿。婚后不久，老妈妈病倒了，临危时，嘱咐户里人说："我没有管好咱们户族，叫大家跟着我遭罪。我死后，可以让我的女婿朱图继承穆昆达这个缺。"这件事对牛祜禄哈拉说，"可真是一件惊天动地的大事"。一伙女人坚持从女人里挑，可是全户族大多数人同意朱图阿哥给大家办事，最后决定"先叫朱图阿哥当当试试"。就这样，朱图阿哥做了第一任男人穆昆达。朱图阿哥领着大家采参、打猎、开荒种地，全户族日子越过越好。但是，"朱图越能干，那伙女人越嫉妒，恨不得一口把朱图吞掉。她们暗暗合计，要想法害死朱图。放火、拆桥，却都没能害死朱图"。这些事被户族一些青年知道以后，非要跟这伙女人拼个死活不可。朱图急忙拦住他们，耐心地说："不要伤了和气，我还是有不好的地方，要不然人家哪能暗害我呢？再说咱们真要互相打起来,不是让外部落看咱们的笑话吗?"就这样,把这些人压下了。有一年天旱,粮食歉收。这伙女人利用机会,到处造谣说:"看看吧,怎么样,叫男人当家就是不行。这是阿布卡恩都哩(天神)对咱们的惩罚。朱图这几年办的事,都是违反天意的呀。咱们祖祖辈辈就是打围、捕鱼,偏要种什么庄稼!再要这样下去会有大灾大难的。"大家信以为真,把朱图两口子撵出了部落。朱图夫妻在小鲤鱼、蛤蟆、狍子、鹿、喜鹊的指引和帮助下,来到忽尔汗安家落户。又在被他们救了的"老人"的指点下,到铁山找到开山镐、炼铁炉,炼起铁来,打出了许多铁器和农具。朱图打铁的消息传到每个部落,他们用各种东西到忽尔汗换取铁器和农具。忽尔汗很快变成了繁荣的市场。而牛祜禄部落自从朱图走后,又恢复了老样子,选了个没有能力的糊涂女人当穆昆达,朱图领大伙开的土地不种了,天天东跑西颠打猎、摸鱼。而且又想出花招,硬逼着大家住进山洞,这样弄得大家吃不上、穿不上,挨饿受冻。小伙子们一合计,便去找朱图,告诉朱图说:"全哈拉的人都盼望你回去,领着我们过好日子!"朱图回到部落,领大家炼铁、开荒,日子又红火起来。那伙使坏的女人怕朱图报仇,吓得不敢回部落,蹲到山里挨饿受冻。但朱图却骑着高头大马,率领一群青年男女来接她们回家。朱图把自己带的腰刀双手交给那个女穆昆达,又把自己骑的马让给她。从此,牛祜禄哈拉设了两个穆昆达:一男一女。直到后来还是这样沿袭下来的。

《昂帮贝子》的故事讲的是恤品河两岸的大小部落都归毛林贝勒管理。开始时,毛林贝勒治理这片土地很勤奋,但是后来渐渐地骄奢淫逸起来。他的大儿子海伦别拉很发愁。毛林贝勒听说吃人参孩可以成仙,于是,便派人到处去找,没有找到的人一律杀掉。海伦别拉苦劝,竟被发配到北海砍木头。于是,二儿子得势了,为了骗老贝勒,他们竟把一个刚满月的婴孩开膛摘心,冒充人参孩。老贝勒心花怒放,吃了人参孩当夜便死掉了。这样,二儿子就当上了贝勒。他更加骄奢淫逸,族人困苦不堪。有人就给大贝子送信,请他回来。海伦别拉也梦见浑身是血的老贝勒托梦,言其被二儿子害死。于是,海伦别拉便率领着囚犯起义,并到各处搬兵。他的舅父愿意帮助,可是,鸭绿江部大贝勒宁古得却因为与老贝勒有隙不愿出兵,甚至把海伦别拉下狱,要处死他,幸好宁古得的女儿搭救他才幸免于难。这件事更触怒了宁古得,他率兵亲自来攻毛林部。二贝勒用骚扰的办法,偷袭得逞。宁古得被困在一座小山上,眼看就要弹尽粮绝了。这时,海伦别拉从背后偷偷进城,然后,杀向二贝勒的背后,最后杀死了二贝勒。

(三)关于英雄神的传说

《托阿恩都里》歌颂了盗火英雄托阿,他在天上看管火库,盗火送到人间。头二次都被天神阿布卡恩都哩发觉,收回火种,并给托阿以严厉惩罚,把他头朝下绑在天树尖上。最后他把天火装在石头里送到人间,他却永远在天上做打石头的苦工。

《恩图色阿》讲的是大力神"恩图色阿"受命于天神阿布卡恩都哩,为宁古塔的人们开凿河流和湖泊。他的手下有一个出身是妖精的打把力,他好吃懒做,负责看守天火。由于受了恩图色阿的打,他怀恨在心。为了报复,他主动请命帮助恩图色阿。可是,却偷用天火,将恩图色阿辛苦开凿出来的湖泊毁掉,并向天神阿布卡恩都哩告状,如是者三,并勾结魔王耶鲁里要攻占天堂。最后,阿布卡恩都哩知道了一切,挫败了他们的阴谋。

此外,还有《沙克沙恩都哩》的故事。传说,人类原来只知道捕猎觅食,却不知道如何预防灾祸。天神很担心,于是,派沙克沙投生人间预报吉凶祸福。沙克沙出生时浑身长着羽毛,嘴又尖又硬,背上还长着翅膀。村里人都讨厌他。后来,由于他利用喜鹊获得各种消息,帮助人们,人们渐渐地喜欢上了他。有一年,老猎手哈桑阿带着十多人到山中围猎,掉进了魔王耶鲁里的迷魂阵。没过几天,先后掉进迷魂阵的就有五十人了。喜鹊探知后,就告诉了沙克沙。沙克沙飞到长白山,长白山主给了他神水,他偷偷将神水给了被抓的猎人。他们浇在身上,魔王的魔火竟烧不死他们。耶鲁里于是想利用他们到风火山去抓几条火龙好作攻天之用。沙克沙假意帮忙,利用神水降服了十条火龙,要求他们帮助自己打败耶鲁里。于是,沙克沙利用火龙的力量把准备攻天的妖兵杀得大败,被捕的猎人们也得救了。

《三音贝子》讲的是一个类似"后羿射日"的故事。阿布卡恩都哩造人后，命令四个土地造太阳来为世界提供光和热。结果四个粗心的土地造出了九个太阳，并告诉他们谁如果工作认真，就能加官进爵。于是，九个太阳争着出来。这样，人间便受不了了。窝集部有一位年轻的阿哥，自称长白山主的大儿子，因为触怒了天神阿布卡恩都哩，被贬投生在一个猎户家里。这个孩子生下三天就能走路，一个月就能举起一百斤重的石块，三个月就能拉满三百石的弓，不到一年就长到一丈开外。他一顿饭吃掉三只狍子、两只熊、三斗米饭；喝一次水，河落三尺，湖干一半，部落人称"神力哥哥"。听说其为长白山主之子，便又被尊称为"三音贝子"。为了消灭多余的太阳，他到长白山主那里求助。长白山主告诉他，要想制服这九个太阳，需要九江八河水、百里长万丈深的沟、五岭三山的土、九百九十九石粮。结果，九九八十一洞蟒蛇送来了水，又遇到了深沟，土地神送来土，各个部落的人送来粮食，三音贝子把五彩天绳系在箭上，三下五除二就套下了六个太阳，另外三个躲进了海里。后来，费了九牛二虎之力才套上了第三个太阳。第一个太阳见势不好，跑到了天边，只有早上和晚上才看看二弟和三弟。这时，阿布卡恩都哩来了，让三音贝子放了太阳，封他做了日恩都哩，专管太阳，并收去第二个太阳的热，让他晚上出来，他就是月亮。这样，白天就是第三个太阳，晚上的月亮就是第二个太阳，而第一个太阳则一直躲在天边。

（四）关于保护神灵与自然神灵的传说

《多龙格格》讲述了多龙格格勇斗大鹏保护人民的故事。有一个叫"尼马察乌拉"的地方，属于东海窝集。这个地方的人把房子建在树上，叫马架子。有一年，来了一群萨哈连大鹏。这些大鹏铁爪钢嘴，力大无穷，两只眼睛能冒出火苗，多硬的弓多厉害的箭也射不死。大鹏占据了人们的房屋，杀人，放火。多龙格格领导人民与其斗争，可是失败了。其后，她到东海窝集找来神箭手阿不泰，可是，他拼掉性命只不过杀掉几只大鹏。多龙格格听说，尼马察乌拉有一处泉水，喝了这泉水，便能长出翅膀。历尽千辛万苦，都隆阿老人累死了，终于找到了这泉水。多龙格格喝了泉水后果真长出翅膀，她杀死了恶鹏，为家乡人民除了害。后来，在留下一只箭后她又飞回了长白山。多龙格格被供奉为弓箭神。

《鄂多哩玛发》的故事。呼尔哈河下游，有大小二十七个寨子。在这个地方有三个兽群：一是老熊群，二是野猪群，三是狼群。还有田鼠总是为他们通风报信，然后，在混乱中寻得好处。三个兽群轮番袭扰，人民生活困苦。后来，从呼尔哈河上游来了一个老人——鄂多哩玛发，他教会人们练习射箭刀术，最后，打败了三个兽群，人民重新获得幸福生活，而老人又到其他地方去了。鄂多哩玛发后来被供奉为"狩猎神"。

《阿达格恩都哩》的故事。古时，有一个叫阿达格的金钱豹神。他的父母修炼成仙后，升天之前，留给他一张豹皮，上面有99朵黑色梅花。阿达格靠着父母留下的这张豹皮和黑色梅花与魔王及其弟子做斗争。最后，为了消灭魔王，把原本留给自己的最后一朵梅花用掉了。

（五）关于萨满的故事

《石头蛮尼》的故事。据说，石头蛮尼是咸丰年间苏木哈拉的大萨玛。他神通广大，除邪去病，解救困难。下面介绍关于他的三则小故事。其一是"搭救小牛倌"。故事讲的是牡丹江中游北岸的一个叫"两家子"的屯子里有一个叫"崇阿"的人，十二岁那年给他的四大爷放牛。小崇阿的四大爷外号叫"四尖头"，虐待小崇阿，逼着他整天干活，却不让他吃饱饭，也不让他睡好觉。崇阿生活很苦。有一次，牛受惊游到河对岸，崇阿急得哭了，大萨玛帮助了他，并且决定惩罚"四尖头"。他假意把两斗米寄存在"四尖头"的粮仓里，晚上，米粒变成无数的老鼠，把粮食偷出来，挨家挨户送粮食。"四尖头"知道是崇阿报的信，更加虐待他。大萨玛决定彻底地惩罚他，施法让他头痛，谁也医不好，只有崇阿可以。这样，崇阿过上了好日子。可是，"四尖头"使坏，骗来了能治病的能力，又开始虐待崇阿。可是，能力在他手里就是不好使，最后，"四尖头"死在了头痛上。其二是"搭救采珠人"。讲的是海浪河口一个贫穷的老采珠人采到一颗稀世的珍珠，却被衙门的昂帮章京以假珠为名强行夺去，准备自己进京献宝。大萨玛变成视察的军机大臣，假意将一颗珍珠寄存在他这里，然后施法，让其变成假的，逼其交出珍珠来。其三是"搭救卖瓦盆人"。讲的是一个叫牛古录的瓦盆工匠，他家住在小河岔子中间。这一年阴雨连绵，洪水即将到来，可是，牛古录却不知道。大萨玛化身一个老头，闯进屋子，拿起值钱的东西就跑，牛古录就在后面追，这样躲过了一劫。

（六）关于爱情故事的传说

《朱拉贝子》是一个爱情悲剧故事。乌苏里江的老河神乌苏里恩都哩有一个儿子叫朱拉，他和老河神一样和蔼可亲，保护沿岸的子民。有一年祭祀河神，朱拉请求去村庄里看看热闹，顺便听取民情，老河神同意了。在祭祀活动中，一个叫阿苏里的美丽女孩儿荡秋千非常好，可是，系着秋千的树枝忽然断掉了，阿苏里掉进了河里。朱拉救起了她，并为她送药、治病，渐渐地两人有了感情。但是，人神不能在一起。朱拉背着阿苏里去求佛多妈妈。佛多妈妈给了他一粒药丸，告诉他，让他今年帮助这里的乡亲抗旱，然后吃了药丸就会变成一头牛，为乡亲们耕一年的田，最后让人们把他杀死剥皮就可以了。朱拉这样做了，可是，到最后的十几天，剥皮成了难事，阿苏里好久没有见到朱拉，这头牛成为她的好朋友，她不忍杀死它。这时，一伙野人来袭击他们的村庄，朱拉战斗到死，最后，口吐人言，让乡亲们一定要将自己剥皮。可是，乡亲们不忍心，只是将它埋葬了。佛多妈妈赶来了，把一切都说了，阿苏里绝食七天也死了，然后，和朱拉的魂魄一起向长白山飞去。

满族神话歌颂了与自然灾害、邪恶势力及入侵敌人斗争或带领人民得到美好幸福生活的英雄事迹，表现出积极斗争、牺牲奉献的美好价值取向。其中一些故事记述了祭祀神的来源，如上文提到的断事神、弓箭神、金钱豹神等。值得注意的是，满族的每个部落和家族所流传的神话故事各有不同。但是关于阿布卡天神和长白山主的神话则为满族共有。在满族的一些神话中尊奉长白山为"长白圣母""长白山主""长白老神""白山老祖"等，据说他是天神阿布卡恩都哩的弟子,神通广大,技艺超群,教给人类做弓箭、狩猎打渔、播种五谷、种麻织布,并常常为人类赐福除妖。

此外,还有关于北斗七星与北极星的故事,也表达了满族人民奉献牺牲的精神价值取向。北斗七星称为那丹乌西哈。天上原没有七星,在七星那个地方有七个大黑洞,常常从洞中冒出七股黑烟,落在地上化为七股黑水,泛滥成灾。天神阿布卡恩都哩让依兰乌希哈神把纳丹威虎里七兄弟连同东海的七座白玉山一同升到天宇,把七黑洞堵上,变为七颗明亮的星星,给人们辨别四时和方向。关于北极星的神话在宁古塔。在宁古塔胡士哈南山坡有个乌苏里哈拉部落,部落长叫乌苏里汗,是个八十岁的老人,他心地善良,曾在牧场草甸子的泉眼救过一条小泥鳅。泥鳅为感谢他的救命之恩,一天化身为一个小伙子,告诉老人三个时辰之内这里就要发大水,让老人家赶快逃走,千万别告诉别人,否则老人就会化为青烟。但老人为了全部落的人,敲起铜锣,把大人小孩儿都喊起来跑到山顶上。大水淹没了部落,人们得救了,但老人却化作一颗亮晶晶的星星。这颗星就是北极星。这两则神话都歌颂了满族先人舍己为人的奉献精神,他们死后化为方位星神,可见满族先人对方位星神的崇拜。

满族神话故事丰富多彩。《天宫大战》《乌西奔妈妈》等都是宏伟、雄奇、浑厚、瑰丽的史诗级神话。

二、历史故事传说

(一)三仙女的传说与布库里雍顺

《太祖高皇帝实录》《皇清开国方略》《满洲源流考》等史籍中都记载了这样的故事:三位天女在长白山中布库里山下的布尔湖里泊(即布儿湖里泊)洗澡,最小的天女佛库伦吞了喜鹊衔来的朱果,生下了布库里雍顺。布库里雍顺按照母亲指示的方向,顺流来到鄂谟辉的鄂多里城,调解了三个姓氏间的纠纷,被推为共主，成了满洲的始祖。《太祖高皇帝实录》这样记载："长白山……山之东，有布库里山，山下有池，曰布尔湖里。相传有天女三，曰恩古伦、次正古伦、次佛库伦，浴于池。浴毕，有神鹊衔朱果置季女衣。季女爱之不忍置诸地，含口中甫被衣忽已入腹，遂有身。告二姊曰：吾身重不能飞升，奈何？二姊曰：吾等列仙籍，无他虞也。此，天授尔娠，俟免身来未晚。言已别去。佛库伦寻产一男，生而能言，体貌奇异。及长，母告以吞朱果有身之故，因命之曰：汝以爱新觉罗为姓，名布库里雍顺。天生汝以定乱国，其往治之，汝顺流而往，即其地也。……其地有三姓争为雄长，日构兵相仇杀。……（布库里雍顺来到此，说）：我，天女佛库伦所生，姓爱新觉罗氏，名布库里雍顺，天生我以定汝等之乱者。"遂平定三姓之争，"其乱乃定。于是布库里雍顺居长白山东，俄漠惠之野，俄朵里城，国号曰满洲。是为满洲开基之始也"。这是正史中记载的内容。另外，《满洲源流考》《皇清开国方略》等文献中关于三仙女的传说及布库里雍顺的记载与《太祖高皇帝实录》中基本相同。三仙女的神话一直在满族中流传，并且记录着更多的细节。满族神话《天女浴躬池》中说："三仙女佛库伦是一个脾气倔、有胆量的女射手，她从果勒珊延阿林厄真（白山老祖）那里知道天狼星逼婚，想让她当助手制造人间战祸，宁可不回天宫，也不和其成亲。佛库伦吞下神鹊衔来的朱果，在寒冷的冬天生下儿子布库里雍顺。儿子带着母亲的弓箭，除掉了邪恶的天狼星，统一了酣战中的部落，成为满洲始祖。"神话《布库里雍顺》《鄂多里》的记载与《天女浴躬池》所述极为相似。

（二）罕王传说与努尔哈赤

辽宁地区流传着一组有关罕王的传说。有讲述努尔哈赤身世的，如《小罕子出世》《小罕子脱险》《老罕王的传说》《小罕子打虎》《小罕子逃生记》《神树》《小罕子学艺》等；也有讲述努尔哈赤统一历程的，如《百步穿柳》《大败九部联兵》《三征乌拉》《收复哈达》《征服辉发》等。

《小罕子逃生记》和《小罕挖棒槌》流传得最为广泛。《小罕子逃生记》讲述了罕王是真命天子，以及黄犬救主、老鸹救驾等故事。《黄犬救主》传说讲的是：小罕子被明军追杀中，昏睡在着火的草地上，一只大黄狗沾水救火，自己累死了，却救出了小罕子。小罕子留下了满族人不吃狗肉、不戴狗皮帽子、不戴狗皮巴掌（手套）的规矩。《老鸹救驾》则传说，当李成梁的追兵越来越近时，精疲力竭的努尔哈赤躺在一条沟里暂且隐蔽。这时，一群乌鸦纷纷飞来落在了他的身上，将他严严实实地盖住了。追兵见此情景，便改变方向追往其他地方去了，努尔哈赤因而获救。《小罕挖棒槌》中记述：努尔哈赤逃离辽阳进入长白山。进山后，他遇到了八位挖参人，彼此结拜成生死弟兄。但是自从努尔哈赤入伙之后，大家一连半个多月没有挖到好人参，为此都很犯愁。一天夜里，天空下起了小雨，接着又突然刮起了一阵大风，随之便是一声惊天动地的吼叫。大家一看都傻了眼，原来是号称"山神爷"的老虎来了。只见老虎瞪着双眼，蹲在窝铺前边。山里人有个规定，遇到这种情况就得把帽子扔给老虎，老虎叼谁的帽子谁就得跟老虎去，是死是活，听天由命。他们九个人一个接一个地把帽子扔到老虎的眼前，可是老虎只把努尔哈赤的帽子叼走了。努尔哈赤只得伤心地告别了众兄长跟老虎去了。努尔哈赤跟老虎走了很远，来到了一个山头上。只见山头上面长满了绿茵茵的青草，每棵草顶上都顶着一团红籽。努尔哈赤心头一跳，天啊！这不是人参吗？正在这时，那只老虎纵身一跃，跳到了山涧的另一边，转眼不见了。努尔哈赤这才明白原来是山神爷搭救他们来了。他摘了一把红籽从原路回到了窝铺。众人一看那红籽，正是千年老参。就这样，他们找到了那座山头，挖出七八十棵上等人参。后来，他们就用这些人参换来了兵马和粮草，招揽四方将士起兵反明。努尔哈赤由于智勇双全，被推举为首领。努尔哈赤在八个兄长的帮助下南征北战，终于统一了女真各部，建立了大金国。《神树》讲的是当年努尔哈赤父祖被杀后，努尔哈赤背着两人骨灰逃到苏子河畔。晚上入住旅店，店主因为忌讳，不同意将骨灰带进店里。努尔哈赤没办法，只好到镇西郊外找棵榆树，临时将装有骨灰的包裹挂在树丫上。令他意想不到的是，次日清晨去取包裹，发现树丫竟然一夜之间长合到一起，那包裹怎么都取不下来。无奈之下，他只好将榆树压弯按倒，就地掩埋了祖父和父亲的骨灰。他万万没想到，这地方是有帝王之气的风水宝地，正因为努尔哈赤将祖父、父亲埋在了那里，才有了后来近三百年的大清王朝。

图 8-3 罕王井

此外，又有关于八旗图案由来的传说故事——《龙旗和八旗》。努尔哈赤小的时候，与王杲去长白山挖参，他梦中被老虎引到一片参地，得到一颗千年宝参。在紧急关头，他用这颗宝参棒槌击打潭中的金龙。后来，他根据梦中记忆做了一面龙旗，又根据金龙四个爪上的颜色，做成黄、白、蓝、红四旗，后又分出镶黄、镶白、镶蓝、镶红四旗。这就是八旗的由来。

《老罕王杀儿》的故事讲述了杀儿浒（萨尔浒）名称的来历，悔山（辉山）的名由，既赞扬了老罕王的英勇无私，又讲述了他的父子之情。

这些故事都着重说明努尔哈赤为"天命之子"所得到的庇佑。罕王形象代表了满族尚武尚勇、积极进取、聪敏好学的民族精神。罕王是一个自幼受苦的劳动者，许多满族的风俗都附会到他身上，表达了满族人民对民族英雄的崇拜。

满族历史文化传说展示了一幅幅生动活泼的民族生活画卷与独特的民族精神。

第三节
满族曲艺与舞蹈

满族是一个能歌善舞的民族,其文化生活非常丰富。满族的曲艺与舞蹈具有浓郁的地方文化特色。

一、曲艺

满族的曲艺一般即是满族的说唱音乐,主要有子弟书、朱春、海城喇叭戏、满戏八角鼓、倒喇等,每种形式都具有独特的民族特点和地方风格。

子弟书是一种盛行于清中后期北方地区的诗赞体曲艺,因为由满族八旗子弟所创,故名"子弟书",又称"清音子弟书""弦子书""子弟段儿"等。子弟书是由满族八旗子弟在鼓词曲调基础上,创造出的一种以七言为体、没有说白、以叙述故事为主的满族曲艺。子弟书的特点是有唱无白,以三弦为伴奏乐器,演唱者手持八角鼓,鼓上缀有两条红色丝穗,取"八旗一统、谷(鼓)秀双穗"之意。早期的子弟书,作者、演唱者、听众等多以八旗子弟为主。故此时的子弟书重书词创作,轻演唱,曲调也比较简单。嘉庆年间子弟书传入民间,开始产生了职业艺人,多半是盲艺人。从乾隆年间诞生起到民国初年,子弟书先后盛行于北京、沈阳、天津等地，历时二百多年。现存的子弟书约有五百种。取材于我国明清两代通俗小说、元明清三代传奇与当时北京流行的散出或京剧等故事的子弟书有三百种以上；而以描写当时北京社会生活及风土人情等为题材者，也有近两百种。子弟书产生发展的过程中，一方面受到满族传统文化的重要影响，保留了大量满族传统音乐素材，萨满神歌同满族民族、小曲构成了子弟书曲调的基础；另一方面，汉族文化也对子弟书的内容、形式、语言、表现手法产生重要影响，特别是唐代的"变文"、宋代的"弹词"等传统说唱文学对子弟书更有直接的影响。子弟书是清代满汉文化融合的产物，是后人研究清代政治经济社会文化的珍贵资料。

朱春又称"朱赤温"。满语"朱春"是戏剧的意思，其中也含有"游戏"和"边歌边舞"的意思。朱春是满族早期入关前，在射猎牧居时形成的民族艺术形式，是融合了说、唱、文学、民歌、舞蹈和百戏散曲等诸多艺术精华的满族传统戏曲。朱春的演出形式主要有两种：第一种为小戏，包括"坐腔戏""坐唱戏""下地戏"等短小戏曲形式。小戏一般有两个演员，满语称唱戏的演员为"朱春赛"或"达拉密"，演员演唱形式和现在的二人转很相似。两个演员分别扮演一丑一俊两个人物，用满语或汉语以边舞边唱的形式分别从舞台两侧出场。小戏有简单的故事情节，人物性格开朗、活泼，善于带动观众情绪。第二种为大戏，即"连场戏""八角鼓"等篇幅长的戏曲形式。人物为三到十人，有生、旦、净、末、丑等多种角色，其中生、旦多担任主要角色，净、末、丑一般为配角。丑一般是戏曲中最活跃的人物，他的表演多为即兴形式，风格欢快活泼、生动风趣、插科打诨、滑稽可笑，通过语言和动作与观众互动，使表演妙趣横生，受到满族大众的普遍喜爱。朱春用满语或汉语两种方式交替演唱，音乐多为满族的传统曲调，演员演唱吐字清楚，注重声情并茂，唱腔起伏变化、优美动听。大戏剧目的内容有三类：一是传统满族的传说、神话故事；二是祭祀神灵祖先的故事；三是体现历史战争和传奇故事人物，传讲他们的丰功伟绩。清末，由于受到北京京剧和地方戏曲的冲击，加上满族人民生活习惯、语言习惯、文化习惯、审美习惯的汉化，朱春逐渐衰落，现仅在满族聚居地区流传。

海城喇叭戏自清朝入关后，由北京传入到辽宁地区。海城喇嘛戏是最先进入海城地区的说唱音乐之一，此时又称"柳腔喇叭戏"。早期，因为条件艰苦、设施简陋，演唱者多身穿长大褂，头戴毡帽，手拿手绢或简单的打击乐器，腰部系各种装饰物以配合扮演各种戏曲人物，所以，又戏称为"大布衫子戏"。海城喇叭戏的主要伴奏乐器是唢呐，俗称"喇叭"，又因起源于海城地区，故称"海城喇叭戏"。在清嘉庆、道光年间，很多江西人来到海城地区做生意。江西人吸收了河南、河北、山西、山东各地民歌，融合了山东柳腔、河北梆子腔、江西弋阳腔、河南梆子腔等声腔特点，博采众家所长，形成了多声腔融合的海城喇叭戏。其声腔高亢热烈、曲调欢快、节奏明显、旋律起伏大，是适合演员载歌载舞的火热的戏曲表演。海城喇叭戏的角色一般分为旦、末、丑三行，每个行当下面还有很多细微人物，使用的音乐与人物相协调，如表现青年男女的音乐多舒缓、委婉、流畅，表现老年人的音乐多稳重、嘹亮、诙谐。表演方式为演唱、秧歌、高跷相结合，形成边舞边唱的综合艺术形式，同时将扇子舞、手绢舞、转圈舞、跷舞等表演巧妙融合在喇叭戏中，形成独特的地方表演形式。

最具代表性且形成最早的满族曲艺是八角鼓。八角鼓又称"满戏"，是由满族八旗子弟创制的一种说唱音乐形式，后发展成为北方的主要曲艺形式。八角鼓因演唱时所用乐器八角鼓而得名。鼓由镶银边的八块木头制成，八边有象征满族的八旗。鼓的直径为17厘米，一面蟒皮，七边开七个梅花孔，每孔有一个铜柱，穿三个小拔，共二十一个小钱（后来制作的八角鼓，小钱数不一，以七个居多），下系一流苏穗，其颜色按旗属而定。演唱内容属于牌子曲类，所以也有人直称"牌子曲"。它源于满族入关前的民间歌曲，后来流行于军队。乾隆年间，由于皇帝喜爱，命张昭等人编写新唱词，让南府太监演唱。于是，一部分登上梨园舞台，向高雅乐曲发展，如《风雨归舟》《赞风》《渔樵耕读》等；一部分仍流行于民间，并吸收了当地流传的一些民歌、小调、杂曲及元、明宫调，内容上更加丰富，形式上也日臻完美。伴奏乐器主要是八角鼓，后来又增加了三弦、洋琴、二胡等。主唱人手持八角鼓领奏。随着乐器的增多，演唱形式也日趋多样化，有单唱、拆唱、坐唱和群唱等多种形式。后来形成"越调"和"正调"两大派。前者为单独曲牌，单人说唱，演员平装素服，乐器只有八角鼓和三弦（伴奏），形成现在的单弦；后者由两人或多人扮演角色，表演由多种曲调联成有情节的剧目，称"拆唱八角鼓"。嘉庆三年（1798）刊刻的戴全德

《小曲》卷四中有一首"花柳调",描述了当年八角鼓演唱的情形:"八角鼓,武艺高,伙计三人嗓子好,坐正的打鼓弹弦子,丑脚是站着。家伙响动开唱,曲调新鲜,嗓子脆娇。丑脚斗亘堪笑,脖子打肿了。可爱初次听,真畅快,可惜再复说,俗气了。"八角鼓的作者大多是八旗下层知识分子,因而有些作品能够真实地反映下层旗民和士兵的生活,并对他们的境遇寄予深切的同情,同时也暴露了当时的社会弊病,如《鸟枪诉功》《酒鬼》《夏景天》《怕的是》等。有的作品取材于历史故事和明清戏曲小说,如《霸王别姬》《花木兰》《打渔杀家》《白蛇下山》《宝玉探病》。八角鼓唱词大多是用汉语写的,但也有用满汉语兼写的,如《鸟枪诉功》《笔政诉功》《护军诉功》等。这体现了八角鼓的民族特色。正如梁绍壬《燕台小乐府·咏八角鼓》中所写:"十棒花妇罢歌舞,新声乃有'八角鼓'……有时郝隆作蛮语"。

倒喇又称"道瓦喇",起源于元代,兴盛于清代,是在蒙古民歌基础上发展起来的。倒喇在辽宁地区已成为满族、蒙古族通用的器乐、歌唱和舞蹈相结合的艺术形式。角色分为旦角(女)、末角(男)等,一般由一到二人表演,类似于东北的二人转。人物分类、人物性格和情节内容在长期的发展过程中,逐渐吸收了其他说唱艺术形式的长处,形成了具有多样形式、生动风趣、轻歌曼舞、灵活多变、歌舞交替的综合性表演形式。除歌舞形式外,还常使用头顶燃灯、口噙湘竹、舞动扇子、鱼骨板、手玉子等多种舞蹈道具,突出女性柔媚、端庄、细腻、典雅的风韵神态。表演中,演员和观众形成互动,在观众的击掌合拍中,随着节奏热烈地载歌载舞。演员还手拿鱼骨板、手玉子配合击打节奏,形成热闹火爆、活泼、风趣的风格特点。演出高潮时,演员还邀请观众一起上台同歌共舞,形成欢声笑语、此起彼伏的欢乐海洋。倒喇在长期的发展中形成了独特的表演风格,体现了满族人的审美情趣和艺术形态。使用乐器为琵琶、胡琴、扬琴、筝等,音乐多使用传统牌子曲。倒喇具有综合性戏曲的基本要素,是由歌舞向戏曲过渡的说唱音乐形式。

满族曲艺在满族人民中代代相传,音乐表达简明精练,经过不断的加工和整理,塑造出鲜明的人物性格和形象,表演角色丰富多样,经过数代人民不断丰富的探索、挖掘和发展,形成了体现满族人民古朴民风、兴趣、审美、爱好和对美好生活向往与追求的艺术表现形式。

二、舞蹈

满族传统舞蹈同样丰富多采,具有很高的艺术价值和审美价值,以及独特的艺术风格和鲜明的民族特色。它形象地再现了满族的社会生活、生产劳动、风俗习惯,反映了满族人民的思想感情、民族心理、生活理想和审美追求。

秧歌舞多于上元夜表演。舞者十数人或数十人不等。表演者各持尺把长两圆木,边击边对舞。常由三四人扮妇女,三四人扮参军及扮持伞灯者,饰卖膏药者为前导。以锣鼓伴奏,"舞毕乃歌,歌毕乃舞",是化装的歌舞表演。秧歌舞有徒步、高跷之分。若两秧歌队于路途相遇,即行抗肩礼互敬。

莽式舞是清朝宫廷宴会上表演的满族舞蹈,分男莽式和女莽式。跳莽式舞必有歌唱相和,一人领唱,众人以"空齐"之声相和,加强节奏,故也有人称之为莽式空齐舞。舞蹈粗犷有力,动作幅度较大,多是骑士步,这与满族先民尚武有关。

腰铃舞是满族民间舞蹈,由数名腰系铜铃的男子表演。表演时打着响板,扭动腰铃,使板声、铃声相和。该舞蹈源于满族早期骑射生活。

庆隆舞是在丰收年景和庆祝大典中表演的一种舞蹈,是清朝宫廷中最具满族特点的舞蹈,留有民间舞蹈的深刻痕迹。庆隆舞源于莽势舞,乾隆年间命此名。用于宫廷内元旦、万寿节、除夕及皇帝大婚等所举行的盛大筵宴上,多由王公大臣与司舞者共同表演。舞蹈规模颇大,包括乐器伴奏多达百人。

大五魁舞又称"五魁舞",是满族民间一种庆贺舞蹈,源于满族早期的狩猎生活,多于丰收、狩猎归来时表演。该舞蹈由五人分别头戴虎、豹、熊、鹿、狍的面具做模仿兽的跑跳动作,欢快有趣。

单鼓腰铃亦称"打单鼓子"或"耍腰铃",是一种腰缠许多小铃,手持单鼓(或抓鼓)而舞的祭祀舞蹈。满族信仰萨满教,并尊奉"鹰神""蟒神""乌鸦神"等。逢年过节,祭祖之日,先将"佛多妈妈"请上神位,后由"查玛"开始起舞。他们头戴帽,身扎腰铃,手持抓鼓边跳神舞边唱神歌;先在屋里跳,然后到院外跳。祭祖内容一是悼念祖先功德,二是保佑天下太平,三是祝愿风调雨顺,四是祈祷祛病除灾。

第四节 家谱修撰

家谱又称族谱、宗谱、谱牒、世谱、家乘等，是记载家族世系繁衍的历史文献。主要包括谱序、源流考、世系表、辈字、族规家训、图像等内容，是以血缘关系为纽带的家族历史的真实写照。历朝历代编修家谱都十分盛行。到了清代，家谱不仅仅是家谱世系的真实记录，更为重要的是，官员兵丁承袭家族世袭官职时必须提供家谱作为凭证。

一、满族修谱的兴盛

（一）修谱原因

满族编纂家谱的主要原因是袭替官职的需要。满族宗谱是官职承袭的重要凭证，是表明人丁身份、地位的依据。乾隆二十七年（1762）规定："因盛京系满洲根本之地,所有州县官员,皆定为满缺"①。由此,旗人承袭官职的依据就显得尤为重要,除了旗籍档册之外,家谱也成为承官任职必不可少的凭证。

清入关前编纂的满洲旗人家谱至今未有存本发现,只能从后续谱序中查到线索。通过后续家谱发现,清入关前满洲旗人家谱存在两种情况:其一是部分满洲家族入关前并无家谱。如《巴雅喇氏家谱》序中记载:"吾人满洲也。先祖占据长白山……其上居长白山时,年代辈数惜未立谱,无凭立考。"② 其二是大部分家族仅有谱单。如康熙十五年(1676)《黑龙江库雅喇氏宗谱》中载修谱序言:"我族本东海渥集部瑚叶路人,吾始祖于太祖朝从大臣扈尔汉招服,率同子姓来归。随居绥芬,创立谱图。"③ 据道光二十九年(1849)修纂的《正红旗满洲哈达瓜尔佳氏家谱》记载:"第族中旧存,只有满洲谱图,其中阙略舛错者甚多,至人丁生殁、官阶事迹、坟墓地址,以及子女婚嫁、姓氏名字,二百年来大率口述流传,谱中并无详细册记"④。此外,从谱牒所述家族历史可以推断,清入关前一些满洲家族修有家谱。如康熙四十二年(1703)《吴俄尔格氏家乘》的"吴氏家谱序"中记载:"余家向有谱,因经变迁之后,率皆失去。"其中所记"吾家先世居三韩东北英额故里,其相传已久,世以武功显。至某祖生九子既壮,因兵革频仍,遂四出莫知所之。最少者吾高祖生三子,皆从事于我朝太祖,平藩征房多殊功,各授显职"⑤。对入关前祖先事迹的叙述并不详备。清入关前即使有满洲旗人家谱存在,也应该是满文产生以后的事情。此外,一般满洲旗人修谱习惯是新谱产生,旧谱即要销毁。所以,入关前的满洲旗人家谱很难见到。

清入关后,旗人开始正式编纂家谱,对世职谱的编纂尤为重视,因为它是

---

① 《清高宗实录》卷六百七十六,乾隆二十七年十二月己亥。
② 《巴雅喇氏家谱·序》,载刘庆华《满族家谱序评注》,辽宁民族出版社,2012,第365页。
③ 明海纂《黑龙江库雅喇氏宗谱》,载郭又陵等主编《北京图书馆家谱丛刊·民族卷》46册,第347页。
④ 恩龄修《正红旗满洲哈达瓜尔佳氏家谱》,载郭又陵等主编《北京图书馆家谱丛刊·民族卷》36册,第2页。
⑤ 吉林师范大学八旗谱牒馆馆藏《吴俄尔格氏家乘》,馆藏号:K820.9/23/8-1。

承袭官职的重要凭证。按规制，八旗"袭爵谱牒，缮造二本，一钤旗印，送内阁收存；一钤参领、佐领、关防图记，送该旗公署收存。至岁终有应行增入者，纂辑一次，积至十年，仍缮一本，送内阁收存。"从雍正年间起，就屡有上谕强调旗人家谱的编纂。如雍正三年（1725）规定："嗣后八旗世爵分应列名之人，如遇患病缘事情由，均于谱内本名下注明……八旗承袭世爵，将原受爵人之子孙，按其名数，详列谱牒。如一谱不能尽者，即缮二谱具奏。"雍正十一年（1733）规定："谱牒所载正陪人员内，有现在军前者，均于本名下注明。"乾隆三年（1738）规定："承袭世爵，以得爵人之子孙承袭。无子孙，以亲兄弟之子孙承袭。无亲兄弟子孙，以亲伯叔之子孙承袭。无亲伯叔子孙，按其谱牒，择宗支相近者承袭。"① 因此，满洲家谱中世系人名旁常常注有官职。随着旗人数量增加，乾隆时期八旗生计问题开始显现。如乾隆十年（1745）御史赫泰奏称："但考从前八旗至京之始，以及今日，百有余年。祖孙相继，或六七辈，试取各家谱牒征之。当顺治初年到京之一人，此时几成一族，以彼时所给之房地，养现今之人口，是一分之产，而养数倍之人矣。"② 对于承袭世职的家谱修纂，朝廷规定更为严厉。如乾隆二十七年（1762）规定："呈进承袭折谱，本身所得云骑尉出缺时，写明伊子承袭一次。若阵亡所得，伊子承袭者，写明伊孙再袭，皆与初次袭官之人，合计共袭两次，余亦各计次数办理。"乾隆三十年（1765）规定："八旗世职，原系确核功绩，定以世次，用昭酬庸延赏之典。应袭时，由该旗查明嫡派子孙，令其承袭。如本支无人，准其由近及远，此实曲加恩恤之意……"乾隆三十七年（1772）规定："八旗承袭官员缺出，于奏折、家谱内，俱将此官例应承袭几次、业经袭过几次、再应承袭几次，声明填注。"乾隆五十年（1785）规定："嗣后八旗引见呈进家谱时，谱内粘贴之红签，俱

---

① 昆冈等重修光绪《钦定大清会典事例》卷一千一百三十四《八旗都统·袭爵》，收入顾廷龙主编《续修四库全书》813 册 史部，第 613 页。
② 贺长龄等辑《皇朝经世文编》卷三十五《户政·八旗生计·复原产筹新垦疏》，载沈云龙《近代史料丛刊》第 74 辑，文海出版社，1966，第 1269 页。

著改黄签。"① 清朝不仅规范而且鼓励满族旗人家谱的编纂，满族旗人家谱编纂在康乾时期达到了第一个高潮。

图 8-4 新满洲家谱（局部）

满族旗人编纂家谱，首先是收宗聚族的需要。清代满洲旗人迁徙频繁及族众繁衍，时间久远，往往同一家族会出现不同的支派。《八旗满洲氏族通谱》中的"皇上御制序"对这一情况做了概括："我祖宗建师设长以莅之，分旗隶属以别之……迨入关定鼎，或聚居辽左，或散处燕畿，锡之土田，爰及苗裔……族姓日繁，不为之明章统系，俾知世德所自，将罔克念先人之勤，无以光昭前烈。爰发金匮石室之藏，征载籍，稽图谱。"② 如乾隆五年（1740）《阿什达尔汉家谱》的序中言："今我兄弟，虽仰体遵行，惟虑世远年深，分支派别，倘有不肖之辈，不念祖宗之德，有缺祭祀，岂但愧于先人，亦且大违夫国典。"③ 嘉庆十二年（1807）《讷音富察氏家乘》的谱序中记载了修谱原因："箕裘绍业，岂非先祖积德累仁，克昌厥后之所致，与惟支分派别，生齿即繁，恩谊难周，渐至同族有觌面不相识者，甚非所以笃宗族之道也。"④ 这种情况在满洲著姓家

---

① 昆冈等辑《钦定大清会典事例》卷一千一百三十四《八旗都统·袭爵》，收入顾廷龙主编《续修四库全书》813 册 史部，第 620 页。
② 辽宁省图书馆古籍部整理《八旗满洲氏族通谱》，辽沈书社，1989，第 1 页。
③ 《阿什达尔汉家谱·序》，载刘庆华《满族家谱序评注》，辽宁民族出版社，2012，第 161 页。
④ 恒敬、富栋纂《讷音富察氏谱传》，载郭又陵等主编《北京图书馆家谱丛刊·民族卷》45 册，第 546-547 页。

族中尤为明显，如《瓜尔佳氏谱书》中记载了瓜尔佳氏从一世祖到九世祖的历史变迁，从后金天命十年（1625）高祖穆哈达记起，长子歪他入镶红旗，次子岳尔他入镶蓝旗。传至第九世，即乾隆时期，瓜尔佳氏族人迁居的地区分别为长安二道河子、京都大黄柏、杭州小河沿、苏州思山岭、浙江红庙子、贵州梨树园子与西崴子等地方，可谓枝繁叶大①。此时，旗人家谱除了政治上承袭官职的需要，家谱的血缘传承特征更为明显。

其次是补充家谱的需要。在满族家谱中，瓜尔佳氏留存版本最多，对于修谱缘由记载也最详尽。如乾隆六十年（1795）瓜尔佳氏《家谱易知录》的谱序中言："我族之分隶于各旗者，已详至第九世支派，事实悉遵前旨……即知祖功宗佑启我后人者，有如是，并知枝分流衍，此一本一源之所从出，亲亲之情，有不蔼然者乎！"②《正红旗满洲哈达瓜尔佳氏家谱》中记载："第族中旧存……阙略舛错者甚多……二百年来大率口述流传，谱中并无详细册记，以致现在已有阙而无考者。更恐以后代序日远，将来无从征实者尤多，大为可惧。"③光绪九年（1883）《瓜尔佳氏谱书》的谱序中记载："维我始祖乃苏克苏浒河贝勒，本姓瓜尔佳氏，旗属正红……嗣因世祖章皇帝定鼎中原，从而随龙入关，移住燕都臭皮胡同。及至圣祖仁皇帝充实边疆，复将我八世祖，于康熙二十六年，由京师拨回奉天府……百有余年矣。前于乾隆四十四年，曾经我先祖苏德力、福德力、福明阿、阿昌阿、吾凌阿等，由京师抄录宗谱一份，以笃本支于绵远……但迄今世远年湮，生齿日繁……"④

（二）修谱资料来源

满族修谱主要是依据旧谱和八旗档册。据《萨嘛喇氏族谱》记载："兹谱之所据者三：曰旧谱，曰档，曰稿……档为旗署所存之户口册，自旗务衰落多

---

①④ 吉林师范大学八旗谱牒馆藏《瓜尔佳氏谱书》，馆藏号：K820.9/7/5-2。
② 富廉等辑《家谱易知录》，载郭又陵等主编《北京图书馆家谱丛刊·民族卷》37册，第93页。
③ 恩龄修《正红旗满洲哈达瓜尔佳氏家谱》，载郭又陵等主编《北京图书馆家谱丛刊·民族卷》36册，第2页。

散失。兹所得最后一册，先世多略。"①

旧谱来源。雍正三年（1725）《石氏家谱》的谱序中言："旧藏清字稿数纸，资政公手纪，先世家乘之略如此……宁虽不敏，敢不因资政公之旧文而成之哉。"②编于嘉庆十二年（1807）的《讷音富察氏家乘》序言中记载了编纂过程："国初时，族人始有修之者，乾隆初年，又修之……越嘉庆戊午，族叔等重加饬修……丁卯春，族兄辅亭独为昌，首鸠族人于家，弥月而谱成。"③如《马佳氏族谱》中记载：在道光三年（1823）初修族谱前即有"清初旧谱"，"北京旧存满文老谱"，用满汉文书写。

档册来源。《舒穆禄氏谱书》中记载："所叙世代源流，乃璧从都京公府库贮《姓氏同谱》择节抄来。其始祖被谪年代，早由城守尉衙门兵司库存老册查出。"《白氏源流族谱》中记载："吾白氏，满洲人也，北有长白，是吾故里。前清太祖在此发祥，编立八旗，招服满洲，吾白氏编入正黄旗满洲。至顺治定鼎燕京，吾白氏从龙入关……康熙二十六年，拨驻防于盛京岫岩，遂世居焉……自康熙二十六年至光绪八年，已历二百二十余年，子孙绳瓜瓞绵，支分派别，年湮代远，各居一方，不相往来，偶尔相遇，并不知其为谁者。执斋公念虑及此，因率侄等瑜瑞，遵《正黄旗册档》，按支详细添注，不漏一名，创修谱书十六部，每支各领一部，以备考察，诚善事也。"④《索绰罗氏族宗谱》的编纂是"稽查册档，一一详集此篇"。《花氏谱书》序中记载："迨清太祖奠都沈阳，满族均获攀龙附凤之荣显。我花氏达祖，以汗马勋戚，隶正白旗佛满洲达牛录下……嗣以年代湮久，迁徙无常，仿照册档格式，逐辈逐支缮录。"⑤"仿照册档格式，逐辈逐支缮录"，而修成谱书，这是八旗满洲、汉军编纂谱书的共同特点。

---

① 吉林师范大学八旗谱牒馆藏《萨嘛喇氏族谱》，馆藏号：K820.9/13/6-1。
② 《石氏家谱·序》，载刘庆华《满族家谱序评注》，辽宁民族出版社，2012，第219页。
③ 恒敬，富栋纂：《讷音富察氏谱传》，载郭又陵等主编《北京图书馆家谱丛刊·民族卷》45册，第560-562页。
④ 吉林师范大学八旗谱牒馆藏《白氏源流族谱》，馆藏号：K820.9/58/3-1。
⑤ 《花氏谱书·序》，载刘庆华《满族家谱序评注》，辽宁民族出版社，2012，第295页。

除上述外，《八旗满洲氏族通谱》也是参考来源。道光二十九年（1849）修纂的《正红旗满洲哈达瓜尔佳氏家谱》的"凡例"中曾提到："第国初以前，谱图世系未能征实，何敢扳援，族中旧存满洲谱图，谨遵《钦定八旗满洲氏族通谱》……以我尼祖于国初率众来归为受姓之始。"①

满族编纂宗谱，也依据历代相沿的传闻。《解氏族谱》中记载："乌拉气（解氏），原系吉林省地名乌拉街，满洲人氏。但日久年湮，杳无可考，难以详序。后经先祖传闻"，而知祖先源流。《王氏族谱》中记载："以平日所闻，父祖之谕，汇次成帙"。编写谱书世系时，因族人分居，编者多是"周谘博访，遗者补之，疑者却之"。马佳氏为重修谱书，修谱人曾"北溯吉江，南逾渤碣"，历尽辛苦。考察依据传闻编成的谱书，其中记事多为其他史书所不载。

（三）修谱时间及内容

从满族修谱时间来看，除《吴氏家谱》《马佳氏族谱》《白氏源流族谱》《库雅喇氏宗谱》等是在康熙年间编修外，其余都是在乾隆朝开始修撰的。这是因为乾隆年间官修《八旗满洲氏族通谱》问世，使得满族修谱之风日盛。乾隆年间，满族进关已有一百余年，人丁繁衍，支派增多；又由于辗转迁徙，社会变革，姓氏汉化，旧谱已难反映宗族全貌。因此，满族内部掀起重修谱书高潮。至清末又出现再次修谱高潮。现在收藏的谱书大多是清代末年重修的。20 世纪 80 年代重修的《英海牛录伊拉李氏谱书》《谢氏谱书》是最近重修的满族谱书。

满族宗谱都有谱序和世系，但详略不一，少者千余字，多者数万字。谱序叙述本族的来源、迁徙、修谱原因、过程及地位显赫者。世系按辈分排列族人，大多数宗谱仅记男人，亦有略述简历于名下。有的谱书中还记有传记、诗文、仕宦、名人题字、碑记、皇帝题谱、奏章、呈状、上谕、诰命、敕书、祭祀规矩、祭文、族规、照片等。《马佳氏族谱》《专图呢吗察氏族谱》《白氏源流族谱》《凤城瓜尔佳氏宗谱》《他塔喇氏家谱》《吴氏家谱》《库雅喇氏宗谱》《林

---

① 恩龄修《正红旗满洲哈达瓜尔佳氏家谱》，载郭又陵等主编《北京图书馆家谱丛刊·民族卷》36 册，第 2 页。

氏宗谱》《尚氏宗谱》《索绰罗氏谱书统宗》《富察氏谱本》《福陵觉尔察氏谱书》《赫舍里氏康族世谱》《那氏族谱》属于内容较详、文字较多的满族宗谱。

满族宗谱中还有只记录一族或一支世系的名单，称为谱单。谱单有一纸一单，有数纸拼为一单，或折子等多种形式。有些谱单扼要地说明原籍、迁徙、立谱时间、辈字排序，并绘有祖先画像。满族重视编录谱单，其数目多于谱书。

（四）盛京地区满族宗谱情况

盛京是满族称帝建都的地方。在今沈阳地区存有《玉牒摘要》《依尔根觉罗宗谱》《佟氏宗谱》《瓜尔佳氏宗谱》《马佳氏家乘》《乌扎拉氏宗谱》《哈达纳喇氏宗谱正册》《高氏谱书》等几十种。

这些宗谱装订成册，或印刷，或油印，或抄写，谓之谱书。这些谱书有谱序、世系、家训、传记、传略、恩赐、命名定派、坟地等。这些谱书、家乘大多是官宦或望族之家所修。从宗谱和家乘中可以窥探出满族发展过程中的某些侧面，具有史学价值。

二、满族家谱序言内容

（一）姓氏源流、家族迁徙、修谱缘由

一般而言，满族谱书的序言中会介绍家族起源、家族迁徙、居地、修谱缘由等方面的内容。

家族起源包括始祖的姓、名、起源地、先祖事迹等内容。家族迁徙包括迁徙原因、迁徙路线、分支等内容。居地则是现居地、支族名称，有时还介绍驻防旗分。当然，这些内容在不同的谱书中并不是全部存在。《长白山地方瓜尔佳氏谱书》的谱序中记载："本支始祖胡瞻，世居长白山浑同江东岸讷音江。国初，率族人来归，隶镶黄旗。战过乌拉、叶赫，克过哈达、辉发。由朱舍里移

居江州,由江州移居辉发城。"① 谱序中说明了始祖的姓、名、起源地、事迹、迁徙路线和旗分居地等内容。又如满族《关氏谱单》的谱序中记载:"始祖发祥于长白山,行兴至于辉发,奉旨移驻宁古塔第二正黄旗,以关为姓,满曰瓜勒佳氏,敬书宗谱,历代永载。"② 谱序中介绍了始祖的起源地、旗分、姓氏等内容。

满族的迁徙大体上可分为三个时期:入关前在辽宁地区聚集、清初向关内迁徙、清中期向关外回流。如《长白山地方瓜尔佳氏谱书》的老谱序引用了《八旗满洲氏族通谱》中的记载:"本支始祖胡瞻,世居长白山浑同江东岸讷音江。国初,率族人来归,隶镶黄旗。"新谱序则记载:"明万历二十二年闰十一月,族长胡瞻率全族由朱舍里出发投归努尔哈赤,命驻扎江州。胡瞻率全族战乌拉、叶赫、克哈达、辉发,由江州移居辉发城。明万历四十三年编入镶黄旗。此后,换防驻扎白山吉颜地方。天命七年,努尔哈赤命胡瞻元孙玛库礼将子弟等换防辽阳。"③ 又如《满洲镶蓝旗常氏族谱》的谱序中记载:"满族常氏,发祥于长白山,历史悠久,源远流长。老姓萨克达氏,属满洲八旗之镶蓝旗。先祖归顺建州女真后,跟随努尔哈赤进入辽沈地区。"④ 即是说明其向辽宁地区聚集。此外,《满洲镶蓝旗常氏族谱》中还记载:"据老人口碑资料,于顺治年间从龙入关,曾参加平叛'三藩'之乱,一度驻防小云南。"⑤ 又如《吴氏家谱》中记载:"余祖从龙迁燕。最先初入正白旗,久之分镶白旗裕亲王府下。"⑥ 即是记载从龙入关。如《满洲镶蓝旗常氏族谱》的谱序中记载:"至始祖牙哈公时,迁回关东,约于清康熙二十六年奉命迁居奉天府凤凰城大梨树,隶满洲镶蓝旗荣善佐领下当差。后因差务之需,四世祖苏各公时,再迁至岫岩界洋河岸边的西上坡。即今东港市小甸子镇西上坡村居住至今。"⑦ 又如《索绰罗氏族宗

---

① 常裕铖、关捷编著《盛京满族家谱精编》,北方文艺出版社,2007,第2页。
② 吉林师范大学八旗谱牒馆藏《宁安关氏谱单》,馆藏号:K820.9/60/4-1。
③ 吉林师范大学八旗谱牒馆藏本《长白山地方瓜尔佳氏谱书》,馆藏号:K820.9/3/2-1。
④⑤⑦ 吉林师范大学八旗谱牒馆藏本《满洲镶蓝旗常氏族谱》,馆藏号:K820.9/13/9-1。
⑥ 吉林师范大学八旗谱牒馆藏本《吴氏家谱》,馆藏号:K820.9/23/10-1。

谱》中记载："圣祖仁皇帝将我先祖自京拨往盛京岫岩以来，迄今二百余年，族大户繁，考诸世系，而不得其详。"① 则是记载出关驻防的。

满族编修家谱的原因可分为两类：一为政治需要，这类家谱以承袭佐领家谱为代表。如《满洲旗勋旧管世袭佐领家谱》《正红满洲旗光绪十九、二十九年分世管佐领家谱》《满洲旗世袭武职及世管佐领家谱》《正白旗满洲三甲喇公中佐领图门氏家谱》《镶蓝旗马鲁佐领下陈满洲赵姓氏谱》中均记载："凡系世职官员，令其预先缮造家谱，存于都统衙门；其后若有应行增入者，令于岁底俱保增入。"如乾隆四十一年（1776）敕修的《恩封宗室王公谱》中记载："明确分为承袭贝勒、承袭王爵、承袭公爵、承袭将军系列"。又如《满洲世袭武职及世管佐领家谱》中记载，在"标志血缘关系的系图上把对标者标为佐领，然后依次标明初次、二次、三次、四次……"② 二为彰显后世，团结宗亲，和宗睦族。《宁安关氏谱单》中介绍了修谱的目的，即"敬书宗谱，历代永载"③，通过修谱使后世能够记住和了解家族的世系源流、历史变迁情况，以增强家族的凝聚力。如《齐家谱书》中记载："窃想水有源兮木有本，春则露兮秋则霜，此皆宜慎终而追远者也。惜吾族人户大丁多，向无谱册，竟致一本，散于万殊同宗，尊卑各行，无序血统。畛域岐视路人文郁营商谈论及此，惭愧无地兮，乘住家之间特照祖茔碑碣赘述来源。"④ 又如《索绰罗氏族宗谱》的谱序中记载："凡人皆宜重本原，况我满人尤宜郑重，而不容遗忘也！回溯我先祖，自长白山遂我朝太祖高皇帝，创业东方，乾坤一统。圣祖仁皇帝将我先祖自京拨往盛京岫岩以来，迄今二百余年……"⑤ 这类具有"溯本追源"意义的谱牒，多以民间满族谱牒为主。

---

① ⑤ 吉林师范大学八旗谱牒馆藏本《索绰罗氏族宗谱》，馆藏号：K820.9/19/6-2。
② 周芳玲等：《中国宗谱》，中国社会出版社，2008，第180-182页。
③ 吉林师范大学八旗谱牒馆藏本《宁安关氏谱单》，馆藏号：K820.9/60/4-1。
④ 吉林师范大学八旗谱牒馆藏本《齐家谱书》，馆藏号：K820.9/17/2-1。

（二）家训与家规

除上述内容外，满族家谱序言中还包括家训与家规。所谓家训，是指先祖及长辈对于子孙的教育及告诫；所谓家规，是指对于家族而言强制性的行为规范。

从满族《他塔喇氏宗谱》、岫岩满族《曹氏谱书》、凤城满族《那曾氏家谱》、满族《李佳氏家谱》、《佛满洲苏完瓜尔佳氏家谱》中可以发现，家训内容的记载丰富多样，多是关于立身处世、齐家守业等方面的训示和教诲，涉及伦理道德、生活起居、婚姻祭祀、家庭教育等各个方面。

在满族族谱序言中的伦理道德方面，主要有尊老敬上、睦亲和顺、忠君爱国等方面的内容。满族人素有尊老敬上的传统。《他塔喇氏宗谱》的"唐氏家族祖训"中规定："唐氏家族长辈为尊，西为贵、为尊、为长，父母健在，居住西屋，子女住东屋。"满族的习俗是西为大，南次之，北为小，炕有尊卑之别，南炕向阳、温暖，长辈尊者睡南炕，晚辈、卑者睡北炕。此外，在族训中还有一些其他规定，如"尊敬赡养老人""对年长者，格外善待之""族人中有鳏寡孤独者，平素宜妥善照顾，使其生有所养，老有所终，全族人共记之"。唐氏制定的这些族训要求家族成员尊敬老人、赡养老人，好好对待长者，使老人能够安享天年，是全族人必须共同遵守的准则。新宾满族《李佳氏家谱》中甚至有着极为细致的规定："饮馔者，上好食物，谨奉父母尊长食用。老人无牙，诸物要烂，可以充腹。勿着幼小子孙在旁，见食哭要，着老人不安于心，何能下咽。第一戒之。"

满族家谱记载的家训中有许多关于睦亲和顺的内容。《曹氏谱书》的家训中记载："为妻者，善敬长辈，非恶勿毁，致谨以持家。为妻者，尽孝于翁姑，更笃于父母，始为兄协，尊加夫主。是为悖逆狠妇，虽一时亦不可留于世。……为兄者，以义爱弟，微物勿略，凡物共之。为兄者，弟之规范，勿以己为兄而欺弟。食则同食，衣则同衣，若有不是，执义教之，不如此，可不虚为同胞矣。为弟者，忠义敬兄，凡事身任，戒惧而行勿为强梁。为弟者，当如文慕敬其兄，施父母之疼爱，强梁于兄使不得。兄弟者，比如手足，为人而手足若有一废，谓之残缺戒惧非其宜乎？……为媳者，妯娌之中，相敬为贵，家中之事，共谋而行，但以和气，勿嫉勿妬（妒），背地闻言，勿告夫主，外闻之事，慎不可预。兄弟不和睦，至于分居，皆由妇人，可不慎乎。"曹氏家训中对于如何处理家庭关系中的夫妻关系、兄弟关系、妯娌关系等都有明确的记载。

满族入关后，作为少数民族的统治者，受到汉族儒学思想影响颇多，继承了封建伦理道德思想内容，在清朝社会中推行了严格的封建等级制度规范，故在满族有些续修家谱的家训中存在忠君爱国的内容。如盖州《关氏宗谱》的家训篇中对爱国爱家内容作了规定："家是国之土，国为家之柱，土壮柱坚实卫国保家富"。不过，从家谱中看到忠君爱国思想内容的只是零星少数，大多数还没有上升到从国家层面考虑制定家训内容的高度。另外，有的满族家训中还详细列出："女色者，人皆所欲也。夫妻之事，适可而止。外遇之女，不可久靠也。结发之妻，不可弃也。老人言：'丑妻近地家中宝'可为千古良训也。"反映出夫妻之间应该不离不弃、和睦相处，这也是提倡睦亲和顺的具体内容。

此外，族谱记载的家训中还有家庭事务管理的内容，如子嗣继承、治家之道、财产管理等。关于子嗣继承方面，《他塔喇氏宗谱》中关于嗣续的制定认为"无后为大不孝"，所以规定"无子立嗣宜遵宗法先于同父周亲内序立，无则准予从堂兄弟之子择立"。没有子嗣的继承人可以在同支中序立或择立亲者、贤者作为继承人培养。如果序立、择立都没有人，可以准许兼挑，一人作为两房的继承子嗣。但是需要根据其子的情况："但其人如有双丁可以分承"，假若其子是单传后代，则很难同时兼为两房的继承人，"除愿分承听之外，其不愿分承者，此子先尽所亲，无子者可以另继"。同时规定异姓乱宗的事情严禁发生，否则给予重罚。可见，满族家训中的规定，要求家族成员严格遵守封建宗法制，用血缘亲疏关系来维系家庭内部的等级秩序、保持家族的安定团结。

在治家之道方面，满族有着独特的见解。其俗语说：家有百口，主事一人。这在满族各家的家训中都有体现。满族李佳氏的家训、他塔喇氏的"唐氏家族祖训"中都记载："家中事务，具听持家人办理……"《瓜尔佳氏谱书》后附录的宗祠规约里记载："宗祠事务由族众票选公正端谨有一千元以上资产者充执事人管理"。规定了家庭管理的主事人，一般由家中德高望重、办事公正的长辈担任，尤其是有一定的个人资产、在家族内外都享有较高声誉的人担任。为了方便管理家族事务以及与外界的联系，关于选出"主事人"或"家长"的规定，在各家族谱、家谱中均有明确的记载。

就财产管理方面而言，满族传统的生活习惯是"子婚后析家独立而居"；但是父母的财产将由儿子承继。由于家庭经济问题关乎日常生活命脉，因此家训中对后世子孙的财产继承往往都规定得较为具体。《佛满洲苏完瓜尔佳氏家谱》附录的宗祠规约中就有对家族内财产管理和分配的明确规定，要求族人谨遵规约。如要求家族公有土地"执事人认为应出租或出卖时，须宣布定期投标，就投标中出值最高者相与定约，以昭公允"。

满族自有其民族生活习俗和习惯，这既包括世代相传的旧俗，也包括发展过程中吸收、继承其他民族的习惯。以《他塔喇氏宗谱》中的第五部分"家训篇"为例，其对信仰、婚姻、丧葬、祭祀、禁忌等方面都做了相应的规定。如婚姻方面规定，"嫁娶期限，宜确遵婚律，不得过早。凡议婚姻，先察其男女之性行及家法，不得苟慕富贵，贻终身之悔。族人结婚，因由两性主持，然仍须通知穆坤（国语族长也），以定可否，不许论财。"丧葬方面，要求族人做到"族有丧，不拘亲疏，如无事故，得耗均应赴吊，临丧举哀"，"族人吊唁，主人家应待之礼"，以尽敦睦之谊。同时，族规要求按期安葬，规定"吾族亲亡，除殡殓一切仍遵旧制外，其葬期无论合葬新茔，不准过三个月。即殁于冬腊之交，地冻不能启土，亦不得四个月，违者以不孝论。即由总穆坤（即总族长）照家法从重责惩，一面仍行勒令安葬"。在祭祀规则中，家训详细规定了家族举行祭祀的时间、场所、程度、礼仪、神器、供品等。有的家族为了表达对祖先的怀念、谨记祖先的教诲，家训中还附有言辞华美的祭祖文，用来使后人遵照执行。同时，一些满族家训中还有关于禁忌方面的记载，大多是关于家庭日常生活中的禁忌规定。一般满族家训中都有这样的规定："族人不可食狗肉、戴狗皮帽子"，"尊敬乌鸦喜鹊；大雪之后，多抛谷物，供乌鸦、喜鹊等鸟类食用"，等等。除了满族共同的禁忌外，也订立与本家族相关的与独特的规定。如他塔喇氏的"唐氏家族祖训"中就规定："唐氏众子孙不可娶郭氏、霍氏之女"，原因是避其"郭、霍"的语音。满族各家家训中生活习俗内容的记载透视出满族人日常生活中风俗习惯的相关内容,这方面的内容与传统汉族家训有一定的区别,反映出满族家训的民族特点。从满族家谱中可以发现,虽然各家的风俗习惯各有不同,但是家训中关于风俗习惯的内容普遍存在着。

翻阅满族谱书记载的家训可以发现,并不是每一部家族谱书中都有家训内容的记载,这是满族物质、精神等发展水平不一的结果。满族家训在借鉴古代汉族家训名篇的同时,对家庭生活、风俗习惯等满族日常生活的细节进行了简单的规范或规定,逐渐形成了满族家训文化。同时,随着满族家谱的重修,有的家族增加了家训内容,变成琅琅上口的押韵的诗句;有的家族重新修改、翻译了家训的内容,变成通俗易懂的家训的条目,适合所有家庭成员翻阅。由此可见,满族家训内容丰富、价值巨大,在一定程度上维护了清朝的统治,维护了家族的安定团结,对家庭教育内容产生了深远影响,对社会风气起到了教化作用。辽宁地区的满洲家谱是具有地域民族特色的文化瑰宝。

第九章 盛京文化标志

第一节
盛京典藏

盛京皇宫经过乾隆年间的增修和改建，已经蔚然大观。此后，盛京皇宫既是清帝东巡驻跸之所，也是宫廷藏品的存储之处。及至乾隆末年，这里已储有数以万计的宫廷文物和工艺品。更为重要的是，盛京皇宫中尊藏有玉牒、玉册、玉宝、圣容、御宝、实录、圣训及《实录》、《满文老档》、《四库全书》等珍贵历史文化资料。这些典藏皆与皇帝、皇室以及国史秘籍、国家典制直接相关，体现出盛京皇宫的特殊地位。

盛京皇宫的太庙、凤凰楼、崇谟阁、敬典阁、文溯阁先后成为储藏之所。大致而言，乾隆初年，凤凰楼储藏历朝实录、圣训及清帝"圣容"、"行乐图"、清初御宝等，敬典阁储藏玉牒。乾隆四十三年（1778），历朝实录、圣训改藏崇谟阁，同时收藏《满文老档》；乾隆四十六年（1781），崇谟阁收藏《满洲实录图》；乾隆四十八年（1783），盛京太庙"恭贮"玉册、玉宝。文溯阁则专为四库全书而建，在乾隆四十八年以前，当已储藏《四库全书》及《古今图书集成》的全本。光绪末年，"圣容"、"行乐图"、清初御宝改藏敬典阁。

一、凤凰楼与敬典阁所藏

（一）凤凰楼所藏实录

凤凰楼建筑年代较早，直到乾隆首次东巡时，才正式作为收藏物品之所。在乾隆首次东巡之前，皇帝诏谕说：

> 奉天乃我朝发祥之地，历朝实录俱应缮写满汉文各一部送往尊藏。俟现在皇史宬、内阁藏本写成后，即著在馆人员敬谨缮写。其送往议注，大学士会同礼部详议具奏。①

当时尚未确定奉天存放实录的具体地点。直到乾隆启程的前两天，有关官员才奏请藏于凤凰楼：

> 臣等伏思，在京有皇史宬尊藏实录。其奉天尊藏之处，查崇政殿后有凤凰楼，高敞壮丽，堪以尊藏。请敕下奉天将军会同盛京礼、工二部及奉天府尹敬谨办理。其尊藏之柜应照在京式样置备。至将来需官守护之处，应令将军等妥议具奏。②

这一奏请被批准。凤凰楼正式成为盛京皇宫内收藏实录之处。盛京官员遵旨会同大理寺官员按照皇史宬存放实录、圣训的柜格式样，打造大柜30顶，置于凤凰楼上、中两层各15顶，以备届时应用。

实录、圣训于康熙十五年（1676）由京师送至盛京皇宫的凤凰楼尊藏。据《盛京通志》记载，乾隆十一年（1746），由奉旨钦派大臣恭送五朝圣训与实录

---

① 《清高宗实录》卷一百九十三，乾隆八年五月丙午。
② 《清高宗实录》卷一百九十六，乾隆八年七月丙戌。

至盛京尊藏。《嘉庆重修一统志》等书亦从此说。但据《清高宗实录》记载，乾隆十五年（1750）十一月，乾隆诣皇史宬"恭送五朝实录尊藏盛京"①。弘历在《敬题崇谟阁》诗中自注亦称乾隆十五年冬十月，以玉牒及五朝实录恭送至盛京。可能是因乾隆十一年（1746）时，正值盛京宫殿兴工，未便即送，故应从十五年送至之说。在此期间已于乾隆十三年（1748）建成专供收藏实录的崇谟阁，但实录却仍置于凤凰楼。乾隆二十八年（1763）对凤凰楼进行修理时，将内贮实录等暂移崇谟阁，竣工后又归回原处。直至乾隆四十三年（1778）六月，才奉旨将实录移至崇谟阁收藏，结束了凤凰楼存储实录、圣训的历史。

（二）凤凰楼所藏清帝"圣容"

除实录外，清帝"圣容"、"行乐图"及清初御宝也收藏于凤凰楼。"圣容"和"行乐图"即清代帝王画像。身穿礼服端坐的"标准像"称"圣容"，骑马射猎、筵宴观游的日常生活形象称"行乐图"。按规制，皆供奉和尊藏于内廷，乾隆时期始送往盛京。据《清实录》记载，乾隆十五年（1750）十一月癸卯日，"上御太和殿，恭送列圣御容供奉盛京"②。嘉庆时《黑图档》中记载：凤凰楼内原供奉五代圣容，在嘉庆四年（1799）十二月奉旨供奉高宗纯皇帝圣容，共供奉六代圣容。据此可知，乾隆年间送至者为清太祖、太宗、世祖、圣祖、世宗五帝"圣容"。此后，嘉庆至光绪各朝按规制恭送前代皇帝圣容至盛京。及至光绪朝中叶，盛京共藏有太祖努尔哈赤至穆宗同治帝十代皇帝的"圣容"各1份，盛以10箱，置凤凰楼顶层收藏。凤凰楼所藏清帝"行乐图"至光绪年间共有15份。其中，图绘高宗乾隆者13份，即薰貂冠皮镶边朝服像一卷、御盔甲乘马像一卷、清凉冠拾朝服像一轴、万国朝贺图一卷、元宵行乐图一卷、春原阅骏图一卷、观月行乐图一卷、古制衣冠行乐图一卷、岁朝行乐图一卷、游戏黄庭手卷一卷、威狐获鹿手卷一卷、御容玻璃挂屏一面、圆光半身行乐挂轴一轴。此外，尚有图绘仁宗嘉庆的春苑展书图一轴，图绘道光的暇时乘图一轴，

---

①② 《清高宗实录》卷三百七十六，乾隆十五年十一月癸卯。

均与"圣容"同储一室，分置四箱之内。

乾隆十一年（1746），官员又奉旨将国初行用十宝自京师送往盛京，尊藏于凤凰楼内。这十颗御宝是："大清受命之宝"（碧玉，麒麟钮）、"皇帝之宝"，（青玉，交龙钮）、"皇帝之宝"（碧玉，盘龙钮）、"皇帝之宝"（旃檀香木，素钮）、"奉天之宝"（金，交龙钮）、"天子之宝"（金，交龙钮）、"奉天法祖亲贤爱民"（碧玉，交龙钮）、"制诰之宝"（《盛京通志》记为"丹符出验四方"。青玉，交龙钮）、"敕命之宝"（青玉，交龙钮）、"广运之宝"（金，交龙钮）。此十宝之宝文既有全为汉文者，也有满汉文合璧者。十宝各有一匣盛放。与此项御宝同藏的有乾隆亲撰《御制宝谱记》，对移存诸宝于盛京的原委叙述颇详。全文如下：

> 乾隆十一年春，阅交泰殿所藏诸宝，即详定位置，为文记之。其应别储者分别收贮。其文或复见，及国初行用者为数凡十，虽不同于现用诸宝，而未可与古玩并列。因念盛京为国家发祥之地，祖宗神爽，实所式凭。朕既重缮列祖实录尊藏凤凰楼上，觐扬光烈，传示无疆。想当开天之始，凝受帝命，宝符焕发，六服承式，玙璠孚尹，手泽存焉。记不云乎"陈其宗器"，圭璧琬琰，陈之西序，崇世守也。爰奉此十宝，赍送盛京，鐍而藏之，而著其缘起如此。①

据此可知，此十颗御宝原存北京皇宫交泰殿，因宝文"复见"或已停用而移至盛京收藏。

（三）敬典阁所藏玉牒

乾隆十五年（1750），送玉牒一份于盛京敬典阁尊藏。敬典阁建成于乾隆十三年（1748）。清代所谓"玉牒"，即爱新觉罗氏皇族的宗谱。清朝皇族依与皇帝血缘关系的远近分为两个系统：其一为"宗室"，即显祖塔克世（努尔哈赤

---

① 赵尔巽等：《清史稿》卷一百四《舆服三·皇帝御宝》，中华书局，1977，第3069页。

之父）的直系后裔，按规制束金黄带，俗称"黄带子"；其二为"觉罗"，即肇祖、兴祖、景祖的其他子孙后裔，按规制应束红带，俗称"红带子"。清制，宗室、觉罗所生子女至周岁时，需书其所生年、月、日、时，以及生母姓氏，详其嫡庶次第，具册送宗人府。玉牒每十年纂修一次，由宗人府按每年黄、红册所记汇入。宗室入黄档，觉罗入红档。玉牒内各人排列以帝系为统，长幼为序；存者朱书，殁者墨书。误同名则改卑者及幼者。

清代首次修纂玉牒为顺治十八年（1661），至乾隆七年（1742）已修九次，分贮北京皇史宬、宗人府和礼部各一份，原无送盛京之制。乾隆八年（1743），乾隆命移送历朝实录一份至盛京尊藏后，次年，由玉牒馆照会礼部，共纂修九份玉牒（自顺治十八年），按规定一并恭送奉天尊藏，以垂永久。之后，每次纂修玉牒，等到告成后，将礼部尊藏一份均照此例恭送奉天尊藏，永为定例。

此议于乾隆九年（1744）九月十四日奉旨允准，礼部遂行文奉天将军等部衙门打造盛贮玉牒柜格。当时曾拟将玉牒与实录同藏凤凰楼或另觅藏所，及至敬典阁兴建后，方于乾隆十五年（1750）十月将玉牒由京师送去。此时阁中已备好金柜22顶，遂奉玉牒于内尊藏。此后，皆按乾隆九年（1744）定制，于每次纂修后续送恭贮，至清末敬典阁内共贮清顺治十八年（1661）至光绪三十四年（1908）历次所修玉牒黄档152包、红档235包。因阁内上层原置22顶金柜已不敷储存之用，又于下层增设16顶，全部玉牒即分盛38顶柜内。敬典阁玉牒规格一般为长2尺、宽1尺的巨册，封面分别为红、黄色绢，装帧颇为精美。牒内分别以满、汉两种文字书写，皆工笔手书于宣纸上，以体现帝室贵胄的富贵和尊严。玉牒每次由京师运至盛京入阁尊藏时皆举行隆重的仪式，出京前皇帝一般都要亲至专门搭设的彩棚前行礼恭送，然后将玉牒放于特制的彩亭之内，由钦派王公率官兵护送前往。至盛京之日，将军、五部侍郎、奉天府尹等官员俱朝服出郊跪迎。玉牒亭在鼓乐导引下被抬至崇政殿前，众官行三跪九叩礼。正式送玉牒入阁，需在钦天监择定的吉日举行。届时由京师护送的王公大臣和盛京官员在敬典阁前向盛有玉牒的彩亭行礼，然后才将玉牒恭送入阁尊藏。

此外，原凤凰楼所藏"圣容"、"行乐图"、御宝等在光绪年间被移往敬典阁内。

二、崇谟阁所藏国史

崇谟阁藏品所储皆为清代"国史"。除历朝实录、圣训之外，尚有记载清入关前历史的《满文老档》《满洲实录图》《汉文旧档》。

（一）崇谟阁移藏之历朝实录、圣训

实录和圣训初藏凤凰楼。乾隆四十三年（1778）四月，皇帝谕军机大臣等：

> 前曾恭送五朝实录并玉牒至盛京尊藏。向于正殿后建有敬典、崇谟二阁，原为留都金匮石室之储。顷询之德保，知实录尊藏凤凰阁，玉牒则在敬典阁陈贮，而崇谟阁现在空闲，与建阁命名之义殊未相称。著传谕弘晌将崇谟阁上悉心相度，如制尚宽广，可容书橱排列，即敬移五朝实录至彼尊藏，方为允协。或同藏或分代恭贮皆可。①

盛京将军弘晌接旨后，查明崇谟阁内已置有金柜22顶（建阁同时打造），可供盛贮之用。遂由钦天监择定吉日，经皇帝钦定，于是年六月初十将五朝实录、圣训由凤凰楼移至阁内尊藏。

按清朝定制，每逢新君继位，即下诏为前一代皇帝纂修实录和圣训。所谓某朝"实录"，实际上就是记叙一朝重要事件的编年体国史。某帝"圣训"，则是将该帝重要谕旨分门别类编辑而成。乾隆朝时规定，每次纂修实录均需抄录5份，分藏乾清宫1份、皇史宬1份、内阁2份和盛京1份。其中，盛京所藏为满、汉两种文本，其他四份则有满、汉、蒙古三种文本。继乾隆年间恭送太祖至世宗的五朝实录、圣训至盛京后，嘉庆至光绪各朝又分别续送高宗至穆宗朝的实录、圣训至此尊藏。德宗实录为逊清皇室修成，未送盛京。至宣统年间，

---

① 《清高宗实录》卷一千五十四，乾隆四十三年四月辛丑。

崇谟阁内共储藏十朝满、汉文实录 1513 包，圣训 380 包，近万册。同治六年（1867），又于阁内增设顶柜：

> 据称盛京崇谟阁上层金龙柜尊藏实录、圣训，现在安设已满，拟请在金龙柜上添设金龙顶柜二十二座，移请列祖列宗实录、圣训尊藏。移出金龙柜十一座，敬备文宗显皇帝实录、圣训到时，敬谨收藏等语，所筹甚妥。即著盛京工部仿照原设金龙柜式样，遴派妥员，敬谨成造金龙顶柜二十二座，以备尊藏。①

增添的顶柜长宽均与原柜同，高度约为原柜之半，分置于原有 22 柜之上，仍摆放于崇谟阁上层。实录及圣训的收藏情况至清末再无变化。

（二）崇谟阁所藏《满文老档》

与实录移入崇谟阁几乎同时，《满文老档》也于乾隆四十三年（1778）收入崇谟阁。《满文老档》为清入关前以满文撰写的官修编年体史书。原本全部以无圈点满文（老满文）书写而成。比较详细地记载了自清太祖丁未年（1607）至太宗崇德元年（1636）期间，建州女真及其建立的后金政权的政治、经济、军事、文化诸方面的情况，是研究清前史以及满族历史和语言文字最珍贵的原始资料。《满文老档》原在盛京，清入关后被携至北京存于内阁大库。至乾隆时始有重缮之议：

> 军机大臣等奏：内阁大库恭藏无圈点老档年久糟旧，所载字画与现行清字不同。乾隆六年，奉旨照现行清字纂成无圈点十二字头，以备稽考。但以字头厘正字迹未免逐卷翻阅，且老档止此一分，日久或致擦损。应请照现行清字另行音出一分，同原本恭藏。②

---

① 《清穆宗实录》卷二百零七，同治六年五月辛巳。
② 《清高宗实录》卷九百七十六，乾隆四十年二月庚寅。

乾隆称"应如此办理"。遂于乾隆四十三年（1778）对原档加以编排整理，以无圈点满文录出重抄本2份，又以加圈点满文（新满文）转写2份，遵旨京师内阁大库和盛京崇谟阁收藏新、老满文本各1份。崇谟阁藏《满文老档》新、老满文本各为26函180册。内以白宣纸画朱丝栏精写，一般为每半页7行，页中衬纸。函套及每册封面均覆以黄绫。其开本小于北京内阁大库所藏者，故称为"小黄"续本。由于《满文老档》系以满文书写的内府秘本，故其内容一向鲜为人知。及至清末民初，崇谟阁《满文老档》才被中外学者发现并着手翻译公布，很快引起了海内外学术界的重视，崇谟阁亦随之闻名遐迩。

（三）崇谟阁所藏《满洲实录图》

《盛京通志》记载："乾隆四十五年奉旨恭送重绘太祖战图实录于盛京尊藏"①。《满洲实录图》是《满文老档》之外另一部关于清初的史籍；其记事始于满洲发祥的三仙女神话传说，终至努尔哈赤迁都沈阳。据《清太宗实录》记载，天聪九年（1635）八月，"画工张俭、应魁恭绘《太祖实录图》成"，《满洲实录图》即据此复制；共图87轶，图解文字为满、汉、蒙古三种，其内容与现存太祖朝实录大致相同。文、图均手写，分装为2函8册。崇谟阁所藏《满洲实录图》为乾隆年间复制后送至。据《国朝宫史续编》记载，此事应在乾隆四十六年（1781）。该书卷九十七载："乾隆四十六年，高宗纯皇帝敬览乾清宫所藏太祖实录战图，乃盛京旧本，特命依式重绘，一贮上书房，一恭送盛京尊藏"。乾隆有御制《敬题重绘太祖实录战图八韵》诗，诗内自注云："实录图八册乃国家盛京时旧本，敬贮乾清宫。恐子孙不能尽见，因依式重绘二本，以一本贮上书房，一本恭送盛京尊藏，传之奕世，以示我大清亿万年子孙毋忘开创之艰难也。"可见，乾隆对此书非常珍视。民国年间首将崇谟阁所藏《满洲实录图》影印出版。

---

① 阿桂等修、刘谨之等撰：乾隆《钦定盛京通志》卷二十《宫殿》，收入《影印文渊阁四库全书》史部259地理类，第352页。

（四）崇谟阁所藏《汉文旧档》

《汉文旧档》何时入藏崇谟阁，尚未确知。该档共 6 册，有 2 册内容相同，实为 5 册。皆用高丽棉纸发笺，以汉文书写，且无涂改之处，当系太宗时旧物。其内容可分为三类：其一为各项稿簿一册。所收者为天聪二年（1628）九月至天聪五年（1631）十二月文书。有金国汗（即清太宗皇太极）致朝鲜国王书、致毛大将军（明将毛文龙）书、下官民敕谕等共四十余件。其二为朝鲜国来书簿 3 册。第一册为天聪元年（1627）至天聪八年（1634）十二月者，第二册为天聪九年（1635）正月至崇德四年（1639）十二月者，第三册为崇德五年（1640）六月者。内载有关皇太极时期两次出兵朝鲜之事。其三为奏疏稿一册。为天聪六年（1632）正月至天聪九年（1635）三月间高鸿中等汉官降将三十多人奏疏数十件。《汉文旧档》中有不少资料均未见记于《清实录》及其他清代官书，是研究当时政治、外交等的重要参考。该档直至清末才被发现，民国年间汉官降将奏疏稿部分以《天聪朝臣工奏议》之名公诸于世。

三、盛京太庙所藏玉册、玉宝

盛京太庙移建后，自乾隆四十八年（1783）起"恭贮"清代诸帝后玉册、玉宝。所谓玉册、玉宝，系皇帝为前代帝后上谥号时制用之物。清制，"凡皇帝恭上皇考皇妣尊谥、庙号，敕工部制玉册、玉宝，加上列圣列后尊谥敕重制玉册，改镌玉宝"。册、宝一般为青玉、苍玉所制。玉册每份 10 页，页高 9 寸，宽 4 寸 5 分，厚 4 分，首末 2 页各镌升降龙，余者 5 页为满文，3 页为汉文，文字内容无非是称颂帝后功德，并有所上谥号、庙号。玉宝一般为交龙钮，钮高 2 寸 9 分，台高 1 寸 6 分，见方 5 寸。宝面以满、汉文镌帝后庙号、谥号。每份玉册尚附有玉钱一枚，上刻满、汉文"天下太平"几字。在乾隆朝以前，清朝诸帝后的玉册、玉宝各只 1 份，供奉于京师太庙之内。乾隆四十三年（1778），命重建盛京太庙。乾隆四十五年（1780）六月，乾隆因原有册宝次第镌造，其玉质规格不一，命有司俱以和阗良玉划一重制，以奉京师太庙，并将京师太庙旧藏者恭送盛京尊藏。同时定制"嗣后凡有举行宝册事，皆以是为例，必为二份，一奉太庙，一送盛京"。乾隆四十八年（1783），乾隆东巡之前，派怡亲王永琅先期出京，将太祖至世宗五朝共五帝十一后之册宝16份奉至盛京太庙安放。此后，直至光绪年间，每代皇帝都遵制恭送前代帝后册宝至盛京尊藏。如遇为帝后加谥需改制册宝之时，玉册在京镌好并将盛京旧藏换回，玉宝则以盛京所藏的改镌。光绪十四年（1888）最后一次由京师送册宝，盛京太庙共贮太祖至穆宗朝诸帝后玉册、玉宝各32份，均置于太庙正殿之内。殿正面正中为太祖朝册宝柜，左右依昭穆之序分别排放太宗至穆宗各朝册宝柜。柜在殿内排列成"凹"字形。正中放有香案供器，以备皇帝东巡时入庙行礼。

四、文溯阁所藏《四库全书》

文溯阁是专为贮藏《四库全书》而修建的。据乾隆《题文溯阁》诗自注所述，文溯阁所藏《四库全书》是继文渊、文源二阁藏本之后，于乾隆四十八年（1783）春全部缮写完竣的。盛京内务府档案中记载，乾隆四十七年（1782）冬即已开始将抄写完的部分连同《古今图书集成》一起陆续送往盛京。共计5次：乾隆四十七年（1782）十一月十三日运送《四库全书》1000函及《古今图书集成》576函；一个月后运送《四库全书》1491函；乾隆四十八年（1783）正月二十五日运送《四库全书》1500函；二月二十七日运送《四库全书》1500函；三月二十日运送《四库全书》260函，另有空书匣364个。同年九月初又由京师送到《四库全书总目》20函，《简明目录》3函，《考证》12函。这五次送达（包括书匣在内）与后来阁存全书总数尚差数十函，估计其间尚有陆续送至的。但至乾隆四十八年（1783）九月，乾隆东巡至盛京城之前，当已全数送抵并于阁内按架陈放整齐。

文溯阁《四库全书》和《古今图书集成》分贮于阁内三层。阁楼下层陈放

图 9-1　文溯阁内部

《四库全书》经部 20 架共 960 函,《古今图书集成》12 架共 576 函,《四库全书总目》、《考证》和《简明目录》共 35 函亦放置于此。阁楼中层安设《四库全书》史部 33 架共 1584 函。阁楼顶层安放《四库全书》子部 22 架共 1580 函,集部 28 架共 2016 函。文溯阁所藏《四库全书》共 6144 函 36 000 多册,《古今图书集成》共 576 函 5020 册。

《四库全书》系清内府写本,装潢书写均甚精美。每函之外盛以特制的楠木书匣。书册为软面包背装,其封面,经部用绿绢,史部用红绢,子部用青绢,集部用灰绢,《总目》《考证》《古今图书集成》用黄绢。书页框界皆为朱色,版心上栏题"钦定四库全书",中为具体书名,每种书卷首冠以提要,册之首尾二页钤有"文溯阁宝"和"乾隆御览之宝"玺印。所用均为洁白坚韧之开化榜纸,文字工楷墨书,字体绢秀,墨色古雅,展卷令人心旷神怡。全书入藏之后,乾隆五十二年(1787),因发现文津阁藏本错谬甚多,皇帝遂命将内廷四阁全书重行校阅。次年十二月,总其事者陆锡熊奏:"全书卷帙繁富,虽经屡校,时有改正,文渊文源两阁经纪昀等复校,中间缺落舛伪尚多。所有文溯阁全书亦应一体复加详核,稗得增益完善。一交明年新春臣即起程前往,详为核办"。但因乾隆五十四年(1789)春陆氏至盛京后,未及校书即发病身亡,其事遂罢,直至清末终未得复校。

为加强对文溯阁等宫殿的管理，乾隆四十八年（1783），经盛京内务府奏准，特增设管理文溯阁事务食俸催长一员、食饷催长一员，掌《四库全书》收藏。每年六月将文溯阁内书籍晾晒一次。还要于每年的四月份咨行盛京工部，领取樟脑66斤、野鸡尾毛掸10把、短把鸡毛掸8把，以供保管书籍之用。

盛京皇宫中所藏典籍为后人保留了大量珍贵的资料，是清代辽宁文化的重要组成部分。

第二节 关外三陵

一、建筑规制及特点

清朝皇陵在关外有永陵（今辽宁省新宾满族自治县境内，为努尔哈赤父祖四代陵墓）、福陵（在今沈阳市郊，清太祖努尔哈赤陵墓）、昭陵（今沈阳市内，清太宗皇太极之陵墓），三陵合称为关外三陵，有时又称清初三陵或盛京三陵。

永陵原名兴京陵，俗称四祖陵，为清皇帝爱新觉罗氏的祖陵，位于辽宁新宾县西北两公里的赫图阿拉；埋葬着"肇祖原皇帝"孟特穆（衣冠葬）、"兴祖直皇帝"福满、"景祖翼皇帝"觉昌安、"显祖宣皇帝"塔克世四帝四后；启建于万历二十六年（1598），顺治十六年（1659）定名为"永陵"。福陵俗称沈阳东陵，是清太祖努尔哈赤和孝慈高皇后叶赫那拉氏的陵墓，位于沈阳城东二十里；始建于后金天聪三年（1629），崇德元年（1636）定名为"福陵"。昭陵俗称沈阳北陵，是清太宗皇太极和皇后博尔济吉特氏的陵墓，位于沈阳城北；始建于崇德八年（1643），顺治元年（1644）定名为"昭陵"。

关外三陵因建造于清入关之前，其建筑规制比照入关后所建造的东陵和西陵较为朴素。从建筑规制方面论，关外三陵均秉承了明陵神道、享殿、宝城以中轴线为基准的纵深布局，核心建筑全部分布在中轴线上。这种陵寝建筑规制体现了中原封建王朝"尚中"的传统文化观。永陵的建筑格局以神道为中轴线，在其上由南至北依次排列着正红门、四祖神功圣德碑亭、启运门、启运殿和宝城神道，两侧依次分布着下马碑、齐班房、饽饽房、膳房、果房、东西配殿、焚帛亭等附属建筑。永陵始建于明代晚期，初创时十分简陋，后虽经过顺治、康熙两朝的改扩建，但仍保持着初创时的简约风格。福陵、昭陵由于始建时间较晚，陵主均系帝王，故与永陵相比较规模宏伟，规制相对完善。福陵正红门前设牌坊、华表和石狮。主要建筑以正红门为起点，自南向北依次为卧波桥、一百零八磴石阶、神功圣德碑亭、方城、隆恩门、隆恩殿、大明楼、棂星门与石祭台、宝城和宝顶。昭陵正红门前设下马碑、华表、神桥、牌坊、更衣亭和省牲亭。正红门内主要建筑除无卧波桥和一百零八磴石阶外，与福陵相同。两陵的附属建筑分列神道两侧。自南向北依次建有华表、石像生、茶膳房、涤器房、果房、仪仗房、东配殿、西配殿和焚帛亭。通过对盛京三陵建筑群整体分布情况的比较可以看出：正红门、神功圣德碑亭、隆恩门（永陵称启运门）、隆恩殿（永陵称启运殿）、宝城等核心建筑都排列在贯穿陵寝南北的神道中轴线上，其他辅助建筑分布于神道两侧。神道只允许在大祭之日抬送祭品的官兵通过，平时任何人（包括皇帝）一律不准在其上随意乱行。

关外三陵均按"前朝后寝"规定设计陵寝结构。"前朝后寝"是指帝王死后也要按照生前的临朝、居住形式来营造陵墓，是"视死如视生"思想的体现。

第九章　盛京文化标志

关外三陵纵向配置了三进院落结构，这与明朝帝王陵寝建制基本相承。明朝帝王陵寝"其中的第一进院落以服务于祭祀活动的具服殿和神厨库等尺度较小的建筑构成陵宫的辅助空间；在第二进院落中供奉神主享用的日常膳馐和各种吉日祭拜的享殿和配殿，造型端庄隆重，构成陵宫的常规性祭祀空间，相当于唐宋陵寝的下宫；而在陵寝门内的第三进院落中体量巨大的方城、明楼和宝城、宝顶护卫着安奉帝后灵柩的地宫，构成陵宫的核心性祭祀空间，具有唐宋陵寝上宫的性质"①。关外三陵的三进院落中以正红门、神功圣德碑亭、饽饽房、齐班房、果房、膳房组成第一进院落。隆恩门（永陵称启运门）、隆恩殿（永陵称启运殿）、东配殿、西配殿等组成第二进院落。其余的宝城等建筑组成第三进院落。清陵隆恩殿（永陵称启运殿）相当于皇陵中朝会的"殿堂"宝顶是象征性的"寝宫"，是为"前朝后寝"。

图9-2　福陵建筑

关外三陵与关内东陵、西陵相比较，表现出鲜明的满族文化个性，体现了满族入关前的生活方式。如永陵的正红门共有三间，每间有两扇对开的木栅栏

---

① 王其亨：《明代陵墓建筑》，载《中国建筑艺术全集》第7册，中国建筑工业出版社，2000，第19页。

门。这是满族先世"树栅为寨"民俗的遗风。永陵历经有清一代近300年的数十次维修,木栅栏门始终没有变化,保持着朴实无华的原貌。而福陵与昭陵的方城则带有明显的满族早期城堡建筑的特色。以隆恩殿为中心的方城被高大的城墙环绕,四角设角楼护围,正南设三滴水式门楼以为前卫,构成防御性极强的城堡形式。

值得一提的是,永陵宝城的丘冢分布形式为清朝所仅见。宝城分上下两层台地,上层葬肇、兴、景、显四祖及其福晋,下层葬礼敦巴图鲁和恪恭贝勒塔察篇古。下层葬墓的主人是显祖的兄弟。

关外三陵共有六尊神功圣德碑,分别是永陵的肇祖原皇帝碑、兴祖直皇帝碑、景祖翼皇帝碑、显祖宣皇帝碑,福陵的"大清福陵神功圣德碑",昭陵的"大清昭陵神功圣德碑"。永陵四祖神功圣德碑立于顺治十八年(1661);福陵、昭陵神功圣德碑立于康熙二十七年(1688),由康熙帝敕命增建。三陵神功圣德碑碑文大多运思深刻,短短一两千字高度概括了陵主的生平和功绩,具有极高的史料价值及文学价值。永陵四祖的碑文都在160字左右,且都是以赋的形式对四祖的功绩进行赞扬,偏重于歌颂本身,纪实性不强。而福陵、昭陵的碑文多达2000字,不仅简略概括了太祖、太宗的生平和不世功勋,更以"赋"的形式对其歌功颂德,蕴意深远,淳厚隽永。神功圣德碑除了是对陵主生平和文治武功的记诵之外,更重要的是对帝王形象的神化,宣扬其神圣性和正统性,以增加其政治威慑力。如大清福陵神功圣德碑记清太祖:"先是有望气者言:满洲将生圣人,统一诸国。""每当军行,辄见五色云亘天,祥光四塞,立奏钜功,远迩禽服。"宣扬了努尔哈赤的神异之处。在记载文治武功时,称其能"攻拔城邑严禁军士,安辑居民","然每出师必谕诸将授以兵律。故师行虽严寒不入屯堡士卒死伤吊问不遗",说明清太祖是明智之君。

二、祭祀典制

顺治八年(1651),福临封福陵山为天柱山、昭陵山为隆业山。均以祭祀方泽。每陵各派官员及守陵人员制定祭仪。据《钦定大清会典事例》中的《礼部·大祀·陵寝》记载：崇德年间开始规定"岁暮、清明饷祭飨福陵，用牛一、羊二，遣大臣一人行礼，忌辰、孟秋望、万寿圣节，点香烛，献酒果，均遣大臣一人，奠帛读祝行礼。每月朔望致祭用牛一，点香烛，献酒果，不读祝奠帛。遣守陵官行祀"。顺治初年，"福陵、昭陵冬至之祭用牛一、羊一、豕一，献酒果，点香烛奠帛，读祝行礼。忌辰、清明、岁暮、孟秋望、十月朔暨万寿圣节，均献酒果、点香烛，不读祝奠帛，遣守陵官行礼。"顺治十二年（1655）又定："兴京、东京陵照福陵、昭陵例停止元旦之祭豫于岁暮垧行礼。凡遇忌辰遣官三人于本陵献酒果、点香烛致祭。或遣在京官前往，或遣盛京官致祭。"到康熙元年（1662），对祭记又进一步做了明确规定："福陵、昭陵、孝陵，四时大祭，恭奉神牌安，设宝座致祭。其圣诞、忌辰及每月朔望祭祀，即于神牌前，揭幔祭献。"又规定："四陵每年四时大祭。遣多罗贝勒以下奉国将军并觉罗男以上，往致祭。盛京三陵每年四时祭祀，令奉天将军副都统侍郎致祭，每祭豫期将职名开列具题。"康熙八年（1669）定："每年四时祭祀，令奉天将军副都统侍郎致祭。"又规定："每祭，豫期将职名升列具报题。"康熙十八年（1679）秋明令："盛京三陵每年四时，遣盛京将军致祭。"到乾隆六年（1741）又补充规定："福陵、昭陵每月朔望，由礼部轮委宗室将军二人行礼。如钦派后遇有事故，无应补宗室将军，即于奉天将军副都统侍郎内酌补行礼，将职名送太常寺奏闻，其小祭酌补行礼大臣，照常注册。"乾隆八年（1743）又规定："嗣后，太常寺堂官前往陵寝稽察，赞礼读视等官会同陵寝总理事务大臣一同稽察。"

从以上所述可以看出，清代祭祀制度不断完善。这说明，其一，清政权稳定程度不断加强；其二，清入关后对汉文化的汲取承继了中原祭祀的部分习俗。祭祀是悼念祖先的一种形式，使后代永不忘记祖宗的功德与江山社稷的来之不易，以训导后辈不忘前世之恩。亲自致祭是帝王之职，如不能亲祭，则必须派亲信要员祭祀。如顺治十七年（1660），顺治帝曾就不能躬亲致祭提出："不能依时前往，可将宗室内除数人居住盛京，按时致祭。……福陵，著宗室镇国将军一人、觉罗三等轻车都尉一人，前往居住。昭陵，著辅国公一人、觉罗三等轻车都尉一人，前往居住。"后因考虑到陵寝内的安全，于康熙八年（1669）

规定："福陵、昭陵停止宗室觉罗居住。"乾隆元年（1736），又"由京移来奉恩将军六员，连眷口作为移驻"，即特遣宗室将军6人往驻盛京，给以田地房屋，永远承担祭祀三陵之职。

皇陵祭祀所需的物品皆由礼工两部各有专司办理，有的机构分工管理陵寝祭祀事项，分别设置执事男女各色人役，在牛羊圈设置官吏专管喂养牺牲，设置庄园以供祭祀谷物或菜蔬，同时盛京户部庄头每年交纳粮石以预备祭祀的各项供应。此外，清关外三陵还辖有三陵庄园、窑柴官甸地和三陵余地等。如福陵有果园二、昭陵有果园一，另有采蜜壮丁270名，每年都要进贡蜂蜜。祭祀所用牛、羊、马由马政处供给。同时，陵寝祭祀由盛京内务府咨取挤奶乳牛140余头不等。清朝还命令陈苏鲁克牧长等拣选优质品种呈送入馆喂养，而每年陵寝祭祀所需羊只也由盛京内务府定数，由将军派员专门拣选并送馆喂养，所需奶油、奶饼等物也都由陈苏鲁克选送拉运盛京礼部。祭祀应用祭物和耕种官地之犍牛均由陈苏鲁克按数送将军衙门转送，每年挑选角尾端方的大黑犍牛350条，以备陵寝祭祀陆续取用。祭祀所用银两、粮食、食品等物均由户部供给，内外城官兵与三陵、五部、内务府官役等春秋二季俸饷银54万余两；三陵祭祀采买果品等物银1000余两；内存留官庄处粮1700石，以备折给供应三陵祭祀用鸡、鹅、鸭蛋等物品；每年动用盐1771斤，以备熬白盐供应三陵、长白山、松花江祭祀之用。每年福、昭二陵做祭品的辛者库人（管领之下食口粮的人）等，成年人每月食谷3仓斗6升，未成年人则减半，自9岁开始供给。应食口粮一共28 000余仓石，均由大粮庄头交纳，此事由都虞司办理。而机构的完善保障了祭祀所需之物。

三、管理机构

清入关前关外陵寝建置较简单，规模较小且祭陵活动较少，并没有形成完备的陵寝管理机构与规制，只是每陵有十几人守护。护陵人均为皇帝亲信或与太祖有亲缘关系之人。皇太极曾多次给予护陵人财富和筵席赏赐，以表示鼓励和亲近。天聪四年（1630），皇太极曾赏赐守陵老人11人缎各1匹，其余5人各赏毛青布6匹。崇德元年（1636），皇太极召守护福陵官员至清宁宫赐以缎布食物。至崇德八年（1643），任命喀尔喀玛为福陵总管，此时福陵有守陵人20多人，分别承担陵寝守巡、祭祀、安全防护等各项事宜。

清入关后尊盛京为留都，关外三陵开始受到特殊重视。清王朝不仅对其进行多次修缮与增建，委派重要官员设置专门机构进行驻守与管理，而且逐渐设置各级官僚机构，不断建立各项规章制度。其中最重要的是设置了三陵总理事务衙门。

三陵总理事务衙门始建于清乾隆四十八年（1783），在抚近门附近。其主要职能是总管永陵、福陵、昭陵（关外三陵）相关事务，并负责修缮与保护。三陵总理事务衙门的地位非同一般，与清代的吏、户、礼等六部并列，而总理陵寝事务大臣则由盛京将军兼任。衙门官员级别很高，且只能由满族八旗担任其中的重要职务。光绪三十年（1904），衙署改为盛京陵寝事务总理衙门，由东三省总督兼任。

三陵总理事务衙门下设三陵承办事务衙门，职掌三陵祭祀、修缮之事。三陵承办事务衙门设主事、委署主事各1人，读祝官8人，赞礼官16人，四、五、七品官各1人，六品官4人，员外郎9人，分别由盛京礼、工、户部派充。三陵承办事务衙门下永陵、福陵、昭陵分设总管衙门和掌关防衙门。总管衙门是武职机构负责，守护陵寝安全及保护周围的山河、树木。总管衙门在每陵附近设有衙署：永陵总管衙署设在永陵西堡；福陵总管衙署设在陵西一里处，并造房六间；昭陵总管衙署设在陵东南三里处。总管衙门的最高长官为总管，持有总管衙门大印。总管以下设左、右翼长各1人，左翼长统辖四旗，右翼长统辖四旗。每旗下设防御两人，八旗共16人。防御下设领催、笔帖式多人，马甲180人。掌关防衙门是文职机构，职掌岁修、承办祭祀、制作祭品及相关官员、差役人管理等一切事宜。掌关防衙门在每陵附近亦设衙署，如永陵和福陵的掌关防衙署均与总管衙署合署办公；昭陵掌关防衙署设在陵西南三里处，与总管衙署相邻办公。掌关防衙门的最高长官是掌关防官，其下设副关防官二员，内管领一员，下设尚膳正、尚茶正、笔帖式等多人。再下又有各种匠役、世袭千丁人夫及食辛者库人等。顺治五年（1648）时有"三陵壮丁各一千"，并设千丁官员统领。千丁人夫是负责管理专门从事砖瓦烧制和其他杂役的人夫，食辛者库人是一批被"籍没"财产、失去人身自由、仅靠口粮为生的"官奴"，他们从事祭品制作等各项劳务。随着清帝不断东巡及谒陵祭祀活动增多，三陵的食辛者库人数也在不断增大。如昭陵食辛者库人由乾隆二十三年（1758）的1571人增至嘉庆二十五年（1820）的2225人。而到了清代末年，昭陵的食辛者库人也随着祭祀活动的减少和自身的自然减员而锐减。

关外三陵各级管理机构的官员俸禄情况如下：乾隆时期每陵的最高长官总管一职为三品俸，每年获俸银150两，俸米折银90两，外加养廉银200两，随缺地各80垧（每垧6亩）；翼长食四品，随缺地各60垧；防御食五品俸，随缺地40垧；总管衙门的笔帖式等是随品级俸粮地30垧；披甲每月饷银2两；章京品级随缺地可增为25垧；每陵的掌关防官为正四品俸，年俸米205斛（每斛50斤），随缺地50垧；副关防官从四品，年俸米80斛，随缺地50垧；内管领为五品，年俸银80两，米80斛，随缺地40垧；尚膳正、尚茶正为五品，年俸银80两，无俸米，随缺地40垧；尚香人、尚膳人、尚茶人为七品，月食2两，各级随缺地15垧；拜唐阿月食2两饷银，随缺地15垧；匠役月食5钱；厨役等只支领米、盐等。到了清代末期，由于关外三陵常驻的文武官员、吏役、兵丁人等甚多，每陵均超过一千人，故三陵各项开销巨大。虽官员俸银未减，但朝廷只按应领俸银的五成支付，由此造成守陵官员兵丁生活贫困。光绪年间，三陵特此请奏，才将实俸由五成改为八成支付。

三陵的主要官员有着一套独特的选任机制，如最高职务总管一职原为终身制，是"地方缺"，即由下级的翼长及地方官员中晋升充任。乾隆十三年（1748）则规定从京师的武职官员中拣选人员出任。嘉庆二十三年（1818）改为每五年换一任，各陵总管仍从京师武职官员中选拔，期满后回京任原职。掌关防官等职由于专业性和特殊性，所以只从各陵的尚膳正、尚茶正及内管领等官员中补任提升，翼长一职系从防御官中拣选防御一职，是世袭官缺。

关外各陵总管是皇帝亲自指派，盛京将军也无任免权，在总管任职期满数月前必须奏请更换，没有皇帝的批准不得擅自离职。

道光八年（1828），盛京将军奕颖为昭陵总管，华良阿请留任，其奏折中称：

> 昭陵总管华良阿呈称：本职原系盛京所属复州驻防之人，嘉庆四年，因汉仗好，招回京城当差。道光四年二月，承蒙圣主鸿恩，以前锋参领为昭陵总管。是年三月二十一日至任起至九年三月，已满五年，理应回京仍供原职。唯华良阿之母年已八十有五，现于任所奉养，时常病疾缠身，且华良阿又为孤身一人，若将老母留在家中，确为无人奉养，心中实得不安。是以恳请转奏恩准，华良阿再留任五年，恭守陵寝，竭力当差，并趁便侍奉老母。臣派四品官兼佐领金良，前赴查核属实。道光八年十二月批：另有旨钦此。①

光绪三年（1877）五月，盛京将军崇厚上奏：

> 臣查得昭陵总管华尚阿，于同治十一年四月二十三日，由护军参领补授总管。自同治十一年六月二十六日至任之日起，至光绪三年六月二十六日，已满五年。理应遣回京师供其原职，此所出空缺，应请旨另拣员补放。候新授总管到任后，再将华尚阿遣回京师当差之处。②

光绪四年（1878）二月，盛京将军为更换永陵总管奏折称：

> 永陵总管格洪阿详称：职于同治十一年十二月十九日，由头等侍卫补放总管。于同治十二年三月二十四日到任，至光绪四年三月二十四日，五年期满，等情呈报前来。奴才伏查无异，自应奏请令其回京，赴原任当差，其所遗之缺，请旨另行拣放。候新任总管到任时，再饬令格洪阿回京当差，谨奏。光绪四年二月初六军机大臣奉旨：该衙门知道钦此。③

---

① 第一历史档案馆藏《军机处满文录副奏折》，道光八年十二月。
② 第一历史档案馆藏《军机处满文录副奏折》，光绪三年五月。
③ 第一历史档案馆藏《军机处满文录副奏折》，光绪四年二月。

以上资料说明：三陵总管一职必须由皇帝特派，且在任期内不得擅离职守。这表明帝王对三陵的安全防护十分重视。总管在职务上不受盛京内务府所辖，以便各陵总管与盛京总理陵寝事务衙门互相监督、相互制约。在嘉庆二十三年（1818）后，总管一职由京师派武职官员出任已成为一种制度，被任命的总管均系由军机处派出，便于中央对三陵管理机构主要官员的直接掌握与控制。这些都足以说明皇帝对三陵主要官员任免的重视。

其他官职的选任则不同于总管一职，有的是中央指派，有的是从下级官员中提升。如顺治五年（1648），抚政大臣索尼曾因被讦告而削职，遣至盛京守护昭陵，后于顺治八年（1651）得以复职，但这种情况是临时遣派。雍正八年（1730），供职于君主身边的官员49人被选派盛京任福陵防御。乾隆九年（1744），随侍帝王君前的官员75人被晋升为盛京福陵防御。这两个职务的任命可谓是帝王差遣之官员。三陵的守陵官员中也有许多是从地方官员中晋升充任的。如嘉庆二十三年（1818），因昭陵尚香人故去，三陵衙门便以正黄旗佐领下拜唐阿吉勒通阿补为尚香人。光绪年间，满洲正黄旗人多文被任命为福陵右翼翼长副总管，就是从福陵防御一职晋升的。光绪二十年（1894），满洲镶白旗人福禄康阿因功屡受升迁，被调往盛京任福陵总管衙门下左翼翼长，后因护陵有功被晋升为福陵总管。可见，关外三陵主要官员的任免体现了皇帝的意志。

因为关外三陵地位重要，故清朝帝王对于与三陵相关各项事务常有相关的谕旨。如对于陵寝周围的环境和草木，清朝帝王就屡有谕旨。顺治十年（1653）规定："陵寝官员兵丁、匠役所住房屋有碍风水者，悉令迁移"。雍正九年（1731）上谕规定："（福陵）再（在）浑河以北，凡系风水之地，所有草木不许擅动。至迁移房屋，禁止耕种地亩，著赏给房价，补还地亩"。又规定："白桩内不许耕种"，称"各陵青桩内禁地，向例不得私""青桩内禁止设窑烧灰"等。① 又如乾隆八年（1743）上谕强调各级官员的责任时称："所有三陵总管、

---

① 昆冈等重修光绪《钦定大清会典事例》卷九百六十《盛京工部·陵寝禁令》，收入顾廷龙主编《续修四库全书》811册 史部，第540页。

副总管、掌关防等官均系特旨简放之员。职任虽属不同，皆司祖宗祭祀之事，所关綦重。其于防守之处，务当亲自不时巡查。至一切祭品皆当敬谨详察，务致洁净，以付朕之孝思。"再如对三陵的维修工程，嘉庆二十三年（1818）有文献记载："遇有应办工程即奏明动工。嗣后每隔二年，著军机大臣提奏请旨，简派宗室王、贝勒、贝子及大学士六部尚书等数人，前赴盛京查看一次"。由此可见，清朝帝王对三陵建筑维修十分重视。同时，清朝对祭祀器皿的管理也极为慎重，陵寝的祭器有专人保管，并列有清单采买，一切器皿数目亦有清单。乾隆十三年（1748）昭陵曾损坏一件瓷器，总管内务府不仅过问，而且奏报皇帝，后来交给九江关监督唐英依照样式重新烧制。

清入关后，关外三陵各级防护官兵和差役人员逐渐配备齐全，形成机构健全、制度完备的管理机构。清朝对三陵机构严格管束，对三陵各项事宜细致周详，以维护祖陵尊严、保护陵寝安全。关外三陵留给后人的是一种独特的陵寝文化。

第三节 清帝东巡

东巡是指东巡祭祖。清朝定鼎中原后，皇帝每当有重大事件，尤其是军事胜利时，则到关外拜谒祖陵，以告慰祖先，即所谓"用告功成"，以表示敬先法祖之意。同时，在思想统治上，清朝皇帝为稳定其统治，在意识形态领域十分重视吸收和光大汉族的传统文化，大力倡导传播儒学，尊孔读经，崇儒重道，尤其重视儒学伦理观念的核心和基础——孝道，并将其作为修己教人、安邦理政的根本方针。而东巡祭祖恰恰是这种方针最具代表性的体现。当然东巡还有巡视东北地区，以安定边疆的基本功用。

一、清帝十次东巡概况

清帝东巡谒陵起源于顺治。顺治十一年（1654），顺治曾有谕旨："朕方在冲龄，即值先帝晏驾，终天抱痛，时刻靡谖，梦想音容，涕泗横集……虽岁时祭祀，斋沐遣官，而朕未行躬谒。追慕之殷，以日为岁，每临餐废箸，中夜以兴。所以择吉东行必不获已。"① 当时关内战事还很紧张，诸王大臣纷纷表示反对，但顺治似乎展示了其坚定的决心："恭谒山陵，屡旨已定，朱徽等明知渎奏，借此沽名，甚属可恶，本当议罪，念系言官，姑从宽宥"②。面对皇帝如此坚定的决心，礼部等相关衙门开始准备东巡祭祀的各项事宜。但当一切准备就绪即将启程的时候，顺治突然宣布取消东巡计划。此后几年，由于南明等抗清势力未靖，加之年景不好，顺治再没提出东巡祭祖的计划。直到去世，这位出生于盛京皇宫的皇帝终未能实现重回故里的夙愿，其追慕祭拜太祖、太宗及先祖之事终究未能如愿。

顺治未能完成的夙愿由其子玄烨代为完成。康熙亲政后，即于康熙九年（1670）谕礼部称："朕每念皇考未竟之志，朝夕寝食不遑宁处……今欲仰体皇考前志躬诣太祖、太宗山陵以告成功，展朕孝思"，即"以寰宇一统，躬诣太祖太宗山陵展祭，行告成礼"③ 的名义举行了首次东巡，谒福陵、昭陵。康熙十

---

① 《清世祖实录》卷八十五，顺治十一年七月丁巳。
② 《清世宗实录》卷八十四，顺治十一年六月庚辰。
③ 《清圣祖实录》卷三十四，康熙九年九月丙辰。

年（1671）九月初三，康熙由京师启程，至十一月初三返京，历时 60 天。官员为康熙举行盛大的欢迎仪式。康熙这次东巡盛京，亲自祭奠福陵、昭陵，分遣王公大臣祭祀兴京永陵和开国功臣墓，在盛京殿召见盛京在任和老年退休的文武百官，设酒赐宴，分赏银两，减轻罪刑，以示关怀。康熙帝还观览了盛京畿内形胜，北上抵吉林境内，沿途行围打猎，并留下不少谒陵诗作。另外，康熙还感觉到作为留都的盛京，城市规模等与北京都城太不相称，下旨扩建了沈阳故宫和沈阳四塔。康熙二十一年（1681），康熙以"云南底定，海宇荡平，躬诣永陵、福陵、昭陵告祭"，此为第二次东巡。二月十五日由京师启程至五月初四返京，历时 79 天。二次东巡先拜谒福陵、昭陵，又至永陵，且巡幸至吉林长白山一带。康熙借此机会又询官吏民情，视察山川地形，检验水师战舰设施，于山间行围射猎习武。康熙三十七年（1698），因御驾亲征平定了准噶尔叛乱，故"此大事奉祀祖陵"，谕大学士等："朕三次亲征剿灭噶尔丹皆祖宗庇佑所致，朕奉皇太后诣盛京谒陵告祭"①，此为第三次东巡。康熙于该年七月二十九日启程至十一月十三日返京，历时 103 天，途经河北、辽宁、吉林、黑龙江诸省，对东北、西北地区的边疆稳定起到了决定性的作用。此外，康熙五十九年（1720），康熙因年事已高，决定派皇四子胤禛代其东巡谒陵。故于康熙六十年（1721）正月，遣皇四子（雍亲王）胤禛谒永陵、福陵、昭陵，行告祭礼。因康熙六十年东巡为皇子代替，所以康熙共计完成三次东巡。而东巡都是在国家遇有重大事件后到先帝的陵寝祭告，这为以后的皇帝留下了范例。

清高宗弘历从乾隆八年（1743）首次东巡后，又于十九年（1754）、四十三年（1778）、四十八年（1783）先后东巡四次。第一次是乾隆八年（1743）七月初八启程至十月二十五日回京，共 107 天。第二次是乾隆十九年（1754）五月初六启程至十月十一日回京，共 153 天。第三次是乾隆四十三年（1778）七月二十日启程至九月二十六日回京，共 66 天。第四次是乾隆四十八年（1783）八月十六日启程至十月十七日回京，共 61 天。乾隆到盛京出巡，一切礼仪活动主要依照康熙年间定制援例而行，当然，礼仪规模更加宏大，更加讲

---

① 《清圣祖实录》一百八十九，康熙三十七年七月甲戌。

图 9-3 康熙帝东巡图

究排场。四次东巡,除了谒陵祭祖、题诗作颂,他还在东巡途中联络各蒙古部落和王公台吉,拜谒修葺神庙,整顿吏治,经理庶政。同时,他还对宗室勋贵及陵寝事务采取一系列措施,又礼遇朝鲜国使臣,对盛京地区的政治、经济、文化都起到了一定的促进作用。但乾隆的东巡更有随意性,这可能与当时的国库丰盈程度及他本人好大喜功的个性有关。

嘉庆十年(1805),清仁宗以镇压川楚白莲教起义告祭祖陵而举行了第一次东巡。七月十八日启程至九月二十三日回京,共65天。嘉庆二十三年(1818),以镇压天理教起义谒祭三陵而举行了第二次东巡。七月二十八日启程至十月十一日回京,共73天。由于清朝国势日渐衰微,又适逢多事之秋,面对国家财力艰难,礼仪上不得不有所减损。另外,嘉庆两次出巡,从离开京师紫禁城后便直奔盛京地区,并遵前例,先诣永陵祭拜四祖,然后便先福陵后昭陵展谒,既未远涉吉林,也未绕道蒙古,可谓行色匆匆。嘉庆在留都行宫驻跸期间,除援例举行庆典和宫廷萨满祭祀等礼仪活动外,也考察了盛京地区的政情民情。道光只东巡一次,于道光九年(1829)以平定张格尔叛乱举行告祭之典,诣盛京谒陵，八月十九日启程至十月二十四日回京，共66天。此次东巡为清代皇帝最后一次东巡，路线与嘉庆两次东巡路线基本一致，与康熙、乾隆、嘉庆三帝东巡相比，是规模最小的一次。

二、东巡内容及政治文化意义

清代康、乾、嘉、道四帝躬诣永陵、福陵、昭陵祭祖及相关活动的流程基本相似。首先是祭陵与庆典。祭陵仪式为皇帝恭行三跪九叩礼、三奠酒、举哀、献贡、宣读祭文、焚褚（纸钱）等。谒陵礼成后的第二天清晨，于盛京皇宫崇政殿举行庆贺大典，皇帝升宝座后鸣鞭、宣表、奏中和韶乐及丹陛大乐。亲王以下文武官员行三跪九叩礼，皇上赐茶。礼毕，于大政殿举行君臣宴，赴宴人员有皇子、王公大臣、蒙古王公、额驸、盛京文武官员、宗室觉罗以及朝鲜使臣等。其次是祭天及祭神（祖先神及保护神），于堂子祭天，于清宁宫祭神。此外，还祭奠开国功臣。对开国功臣之墓和祠堂，皇帝亲临祭奠或遣官致祭，康乾二帝对此尤为重视。被祭奠的开国功臣有：克勤郡王岳托、武勋王扬古利、武功郡王礼敦、恪恭贝勒塔察、宏毅公额亦都、直义公费英东等。乾隆帝第二次东巡时令将盛京怡贤亲王祠改为贤王祠，并增加了武功郡王礼敦、慧哲郡王额尔衮、宣献郡王斋堪、通达郡王雅尔哈齐、礼烈亲王代善、饶馀亲王阿巴泰、郑亲王济尔哈朗、颖亲王萨哈璘等。乾隆帝第三次东巡时又谕令睿亲王多尔衮、豫亲王多铎、肃亲王豪格等人入祠。

此外，清帝东巡时常宽免奉天府来年地丁银两并豁免历年积欠，对盛京十五处旗地应纳本年豆米草束免征一半，对当地官员因公失误而被罚俸、停俸、停升、降级留任者俱著宽免，同时对随驾王公、文武官员兵丁和盛京官员、宗室觉罗、旗民、耆老等分别予以赏赐。赏赐的依据是官爵高低、护驾辛劳程度等。赏赐物品有顶戴花翎、黄马褂、银两、蟒缎大缎、绢布、米粮、马鞍、腰刀等。

需要指出的是，康、乾二帝与嘉、道二帝对东巡的重视程度及活动内容存在明显差别。康、乾二帝将东巡视为重要的政治活动，故东巡规模大、行程广、时间长。而嘉、道二帝的东巡更多的是为了"恪遵祖制"，故而时间短、内容简化。其中，最重要的差异就是取道蒙古以加强满蒙结盟及行围以演练兵甲两项内容。

康熙四十二年（1703），始建热河避暑山庄，故康熙第三次东巡时经承德府取道蒙古东部再赴盛京。乾隆四次东巡，除第三次外皆行这一路线。东巡取道东蒙三盟（卓索图、昭乌达、哲里木）是一项政治意味极为浓厚的举措。满蒙联盟是清朝的基本国策，为此清皇室与蒙古贵族互结婚姻，以结成牢固的姻亲关系及政治联盟。雍正曾言及清皇室与蒙古的关系，"太宗、皇祖（指顺治帝），俱赐以宗室封号，亲如骨肉，结为姻亲，累世宠荣"①。康、乾二帝东巡取道东蒙，密切了满蒙之间的亲谊关系和情感。东巡所经各旗，如喀喇沁、翁牛特、敖汉、奈曼、土默特、喀尔喀左翼旗、科尔沁等旗及其附近的盟旗，各盟长、札萨克、章京、王公贵族、额驸、台吉等皆"踊跃欢欣，跪迎道左"，并派王公、贝勒、贝子、额驸、台吉等前往随驾扈从。皇帝驻跸各旗行宫时，进宴、赐宴、进贡、封赏等活动频频举行，且日与蒙古王公亲王、郡王、额驸等人畅叙。科尔沁达尔汉亲王罗卜藏衮布等人在乾隆首次东巡迎驾中亲热甚佳，乾隆特谕亲王著加恩晋封其第三子色腾巴尔珠尔为公爵，科尔沁二等台吉阿穆呼郎为头等台吉。乾隆第二次东巡，亲临祭奠敖汉贝勒罗卜藏之墓；科尔沁达尔汉亲王罗卜藏衮布之墓因距御道较远，则遣官致祭，以示敬意。

康、乾二帝于东巡途中还举办围猎活动。康熙第二、第三次东巡，乾隆第一、第二次东巡路上皆组织行围狩猎。特别是在木兰围场和盛京围场举办的演武狩猎，规模更为宏大。皇帝率领王公大臣、宗室八旗子弟、扈从兵丁合围射猎，不仅是为了获猎及玩乐，更重要的是通过围猎习熟弓马，操练兵伍，弘扬满洲精神。

康熙借东巡之机深入考察边政：视察了盛京、吉林，召见盛京将军、吉林

---

① 《世宗圣训》卷三十五，《大清十朝圣训》，燕山出版社，1998，第1136页。

将军、宁古塔副都统等，听取他们关于东北边防形势的汇报，研究部署抗击沙俄侵略的种种准备工作，如移民实边、驻军屯垦、操练军旅、营建水师等。康熙于第二次东巡回京后不久便令军队出征，收复雅克萨，与沙俄政府签订了中俄《尼布楚条约》。乾隆称赞其祖父东巡获得了"察民瘼，备边防，合内外之心，成巩固之业，习劳苦之役，惩宴安之怀"①。

乾隆在多次东巡的过程中增修盛京皇宫中的建筑，厘定盛京各项典礼规范，将各种典藏收贮于盛京皇宫的楼阁之中。这些活动具有重要的文化意义。乾隆曾多次强调东巡的意义，表现了他对盛京祖地的重视。乾隆八年（1743），规定了盛京三陵的内部陈设："盛京三陵一例增设爵垫，以备礼仪，殿内应用白蜡，祝案应设羊角灯一，以昭画一"，"三陵殿内，陈设炉瓶五供及香盒朝灯，应一式制造，祭祀所用帷幕，改用黄缎，以肃观瞻"②。

乾隆再三告诫后世子孙不可倦怀辽沈旧疆，祭祀祖陵，倘若"轻视故都而惮于远涉"或诣祖陵而"莫不动心"，就是"忘本不泯良"。乾隆首次东巡时，即教育宗室子弟："尔等得与朕在清宁宫祭祀，皆祖宗所赐之福，亦系满洲之旧例也"。他对宗室子弟摒弃满洲旧俗、不娴弓马的状况也提出了批评："今宗室之子弟，食肉不能自割，行走不佩箭袋，有失满洲旧俗。后之子孙，何所底止。是太宗当时教训诸子，早念及后之子孙遗弃旧俗矣。况怡贤亲王昔时恪守制度，尔等之所共知。弘晓纵不顾祖宗成宪，独不念及乃父乎。至围场之暇，朕尝射鹄连中多矢。而与王等较射时往往不中者，非故让也，因见尔等之射不慊于中故耳。"乾隆对后世子孙不遵祖制深为"愧惕"，告诫子孙："嗣后尔等宜以朕今教导之言，常如祖宗在天之灵亲临告诫，革除陋习，恪守旧章，以仰荷祖宗眷佑于奕祀，可不勉乎，可不慎乎……"③

---

① 和珅、梁国治撰：乾隆《钦定热河志》卷二十五《行宫一》，收入《影印文渊阁四库全书》史部253 地理类，第374页。
② 昆冈等重修光绪《钦定大清会典事例》卷四百二十九《礼部·大祀·陵寝二》，收入顾廷龙主编《续修四库全书》813 册 史部，第731页。
③ 《清高宗实录》卷二百二，乾隆八年十月庚戌。

乾隆第三次东巡时已经68岁，自称对"创业垂统之绩，敬识之弗敢忘"，故特颁谕旨于皇子皇孙："凡我子子孙孙，绍登大统者，不可不体朕志以为志，眷怀辽沈旧疆，再三周历，蕲于祖宗遗绪，身亲而目睹哉……非然者，或轻视故都而惮于远涉，或偶诣祖陵视同延揽古迹而漠不动心，是则忘本而泯良，设有其人，即为国家之不幸，实不愿我后嗣之若此也。"同时又警告臣工："或我子孙尚知遵朕此旨欲莅陪京，而其时无识之臣工，妄以为人主当处法宫、综理庶政，不宜轻出关，此即我朝之乱臣贼子，当律以悖命之罪，诛之毋赦。"并规定："嗣后每阅三年即派皇子二三人恭谒祖陵……无负朕谆切垂训之意"。将东巡谒陵上升到永保江山社稷的高度，"我后世子孙，诚能遵朕此旨，处尊位而常缅前劳，览当年原巘而兴思，拜旧里松楸而感怆，自必凛然于天眷之何以久膺，惕然于先泽之何以善继，知守成之难，兢兢业业，永保勿坠，则我大清累洽重熙之盛，洵可绵延于亿万斯年矣"①。东巡谒陵从乾隆四十三年（1778）成为定制。

图9-4 乾隆御笔紫气东来匾

---

① 《清高宗实录》卷一千六十六，乾隆四十三年九月丁亥。

第九章 盛京文化标志

除上述文化作用外，清帝东巡对辽宁地区，尤其对于盛京有着非比寻常的文化象征意义。盛京在清代之前只是一个卫戍小城，城市功能也主要以军事功能为主。此后清帝定都于此，清入关后又将其作为留都。由于东巡的主要目的地是福陵和昭陵，东巡期间清帝驻留时间最长的是盛京皇宫，东巡期间盛京城呈现出一派张灯结彩迎接皇帝的盛况，在故宫驻跸期间，举行颁昭"筵宴"赏赐等庆典活动，使这里成为全国瞩目的政治中心。多年间，清帝的十次东巡也促进了盛京的经济发展。清前期盛京经济的勃兴，使它逐渐成为辽宁乃至东北地区港口市镇与港口贸易的依托与腹地。受清帝东巡的影响，中原地区丰富的文化资源不断注入盛京地区。如乾隆时期，出于皇帝在盛京皇宫驻跸的需要，由京城调拨大量宫廷文物至盛京贮存，有历代铜器、名家书画。此外，还有宫殿、衙署、庙宇内留下的大量皇帝御制匾联，以及皇帝东巡途中及驻跸期间对名胜古迹以及在一些重要典礼上的赋诗题咏、清抄勘本等。这一方面成为人们了解当时社会背景和有关礼仪不可或缺的珍贵参考资料，另一方面也成为沈阳这座城市重要的文化资源。凭借这种独特的文化资源，沈阳吸引许多中外学者不断对其宣传和研究，使城市的文化影响力不断扩大。清代盛京既是留都，又是皇帝东巡谒陵之地。清朝对这一地区的教育也较为重视，当时朝廷中多数人认为盛京乃发祥重地，应倡兴学校以培养人才，并宜实行与京师一体的政策，还提出具体办学意见，得到了朝廷的认可，此后在盛京兴办有不同类型的学校。同时，盛京还出现了早期的图书馆藏机构——仿宁波天一阁设计建造的举世闻名的皇家图书馆"文溯阁"，阁内藏有《四库全书》《古今图书集成》等重要典籍。当时盛京的文庙、"魁星楼"、读书斋等处也开始大量存储图书。这为盛京文化的勃兴和教育事业的发展提供了雄厚的物质基础。清入关后，盛京城市建设的大部分工程几乎都与皇帝东巡有关，其中最突出的是"一宫两陵"的增建和扩建。另外，故宫的行宫部分以及旧有建筑的增饰改建，还有两陵的主要建筑基本都完成于康熙至乾隆年间，在城市建设及重要建筑等方面也是如此。如康熙时期扩建盛京皇宫和盛京四塔，重修盛京外城及边门；乾隆时期重修诸门城堞、内外城堞，重修或移建盛京天坛、地坛、堂子、太庙，修缮和拓建一些著名的庙宇等。这些建筑不仅提升了盛京的文化品位，也促进了盛京城市建设的发展。

清代皇帝的十次东巡，虽然政治意义不同，但是东巡的各项活动都在历史上留下了浓墨重彩的一笔，可视为清代辽宁地区独特的文化遗存与典范。

参考文献

[1]　明实录[M].台北:台湾"中央研究院"历史语言研究所,1962.

[2]　中国第一历史档案馆,中国社会科学院历史研究所.满文老档[M].北京:中华书局,1990.

[3]　满洲实录[M].北京:中华书局,1985.

[4]　清实录[M].北京:中华书局,1985.

[5]　朝鲜王朝实录[M].韩国国史编纂委员会影印本,1970.

[6]　清朝通志[M]//影印文渊阁四库全书:史部　政书类.台北:台湾商务印书馆,1986.

[7]　清朝文献通考[M]//影印文渊阁四库全书:史部　政书类.台北:台湾商务印书馆,1986.

[8]　范晔.后汉书[M].北京:中华书局,1665.

[9]　陈寿.三国志[M].北京:中华书局,1959.

[10]　魏收.魏书[M].北京:中华书局,1974.

[11]　宇文懋昭.大金国志校证[M].北京:中华书局,1986.

[12]　脱脱,等.金史[M].北京:中华书局,1975.

[13]　张廷玉,等.明史[M].北京:中华书局,1974.

[14]　赵尔巽,等.清史稿[M].北京:中华书局,1977.

[15]　赵之恒,牛耕,巴图.大清十朝圣训[M].北京:燕山出版社,1998.

[16]　伊桑阿,等.大清会典:康熙朝[M]//沈云龙.近代中国史料丛刊三编.台北:文海出版社,1992.

[17]　托津,等.钦定大清会典事例:嘉庆朝[M]//沈云龙.近代中国史料丛刊三编.台北:文海出版社,1992.

[18]　昆冈,等.钦定大清会典事例[M]//顾廷龙.续修四库全书:第798—814册

史部. 上海:上海古籍出版社,2002.

[19] 杜受田,等. 钦定科场条例[M]//顾廷龙. 续修四库全书:第829—830册 史部. 上海:上海古籍出版社,2002.

[20] 索宁安. 满洲四礼集[M]//北京图书馆古籍出版编缉组. 北京图书馆古籍珍本丛刊:第59册. 北京:书目文献出版社,1998.

[21] 鄂尔泰,张廷玉,等. 国朝宫史[M]. 北京:北京古籍出版社,1990.

[22] 王钟翰. 清史列传[M]. 北京:中华书局,1987.

[23] 鄂尔泰,等. 八旗通志[M]. 长春:东北师范大学出版社,1985.

[24] 贺长龄,等. 皇朝经世文编[M]. 北京:中华书局,1992.

[25] 永容,纪昀,等. 四库全书总目[M]. 北京:中华书局,1965.

[26] 何乔远. 名山藏[M]. 北京:北京大学出版社,1993.

[27] 王在晋. 三朝辽事实录[M]//顾廷龙. 续修四库全书:第437册 史部. 上海:上海古籍出版社,2002.

[28] 瞿九思. 万历武功录[M]//顾廷龙. 续修四库全书:第436册 史部. 上海:上海古籍出版社,2002.

[29] 程开祜. 筹辽硕画//王德毅. 丛书集成续编:第242册 史地类. 台北:新文丰出版公司,1989.

[30] 董其昌. 神庙留中奏疏汇要[M]//顾廷龙. 续修四库全书:第470册 史部. 上海:上海古籍出版社,2002.

[31] 谈迁. 北游录[M]. 北京:中华书局,1960.

[32] 杨宾. 柳边纪略[M]. 辽海丛书本. 沈阳:辽沈书社,1985.

[33] 王一元. 辽左见闻录[M]. 国家图书馆藏手抄本.

[34] 崇厚. 盛京典制备考[M]. 刻本. 盛京军督署藏版. 1878(清光绪四年).

[35] 王士禛. 池北偶谈[M]. 北京:中华书局,1982.

[36] 福格. 听雨丛谈[M]. 北京:中华书局,1984.

[37] 李绂. 穆堂别稿[M]. 刻本. 珊城阜祺堂,1831(清道光十一年).

[38] 吴振臣. 宁古塔纪略[M]//龙江三纪. 哈尔滨:黑龙江人民出版社,1985:227-260.

[39]　俞正燮.癸巳存稿[M].沈阳:辽宁教育出版社,2003.

[40]　函可.千山诗集[M]//王钟翰.四库禁毁书丛刊:集部144册.北京:北京出版社,2000.

[41]　戴梓.耕烟草堂诗钞[M].辽海丛书本.沈阳:辽沈书社,1985.

[42]　戴亨.庆芝堂集[M].辽海丛书本.沈阳:辽沈书社,1985.

[43]　陈梦雷.松鹤山房诗集;松鹤山房文集[M]//顾廷龙.续修四库全书:第1415~1416册　集部.上海:上海古籍出版社,2002.

[44]　方苞.方望溪全集[M].台北:台湾商务印书馆,2011.

[45]　缪公恩.梦鹤轩楳澥诗钞[M].辽海丛书本.沈阳:辽沈书社,1985.

[46]　金朝觐.三槐书屋诗钞[M].辽海丛书本.沈阳:辽沈书社,1985.

[47]　高士奇.扈从东巡日录[M]//李澍田.长白丛书:初集.长春:吉林文史出版社,1986.

[48]　丛佩远,赵鸣歧.曹廷杰集[M].北京:中华书局,1985.

[49]　徐珂.清稗类钞[M].北京:中华书局,1984.

[50]　郑昌顺,等.同文汇考[M].汉城:韩国国史编纂委员会,1978.

[51]　林基中.燕行录全集[M].汉城:东国大学出版部,2001.

[52]　佚名.沈馆录[M].辽海丛书本.沈阳:辽沈书社,1985.

[53]　柳得恭.燕台再游录[M].辽海丛书本.沈阳:辽沈书社,1985.

[54]　国立中央研究院历史语言研究所.明清史料:甲编[G].上海:商务印书馆,1931.

[55]　国立中央研究院历史语言研究所.明清史料:乙编[G].上海:商务印书馆,1936.

[56]　吴晗.朝鲜李朝实录中的中国史料[G].北京:中华书局,1980.

[57]　潘喆,等.清入关前史料选辑:一[G].北京:中国人民大学出版社,1984.

[58]　辽宁大学历史系.清初史料丛刊第四种[G].沈阳:辽宁大学历史系,1980.

[59]　辽宁大学历史系.清初史料丛刊第七种[G].沈阳:辽宁大学历史系,1979.

[60]　辽宁大学历史系.清初史料丛刊第九种[G].沈阳:辽宁大学历史系,1978.

[61]　辽宁大学历史系.清初史料丛刊第十种[G].沈阳:辽宁大学历史系,1983.

[62] 辽宁大学历史系.清初史料丛刊第十一、十二种[G].沈阳:辽宁大学历史系,1979.

[63] 李辅.全辽志[M].辽海丛书本.沈阳:辽沈书社,1985.

[64] 董秉忠,等.盛京通志[M].刻本.1684(清康熙二十三年).

[65] 吕耀曾,等.(乾隆)盛京通志[M].刻本.1736(清乾隆元年).

[66] 阿桂,刘谨之,等.(乾隆)盛京通志[M].沈阳:辽海出版社,1997.

[67] 辽宁省人民政府地方志办公室.奉天通志[M].辽宁旧方志本.沈阳:辽宁民族出版社,2010.

[68] 和珅,梁国治.钦定热河志[M]//影印文渊阁四库全书:史部·地理类.台北:台湾商务印书馆,1986.

[69] 贾弘文.铁岭县志[M].辽海丛书本.沈阳:辽沈书社,1985.

[70] 杨镳.辽阳州志[M].辽海丛书本.沈阳:辽沈书社,1985.

[71] 刘起凡.开原县志[M].辽海丛书本.沈阳:辽沈书社,1985.

[72] 骆云.盖平县志[M].辽海丛书本.沈阳:辽沈书社,1985.

[73] 刘源溥,孙成.锦州府志[M].辽海丛书本.沈阳:辽沈书社,1985.

[74] 王奕曾,范勋,等.锦县志[M].辽海丛书本.沈阳:辽沈书社,1985.

[75] 王文藻.锦县志[M].台北:成文出版社,1974.

[76] 韩国国书刊行会.新增东国舆地胜览[M].国书刊行会,1986.

[77] 北京图书馆.北京图书馆藏家谱丛刊 民族卷:第44册[M].北京:北京图书馆出版社,2003.

[78] 辽宁省图书馆古籍部.八旗满洲氏族通谱[M].沈阳:辽沈书社,1989.

[79] 台北故宫博物院.宫中档乾隆朝奏折[M].台北:台北故宫博物院,1982.

[80] 台北故宫博物院.宫中档光绪朝奏折[M].台北:台北故宫博物院,1973.

[81] 中国人民大学清史研究所,中国第一历史档案馆.盛京刑部原档[M].北京:群众出版社,1985.

[82] 孟森.明元清系通纪[M].北京:中华书局,2006.

[83] 谢国桢.明末清初的学风[M].北京:人民出版社,1982.

[84] 李健才.明代东北[M].沈阳:辽宁人民出版社,1986.

[85] 王钟翰.王钟翰清史论集[M].北京:中华书局,1990.

[86] 衣保中,陈玉峰,李帆,等.清代满洲土地制度研究[M].长春:吉林文史出版社,1992.

[87] 宋和平.满族萨满神歌译注[M].北京:社会科学文献出版社,1993.

[88] 佟冬.中国东北史[M].长春:吉林文史出版社,2006.

[89] 朱诚如.辽宁通史[M].沈阳:辽宁民族出版社,2009.

[90] 李洵,薛虹.清代全史[M].沈阳:辽宁人民出版社,1991.

[91] 傅波,张德玉,赵维和.满族家谱研究[M].沈阳:辽宁古籍出版社,1996.

[92] 刘庆华.满族家谱序评注[M].沈阳:辽宁民族出版社,2012.

[93] 李治亭.东北通史[M].郑州:中州古籍出版社,2003.

[94] 杨余练,王革生,张玉兴,等.清代东北史[M].沈阳:辽宁教育出版社,1991.

[95] 张玉兴.清代东北流人诗选注[M].沈阳:辽沈书社,1988.

[96] 王魁喜,吴文衔,陆方,等.近代东北史[M].哈尔滨:黑龙江人民出版社,1984.

[97] 王铁崖.中外旧约章汇编:第1册[M].北京:生活·读书·新知三联书店,1957.

[98] 李济堂.中俄密约和中东铁路的修筑[M].哈尔滨:黑龙江人民出版社,1989.

[99] 佟冬.沙俄与东北[M].长春:吉林文史出版社,1985.

[100] 马丽芬.大连近百年史见闻[M].沈阳:辽宁人民出版社,1999.

[101] 马大正.中国东北边疆研究[M].北京:中国社会科学出版社,2003.

[102] 陶增骈.东北民族教育史[M].沈阳:辽宁大学出版社,1994.

[103] 《朝鲜族简史》编写组.朝鲜族简史[M].延吉:延边人民出版社,1986.

[104] 李德滨,石方.黑龙江移民概要[M].哈尔滨:黑龙江人民出版社,1987.

[105] 张存武.清韩宗藩贸易:1637—1894[M].台北:台湾"中央研究院"近代史研究所,1978.

[106] 薛虹.函可和冰天诗社[J].史学集刊,1984(1):30-37.

[107] 董万仑. 清始祖发祥地传说研究的反思[J]. 满语研究,2002(1):63-68.

[108] 张士尊. 也论"辽土"与"辽人":明代辽东边疆文化结构的多元倾向研究[J]. 社会科学辑刊,2011(6):179-187.

[109] 于洋. 史禄国对满族萨满类型的研究与相关反思[J]. 满族研究,2015(2):85-92.

[110] 富育光,孟慧英. 满族的萨满教变迁[J]. 黑龙江民族丛刊,1988(4):55-60.

[111] 刁书仁. 明代女真与朝鲜的贸易[J]. 史学集刊,2007(5):72-78.

[112] 张杰. 清朝与朝鲜间的文化交流:以盛京地区为例[J]. 东北史地,2015(2):74-79.

[113] 黄岚. 东北地区满族居住习俗源流考[C]//赵瑞军. 耕耘录:吉林省博物馆学术文集 2010—2011. 长春:吉林人民出版社,2012:229-234.

[114] 赵秉忠. 论清帝东巡[J]. 社会科学辑刊,1994(5):121-127.

[115] 王英鹰,张淑芝. 清关外福、昭二陵祭祀与东巡[J]. 满族研究,1999(2):53-57.

[116] 白洪希. 清关外三陵管理机构探实[J]. 满族研究,1997(4):38-45.

[117] 王革生. 清代东北三陵和官地[J]. 民族研究,1991(2):58-65.

[118] 马涉湘. 满族入关前生活方式变化的历史思考[J]. 社会科学集刊,1991(1):93-98.

[119] 邓天红. 清代满族服饰文化发展的主要特点[J]. 北方论丛,1996(5):104-107.

[120] 王伟,王丹. 从满族家谱看满族家训内容[J]. 吉林师范大学学报(人文社会科学版),2008,36(4):86-88.

[121] 孙明. 论满族家谱序言的内容及其史料价值[J]. 满族研究,2014(4):127-131.

[122] 王锺翰. "国语骑射"与满族的发展[J]. 故宫博物院院刊,1982(2):19-25.

[123] 王凯旋. 明代辽宁历史文化特点述论[J]. 文化学刊,2008(6):80-87.

[124] 肖忠纯.古代辽宁地区行政建置的特点管窥[J].兰台世界,2010(7):79-80.

[125] 刘为.清代朝鲜使团贸易制度述略:中朝朝贡贸易研究之一[J].2002,12(4):36-47.

[126] 廉松心.十八世纪中朝文化交流研究[D].北京:中央民族大学,2004.

[127] 衣保中.近代朝鲜移民与东北地区水田开发史研究[D].南京:南京农业大学,2002.